军工资本透视

——从春田兵工到硅谷 AI 军工

吴献东 著

航空工业出版社

北京

内容提要

本书通过分析大量典型案例，透视美国军工与资本、技术、人才和制度渐进融合发展200多年的历史进程；揭示美国军工与新科技、新经济协同发展运行机制；剖析美国在不同历史阶段对欧洲、俄罗斯和中国军工发展的正负影响。本书将为读者呈现大国竞争中军工超出军事领域之外的独特作用，以及不同社会制度下军工领域生产关系的异同表现。

本书为军工领域同行和军迷所著，对新科技、新经济创业者亦会有所帮助。

图书在版编目（CIP）数据

军工资本透视：从春田兵工到硅谷AI军工 / 吴献东著. -- 北京：航空工业出版社，2025. 2. -- ISBN 978-7-5165-4075-6（2025.4重印）

Ⅰ. F471.264

中国国家版本馆CIP数据核字第20253KP619号

军工资本透视
——从春田兵工到硅谷AI军工
Jungong Ziben Toushi
——Cong Chuntian Binggong Dao Guigu AI Jungong

航空工业出版社出版发行
（北京市朝阳区京顺路5号曙光大厦C座四层　100028）
发行部电话：010-85672666　010-85672683　读者服务热线：010-85672635

北京富泰印刷有限公司印刷　　全国各地新华书店经售
2025年2月第1版　　2025年4月第2次印刷
开本：710×1000　1/16　　字数：346千字
印张：23　　定价：86.00元

前　言

“资本不是物，而是一定的、社会的、属于一定历史社会形态的生产关系。”[①] 春田兵工厂是美国第一家国有兵工厂，DIU 是美国国防部在硅谷的常设机构：国防创新单元。《军工资本透视——从春田兵工到硅谷 AI 军工》（简称《透视》）一书从春田兵工、硅谷 DIU 等机构及典型历史事件入手，系统梳理美国军事工业 200 多年发展史，追溯美国军工技术、资金、人才等生产要素的来龙去脉，揭示美国军工与新科技、新经济协同发展的运行机制；客观分析美国与欧洲、俄罗斯、中国在地缘政治中的相互影响，探究不同历史阶段、不同社会形态下军工企业与市场和政府的关系。

《透视》将为读者呈现大国竞争中军事工业超出军事力量之外的独特作用，不同历史时期和不同社会制度下军工领域生产关系的异同表现，从军工侧面透视先进生产力与生产关系相互作用演进的大趋势。

不管出于怎样初衷，美国、欧洲、中国、俄罗斯的军工企业越来越多地走进资本市场，褪去神秘面纱，走进公众。然而，往往经过 20 年左右的比拼，各国军工上市公司的表现会大相径庭，有的成为行业巨擘，有的已经偃旗息鼓。这时就会发现，决定这些公司成败的不是曾经融资多少，而是处理“生产关系”水平的高低。因此，本书按“技术、企业、资本、军工复合体、管控、大国竞争”等进行章节设计，尽可能多地涵盖国防军工领域的生产要素。

写作起因

党的二十届三中全会通过的《中共中央关于进一步全面深化改革 推进中国式现代化的决定》（简称《决定》）[②] 对国防科技工业改革发展提出

① 马克思《资本论》。

② 2024 年 7 月 18 日通过。

了新要求："深化国防科技工业体制改革，优化国防科技工业布局，改进武器装备采购制度，建立军品设计回报机制，构建武器装备现代化管理体系。……加强航天、军贸等领域建设和管理统筹。"

《决定》的这些要求，直击当下国防军工改革发展痛点。"建立军品设计回报机制"在中央文件中首次出现，关注的不仅是军品定价问题，还有"回报机制"。"回报"两字体现了中央在国防军工领域市场化改革的决心，体现了中央对科技和人才软力量的重视。因为很长一段时间内，设计和软件在装备采购中如何定价一直是个焦点问题。

作为在航空、船舶军工领域学习工作 40 多年的老军工，我了解不仅在中国，在美国和俄罗斯也不例外，每到科技革命转折期或地缘政治巨变期，国防科技军事工业领域的变革势在必行，变得好则国运兴，变得不好则国运衰。我 1990 年至 1994 年在俄罗斯莫斯科航空学院学习期间，目睹了强大的苏联国防科技军事工业是如何被"新思维"削弱肢解，直至苏联解体。

从 1998 年在原国防科工委体改司参与十大军工集团组建开始，我在航空工业不同管理岗位工作至今，深知国防军工改革的必要性和复杂性。2024 年 8 月，火箭军发布了多条失信公告，公开披露了一些机构在招标中搞"围标""串标"等违规行为，警示了国防军工领域市场化改革的艰巨性。但是，不管前进路上有多少险阻，拎着问题往前闯，坚持改革创新不停滞，始终是中国国防科技工业持续发展的关键一招。

进入 21 世纪，在新技术革命和地缘政治巨变影响下，各大国传统军工组织被迫不断调整。在美国，从国防部、美国国家航空航天局（NASA）到传统军工巨头，正在受到硅谷初创企业的挤压，波音送到国际空间站的宇航员不得不靠"龙"飞船接回；在俄罗斯，俄乌冲突正在使俄罗斯军工发生巨变，国防部分管装备的官员们不断被调整，装备采购腐败案不断出现。为什么？

作为一名老军工，我深知该向美国和西方借鉴什么、规避什么，也知道同行们在关注什么、思考什么、探索什么。

1999 年 7 月，中国十大军工集团成立时都非常困难，资金严重短缺。十大军工集团开始将好一些的企业进行股份制改造到资本市场融资，军工上市公司逐渐增多。由于“亏损企业多、军品型号少、科研院所少、‘皇粮’少”，中国航空工业第二集团公司加大股份制改革力度，仅在2000—2003年，就有洪都航空、哈飞股份、昌河股份、成发科技、中航科工进入资本市场，融资40多亿元，这在当时是大资金，使以“丐帮帮主”自嘲的剑桥博士张彦仲总经理展开了紧锁的眉头，新型的直升机发动机、L15教练机、运8精品工程等项目纷纷上马，“残棋变成了好局”。

2008年，新成立的中国航空工业集团公司（简称中航工业）加大了专业化整合力度，陆续形成了发动机板块、直升机板块、机载设备板块等专业化的上市公司。

2014年，中国航空工业集团公司旗下沈阳飞机公司和成都飞机公司制订了整合为一家上市公司的方案。在方案审核中，行业主管部门认为，“按照该方案实行后，将消除特定领域竞争，形成行业垄断，建议中止本次资产重组”。该意见在媒体公开披露后，引起资本市场热议。由于主管部门出具的意见是“中止”，而不是“终止”，经过充分酝酿，2018年1月12日，沈阳飞机公司成功登陆上海证券交易所。

2024年8月6日，中国航空工业集团有限公司控股的上市公司中航电测发布公告，公司近日收到中国证监会批复，同意其发行20.86亿股股份购买中国航空工业集团有限公司持有的成都飞机工业（集团）有限责任公司100%股权的注册申请。随后，以“中航电测174亿元收购成飞过会”“歼20即将飞入A股”为标题的新闻纷纷见诸媒体，认为中国国防军工的改革将进一步深化，并有望在商业航天等领域有所突破。

此外，2024年7月12日，航空工业通飞2011年收购的西锐飞机有限公司成功在香港公开募股（IPO）上市，这在中美科技与经贸关系紧张的气氛中，也算一道小小的彩虹。

截至2023年年底，十大军工集团控股的各类上市公司超过100多家。但是，在军工企业股份制改造上市过程中遇到了不少困难，有时为了协调一个问题，要跑十多个政府部门。2012年，结合工作中的思考，我撰写了《军工企业与资本市场和政府的关系——从白宫为什么能“hold住”华尔街上的军工巨头说起》（简称《关系》）一书，该书得到政府部门、军工企业、金融机构、大学等许多机构和读者的鼓励，但也有读者指出了不足："书写得有点浅，但国内真的没有相关书籍，希望以后有更好的书。"写本"更好的书"，深入探讨军工企业与市场和政府的关系，我一直惦记着。

10 多年过去了，国际地缘政治日趋复杂，新技术革命加速演进，新经济产业呼之欲出，大国军工作用愈加凸显。航空工业出版社建议我再版《关系》一书。考虑到这些年美国防务与安全战略变化最大，新资本与新技术正在重构五角大楼，同时，美国因素对中国等大国的国防军工影响最直接，因此我将新书书名定为《军工资本透视——从春田兵工到硅谷 AI 军工》。

关注的重点

不管中国如何表达善意，美国都已将中国视为战略竞争对手，而且短期内也不会改变。对手总是相互的，立足时代背景，多角度研究对手，有利于与其竞争，有利于与其共处，也有利于与其合作。

虽然中美社会制度不同，但从历史角度看，中国过去和现在面临的挑战，美国在崛起过程中大多都已经历，有的还很相似。"比畜生高、比天使低"①，英国社会曾将北美殖民地居民视为"介于英国人和纯粹外国人之间"的低级血统人种。"烈火熊熊，炮声隆隆，黑暗过后，要塞之上，星条旗依然飘扬"，这是产生于英军炮火之下的美国国歌中的歌词。

独立后的美国曾被英国封锁，也曾被当时的英法列强威胁选边站队。在美国 GDP 超越英国的过程中，美国也曾被欧洲精英"腹黑"嘲讽。在美国 GDP 跃居世界第一后的大约 50 年间，其科学技术依然不如欧洲，在军工科技方面尤为明显。美国之所以现在如此提防中国，更多也是源于自己的历史。

"知己知彼者，百战不殆。"以危机之感去"知彼"，以不满之心来"知己"，向美国的"中国威胁论"者学习，即使把对手"拔高"一些看，对自己也是利大于弊。

从 18 世纪美国第一家国有的春田兵工厂的火枪，到 20 世纪世界第一军工巨头洛克希德 – 马丁公司（简称洛马公司）的导弹，再到 21 世纪硅

① 引自《重铸大英帝国》第 44 页。作者：[美] 詹姆斯·特拉斯洛．亚当斯（1878—1949），美国历史学家，普利策奖获得者。

谷众多初创企业的 AI 武器，在每一次科技革命和产业变革中，美国军方要么是新工艺、新发明的先锋用户，要么是新技术、新发现的策源地，更是几次新经济萌芽的暖房。

第二次世界大战（简称二战）后成立的美国国防部，不仅是战争部，也是新科技部，更是新经济部。五角大楼里运行着美国最大的公司，对这个大公司，我们要多看几眼，要“高看一眼”。

在美国自由市场经济体制下的“小政府”中，国防部是一个计划性很强的大机构，比任何国家的国防部管得都宽，对美国的政治、军事、经济和科技都产生深度影响，这种影响还溢出到其盟国和对手国，如欧洲、俄罗斯、中国等。

1791 年，美国首任财政部部长亚历山大·汉密尔顿（1755—1804）在向国会提交的《关于制造业的报告》中阐述了发展制造业的重要性，呼吁新生的合众国要“在基本需求（纺织业），特别是军事需求上不再依赖别国（欧洲）”。虽然报告没有被国会批准，但美国通过设法引进英国等欧洲人才，制定只有美国人才能申请专利的制度，美国制造业和军事工业相互促进，工业实力很快超越欧洲。

1945 年，范内瓦·布什博士在《科学：无尽的前沿》报告中直言相告美国总统：“美国在二战中取得的成就，是对欧洲基础研究的应用，美国如果在基础科学方面继续依赖其他国家，将使工业、军事发展速度放缓。”因为这篇报告，二战后，美国不再固执坚持科技组织与政府井水不犯河水的传统，厘清了市场经济条件下政府与科学组织、大学、私人企业，以及社会团体的关系，高度重视基础科学研究，政府不断加大投入，大量引进欧洲人才，并相继成立了美国国家科学基金会（NSF）、国防预先研究计划局（Defense Advanced Research Projects Agency，DARPA）和 NASA 等。这些组织相互配合，使美国成为核能、航空航天、电子信息、人工智能（AI）等领域的引领者。

美国逐渐形成了一套能使军事装备研制与新科技、新经济相互促进发展的运行机制。这套运行机制不是策划出来的，是在有意无意的实践中形成的，是隐形的，很难用哪个文件和法条说清楚，但其主要角色及行为结果却显而易见，于是就有人用“军工复合体”来代表。美国军工复合体是大国博弈的产物，随地缘政治变化而演变，它与中国的军工集团和俄罗斯的军工综合体有本质不同。

进入 21 世纪，美国科技界的“鹰派”开始增多。2016 年，谷歌公司董事长埃里克·施密特以美国国防创新委员会主席身份考察了多个美军基地，在访问特种作战司令部时，不客气地对接待他的四星上将说：“军方在人工智能方面做得很差劲，我用一天时间就可以帮你们解决问题。”2017 年，谷歌公司与国防部国防创新实验小组（DIUx）合作，帮助空军升级了指挥中心软件系统，而在此之前，洛克希德 – 马丁公司和诺斯罗普 – 格鲁门公司两大军工巨头用了 10 年时间也没能解决这个问题。2018 年，美国国防部将之前在硅谷成立的临时性组织 DIUx 更名为 DIU，并明确为常设机构。

2020 年，刚刚卸任谷歌公司董事长的施密特就组织撰写了《非对称竞争：应对中国科技竞争的战略》；2020 年，美国参议院重温《科学：无尽的前沿》提出《无尽前沿法案》；2021 年美国国会通过该法案，并将其更名为《美国创新与竞争法案》；2022 年，美国通过《芯片与科学法案》。

2022 年 12 月 1 日，美国国防部部长宣布成立战略资本办公室（Office of Strategic Capital，OSC），声称是应对“新挑战”，弥补 DARPA 不足。斯坦福大学国家安全创新中心负责人史蒂夫·布兰克解释了美国面对的“新挑战”，他说：“中国北京每年向科技行业注入大量资金，中国的组织结构像硅谷，五角大楼的组织结构更像底特律的汽车制造商。”

2024 年，美国国防部的 DARPA、DIU、OSC 各司其职，借助硅谷的科技公司开始重塑五角大楼。埃隆·马斯克执着于通过太空探索拯救人类，但他的太空探索技术（SpaceX）公司与美国军方合作早已不是秘密，“星链”已演变出“星盾”，美国各军种都开始应用“星链”。华盛顿大学历史学教授玛格丽特·奥马拉在《硅谷密码——科技创新如何重塑美国》一书中说道：“今天，美国所有的科技巨头都具有军事工业的 DNA。”

现在，新的美国军工复合体正在形成，从技术提供者和投资者构成看，由于有硅谷技术和资本的加持，它已经具有了美国特色的技术与资本“举国体制”。

美国军事工业的发展与国际地缘政治关系密切，对欧洲、俄罗斯、中国的军事工业产生了重要影响。20 世纪 90 年代，正当中国不断收缩军工力量全力发展经济之时，美国 B-2 轰炸机野蛮轰炸了中国驻南斯拉夫大使馆，中国国防科技工业从此进入了发展快车道。1993 年，欧盟成立，欧元流通，欧洲航空防务航天公司（EADS，现已更名为欧洲空中客车公司）成立，这也令美国不快，同时更加担心俄罗斯与欧盟拉近关系，多次拒绝俄罗斯加入北大西洋公约组织（简称北约）的申请。终于，昔日的“斯拉夫兄弟”俄罗斯与乌克兰彻底撕破了脸皮，美国军工复合体又有了新的市场。

写作本书，不代表我对美国军工体制机制的认同。因为即使在美国，军工复合体也经常被诟病，认为它已将美国带进了永久战争经济时代，美国人自己拍的电影 *Civil War*（《内战》）就是一种警示。

致谢

本书采用了《关系》一书中的不少资料，这些资料当年是在航空工业信息中心许多专家帮助下搜集整理完成的，这里再次向他们表示感谢。感谢中国航空工业发展研究中心、中航证券研究所、中国船舶 714 所科荟智库等专家，本书参阅了不少他们编译的外文研究报告，有的我还请他们再次验证。感谢尚磊、李子达、刘湘徽等同事，他们帮我整理、查验了许多中文、英文和俄文资料。感谢航空工业出版社刘柱社长、王建青部长、刘宁编审、柴一淼编辑、尹金鹏设计师等，他们高效认真的工作使本书在短期内得以出版。

我要感谢我的夫人于玲老师，她是本书的第一读者，她从普通读者角度提出了不少意见。本书案例和相关资料皆来自公开出版物和权威媒体，对于年久的历史和外文资料，亦进行了互联网和 AI 验证，如还有瑕疵之处，敬请读者批评指正。

吴献东

2024 年 9 月于北京

目　录

第九章　实践与思考

第一章 美国军工技术来源——从春田到硅谷

美国独立后很长一段时间，以托马斯·杰斐逊①为代表的多数派认为，美国应该优先发展农业，没有必要也没有能力搞工业，更没有必要养常备军、建兵工厂。然而，美国首任财政部部长汉密尔顿却坚持要发展工业，要建立国家兵工厂，最后他成功了。他写给国会但没被通过的《关于制造业的报告》被后人称为“美国工业化的宪章”，堪比布什博士的《科学：无尽的前沿》，前者催生了“美式制造”，后者成就了“美式创新”。

从 19 世纪美国东北部马萨诸塞州春田市的纺织机和火枪，到 21 世纪美国西南部加利福尼亚州（简称加州）湾区硅谷的半导体和火箭，美国制造业从“偷人偷艺”被英国封锁制裁到世界领先，进而学着当年的英国封锁制裁他国，这 200 多年间的人和事值得回顾。

第一节 汉密尔顿《关于制造业的报告》

美国独立战争中的军火主要来自欧洲。独立后的美国，自由理想主义和孤立主义外交政策在国会占据上风，认为没有必要保有常备军队，因此国家也就不需要兵工厂。此外，当时的美国工业基础非常薄弱，棉纺织机都造不出来，当然也就没有能力制造在当时被认为是高技术的枪械了。

1783 年 5 月，在美国即将赢得独立战争之际，乔治·华盛顿在《关于和平时期军队建设的意见》中明确：建立一支小型海军和正规陆军负责警戒和戍边；建立联邦军火库；建立某些类型的军火工业等。然而，当 9 月独立战争刚刚结束，美国国会立即推动军队大规模复员。到 1784 年，美

① 美国第三任总统（1801—1809 年在位），开国元勋，《独立宣言》主要起草人。

国已成为一个几乎没有军队的国家，常备军仅剩下用来保卫军火库的少数士兵，海军舰船被全部拍卖。

这种极端做法，主要源于当时美国大部分政治家的自由民主理想主义情结，将军队视为暴政的象征。美国独立先驱乔治·梅森就宣扬："任何国家一旦建立常备军，人民就失去了自己的自由。"然而，随着独立后美国外部安全威胁加重、内乱频发、各州经济政策混乱等现象，华盛顿和汉密尔顿提议修改宪法。

1787 年 5 月，独立先驱们在费城召开了制宪会议。经过长时间激烈争论，终于在同年 9 月通过了《美利坚合众国宪法》。新宪法确立了三权分立原则，限制了各州权力，强化了包括军权在内的中央集权；总统成为武装力量最高统帅，征税、征兵、军事立法等权力由各州上收到国会；军队由可扩大的正规军和各州民兵两级武装力量构成。华盛顿于 1789 年当选为美国首任总统后，开始建立少量的常备军队。在华盛顿两届总统任期内，美国陆军由 1789 年的 1000 人缓慢增长到 1796 年的 3000 余人，并且重建了一支小规模海军舰队。

不当家不知柴米贵，汉密尔顿认为，靠种地赚钱向欧洲买军火总不是长久之计，必须发展制造业，必须要有国家兵工厂。

1791 年 12 月，汉密尔顿向国会提交了一份《关于制造业的报告》，报告阐述了发展工业的重要性、工业与财政的关系，提出了扶持工业发展的财税和贸易等具体措施，强调新生的合众国要"在基本需求（纺织业），特别是军事需求上不再依赖别国（欧洲）"。

汉密尔顿是坚定的国家主义者，然而他的建议遭到独立先驱杰斐逊的强烈反对，杰斐逊主张美国应该优先发展农业。为此，杰斐逊到南方弗吉尼亚州等地的农场进行调研，撰写报告论证美国优先发展农业的重要性。最终，汉密尔顿《关于制造业的报告》没有被通过。

在国会受了气的汉密尔顿没有停手，他凭借财政部部长的身份，继续做其早已开展的两件事：一是想方设法发展纺织业；二是筹建国家兵工厂。

美国独立后，英国对美国进行了严格的技术封锁和出口限制。18 世纪，以水力和蒸汽为动力的纺织机对英国的重要性，就像今天高端半导体芯片对美国的重要性，英国专门颁布法律禁止美国人参观英国纺织厂，严禁掌握纺织技术的企业主、工匠和熟练工移民国外，违法者将被判刑入狱。

汉密尔顿是不按常理出牌的人，秘密出资派诸多商业间谍进入英国，有的负责在纺织工人中发小广告，有的想方设法地偷窃纺织机图样。

一天，年轻的英国纺织工人塞缪尔·斯莱特（1768—1835）得到一份小报，看到其中一条美国重金招聘纺织技师的广告，赏金100英镑，这在当时绝对是巨款。1789年9月，斯莱特装扮成农场雇工骗过英国边境检查人员来到美国。1790年1月，斯莱特在罗得岛试制出新式纺纱机，与人合作创办了美国第一个水力纺织工厂。几年后，斯莱特的兄弟约翰也从英国来到美国，带来了缪尔（mule）纺纱机新技术，兄弟俩合作创办了自己的纺织厂。

1835年4月21日，斯莱特在马萨诸塞州去世，留下了大约100万美元的财产，包括遍及新英格兰地区的13家纺织厂。斯莱特被美国人称为“美国工业革命奠基者”，英国人则咒骂他为“叛国者”。

可能是因为斯莱特，从1795年起，英国海关开始要求外国船主提交标明年龄、职业、国籍等信息的乘客名册，一经发现去美国的工匠和制造业主，当即逮捕入狱。1803年，英国议会通过《旅客法》，进一步阻止工匠和产业工人移居美国。

除吸引移民外，美国还用各种办法引进英国技术，甚至窃取。费城制造业协会会长坦奇·考克斯设立了鼓励出售技术秘密的专项奖金，并派人到英国偷窃机器图样。美国布料进口商弗朗西斯科·洛厄尔利用参观英国纺织厂的机会，用脑子记下了工艺细节。1812年，洛厄尔乘船回国，路上虽然被英国海军拦截、关押、搜查，但英国人没有发现其窃取技术的证据，只好放行。回国后，洛厄尔很快研制出新型织布机，在马萨诸塞州建立了多家纺织企业，成为美国第一批现代企业代表。洛厄尔去世后，纺织厂所在的小镇以他的名字命名，今天的洛厄尔已成为马萨诸塞州第四大城市，被称为“美国工业革命的摇篮”。在纺织业带动下，马萨诸塞州成为19世纪美国制造业最发达的地区。

美国人为什么要冒险获取英国纺织技术，其中美国“特别”的专利法发挥了重要作用。1790 年美国颁布了第一部《专利法案》，1793 年又进行了修订，其中有一条很重要的规定：只有美国人才能申请专利。这实际上就是明目张胆鼓励欧洲技术移民，激励美国人模仿改进欧洲技术。据统计，1790—1835 年，美国共颁发 9225 项专利，其中多数是对英法等国同类技术的模仿。直到 1836 年再次修订《专利法案》，外国人才可以在美国申请专利，但要缴纳比美国申请人高许多的额外费用。

1836 年，美国成立了专利局。这一年法国政治学家托克维尔[①]访美后感叹，“在美国，人们对科学中纯粹实用部分的理解令人钦佩，同时又对那些在应用中直接需要的理论部分给予认真的关注，在这方面，美国总是展现出一种自由的、原创的和富于发明的心智力量”。

19 世纪 60 年代，美国再次修改《专利法案》，外国人在美国申请专利方面终于有了与美国人同等的权利。与时俱进的专利制度为美国工业革命兴起发挥了关键作用，亚伯拉罕·林肯总统说“专利制度为天才的火花增添了激励的燃油”。

据历史记载，到 1860 年，美国的英国移民大概有 400 多万，其中纺织工程师超过十分之一。美国学者马尔温德·琼斯说：“美国的每一个基础工业——纺织、采矿、钢铁工业，都来自英国工匠、工人、经理带来的技术。”美国作家查尔斯·莫里斯在《创新的黎明：美国第一次工业革命》中写道，“如果 19 世纪的美国发明了可窥视英国工厂的魔术望远镜，他们肯定会使用它”。

纺织业带动了美国机械制造业的发展，发展军事工业的时机到了。

第二节 春田兵工厂与惠特尼兵工厂

1794 年，在总统华盛顿和财政部部长汉密尔顿推动下，联邦政府在马萨诸塞州斯普林菲尔德市[②]创建了斯普林菲尔德兵工厂（Springfield

① 《法国大革命》的作者。

② 斯普林菲尔德被美国多个城市用作名称，例如，伊利诺伊州州府也称斯普林菲尔德。

Armory），又名春田兵工厂，这是美国第一家国家兵工厂。同年，哈珀斯费里（Harpers Ferry）兵工厂在弗吉尼亚州建立，这是美国第二家国家兵工厂。1861 年，哈珀斯费里兵工厂在南北战争初期毁于战火，没再重建。

联邦政府将美国第一家兵工厂建在马萨诸塞州，是因为该州工业基础好（主要是纺织业），有著名的哈佛大学。马萨诸塞州南部毗邻的康涅狄格州也有很好的工业基础，有著名的耶鲁大学。

由于与多数派不和，汉密尔顿于 1795 年被迫辞去财政部部长职务。新财政部部长奥利弗·沃尔科特是汉密尔顿的拥护者，他通过支持发明家伊莱·惠特尼提高步枪生产效率，推动了美国制造业发展。

惠特尼 1765 年生于美国马萨诸塞州，毕业于耶鲁大学法律系，比英国纺织工人斯莱特大 3 岁。在毕业后边求职边旅行的过程中，惠特尼发现南方种植园里短纤维棉花采摘后，棉籽去除非常费时。虽然惠特尼在大学里学的是法律专业，但从小在父亲农具作坊里的帮工经历使惠特尼意识到，棉籽去除机械会是个好生意。当时惠特尼正在农场主格林夫人家里做家庭教师，在格林夫人帮助下，惠特尼研制出了手摇棉籽去除机。经过试验，一个人使用手摇棉籽去除机提取干净棉花的量，原来需要 10 个人来完成；如果使用马匹或水力驱动，效率可提升 50 倍。1794 年，惠特尼获得了高效轧棉机美国专利。

惠特尼的高效轧棉机专利是一项伟大发明，加快了美国纺织业的发展。由于当时美国专利保护制度不健全，惠特尼并没有获得多少收益，还因专利诉讼多了不少苦恼，但惠特尼从中看到了通过技术创新大幅提高生产效率的商机。

18 世纪末，步枪等轻武器主要依靠工匠手工制造，生产效率非常低，春田兵工厂年产步枪最多 15000 支。惠特尼经过研究认为，应用水力驱动的机械设备加工标准化的可互换枪械零件，可以实现步枪大批量生产。惠特尼当时并没有意识到，他的可互换标准化零件制造想法会引发制造业革命，催生美国大批量生产制造体系。

1798 年，为应对可能与法国的战争，美国政府与 27 家兵工厂签订了制造 32000 支火枪的合同。惠特尼通过耶鲁校友关系网，向当时的美国财政部部长沃尔科特宣传可互换零件批量制造工艺理念，获得了制造 10000 支法式查尔威尔火枪（Charleville musket）[①] 的最大订单，合同约定 1800 年 9 月 30 日全部交货。

由于经验不足等各种原因，惠特尼没能按期完成合同，受到很多质疑。在美国国会回应质询时，惠特尼想方设法宣传他的可互换零件批量制造工艺理念。虽然有人指责惠特尼有作弊嫌疑，但财政部部长沃尔科特还是原谅了惠特尼，并继续支持他。1812 年，惠特尼终于完成了 15000 支火枪的订单，合同超期 10 多年。

美国军方给了惠特尼足够的耐心，主要是看好惠特尼关于可互换零件批量制造的创新想法。1815 年，在康涅狄格州纽黑文市惠特尼公司总部，美国军火部门负责人（惠特尼的耶鲁校友）召集部分兵工厂研讨如何提高枪械制造效率。最终，与春田兵工厂达成了一个对美国未来制造业至关重要的意见：按照可互换零件批量制造工艺理念，实现火枪制造标准化，由春田兵工厂负责制定验收标准。

19 世纪上半叶，步枪一直采用从枪口装填火药和弹头的击发装置，这种枪被称为火帽击发式前装线膛枪（简称前装枪或前膛枪）。前装枪装填弹药步骤繁琐，优秀士兵每分钟也只能发射三四发子弹。约翰·霍尔是美国缅因州波特兰的一个小企业主，从事木材和造船生意，但他痴迷于枪械发明，发明了后膛装填火药燧发式步枪技术。1811 年，霍尔注册了后膛装填火药燧发式步枪设计专利。虽然霍尔的燧发式后膛枪发明不如 1841 年德国人 N. 德雷泽发明的针发式后膛枪影响大，但对于 19 世纪初的美国枪械业已是革命性进步。在美国军方支持下，霍尔与弗吉尼亚州哈珀斯费里兵工厂合作，在 1819 年研制出了美国第一型装备部队的后膛枪 M1819，获得政府 1000 支订单，由哈珀斯费里兵工厂生产。霍尔后膛枪采用机械锻造工艺，主要构件上的金属零件可任意互换并重新组装，惠特尼的可互换零件批量制造工艺理念初见成效。

---

① 《他们创造了美国》第 58 页。

南北战争初期，美国海军在研制“普利茅斯”号舰艇时，海军军械师提出为海军陆战队装备一型口径 0.69 英寸[①] 的大火力步枪。由于当时联邦军队装备的制式步枪标准口径是 0.58 英寸，能生产非标准超大口径步枪的武器制造商很少。海军最终选定了惠特尼公司。1861 年 7 月，海军陆战队与惠特尼公司签订了 1 万支步枪订购合同。惠特尼公司很快以 M1861 火帽击发式前装步枪为模板制造出了样枪，1863 年 2 月实现批量生产，1864 年 6 月完成全部订单。

在 1861—1865 年南北战争中，M1861 火帽击发式前装步枪的名声仅次于林肯总统。由于军队对 M1861 需求量大，春田兵工厂生产能力有限，私人武器制造商承接了不少订单。春田兵工厂博物馆专门介绍了十几家按 M1861 模板为北方军队制造武器的私人兵工厂。从供应商名称可以看出，私人武器制造商大部分位于美国东北部新英格兰地区，其中康涅狄格州占多数，北部的马萨诸塞州、东部的罗得岛州、西部的纽约州，也都有相当数量的私人兵工厂。比较有代表性的私人兵工厂是康涅狄格州纽黑文市的惠特尼公司、康涅狄格州哈特福德市的柯尔特公司、纽约州 E. 罗宾森公司等。

“林肯给了奴隶自由，柯尔特使奴隶获得平等”，这是美国民间对柯尔特转轮手枪的赞誉。塞缪尔·柯尔特（1814—1862）海员出身，受船舶绞盘机构启发，发明了转轮手枪并于 1836 年取得专利。1847 年，美国墨西哥战争期间，在惠特尼公司帮助下，柯尔特顺利完成了军方几千支大威力新型转轮手枪订货。1855 年，柯尔特在康涅狄格州哈特福德创办了柯尔特专利火器股份制造公司。1856 年，柯尔特公司产品已遍布世界，柯尔特本人则进入当时美国十大商业富豪之列。

弗朗西斯·普拉特（1827—1902）和阿莫斯·惠特尼（1832—1920）曾是柯尔特专利火器股份制造公司的工程师，他们二人于 1860 年创办了“普惠机床工具公司”，在南北战争中为林肯北方军队制造枪械，公司于 1896 年发行股票上市，人们习惯称该公司为“机床普惠”。“机床普惠”不

① 1 英寸≈ 2.54 厘米。

但是工业母机和测量工具行业的开拓者，还为美国航空制造业发展做出了特别贡献。1925 年 4 月，离开莱特飞机公司的航空发动机设计师弗雷德里克·伦奇勒找到“机床普惠”请求投资。“机床普惠”很快做出决策：允许伦奇勒使用“机床普惠”品牌制造风冷式飞机发动机，并出资 25 万美元作为初始投资，保留后续 100 万美元股权投资优先认购权。1925 年 7 月，普惠飞机公司正式成立，公司员工 22 人。1925 年年底，被称为“改变美国航空业”的风冷发动机 R1340“黄蜂”问世。如今的普惠飞机发动机公司是世界三大航空发动机公司之一，2022 年成为美国军工巨头雷神技术公司的子公司。

南北战争促进了金融与军工的结合。美国南北战争期间，虽然北方在军火产能方面占据优势，但南方军队提前向英国购买了大量军火，并在战争初期迅速占领了全国超过一半的重要军火库，导致北方军队的武器装备在战争前期并不占优。面对战争初期北方军队的连连失败，林肯总统终于下决心全力投入战争，于 1861 年下半年征兵 50 万。军队大规模扩充需要大量军火，斯普林菲尔德等国家兵工厂已不能满足需求，需要建设更多的生产设施，但联邦政府财政紧张，甚至连国会议员薪水都不能正常支付。为尽快筹集巨额军费，林肯政府除采取提高税收、增发纸币等手段之外，还大力发行战争国债。由于军事上不断失利，战争国债销售困难，政府请来了华尔街银行家杰伊·库克（1821—？）为特别代理人，负责滞销战争国债的销售。

库克不仅是银行家，还擅长写作和广告宣传，他将大额债券分割成小额债券，然后以“为了胜利请购买国债”的爱国口号向普通公众销售，获得了超出预期的成功。战争期间，每 4 户北方家庭就有 1 户购买了战争国债，政府的国债余额从战争早期的 6500 万美元攀升到战争结束时的 27 亿美元。

源源不断的战争融资有力地支持了北方联邦。北方军队在 1861 年战争爆发时仅有 1.6 万人，1862 年 3 月就扩充到 63.7 万人，1863 年 1 月达到 91.8 万人。军工生产方面，1862 年，斯普林菲尔德国家兵工厂已能年产 20 万支步枪。一些私人炼铁厂、纺织机械厂和缝纫机厂等迅速转产军火，按合同制造了大量斯普林菲尔德 M1861“特别型”步枪。

北方联邦通过战争国债融资购买军火，使私人资本实现了与军火工业的间接握手。库克初次尝到了在战争中掘金的甜头，帮助枪械师创办了不少私人兵工厂。私人兵工厂比国家兵工厂更愿意、更大胆采用新技术和发明专利，研制并批量生产出了新型后装式步枪和卡宾枪。

克里斯汀·夏普斯是后膛枪发明者霍尔的徒弟，他设计的夏普斯后装单发步枪可靠耐用，被美国枪械爱好者称为“老伙计”。南北战争的第二年，夏普斯与人合作创办了夏普斯－汉金斯公司。夏普斯步枪和卡宾枪被北方联邦特种部队选中，但价格是国家兵工厂武器的 2～3 倍，军方犹豫不决不愿购买，最后林肯总统亲自出面协调才配装了部队。因为总统有了银行家的支持。

有了资本的支持，俄亥俄州汉密尔顿大都会武器公司采用埃德温·格温等人后膛装填枪弹专利，制造出了大都会卡宾枪；宾夕法尼亚州费城武器制造商理查德森－奥弗曼公司采用玛伦·加拉赫发明的火帽击发式后膛装填单发步枪技术，制造出了加拉赫卡宾枪。这些新型枪械虽然价格昂贵，但还是被北方骑兵广泛使用。

到 1863 年，北方兵工厂已能完全满足军队对新式武器的需求，不用再从欧洲进口。南北战争期间，北方兵工厂共提供了 250 万支各种轻武器。南方的一位将军曾感慨，“我们不是输给了北方的士兵，而是输给了北方的金融”。

库克帮助林肯战胜了南方，废除了奴隶制，为资本主义发展清除了障碍。从 19 世纪 70 年代开始，伴随着第二次工业革命的深入推进，美国工业产值实现了迅猛增长，1894 年，美国工业产值超过英国跃居世界第一。其中，“春田兵工厂们”发挥了关键作用。

南北战争中，国有的春田兵工厂得到快速发展。渐渐地，在春田兵工厂周边，一批私人兵工厂相继成立。春田兵工厂及周边私人小企业聚集了大量技术人员和工匠，他们有着不同的宗教信仰，斯普林菲尔德市因此成为全美最具宗教包容性的城市。19 世纪，马萨诸塞州和康涅狄格州的军火工业和机械制造业最为发达，有“美国兵工厂”之称。

新英格兰地区的兵工厂推动了 19 世纪美国制造业发展，提升了所在地区民众的文化素养，驱动了教育事业发展。1861 年 4 月，在南北战争爆发前夕，联邦政府批准在马萨诸塞州成立麻省理工学院（MIT），为美国未来的科技发展埋下了重要伏笔。

1917 年，布什获得 MIT 和哈佛大学联合博士学位，1922 年与人合作在马萨诸塞州创办了美国机械公司，后来发展成为美国军工巨头雷神技术公司。二战期间，布什博士是美国原子弹研制“曼哈顿计划”的执行人，1945 年他写出了《科学：无尽的前沿》。马萨诸塞州首府波士顿 128 号公路到加州硅谷被称为“美国高科技走廊”，布什博士是主要推动者。布什博士被称为“硅谷教父”，因为他是硅谷创始人弗雷德里克·特曼（Frederick Terman）博士的导师。

大学—兵工厂—制造业—新技术—新经济，这一开始于 19 世纪美国东北部马萨诸塞州的发展模式，在 20 世纪的美国西南部加州斯坦福大学周边的工业园得以继续，军工订单为硅谷半导体和计算机创业公司提供了第一桶金。

从惠特尼批量制造到柯尔特专利火器，从轻武器制造流水线到汽车制造流水线，从“机床普惠”到“飞机普惠”，美国制造业从纺织机和枪械起步，终于使汉密尔顿《关于制造业的报告》成为现实。

1964 年，170 岁的春田兵工厂走到了尽头，美国政府将其关闭，但兵工厂作为博物馆被列为国家历史遗址保留了下来。春田兵工厂一直是国家兵工厂，没有在华尔街发行股票上市。

第三节　美国海上力量的崛起

1805 年 10 月，英国海军与法国和西班牙联合舰队在特拉法尔加角展开激战，英国海军主帅战死，法国海军主帅被俘，英国取得大胜。可能是被英法海战所震撼，美国《独立宣言》起草人，第三任总统托马斯·杰斐逊在分析未来美国与欧洲发生战争形势时说：“以欧洲大国海军为目标建设美国海军，将是对我国国民力量愚蠢和可怕的浪费。”

基于以上认识，虽然美国人罗伯特·富尔顿于1807年发明了蒸汽船，但在19世纪，对于是否要建设一支强大的海军，美国一直争论不休。到19世纪末，当美国GDP超过英国成为世界第一时，美国海军力量与英、法相比差距依然很大，甚至不如新崛起的德国和日本。直到两个关键人物的出现，才使情况出现转折，他们是阿尔弗雷德·塞耶．马汉（1840—1914）和西奥多·罗斯福（1858—1919）。

马汉曾两度担任美国海军学院院长，在1890—1905年完成了“海权论”三部曲：《海权对历史的影响（1660—1783）》《海权对法国革命和法帝国的影响（1793—1812）》和《海权与1812年战争的联系》。马汉“海权论”的问世使美国建设世界一流常备海军的观点占了上风。“海权论”主要观点如下。

第一，海权与国家兴衰密切相关。“海权，即凭借海洋或者通过海洋能够使一个民族成为伟大民族的一切东西”，包括海上军事力量、经济力量、地缘政治等一切可以增强海上力量或海洋控制权的物质和非物质的东西。例如，舰队及其港口、基地等设施，商船队及海外贸易等机构，海岸线、岛屿及海洋专属经济区等。

第二，影响海权至关重要的因素有以下4点。①地理位置和自然条件。例如，岛国英国比大陆国家法国有更加明确的向海洋发展的战略目标；海岸线比较长、海岸线自然条件好，或者有得天独厚的深水港口（如希腊、丹麦、荷兰的港口），或者是海运交通要道（苏伊士运河、巴拿马运河等）。②领土和人口规模。如葡萄牙、荷兰、丹麦等，没有领土和人口规模做支撑，即使抓住时代机遇拥有了强大的海上力量，也难以保持长久。③民族特性。这是马汉根据大航海时代国家竞争得出的结论，能成为海上强国的民族，一要对物质利益极其渴求，就像哥伦布们对东方财富的向往；二要对海外贸易商业往来极其迫切，就像荷兰海上马车夫；三要对拓展海外殖民地、追逐海外利益极其狂热，甚至不择手段，如葡萄牙侵占非洲贩卖黑奴。④执政者的海洋意识。海权或海上力量建设，从古至今都是国家行为，国家重视，即使小国葡萄牙也能开启大航海时代；国家不重视，即使有郑和下西洋的强大基础，也会把老本吃光被列强舰炮欺辱。

第三，要重视海权与陆权的关系。海权与陆权相互制约又相互依存，海上力量要有陆上力量做依托，陆上力量也要有海上力量做依托。荷兰海上力量强盛时吃过陆上力量弱的亏，第二次英荷战争，几乎被法国陆军占领大半个荷兰。而法国拿破仑则吃过海上力量弱的亏，特拉法尔加海战被英军打败，使拿破仑称霸欧洲的计划破灭，法国从此被英国压制。

第四，海权或海上力量的运用要遵守战争法则。马汉引用大量战例，详细解释了一些重要原则，如集中优势兵力原则、摧毁敌人交通线原则、舰队决战原则等。这在二战美日太平洋战争都有体现，双方都用了马汉的理论。按照马汉“舰队不能分散”原则，在美国海军力量弱于英、法等国的 19 世纪末，美国不多的海军舰船主要集中在大西洋的东海岸。1893 年，美国夺取太平洋上的夏威夷后，一直担心日本会发难，就产生了开凿运河的想法，以缩短大西洋舰队驰援太平洋的航程。

1897 年 4 月，荷兰后裔，具有大海军情结的罗斯福就任美国海军部副部长。罗斯福自幼对海战历史着迷，1880 年结识了海军上校马汉。罗斯福非常认可马汉的观点，认为只有建设一支强大的海军，美国才能与英、法平起平坐。1882 年，罗斯福写出了《1812 年战争中的海战》，这本书后来成为美国海军学院必修课教材。虽然职位是海军部副部长，但由于时任海军部部长身体欠佳基本不理政事，罗斯福得以施展拳脚大力发展海军，造了不少新船，尤其针对西班牙制订了作战计划。

为什么针对西班牙？美国独立后，虽然奉行孤立主义政策，但一直在设法扩张，从墨西哥手里夺得得克萨斯州等领土，从法国拿破仑手中买下路易斯安那州，从沙皇俄国手中买下阿拉斯加州等。美国还几次想侵占加拿大领土，由于有英、法的干涉没有得逞。最后，美国瞄上了西班牙的海外殖民地——古巴、波多黎各、菲律宾等，这时的西班牙已是强弩之末，实力远不如英、法。于是，美国开始等待时机，手法如同现在美国在一些国家搞“颜色革命”，先让其自乱，再出手支持一方。由于西班牙对待殖民地人非常残酷，古巴和菲律宾多次发生当地人的起义，西班牙都残酷地镇压了下去。美国媒体添油加醋地进行了报道，为与西班牙开战制造舆论。

罗斯福就任海军部副部长后，很快制订了一份从西班牙手中夺取古巴和菲律宾的方案。美国对家门口的古巴觊觎已久，早在 1805 年，美国总统杰斐逊就表示，一旦同西班牙作战，美国将占领古巴。罗斯福以海军部副部长身份发电报给亚洲舰队海军准将乔治·杜威："上足煤，在向西班牙宣战时，你的任务就是要监视西班牙舰队不离开亚洲海岸，然后在菲律宾群岛展开攻击。"

1898 年 1 月，古巴哈瓦那发生了一场骚乱，骚乱期间，美国驻古巴领事向国内发电报建议海军做好准备，以便保护在古巴的美国人。但是，罗斯福当家的海军部反应过度，直接派了一艘海岸主力舰"缅因"号前往哈瓦那。"缅因"号于 1 月 25 日到达哈瓦那港，2 月 15 日在哈瓦那港爆炸沉没，266 人死亡。

由于这一时期美国与西班牙同时还发生了外交纠纷，美国媒体大肆渲染悲情气氛，"记住'缅因'号"，将"缅因"号爆炸归罪于西班牙，激起了美国民众对西班牙的强烈愤慨。

罗斯福称这次沉船为"西班牙人最恶劣的背信弃义行为"，"美国需要一场战争"。1898 年 4 月，美国和西班牙开战。1898 年 4 月 27 日，美国亚洲舰队驶离香港向菲律宾进发。5 月 1 日凌晨，美国舰队发起攻击。美国海军力量虽然不如英、法两国，但美国舰队在总吨位、航速和火炮，特别是训练水平上还是占有优势。战斗进行到中午，由 7 艘旧舰组成的西班牙舰队全军覆没。美舰队指挥杜威说："马尼拉战役是在香港码头打赢的。"就是说美国准备充分。

1898 年 8 月，美军占领了马尼拉，西班牙彻底退出了自大航海时代以来占领了 300 多年的殖民地菲律宾。之后，美国海军又击溃西班牙加勒比海舰队，夺得古巴、波多黎各、关岛、威克岛等地区。

后来有美国技术人员分析，"缅因"号系技术原因自己爆炸。这有些像伊拉克战争的导火索"一袋洗衣粉"了。

美国领土扩张的历史，是西班牙一步步失去大国地位的痛苦过程。美国很大一部分领土加利福尼亚州、得克萨斯州、新墨西哥州、科罗拉多州、亚利桑那州等都来自曾经的新西班牙——墨西哥，美国或强取或强买。现在的美国路易斯安那州曾是西班牙北美殖民地路易斯安那的一部分，当时的路易斯安那总面积 200 多万平方千米，1800 年被法国拿破仑夺取。1803 年，拿破仑将其以 1500 万美元卖给了美国。

罗斯福策划的美西战争的胜利验证了马汉的“海权论”。美国对西班牙战争的胜利，是美国由大陆扩张向海上扩张的转折点，是外交孤立主义向对外扩张主义的转变。

罗斯福在美西战争中的主动作为，为他进入政界奠定了基础。1900 年大选，共和党推举罗斯福做威廉·麦金莱的副总统候选人。1901 年 9 月，麦金莱总统遇刺身亡，罗斯福接任美国第 26 任总统。

罗斯福的名言是：温言在口，大棒在手。从 1901 年开始，美国海军舰队迅速扩大，夏威夷、菲律宾、关岛成为其基地。1903 年，罗斯福政府策划巴拿马脱离哥伦比亚独立，美国获得巴拿马运河开发和使用权。巴拿马运河 1904 年开工，1914 年竣工通航，从此，美国东西海岸之间航程比绕行南美智利的合恩角少了 1 万多千米，东西海岸舰队可以互相支援，海上贸易货运也因此大为方便。

1905 年，日本海军在对马海峡几乎全歼沙皇俄国（简称沙俄）太平洋舰队。对马海战期间，罗斯福异常兴奋，仿佛自己变成了日本人，整天和来访者谈论对马海战。但他也担心地说：“如果日本取得胜利，这意味着日本和美国将来一定会进行一场战争。”他还认为，日本“有一支被惹恼后能从美国手上立刻夺取菲律宾和夏威夷的力量”。二战中，太平洋战争的确是按此脚本进行的，日本突袭夏威夷珍珠港令美国损失惨重。于是，罗斯福让海军部制订了一个对日作战预演计划：从美国东海岸的大西洋舰队调动 16 艘战列舰远程奔袭美国西海岸的太平洋海军基地。对外宣称是美国海军进行的首次环球航行，开展友好外交活动。

1907 年 12 月 16 日，16 艘白色战列舰组成“大白舰队”（Great White Fleet）在美国东海岸汉普顿锚地集结，罗斯福乘坐“五月花”号总统游艇（MayflowerPY-1）亲自欢送。“大白舰队”绕智利合恩角，经秘鲁、墨西哥湾进入美国西海岸，于 1908 年 5 月 6 日抵达旧金山。之后途经夏威夷、关岛、菲律宾、新加坡、锡兰等地到达阿拉伯半岛，然后穿过苏伊士运河进入地中海，访问了欧洲各大港口及大西洋上的亚速尔群岛等，于 1909 年 12 月 22 日返回汉普顿锚地。

“大白舰队”环球航行期间，一支分舰队访问了日本横滨港。舰队受到明治天皇接见，击败沙俄海军的日本海军东乡平八郎大将也与美国海军进行了交流，缓解了美日对抗情绪。另一支分舰队访问了中国厦门，清朝政府也很重视，广东水师提督萨镇冰亲自欢迎，代替慈禧太后向“大白舰队”赠送了景泰蓝杯盏。

“大白舰队”在绕地球一圈航行了大约 8 万千米后，于 1909 年 2 月 22 日返回母港汉普顿锚地，罗斯福最后一次作为陆海军总司令登上“五月花”号舰桥迎接舰队。两星期后，罗斯福任期届满离开总统职位，但他给美国留下了一支强大的海军。

“大白舰队”8 万千米的远洋航行检验了美国舰船技术和建造的缺陷，美国主力战舰与英国 1906 年建造的新型“无畏”号战列舰相比，“大白舰队”主力舰已显过时。例如，在适航性方面，稍有风浪，舰队主力舰的舰艏都会被海浪冲洗一次，针对这一问题，美国在建造新战列舰时采取了将舰艏外扩并增高干舷，同时拆除锚部的公告牌和舷侧炮台等防止溅起水花的措施。但是，提高干舷必然要求增加船宽和总尺寸，会增加战列舰建造成本，不过对于这时的美国，资金已经不是问题了。适航性缺陷还被证明会影响舰队战斗力，为此美国海军改进了战列舰的火炮布局，加强了侧舷装甲等。

“大白舰队”远航中，美国海军还应用测试了一些新技术和新设备，如当时刚刚兴起的无线电通信，规定了各舰的无线电呼号，在舰队间、舰队与本土间都进行了测试。

罗斯福在 1901 年开始担任总统时，美国海军拥有 883 名军官和 25050 名士兵，1909 年离任时，海军军官增加到 1096 名，士兵增加到 44500 名。同比，海军年度拨款从 8500 万美元增至 1.4 亿美元。技术上，美国舰队已经达到当时的先进水平。此外，还有 27 艘潜艇正在建造。到 1918 年一战结束，美国已经崛起为海上强国。二战踏着太平洋上日本航母和飞机的残骸，美国海军实现了蜕变，成为世界最强海上力量。

罗斯福总统执政期间美国经济繁荣，但由于孤立主义政策占据上风，罗斯福的“大海军计划”建设资金筹措依然困难。1903 年，在罗斯福倡议下，美国海军联合会成立，当时的主要成员有：石油大王约翰·洛克菲勒，美国钢铁公司拥有者华尔街金融家 J.P. 摩根，钢铁大王安德鲁·卡内基曾经的合伙人亨利·弗里克，伯利恒钢铁公司创办人查尔斯·施瓦布，陆军部长伊莱休·鲁特，加州参议员詹姆斯·费伦等商界、政界名人。西奥多·罗斯福 1909 年卸任总统后，也成为美国海军联合会的一员。在海军联合会的运作下，美国造船、钢铁、石油、金融、贸易等行业密切合作，为美国海军建设提供了有力支撑，军火生产开始向私营企业集中，军工复合体开始萌芽。

美国拉什莫尔山上有 4 位美国总统的雕像，从左向右排序是美国首任总统乔治·华盛顿、第 3 任总统托马斯·杰斐逊、第 26 任总统西奥多·罗斯福、第 16 任总统亚伯拉罕·林肯。

2024 年 7 月 13 日，美国前总统唐纳德·特朗普遇刺后挥拳大喊“战斗”，马斯克在社交媒体发文称“上一次美国有如此强硬的候选人是西奥多·罗斯福”。

第四节 一战中尴尬的美国飞机

1903 年 12 月，威尔伯·莱特（1867—1912）和奥维尔·莱特（1871—1948）兄弟发明了飞机，但在第一次世界大战（简称一战）开始的 1914 年之前，法国巴黎被称为“世界航空之都”。

1917 年 4 月，迟迟赶到欧洲战场的美国陆军航空兵发现，自己的信号侦察机根本不能参加空战，美国人成了法国、英国与德国空战的观众。情急之下，一些美国飞行员加入了法国空军，著名的法国拉法叶中队，主要由美国飞行员组成，他们的故事还被拍成了电影 *Flyboys*，中国片名叫《空战英雄》。率先发明飞机的美国，为什么会出现这种尴尬局面？

莱特兄弟发明飞机后，没有 100 年前惠特尼有财政部部长的军火大订单那般运气。1905 年，兄弟俩曾向军方推介飞机，但军方根本不感兴趣。

因为早在 1898 年，美国军方曾资助天文学家、华盛顿史密森学会秘书塞缪尔·兰利（1834—1906）5 万美元设计一架飞机。兰利的飞机在 1903 年 10 月（莱特飞机试飞前 2 个月）试飞失败，美国媒体极尽所能挖苦兰利，最终美国军方撤回了对兰利的资金支持。

兰利作为著名学者和社会精英，有政府拨款支持，都没能使动力飞机上天，两个自行车修理匠能行吗？美国军方的质疑不无道理。此外，由于莱特兄弟的专利保护意识太强，不愿意发布更多信息，甚至不少媒体对莱特兄弟发明飞机这件事都持怀疑态度。

迫不得已，莱特兄弟跑到欧洲找出路。1906 年 4 月，莱特兄弟将第一架飞机卖给了具有政府代理性质的法国财团，但据说这个交易最后并没有完成，因为有记载说“莱特兄弟的第一桶金不是来自卖飞机，而是没有卖成飞机对方赔付的 5000 美元违约金”。

莱特兄弟向法国的瓦赞兄弟、英国的肖特兄弟出售了飞机专利，瓦赞兄弟和肖特兄弟分别创建了各自国家的第一家飞机公司。

1906 年 11 月，瓦赞兄弟创建了法国第一家飞机制造企业。瓦赞兄弟与法国多位航空先驱进行过合作，包括首次飞越英吉利海峡的路易·布莱里奥。瓦赞兄弟曾帮助来自巴西在法国学航空的桑托斯·杜蒙研制飞机。杜蒙在 1906 年 9 月研制并试飞成功了欧洲第一架动力飞机 14- 比斯。一战中，瓦赞兄弟的全铝飞机生产了近万架，高峰期每周可以生产 60 架，在各国得到普遍应用。

1908 年 11 月，肖特兄弟创建了英国第一家飞机制造公司——肖特兄弟（Short Brothers）。肖特兄弟使用莱特兄弟专利授权生产“莱特飞行者”，第一批 6 架订货来自英国皇家航空俱乐部成员。经过不断改进莱特飞机，肖特兄弟研制出了世界上第一架用于攻击舰船的鱼雷机——肖特 184，在一战中成为名机，公司业务快速增长。

莱特兄弟在法国、德国成立了销售推广类的公司。哥哥威尔伯在法国进行了多次成功的飞行表演，引起轰动。弟弟奥维尔在美国也进行了多次成功的飞行表演。这时的莱特飞机性能已经大大提高，可以持续飞行 1 小时以上，飞行距离超过 100 千米。莱特兄弟在欧洲的飞行活动，以及法国、英国、德国飞机制造业的快速兴起引起了罗斯福总统的注意。

1907 年春天，罗斯福总统看到一份关于莱特兄弟飞行活动的简报，批示战争部部长（相当于现在的国防部部长）研究并测试莱特飞机，战争部于 1907 年在美国陆军信号部队成立了专门的航空机构。图 1–1 是美军关于飞机最早的文件，时间是 1907 年 8 月 1 日。

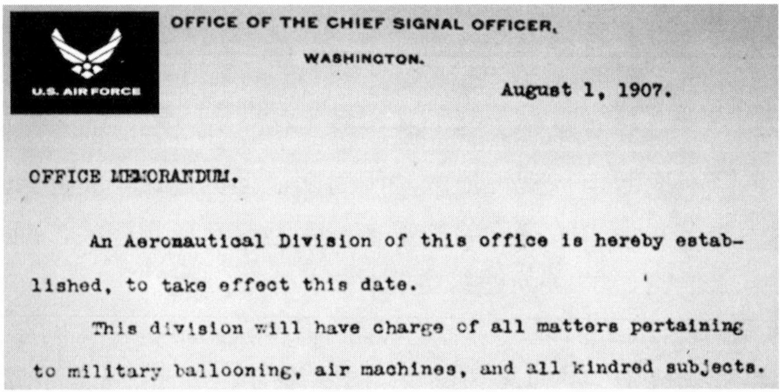
U.S. AIR FORCE

OFFICE OF THE CHIEF SIGNAL OFFICER,
WASHINGTON.

August 1, 1907.

OFFICE MEMORANDUM.

An Aeronautical Division of this office is hereby established, to take effect this date.

This division will have charge of all matters pertaining to military ballooning, air machines, and all kindred subjects.

图 1-1　美军关于飞机最早的文件

1908 年，美国陆军终于向莱特兄弟订购了一架莱特 B 型飞机，合同额 25000 美元。图 1–2 是美军第一架飞机莱特 B 型机。

图 1-2　美军第一架飞机莱特 B 型机

经过 5 年多的煎熬，莱特飞机终于见到了商业成功的曙光。1909 年 11 月 22 日，莱特兄弟联合投资者在代顿镇创立了莱特飞机公司，主要为美国陆军信号部队制造飞机。莱特兄弟凭其专利权和专家身份“得到了 10 万美元现金，在公司里拥有三分之一股份，同时约定每销售一架飞机抽取 10% 的专利使用费”。

1910 年 10 月 11 日，美国密苏里州举办了一次小型航展。飞行表演前几分钟，一列车队来到航展现场，已经卸任的前总统罗斯福从车上下来，他来到莱特飞行表演队阿奇·奥尔赛的莱特 B 型机前仔细观看。奥尔赛试探着问罗斯福，是否愿意坐飞机上天兜几圈。起初罗斯福说“不了，谢谢。天上已经有足够多的飞机了”。犹豫片刻后，罗斯福脱掉外套，费了好些力气钻进只有两个座位的莱特 B 型机的右座。奥尔赛对前总统说，“抓紧扶手，我不希望您掉下去”。次日的《纽约论坛报》报道：“飞机迅速加速，在不到 100 英尺（33 米）高度绕场飞行。第一圈飞了大约 2.4 千米，人群中纷纷传言，说前总统西奥多·罗斯福正在飞机上！飞机掠过看台时，罗斯福探身向人们挥手致意，人们惊呆了！”罗斯福成为第一个乘坐飞机的美国总统，虽然飞行只持续了 3 分钟，但这对刚刚兴起的飞机制造业是最有力的支持。图 1-3 中左为西奥多·罗斯福。

图 1-3　飞机上的飞行员和西奥多·罗斯福

罗斯福的接替者威廉·塔夫脱总统对莱特飞机也大加赞赏，并于 1909 年接见了莱特兄弟。然而，美国军方对飞机的认识仅仅停留在信号部队侦察工具层面，因此投入有限。有资料统计，1911—1912 年，在投入资金发展空军方面，美国仅仅投了 12.5 万美元，而意大利投资 200 万美元、法国投资 100 万美元、德国投资 100 万美元、俄罗斯投资 90 万美元。到 1913 年年底，美国信号部队只有 19 架没有武器装备的双翼机。

1914 年一战爆发前，法国已是世界公认的飞机制造中心，拥有 20 家飞机制造公司和 13 家发动机制造公司，其产品远销世界各国，拥有军机 1400 架。德国有 15 家飞机制造公司和 1000 架军机。美国有 14 家飞机制造公司和 49 架军机。一战期间，法国生产的飞机超过 52000 架，发动机超过 93000 台。1918 年一战结束前夕，法国公司飞机月产量达 2750 架，发动机月产量达 4000 台。

一战的空战主要在德国与法国和英国之间展开，出现了三款名机：德国福克公司制造的福克 D.7，英国索普维思公司制造的“骆驼”战机，法国斯帕德公司制造的 S.13。

一战使美国政府和军方认识到了飞机的重要性，国会授权拨巨款大量采购法国纽波特飞机、英国德·哈维兰飞机，派人去英、法学习飞机批量化制造标准和经验。

1918 年 5 月，美国终于制造出了第一架英国德·哈维兰公司设计的飞机 DH4，该机在灵活性、速度、爬升能力方面都优于美国之前自己设计的飞机，配备机枪，可携带 200 千克炸弹。美国飞行员在一战中次数不多的战功多数由 DH4 创造。

1918 年 5 月 24 日，美国陆军将航空兵从陆军信号部队独立出来，成立了美国陆军航空兵部队，并开始反思美国飞机为什么不如欧洲。

第五节　寇蒂斯与莱特兄弟的遗憾

1914—1918 年，欧洲激战正酣之时，美国飞机制造领域的专利官司也打得激烈。由于莱特兄弟在申请专利时保护范围过于宽泛，同时又过于执着地保护专利，与美国航空界的许多名人结怨，被媒体扣上了“专利流氓”的骂名，其中与航空先驱格伦·寇蒂斯的专利官司影响最大。

在美国航空界，寇蒂斯与莱特兄弟齐名。1906 年，在“电话大王”贝尔的帮助下，寇蒂斯研制出了美国第一台飞机发动机。1909 年 3 月，寇蒂斯和飞行爱好者奥古斯都·赫林创立了美国第一家飞机制造公司——赫林－寇蒂斯公司，比莱特公司创立早 8 个月。1910 年，赫林离开公司，寇蒂斯将公司更名为寇蒂斯飞机公司，同时还成立了寇蒂斯发动机公司。美国陆军购买的第一架飞机是莱特飞机，第二架飞机则是寇蒂斯飞机。

寇蒂斯公司为美国海军研制航空母舰作出了开创性的贡献，寇蒂斯被人称为美国航母舰载机之父。1910 年，美国海军装备部部长助理华盛顿·钱伯斯上校得知英国、德国在研究可从军舰上起飞的飞机，他说服海军高层领导，让他用停泊在弗吉尼亚汉普顿锚地的“伯明翰”号军舰进行飞机起飞试验。钱伯斯被海军部任命为试飞总指挥，但没有提供经费。钱伯斯从民间筹集到一笔经费，说服了寇蒂斯为试验提供飞机，聘请民间飞行家尤金·伊利当试飞员。

1910 年 11 月 14 日，是美国航空母舰发展史上重要的一天。在美国弗吉尼亚州汉普顿切萨皮克湾，“伯明翰”号巡洋舰改变了模样，舰艏安装了一个长约 25 米、宽约 7 米的木质平台，平台上停放着一架“寇蒂斯”双翼飞机。下午 3 时，“伯明翰”号巡洋舰起锚逆风航行，伊利驾驶双翼机逆风摇摇晃晃地飞离了木质平台，随后擦着水面飞行了 4 千米，降落在威洛比岬斯皮特海滩上。美国海军部随后立即开展飞机着舰试验，将“宾夕法尼亚”号重巡洋舰进行了改装，一个长 36 米、宽 9.6 米的木质倾斜平台被安装在舰艉，如图 1–4 所示。

1911 年 1 月 18 日上午，伊利驾机从旧金山湾南部的坦福兰机场升空，成功降落在旧金山湾的“宾夕法尼亚”号巡洋舰上。美国国会终于同意拨出 2.5 万美元作为海军航母试验经费。1911 年 5 月，钱伯斯上校向寇蒂斯公司购买了 2 架改进后的飞机，成为美国海军的第一批飞机。

图 1-4　改装后的“宾夕法尼亚”号巡洋舰（图片来自《美国空军史》）

1912 年，寇蒂斯又将水上飞机浮筒改成船形，使水上飞机的起降更加安全，操纵更加方便，该机通过副翼进行横侧操纵。同年 11 月 12 日，伊利驾驶寇蒂斯的双翼水上飞机，从经改装的“伯明翰”号轻巡洋舰上弹射起飞成功，开创了舰载飞机弹射起飞的历史。美国航空母舰就这样诞生了。

为避免与莱特兄弟发明的翘曲机翼产生专利纠纷，寇蒂斯发明了副翼及操纵机构。寇蒂斯在机翼上装配铰接挡板，通过上下摆动来控制飞行稳定性，这一发明至今仍在应用，但莱特仍然认为寇蒂斯侵犯了自己的专利，对寇蒂斯公司发起了诉讼。1914 年，美国法院裁定莱特胜诉，并明确美国所有飞机制造商都要向莱特兄弟支付 20% 的专利使用费。

寇蒂斯与莱特的专利诉讼引起美国社会热议，“汽车大王”亨利 · 福特等美国工业界的人士大多站在寇蒂斯一边，亨利 · 福特给寇蒂斯的建议是“不断持续改进”。海军部副部长富兰克林 · 罗斯福（后来成为美国总统）也是寇蒂斯的支持者。

关于莱特兄弟与美国航空界的专利纠纷，美国《纽约时报》曾做过专门评论，认为是莱特对专利的过度保护阻碍了美国飞机制造业的发展，开启了专利过度保护的先例。与莱特的专利纠纷败诉后，寇蒂斯公司也注册了多项飞机发明专利，也学着莱特与其他飞机制造企业打起了专利官司。当欧洲飞机公司不断开发新型飞机时，两位美国航空先驱利用专利高墙“成功”地使美国许多航空工程师对改进飞机望而却步。

莱特兄弟虽然打赢了多数专利官司，但莱特公司的日子并不好过，哥哥威尔伯·莱特积劳成疾，在 1912 年去世。专利诉讼牵扯了莱特兄弟太多精力，公司再也没有制造出值得夸耀的新飞机。1915 年，莱特公司创办后的第六年，心力疲惫的奥维尔·莱特卖掉了公司股份回到家乡代顿享受清闲。

美国政府意识到了不能仅靠民间发展航空技术，1915 年，美国国家航空咨询委员会（NACA）成立，1958 年这一组织变成了 NASA。1917 年，为了应对战时需要，时任海军部副部长富兰克林·罗斯福提议成立飞机制造商联合会，政府出资购买莱特、寇蒂斯等飞机专利，将专利交由飞机制造商联合会管理，加入联合会的飞机制造商每年按照计划缴纳一定数额的专利使用费，这样可使专利使用费从 20% 降到 2%。

据说飞机制造商联合会为购买莱特飞机专利花费了 200 万美元，这笔由政府出的巨款很快显现了效果。1917 年以后，美国飞机制造业开始起飞，洛克希德、马丁、波音、道格拉斯等飞机制造公司得到快速发展。

1920 年 9 月，寇蒂斯卖掉公司股份，只保留了技术顾问头衔，不再主导公司事务。美国媒体曾将寇蒂斯描述为具有摇滚精神和西部硬汉形象的航空先驱。寇蒂斯是美国《时代》周刊 1924 年 10 月的封面人物。

不是冤家不聚头。1929 年，迫于全球经济大萧条，尤其在波音托拉斯不断并购扩大的压力之下，没有了创始人的莱特公司和寇蒂斯公司在华尔街投资人主导下合并为寇蒂斯 - 莱特公司（Curtiss-Wright），并在纽约证券交易所上市，股票代码 CW，是当时全美最大的航空制造企业。

二战期间，寇蒂斯 - 莱特公司共生产了 29269 架飞机，其中最成功机型是寇蒂斯的 P-40“战鹰”战斗机，生产了 14000 架；还有 3000 多架 C-46“突击队员”运输机；7000 多架 SB2C“地狱俯冲者”俯冲轰炸机；

142840 台飞机发动机。公司员工总数 18 万人，连续两年公司收入超过 10 亿美元，一度成为仅次于通用汽车的美国第二大公司。在中国参战的美国飞虎队就装备有 P-40 和 C-46。

二战中，在诺曼底战场、在太平洋上、在驼峰航线，美国飞机成为反法西斯战争的主力，终于挽回了一战中当空战观众的面子。

二战结束，作为二战期间最大的航空制造企业，寇蒂斯 - 莱特公司订单急剧减少，二战期间投入形成的巨大资产成为公司的拖累。由于缺少资金研发的新技术和产品，莱特和寇蒂斯两位航空先驱创建的公司没能跟上喷气时代，1948 年，寇蒂斯 - 莱特公司将飞机整机部门卖给了北美航空公司。之后，北美航空公司被罗克韦尔公司收购，罗克韦尔公司最终被波音公司收购。

寇蒂斯 - 莱特公司最终沦为飞机零部件制造企业，但至今仍是华尔街一家不错的上市公司，股票代码仍然是 CW，公司分类在航空航天国防军工板块。

第六节　洛克希德“第一星”

LOCKHEED MARTIN

图 1-5　洛克希德 – 马丁公司的 LOGO

图 1-5 是世界第一大军工企业洛克希德 - 马丁公司的 LOGO。从 1912 年公司成立至今，“星”一直是洛克希德公司的标志，2015 年，洛马公司以 90 亿美元收购西科斯基直升机公司，公司网站打出了“星门打开，迎接黑鹰”的标语。洛克希德公司奠基成名之作，第一颗星是约翰 · 诺斯罗普与艾伦 · 路赫德（1889—1969）① 一起研制的半硬壳式飞机——“织女星”（Vega）。

一、洛克希德与诺斯罗普

率先用半硬壳式机身技术造飞机的是法国人。法国人布莱里奥是与

① 按习惯发音，后起名为洛克希德。

莱特兄弟同时代的航空先驱，他从 1900 年就开始设计制造飞机，并与法国瓦赞兄弟在 1903 年就率先创办过布莱里奥－瓦赞飞机公司。布莱里奥在 1909 年研制成功布莱里奥Ⅺ（Bleriot Model Ⅺ）型单翼飞机。1909 年 7 月 25 日凌晨，布莱里奥驾驶布莱里奥Ⅺ型飞机飞行 35 千米历时 37 分钟，历史性地飞越英吉利海峡，赢得了英国伦敦《每日邮报》的 1000 英镑奖金，成为驾机飞越英吉利海峡第一人。1913 年，布莱里奥收购了陷入困境的德培杜辛（Deperdussin）飞机公司，并将公司命名为斯帕德公司（法语缩写：SPAD）。德培杜辛公司有一位优秀的工程师叫路易斯·贝什罗（1880—1970），他发明了一项加快了飞机发展历史进程的“硬壳式机身结构”，贝什罗还是驾驶盘操纵装置的发明者，这种操纵装置至今还在一些运输机上使用。硬壳式机身由上下两片压模成形的木质三合板接合而成，机身具有很好的流线特征。硬壳式结构有着比较厚而成弧状的外壳，没有纵向构件，仅靠蒙皮和少数框就能支撑外部负载，结构简单。图 1-6 是德培杜辛公司“竞赛者”飞机复制品，“竞赛者”飞机在 1912 年创下了时速 185 千米的纪录。但是，硬壳式机身制作费时费力，因此在当时没能普及，最终还是美国公司将硬壳式机身飞机实现了商业化。

图 1-6　德培杜辛公司“竞赛者”飞机复制品

1912 年，艾伦·路赫德和弟弟创办了洛克希德飞机公司，1916 年约翰·诺斯罗普（1895—1981）加入了公司。1918 年，诺斯罗普与路赫德兄弟等伙伴一起发明了快速生产半硬壳式机身的制造工艺技术，大大提高了硬壳式机身制造效率，并申请了美国专利，专利号为 1425113，主要技术负责人是 23 岁的诺斯罗普。由于洛克希德公司于 1920 破产，这一技术发明一直被搁置到 1926 年。

1926 年，艾伦·路赫德邀请诺斯罗普、Kenneth Kay[①] 和 Fred Keeler 合作，第二次创办了洛克希德飞机公司。有诺斯罗普的加盟，公司很快于 1927 年 7 月 4 日美国国庆日推出了著名的 6 座单翼民用客机“织女星”，当时的主要材料还是胶合板，全金属机身的飞机还在酝酿中。这个时期，美国的飞机与欧洲尤其是德国还有差距，因为德国容克斯的全金属飞机早已投入使用。

“织女星”采用了诺斯罗普发明的半硬壳式机身制造技术，“织女星”使硬壳式机身优势得以完全显现，该机证明了在相同机内空间，半硬壳式机身结构比传统的桁架式设计减少 35% 横截面面积，因此降低了风阻，减轻了飞机的重量，大大提高了飞机性能，可以运载更多的旅客。“织女星”的成功设计和制造工艺很快在世界各地推广开来，推进了正在起步的民用客机和运输机发展。洛克希德公司 1928 年的销售额突破百万美元，到 1929 年春，公司有 300 名员工，每周可以出产 5 架“织女星”。1928 年，诺斯罗普离开洛克希德公司准备自己创业。1929 年 7 月，敏感的大股东 Fred Keeler 在大萧条来临之前把公司 90% 的股份卖给了底特律飞机公司，艾伦·路赫德随之辞职，从此离开洛克希德公司。

1931 年，底特律飞机公司推出了基于“织女星”的“猎户座”飞机，相当于“织女星”的下单翼版飞机。由于率先使用了可收放起落架，大大降低了飞行阻力，“猎户座”比“织女星”更进了一步，成为第一架使用可收放式起落架的民航机。从此以后，流线型半硬壳机身、悬臂式下单翼、可收放式起落架，成为民用客机和运输机的基本特征。

---

① 本书中部分英文姓名在中文语境中翻译不便，故使用英文方便读者查阅。

1932 年年底特律飞机公司破产，投资人格罗斯兄弟竞拍获得公司资产。格罗斯兄弟将公司重新命名为洛克希德公司，把艾伦·路赫德请回公司担任顾问。

二、诺斯罗普与波音和道格拉斯

1929 年，34 岁的诺斯罗普第一次创建了自己的阿维翁（Avion）飞机公司，但生不逢时遇上经济大萧条，公司被波音收购。波音将 Avion 公司更名为诺斯罗普航空技术公司，显而易见，波音看重的是诺斯罗普。这期间，诺斯罗普发明了全铝多室机翼（multicellular wing）结构金属加工方法，于 1930 年研制成功“阿尔法”飞机，这是第一架以平头铆钉接合的全铝、光滑外表面、半硬壳机身，以及多室机翼结构的生产型飞机。

全铝多室机翼结构的优势是：在密集的翼梁、翼肋铺上可承力材料蒙皮，并使其与机翼可靠连接形成一个整体结构，从而提高飞机整体结构刚度和承载力，机翼蒙皮还可承受弯矩、压缩、拉伸负载，这种设计因此也就成为 20 世纪 30 年代的飞机标准构型。图 1-7 是“阿尔法”飞机布局结构图。

图 1-7　“阿尔法”飞机布局结构图

诺斯罗普的这款飞机没有辜负“阿尔法”（α[①]）之名，这是一款对后来者具有很强示范性的标志性飞机，波音247和道格拉斯DC-3都能见到“阿尔法”的影子。由于1930年的诺斯罗普公司是波音托拉斯的子公司，“阿尔法”的知识产权，波音也有份儿。

1930年，波音公司研制的单发邮政机Monomail采用了诺斯罗普全铝多室机翼结构，这是美国第一架全金属飞机，也是一款具备一切现代民航客机外形特征的飞机，与“阿尔法”飞机非常相似。这里之所以说是美国第一架，是因为德国容克斯飞机公司早在1919年就研制出了全金属单发民用飞机F.13，这是世界上最早出现的低单翼布局、全金属、单发活塞式小型民用飞机，在欧洲被普遍使用，甚至卖到了中国。

1931年，波音在这架飞机基础上为美国陆军航空部研制了双发轰炸机原型机YB-9，但是正值经济大萧条的美国政府经费紧张，YB-9轰炸机最终没有投产。于是波音与美国联合航空公司协商后，在1932年以YB-9构型为基础研制了体形稍小的商用机型，这就是于1933年2月首飞的波音247。

波音247也采用了全铝多室机翼结构，是第一架集当时先进飞机制造技术于一体的民航客机。波音247完全采用全金属半硬壳结构、全悬臂机翼、可收放起落架、操纵面调整片、自动导航系统、机翼及尾翼上的除冰器等先进技术，可载10名乘客，是一款很有竞争力的飞机，广受各家航空公司的欢迎，一度供不应求。波音公司凭借波音247的成功奠定了在民航客机领域的领先地位，波音247很快成为其他飞机制造公司模仿和超越的对象。图1-8为波音247飞机设计图。

虽然波音247很优秀，但是作为商业用途还需要在政府补贴下才能盈利，而下面出场的道格拉斯公司DC-3（见图1-9）更胜一筹，是第一款不需政府补贴真正赚钱的飞机。

① 希腊字母表第一个字母，以此命名有宣示“第一”和“首创”之意。

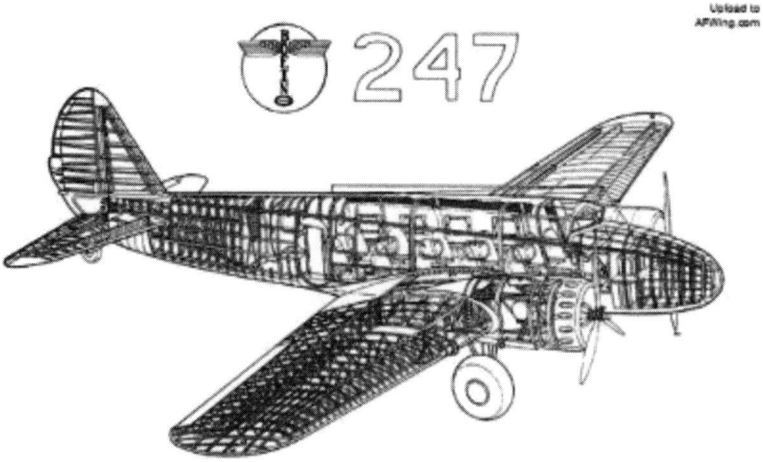

图 1-8　波音 247 飞机设计图

图 1-9　美联航运营的 DC-3

1932 年道格拉斯出资帮助诺斯罗普第二次创办了公司，这是一笔非常有价值的投资。波音 247 成功推出后供不应求，波音托拉斯当然要先满足自己的航空运输公司，美国环球航空公司（Trans World Airlines，TWA）也想订购，但要等到一年以后。TWA 老板等不及，1932 年 8 月，TWA 向道格拉斯公司提出要求，希望能为其研制一款能与波音 247 竞争的客机。

道格拉斯在设计新飞机时使用了诺斯罗普开发的全铝多室机翼结构，这就是 DC-1 型飞机，DC-1 制造费用高达 30 多万美元。这款全金属、双发动机的单翼飞机结合了当时先进的整流罩和发动机舱技术。在 DC-1 之后，1935 年道格拉斯开发出了著名的 DC-3。DC-3 可载客 30 人，飞机上首次配备的空中厨房可提供热食，中途加油一次就能飞越美国东西海岸。性能良好、载客量大、坚固耐用，DC-3 很快成为 20 世纪 40—50 年代全世界航空运输业使用最多的飞机，成为不需政府补贴，靠运送旅客和货物就能赚钱的民用飞机。DC-3 共生产了 13000 多架（包括许可国外生产），是迄今为止全世界单一机型生产量最多的飞机，其中军用型 C-47 占多数。

道格拉斯凭借 DC 系列飞机压制波音等飞机制造公司近 20 年，直到波音 707 问世。从飞机构型和结构看，DC-3 是典型的铝合金半硬壳结构单翼飞机。从 DC-3 开始至今，军机和客机在机身布局结构上几乎没有大的变化。

从 20 世纪 30 年代开始，洛克希德公司、道格拉斯公司、波音公司、诺斯罗普公司开始了长达半个世纪的竞争，奠定了美国军工的基础，成为美国军火之源。

第七节　诺斯罗普飞翼机

美国新型隐身远程战略轰炸机 B-21“突袭者”采用了飞翼布局。早在 20 世纪 20 年代，诺斯罗普就开始考虑如何设计制造飞翼飞机，他认为飞翼布局可以更多地将机载设备内置，并利用少数几个翼面操纵，可以使飞机表面平滑从而大大减少阻力，那时还没有发现这种布局的最重要性能——隐身。1928 年，诺斯罗普离开洛克希德公司后就开始着手研究制造飞翼试验机，并在 1929 年第一次创办公司之年研制出样机，如图 1-10 所示。

大萧条重创诺斯罗普公司，公司被波音托拉斯收购，诺斯罗普开始了“阿尔法”飞机的研制，飞翼梦被暂时搁置。

图 1-10　飞翼试验机样机

1939 年诺斯罗普第三次创立公司，立即启动了飞翼机研制。1940 年 7 月 3 日，美国国庆日前一天，承载着诺斯罗普飞翼梦的验证机 N-1M 实现首飞，这款飞机今天看来仍具有现代科幻色彩，如图 1-11 所示。

图 1-11　验证机 N-1M

N-1M 完全是诺斯罗普为满足个人兴趣、利用自有资金研制的一款飞翼布局技术验证机，美国军方并没有参与。

1941 年年初，意识到终将参与二战的美国军方从跨洲作战考虑，认为有必要研制一款远程打击大型轰炸机。1941 年 4 月，军方向各大飞机制造公司发布了研发洲际轰炸机需求指标，最后联合飞机公司 B-36 方案击败了诺斯罗普公司飞翼布局 XB-35 和波音等几家公司的方案。1943 年联合飞机公司与伏尔提公司合并为康维尔（Convair）飞机公司，所以 B-36 的最终完成者是康维尔飞机公司。

但是军方对诺斯罗普 XB-35 的飞翼方案依然感兴趣，还是授予诺斯罗普公司一份合同：建造大尺寸的技术验证机和两架 XB-35 原型机。见图 1-12 设计草图，已经和 B-2 很相似了。

图 1-12　XB-35 设计草图

1941 年 12 月 7 日，日军偷袭珍珠港，被打疼了的美国政府终于下决心全面参战，加速武器装备生产，美国军方对研制中的飞机都加大了投资力度，在 1943 年 6 月与诺斯罗普公司签订了购买 200 架 B-35① 轰炸机合同，并要求必须在 1943 年 11 月交付第一架原型机验证机 XB-35。

XB-35 采用了不同于 B-29、B-36 等战机，前所未有的构型，没有尾翼和机身，稳定性依赖几片巨大的副翼和襟翼，在当时的技术条件下，这使飞行控制成为一大难题。因此 XB-35 项目一再延期，美国军方不得已于 1944 年 5 月取消了 XB-35 的量产合同。

军方虽然取消了量产 200 架合同，但仍然支持诺斯罗普公司继续小批量生产 YB-35② 用于测试研究，首架原型机 XB-35 于 1946 年二战结束后终于实现首飞。最后共生产出了两架 XB-35 原型机和 6 架 YB-35 型小批试生产型飞机（见图 1-13），但最终于 1947 年 9 月被停飞。诺斯罗普并不失望，因为军方和他还有后手棋。

二战期间出现的喷气发动机技术引起美国军方重视。1945 年 6 月，美国军方让诺斯罗普公司把两架 YB-35 改装成喷气轰炸机，安装 8 台艾利逊 J35-A-5 涡轮喷气发动机，新机命名为 YB-49。

① XB-35 是验证机，B-35 是已定型可正式列装服役的飞机。
② YB-35，有别于 XB-35 的验证机。

YB-35 被停飞后一个月，1947 年 10 月，承载着诺斯罗普飞翼梦的美国第一架喷气式飞翼机 YB-49 实现首飞，如图 1-14 所示。

图 1-13　XB-35 原型机和 YB-35 小批试生产型飞机

图 1-14　飞翼机 YB-49

YB-49 正面表面积很小，有些像飞碟，在试飞的时候，飞机信号在地面雷达上经常消失，飞翼布局的隐身性能得以验证；同时飞翼布局高升力、低阻力等性能也得以体现。但是，1948 年 6 月 5 日，第二架 YB-49 在试飞时由于失速坠毁，飞行员格伦·爱德华和 4 名机组人员丧生，这个空军基地后来以该试飞员名字命名，即爱德华空军基地。

虽然接下来 YB-49 经过持续改进创造了多项超前的战术技术指标，1949 年杜鲁门总统在参加安德鲁斯空军基地军事航空展时还为其站台，但是军方还是失去了耐心，于 1950 年 3 月取消了 YB-49 项目。诺斯罗普的飞翼梦再次破灭。

然而，军方对诺斯罗普的飞翼布局依然恋恋不舍，仍作为研究课题给予支持。对于 YB-49 试飞中的一些事故原因，有的难以解释，甚至有“阴谋论”之说，美国联邦调查局（FBI）还介入了调查，还为此引出了一些故事。

1949 年 6 月，美国国会专门就 YB-49 项目被取消举行听证会进行调查，因为有人指控空军在 B-36 战略轰炸机合同中进行了不正当的施压，偏袒康维尔公司。也有说法是，这项调查的背后是海军和空军间的高层矛盾。1949 年 3 月 28 日接替詹姆斯·福莱斯特的国防部部长刘易斯·A. 约翰逊于 1949 年 4 月 23 日突然取消美国海军的“美国”级大型航母，并推进空军组建 B-36D 战略轰炸机部队的计划。“美国”级航母是经批准建造的，将使海军具有战略轰炸能力，所以海军非常生气。但空军坚持认为在严格意义上讲战略轰炸是空军的事情。

合理的解释是，受预算限制，美国政府不可能同时负担新型战略轰炸机和新型航母两个大项目的费用。当时还有传言，空军部部长斯图尔特·赛明顿将出任康维尔和诺斯罗普合并后新公司的负责人。

还有媒体报道称“约翰·诺斯罗普出席了 B-36 听证会，否认了 YB-49 项目的取消存在任何可疑之处”。但是在多年后，诺斯罗普承认他在听证会上撒了谎，因为当时担心赛明顿会报复，彻底抹杀诺斯罗普公司。赛明顿后来在参议院中待了 24 年之久，1960 年竞争民主党总统候选人失败，1977 年从参议院退休，他一直否认诺斯罗普的说法。

值得一提的是，直到二战结束两年后的 1947 年 8 月 30 日，康维尔公司的第一架生产型 B-36 才正式服役，但也没有大作为，特点就是“大”，最大起飞重量 186 吨，可装载炸弹 39 吨，相当于 3 架二战期间最优秀的轰炸机 B-29。B-36 轰炸机于 1959 年退役，接替者是波音公司的 B-52 轰炸机，波音公司也是当年与康维尔公司的竞标者。

诺斯罗普公司于 1951 年 12 月 10 日在纽约证券交易所上市，然而次年，57 岁的公司创始人诺斯罗普突然离开了公司，并卖掉了所有股票，引起人们各种猜测。1980 年，诺斯罗普去世的前一年曾对媒体说，美国空军取消 YB-49 项目并不是因为技术原因，而是因为他拒绝了空军提出的诺斯罗普公司与生产 B-36 的康维尔公司合并的建议。他说“之所以沉默多年，是因为担心一旦公布真相，五角大楼会抵制诺斯罗普公司”，“当时的空军部部长斯图尔特·赛明顿在 1948 年 6 月就签署了合并命令”。赛明顿当时解释说是“因为战后预算削减，空军无法支持更多飞机公司的项目，除非诺斯罗普公司同意与康维尔合并，否则飞翼轰炸机将一架都造不出来”。这种解释还算合理。诺斯罗普随后会晤了康维尔公司的华尔街控股股东——阿特拉斯公司的负责人弗洛伊德·奥德伦讨论合并的可行性，但没有取得进展。诺斯罗普后来说，“他已经经营公司多年，必须对公司员工负责，他的飞翼只能由工作在加州霍桑的诺斯罗普工厂的员工来制造”。此后不久，赛明顿突然下令取消飞翼项目，并且作为命令的一部分，空军决定销毁正在制造中的 7 架 YB-49 飞翼飞机。

退休后的诺斯罗普依然坚持自己的飞翼梦，离开公司后的多年间还通过多种方式向军方呼吁。20 世纪 70 年代，70 多岁的诺斯罗普还致函 NASA 要重视飞翼布局飞机的低阻力、高升力和隐身特质，NASA 不敢怠慢回函说“飞翼概念并没有被抛弃”。NASA 没有忽悠这位老人家，美国军方其实一直在将飞翼作为绝密项目进行研究。

二战后，很多参加过德国飞翼飞机 Ho-229 项目的德国工程师和科学家进入诺斯罗普公司工作，使美军意识到了飞翼布局最大的优势是其隐身特性。图 1-15 是 1945 年 2 月首飞，4 月就被美军缴获的德国霍顿飞翼喷气机 Ho-229 的艺术效果图。所以，美国飞翼飞机技术也有部分来自德国。

图 1-15　飞翼喷气机 Ho-229 的艺术效果图

1978 年卡特政府按照冷战思维提出打造一款能携带核武器深入苏联境内而不被雷达发现的轰炸机，这就是隐身轰炸机项目——先进技术轰炸机（ATB）。洛克希德、波音、诺斯罗普、罗克韦尔等公司纷纷拿出看家本领积极作准备。诺斯罗普公司的“老本”就是飞翼。

关键时刻，1980 年 4 月，诺斯罗普公司邀请 85 岁的诺斯罗普回公司参观，美国空军还特许他观看了处于绝密中具有飞翼布局隐身性能的战略轰炸机概念模型。1980 年 9 月美国空军颁布了 ATB 的方案征询书，诺斯罗普公司很快就凭借 XB-35 和 YB-49 项目技术储备和经验做出了方案。

1981 年年初，诺斯罗普在病床上看到了准备用来竞标，后来被编号为 B-2 的“幽灵”轰炸机缩比模型，已经失去语言能力的老人家用颤抖的手写下了“Now I know why God has kept me alive for 25 years”（现在明白了上帝为什么让我多活了 25 年）。对飞翼的执念和热爱已不需再多的语言表达。当时在场的 B-2 项目设计师约翰·卡申后来在《飞翼终将飞行》一文里写道：“他用颤抖的双手握住模型，如果你仔细感觉，能看到在他的脑海中正在回放着整个诺斯罗普的飞翼历史人生。”诺斯罗普于 1981 年去世，享年 86 岁。

在诺斯罗普去世 8 个月后，1981 年 10 月 20 日，诺斯罗普公司与波音公司合作战胜洛克希德公司与罗克韦尔公司团队，赢得了 ATB 项目，飞机编号 B–2，绰号“幽灵”。B–2 的翼展与 1950 年被取消的 YB–49 前辈一样是 58.52 米，诺斯罗普的飞翼梦终于走进现实。B–2 于 1997 年开始服役，至今仍然是美军现役主力轰炸机，见图 1–16。

图 1-16　B-2 轰炸机

从 1929 年提出概念，到 1989 年飞机服役，历经 60 多年。B–2 的成功首先得益于诺斯罗普的超前飞翼设计，第二是得益于飞控计算机、电传操控等技术的发展，第三还得益于二战后被美军“邀请”到美国的纳粹德国航空航天技术专家，因为纳粹德国空军在飞翼飞机方面的研究也积累了大量经验，有些技术甚至走到了美国前面。

2015 年 10 月 28 日，诺斯罗普 – 格鲁门公司（简称诺格公司）中标美国空军下一代远程战略轰炸机 NGB 项目，为美军打造 100 架远程轰炸机队，合同金额 500 亿美元，全项目成本约 1000 亿美元。2016 年 2 月 26 日，美国空军发布了新机外形艺术效果图（如图 1–17 所示），新机被命名为 B–21。2016 年 9 月 19 日确定了“突袭者”的绰号。

图 1-17　B-21 隐身轰炸机

2023 年 11 月 10 日，B-21“突袭者”进行了第一次首飞。美联社报道的标题是“核隐身轰炸机 B-21‘突袭者’首飞”，强调的是核打击能力；路透社的标题是“美国空军新机 B-21‘突袭者’飞翼轰炸机首飞”，关注的是飞翼布局。2024 年 2 月，美国国防部称 B-21 已进入低速生产阶段。

作为中国人，应该记住 B-2。北京时间 1999 年 5 月 8 日凌晨 5 时 45 分左右，美国空军 B-2 轰炸机发射多枚联合制导炸弹轰炸了中国驻南联盟使馆，这一事件，成为中国军工和航空工业加快发展的推进剂。

第八节　国防谷与硅谷

二战期间，加州是美国重要的军火基地，总部设在加州的洛克希德公司、诺斯罗普公司及其配套企业发展迅速。斯坦福大学位于加州旧金山大湾区，所在地圣克拉拉山谷曾被称为国防谷（Defense Valley）。

特曼博士二战前是斯坦福大学无线电工程学教授，二战期间担任美军电子战实验室负责人。二战结束，特曼博士于 1945 年回到斯坦福大学担任工学院院长，之后又担任了副校长。特曼博士利用自己在电子行业的影响力，尤其是与军方的关系，为斯坦福大学争取研究项目和经费。到1947年，斯坦福大学工学院一半的预算来自美国军方。1951年，特曼博士推动斯坦福大学建立了工业园区，首个入驻企业是一家由斯坦福大学毕业生创办的瓦里安公司（Varian Associates），主要业务是制造军用雷达零部件。

1954年，洛克希德公司在距离斯坦福大学不到10英里[①]的桑尼维尔小镇创立了洛克希德导弹宇航公司（Lockheed Missiles and Space Company，LMSC）。洛克希德公司选择在桑尼维尔建立导弹宇航分部，一是为了与斯坦福大学的电子专家们更近些，希望他们能在导弹研制方面帮上忙；二是因为二战期间斯坦福大学及周边聚集了一些军工配套小企业，NACA所属的艾姆斯航空实验室也在这里；三是20世纪50年代的美国从民间到高层对苏联的导弹都很恐慌，五角大楼鼓励军工大企业分散建设，这与中国“大小三线建设”原因相同。

洛克希德导弹宇航分部落脚桑尼维尔当年，就获得美国空军用于发射卫星的运载火箭订单。次年，洛克希德公司获得美国海军“北极星”潜射弹道导弹运载火箭大订单。“北极星”是世界首款可以威慑全球的潜射弹道导弹，投入巨大，据说到第一次飞行阶段的1957年春，总投入就已经达到“曼哈顿计划”总开销的两倍。

斯坦福大学的一位专家曾预测，导弹和卫星计划将引发有史以来“规模最大的科学设备爆炸式发展”[②]。美苏军备竞赛和太空竞赛中的卫星监视计划，使斯坦福大学物理应用与电子技术特长得到五角大楼的高度认可。1959年，德怀特·艾森豪威尔总统批准在斯坦福大学建设用于高能物理研究的粒子加速器，耗资1亿美元以上。

1958年1月31日，美国第一颗人造卫星“探险者”号发射成功，洛克希德桑尼维尔指挥中心承担了卫星导航任务。搭载“探险者”号卫星的太空舱在全美巡展后，最后留在了桑尼维尔。桑尼维尔被称为“冷战经济的心脏”，而这颗“心脏”的跳动却开始于一家不太成功的半导体公

① 1英里≈1.609千米。

② 引自《硅谷密码——科技创新如何重塑美国》第31页，作者：[美]玛格丽特·奥马拉。

司——肖克利实验室。

威廉·肖克利是美国物理学家，1955 年在加州圣克拉拉山谷的山景城创立肖克利实验室股份公司，1956 年因发明晶体管获得诺贝尔物理奖。1957 年 9 月，从肖克利半导体实验室出走的 8 位年轻人创办了仙童半导体公司（Fairchild Semiconductor），肖克利称这些年轻人为“八叛逆”。1963 年，肖克利回到斯坦福大学任教。1968 年，经历了两次转让的肖克利半导体实验室被关闭，但它却是圣克拉拉山谷的第一家半导体公司。

仙童公司的第一桶金来自军方。1958 年 1 月，仙童公司获得来自国际商业机器公司（IBM）公司 150 美元订购 100 个高压硅晶体管的合同，这是仙童公司的第一份订单，产品最终用在美国空军 XB-70 超声速（马赫数 3）战略轰炸机导航计算机。1958 年年底，仙童公司销售额达到 50 万美元，80% 订单来自军方。之后，仙童公司又陆续获得“民兵”洲际弹道导弹和“阿波罗”登月计划等军方订单。

“民兵”导弹和登月计划促进了集成电路的问世，仙童公司在 1961 年推出了第一批可用于商业化的集成电路（硅芯片）。到 1963 年，随着军工项目需求量的增加，仙童公司将硅芯片成本从 1000 美元降为 25 美元，为半导体电子技术进入大众消费市场奠定了基础。

从 1958 年为飞机和导弹研制导航计算机晶体管开始，到 1969 年“阿波罗”登月计划完成的 10 年间，在圣克拉拉山谷中诞生了 90% 的美国半导体芯片制造公司，其中半数是“仙童之子”。仙童公司开启了半导体时代，被誉为“让硅谷成为硅谷”的公司。

1969 年“阿波罗”成功登月，太空竞赛投资盛宴也随之结束。1971 年，NASA 的预算只有 1966 年的 50%。1972 年，理查德·尼克松总统先后访问中国和苏联，与苏联达成《限制反弹道导弹系统条约》，美国的防务预算进一步减少。

“有人认为国防开支减少意味着科技繁荣时期已经结束。如果你看到冷战时期的新兴城市西雅图闪烁昏暗的灯光，可能的确会认为如此。如果你坐在 101 公路以东洛克希德公司庞大的园区中，你肯定能感受到经济的阵痛”[①]。圣克拉拉国防谷好像已经走到了尽头。

“上帝关上一扇门，定会打开另一扇窗”，这句话在国防谷得到应验。1971 年 1 月 11 日，一篇标题为《美国硅谷》的文章出现在《电子新闻》封面，作者唐·霍夫勒。硅谷（Silicon Valley），这个今天有着“新经济之都”固定含义的名字从此进入公众视野。《美国硅谷》及后来的系列报道，使人们对因大型防务承包商订货减少而陷入困境的美国西海岸重燃希望。

从 20 世纪 70 年代开始，华尔街的风险投资家们看到了硅谷半导体技术的潜力，他们对英特尔、AMD 等加大了投资，并陆续投资了苹果电脑公司（1976 年成立）、甲骨文公司（1977 年成立）、思科公司（1984 年成立）等。从最初天使投资人的种子基金，到 IPO，硅谷逐渐形成了环环相扣的支持创新企业发展的风险投资体系。

1971 年 10 月，英特尔公司在华尔街上市，1971 年 11 月英特尔公司推出世界上第一款微处理器（CPU）。在西雅图，比尔·盖茨于 1975 年创立了微软公司，1986 年走进华尔街。西雅图的夜晚又亮了，硅谷进入了个人电脑时代。比尔·克林顿当选总统后，发起了“信息高速公路计划”。20 世纪 90 年代，硅谷进入了互联网时代。1998 年，谷歌公司、eBay 公司在硅谷成立。2007 年，苹果公司的产品 iPhone 问世，硅谷进入了移动互联时代。2022 年 11 月，OpenAI 公司推出聊天机器人 ChatGPT，引发全球人工智能技术热潮，硅谷进入 AI 时代。

硅谷因国防而生，但对于硅谷与军方合作，美国学界和激进的学生们一直持有反对意见。1970 年 5 月 4 日，俄亥俄州肯特州立大学学生举行反战抗议，4 名学生被国民警卫队枪击死亡，引起全美校园罢课。斯坦福大学学生在校园内也发起了反战活动，与军方合作密切的斯坦福国际研究院（SRI）成为学生们的抗议对象。SRI 为了能继续与军方合作，于 1970 年从斯坦福大学独立出来。当时的人们并不知道，SRI 那时就已经在帮助军方研究自主武器系统，对外宣称 AI 研究，并成立了 AI 研究中心，在 1970 年研制出了智能无人车进行了公开展示。

① 引自《硅谷密码——科技创新如何重塑美国》第 91 页，作者：[美] 玛格丽特·奥马拉。

20 世纪 60 年代的计算机依然庞大而昂贵，如何充分利用当时为数不多的计算机计算能力成为一个迫切课题。计算机分时服务概念源自 MIT，通俗讲就是多人可共用一台计算机的网络系统，后被五角大楼的投资牵引到了加州。

1964 年，军工企业马丁 - 玛丽埃塔公司总裁乔治·邦克与人合作在南加州创办了邦克 - 拉莫公司，为 NASA 建立了世界上最早的计算机信息检索系统，该系统能够用联网的计算机对大量数据进行分类管理。1968 年，美国全国证券交易商协会招标建设“自动化”交易系统，邦克 - 拉莫公司竞标成功。随后，美联网、来源网、神童网络等商业网络服务商在各领域相继出现。

1965 年，斯坦福大学建立了计算机科学系，教授们开始利用 DARPA 的资金研究计算机分时服务网络，同时培养人才。1969 年，DARPA 建立了一个有 4 个节点的通信网络，其中 3 个节点在加州，包括斯坦福大学，这就是最初的阿帕网（ARPA NET）。

阿帕网是五角大楼为抵御核打击而研发的通信网络，初衷是一旦发生大规模战争，当网络的某一部分遭受攻击而不能工作时，网络其他部分依然能够保持正常通信。20 世纪 80 年代，在五角大楼和硅谷共同推动下，美国国防部 TCP/IP 协议被确定为计算机网络标准。最终，阿帕网演变成为今天无处不在的互联网。

据统计，美国太空竞赛总费用约 240 亿美元，其中用在阿帕网研发的费用不到 100 万美元，毫无疑问，这一投入回报是巨大的，是五角大楼与硅谷最成功的合作。

从 20 世纪 70 年代风险资本大规模投资半导体和微处理器，到 20 世纪 80 年代个人电脑普及，再到 20 世纪 90 年代互联网经济兴起，虽然历经 2000 年互联网泡沫破灭，但在这 30 年间，硅谷创新企业越来越容易从华尔街获得投资，政府和军方的研发费和订单好像对硅谷已不再重要。其实不然，五角大楼和政府部门与硅谷企业合作依然紧密，只是做得更加隐蔽，或者更加市场化了。

此外，即使硅谷创业公司对美国军方订单不再依赖，但美国安全部门和军方却越来越离不开硅谷。2013 年，美国中央情报局（CIA）职员爱德华·斯诺登逃离美国后披露的“棱镜计划”表明，从 2007 年小布什总统时期开始，互联网巨头谷歌、苹果、雅虎、脸书、微软等一直在配合美国安全部门监控本土公民和各国政要信息。

硅谷，一直是美国的国防谷。

第九节　从奥本海默到硅谷“鹰派”

二战期间，为了战胜纳粹德国，罗伯特·奥本海默等美国科学家怀着矛盾的心情研制出了原子弹。2024 年，硅谷的一些科技精英开始为 AI 技术应用的伦理道德而争论，其中出现了一些“鹰派”人物。

关于核武器研制的历史，电影《奥本海默》都告诉了我们。1937 年 2 月，纳粹德国开始执行“铀计划”。以阿尔伯特·爱因斯坦为代表的一些美国科学家提议美国要先于德国制造出原子弹。

1939 年 8 月，爱因斯坦给富兰克林·罗斯福总统写了一封至关重要的信：“总统先生，最近的工作使我相信在不久的将来，铀元素将成为一种新型的重要能源，由此引起的许多问题需要我们提高警觉性。……政府部门应当迅速采取行动。因此我相信我有责任提醒您关注以下事实和建议：……使用大量的铀来建立核链式反应堆，从而产生巨大的能量已成为可能；这种新的现象将引导着炸弹的构造……威力十分巨大的炸弹将因此而可能被制造出来；……对于你而言，实现这样可能的方式是，将这一任务委托给一个你信任的人，而他将以一个非官方的身份进行工作。”

富兰克林·罗斯福总统“信任的人”是时任总统科学顾问的布什博士。1942 年 3 月和 6 月，布什博士两次向富兰克林·罗斯福总统提交了加快研究原子弹的报告。富兰克林·罗斯福总统批准了布什博士的报告，美国陆军部于 1942 年 6 月启动了利用核裂变反应研制原子弹的“曼哈顿计划”。

布什博士以战时美国科学研究与发展局（OSRD）负责人身份作为“曼哈顿计划”的执行负责人，奥本海默作为技术负责人被任命为洛斯阿拉莫斯核武器实验室主任。“曼哈顿计划”历时 3 年，耗资 25 亿美元，汇聚了一大批来自世界各地的科学家，直接参与人员 10 多万，虽然其中许多科学家对研制大规模杀人武器原子弹有许多顾虑。奥本海默曾担心裂变链式连锁反应会引爆地球，摧毁整个世界，为此还专门找爱因斯坦讨论，爱因斯坦说了一句意味深长的话：“那又怎样？”

“那又怎样？”，爱因斯坦的态度很明确。最终，奥本海默和科学家们为了尽快结束二战，还是都全力投入了工作。1945 年 7 月 15 日，世界上第一颗原子弹爆炸成功。1945 年 8 月 6 日和 8 月 9 日，美军分别在日本广岛和长崎投下两颗原子弹，二战结束。鉴于原子弹的毁灭性威力，人们将新技术可能对人类造成毁灭性伤害的不确定性称为“奥本海默时刻”。

“曼哈顿计划”不仅研制出了原子弹，更成为美国科学技术的大熔炉，留下了 14 亿美元的财产，包括 9000 人规模的洛斯阿拉莫斯实验室，一个拥有 36000 人、价值 9 亿美元的橡树岭铀材料生产工厂和实验室，以及分布在伯克利、芝加哥等地的实验室。

为计算弹道导弹相关数据，美国军方出资研制出了世界上第一台通用电子计算机——电子数字积分计算机（ENIAC）。ENIAC 承担了原子弹研制的大量数据计算，并在使用中不断完善。数学家冯·诺依曼参加了“曼哈顿计划”，他同时还是美国陆军弹道导弹研究所顾问。根据 ENIAC 在“曼哈顿计划”应用中遇到的问题，1945 年诺依曼发表了全新的存储程序通用电子计算机方案，诺依曼因此被称为“计算机之父”。

1945 年夏天，布什博士基于对二战中科技快速发展和在现实中如何应用的思考，完成了给白宫的《科学：无尽的前沿》工作报告，同时还公开发表了一篇题为《诚如所思》的文章。布什博士在《诚如所思》中想象了一个未来设备：人们可以在其中存储所有的书籍、记录和通信信息，并且以极高的速度和灵活性与这种机械设备进行互动咨询，这种设备是对人本身记忆的直接扩大和补充。

进入 21 世纪，《诚如所思》中畅想的能为普通人生活服务的各种设备基本都已实现。然而，与这些设备相关的技术，已经被广泛应用于军事领域，比原子弹更危险的武器已经萌芽，这就是 AI 武器，或称自主武器。

如今的洛斯阿拉莫斯国家实验室，已不是单一的核武器研制机构，而是世界最大的多功能实验室之一，它的宗旨是“传递科学技术，捍卫国家主权，促进世界稳定”。洛斯阿拉莫斯国家实验室已成为美国最大的国防科技提供商之一，承担了DARPA大量面向未来的绝密项目，如与人脑有关的一切技术：计算技术、脑机接口技术、神经系统科学等。

2008年，美国能源部委托IBM公司为洛斯阿拉莫斯国家实验室建成当时世界上运算速度最快的超级计算机，每秒计算1000万亿次，主要为导弹测试、宇宙起源探索、艾滋病疫苗辅助研究等服务。计算机以新墨西哥州州鸟“走鹃”命名，构造方式与人脑类似，造价1亿美元，占地面积一个篮球场大小。2009年，中国首台千万亿次计算机在国防科技大学研制成功。

2014年，《五角大楼之脑》一书作者安妮·雅各布森访问了洛斯阿拉莫斯国家实验室合成认知研究小组的盖瑞特·凯尼恩博士，他正在用已经过时了的“走鹃”计算机剩余资源模拟灵长类动物视觉系统，项目资金来源于DARPA。凯尼恩博士说：“我们相信，通过努力研究认识生物系统如何解决认知意义上的识别能力问题，个体视觉系统如何认出事物，我们就能理解，大脑认人这种问题的基本原理。……然而，从多个角度来看，杀人机器人是个非常糟糕的主意。[①]”凯尼恩博士当时一定不会想到，10年后，安杜里尔公司将一款AI武器以“走鹃”命名。

2018年10月，美国甲骨文公司创始人拉里·埃里森在电视访谈中说：“如果就这么让中国经济超越我们，让中国培养出比我们更多的工程师，让中国科技公司击败我们的科技公司，那我们就离军事科技也落后的那天不远了。美国与中国的竞争中，我站美国队。”2021年，谷歌公司前CEO施密特领导的智库“中国战略组”写了一份《非对称竞争：应对中国科技竞争的战略》的报告，推动美国与中国开展“科技冷战”，建议美国政府“不惜一切代价击败中国”。

在美国政界、军界、科技界等施密特式人物推动下，2022年8月9

① 引自《五角大楼之脑——美国国防部高级研究计划局不为人知的历史》第373页，[美]安妮·雅各布森著。

日，拜登总统正式签署《芯片与科学法案》，该法案是几十年来美国政府对产业政策的最重大干预。法案决定对美国本土芯片产业提供巨额补贴，要求所有接受补贴的公司必须在美国本土制造芯片。

2024 年 8 月，美国人工智能国家安全委员会（NSCAI）主席、谷歌公司前 CEO 施密特在斯坦福大学就 AI 发表演讲并与大学生互动。施密特认为，AI 变化速度太快，每 6 个月就得更新一次关于未来发展的演讲。施密特透露了因俄乌冲突而开展的“白鹤计划”，目标是用 500 美元的无人机摧毁 500 万美元的坦克。施密特还说他曾在国防部工作 7 年，试图改变军队运作方式，也曾得到一枚勋章，但他自认为工作是失败的，因为军队实际上什么都没有改变。

施密特为自己作为一个自由派而为什么关心军事做了解释，他认为，（传统）军队的理论是坦克、大炮和迫击炮，而我们可以（用新技术）消除这些武器，使一个国家入侵另一个国家的代价变得不可承受，AI 机器人武器应该能消除陆地战斗，因此需要让 AI 技术在机器人战争中发挥强大作用，并且成本要非常低。

施密特从 AI 投资角度谈了自己的观点，“目前，前沿模型之间的差距似乎在扩大，而 6 个月前我确信这种差距在缩小，所以我投资了很多小公司，现在我不太确定。我正与大公司对话，大公司告诉我，他们需要 100 亿、200 亿甚至 1000 亿美元的投资，如微软与 OpenAI 合作的‘星际之门’（star gate）全新人工智能超级计算机项目就需要 1000 亿美元。我和萨姆·奥尔特曼是好朋友，他认为需要 3000 亿美元”。

施密特承认，他现在是计算机科学家和持牌武器商人。

第十节 被中国制裁的 AI 军火商——安杜里尔公司

2024 年 6 月，美国国防部安全合作局（DSCA）公布了 3.6 亿美元的对台军售订单，3 亿美元给了安杜里尔公司，其中包括 ALTIUS-600M 攻击型无人机。2024 年 7 月 12 日，中国外交部发布公告，决定对安杜里尔公司等6家美国企业及相关高管实施制裁。

帕尔默·勒基（Palmer Luckey）是硅谷虚拟现实设备公司——奥克卢斯（Oculus）公司的创始人。2014年，扎克伯格脸书公司用20亿美元收购了勒基的Oculus公司。2016年，美国总统大选期间，勒基由于支持特朗普与扎克伯格产生分歧离开脸书公司。2017年，勒基在有“南加州硅谷”之称的尔湾市创办了安杜里尔公司，专注于AI技术驱动开放操作系统研究，为军方快速提供自动化解决方案。安杜里尔公司具有快速研发产品能力，一般9～12个月向客户提供演示产品，1～3年全面部署。国防部合同约占公司合同总数的70%，主要来自空军和特种作战司令部。2024年，公司员工已达2500人，其中退伍军人占比约20%。安杜里尔公司的第一单生意来自特朗普政府的美国墨西哥“边境墙”项目。

勒基被媒体称为书呆子，但在用新技术研制武器赚钱方面一点也不呆，他首先给自己打造了爱国的人设，以免被硅谷自由派孤立。对于AI技术用于防务与安全领域，勒基以下观点值得关注：

——AI可以打造威力足够强大的武器，让美国能够在任何战争中迅速获胜，就像多刺的豪猪，让敌人从一开始就不敢进攻；“自主武器”可以清楚地向对手表明，你拥有的武器不需要花那么多钱，也不需要付出生命的代价。这一观点与奥本海默研制原子弹时的初衷相似，也与谷歌前CEO施密特在斯坦福大学演讲时解释自己为什么参与军方活动的说法差不多。

——特斯拉的自动驾驶比美国军用车辆更好，iPhone的计算能力也比美国国防部常用的系统强大。未来的AI武器系统的操作应像操作所有智能手机一样简单。在战场上，机器能做得更好，为何要用人呢？

——当需要在对抗环境中，对同时运行的数千或数万个武器系统进行即时微观管理时，你不能依靠人类来做所有的事，这类任务机器人更加擅长。

安杜里尔公司在短时间成为有影响力的AI军火商，创始人至关重要，但美国军方与硅谷的密切合作更重要。2016年，谷歌公司时任董事长埃里克·施密特以美国国防创新委员会主席身份考察了美军多个基地，在访问特种作战司令部时，施密特不客气地对接待他的四星上将直言："军方在人工智能方面做得很差劲，我用一天时间就可以帮你们解决问题。"2017 年，谷歌与国防部国防创新小组（DIUx）合作，帮助空军升级了指挥中心软件系统，解决了洛克希德 - 马丁和诺斯罗普 - 格鲁门两大军工巨头用了 10 年时间也没能解决的问题。但是，谷歌公司的一些自由理想主义员工反对公司与军方合作。迫于形势，也有保密方面的考虑，军方一方面把与硅谷大公司的合作项目低调秘密进行，另一方面，军方开始大力扶持硅谷初创科技公司。2018 年，五角大楼将在硅谷的国防创新实验小组（DIUx）更名为国防创新单元（DIU），并将 DIU 升级为常设机构。

2019 年，根据《国防授权法》，美国 NSCAI 成立，主要成员由国会任命，施密特任主席，成员包括美国前国防部副部长罗伯特·沃克等国家安全专家和商界、学术界领袖等，负责向美国总统及国会提供 AI 等领域的建议。这之后，美国的 AI 技术与国家防务与安全领域互动更加频繁，AI 军事项目逐渐增多。

俄乌冲突加快了 AI 技术在军火领域的应用，作为对乌克兰军事援助计划的一部分，美国政府已经购买了数百架安杜里尔公司制造的 ALTIUS-600M 巡飞弹。ALTIUS-600M 巡飞弹是一款攻击型无人机，是美国在实际战争中部署的首批 AI 武器之一。它的最大航程约 440 千米，滞空时间长达 4 小时。

安杜里尔公司的技术装备几乎都可以在完全无人操作情况下运行，部署时的自主程度主要取决于使用者和决策者。安杜里尔公司的产品使用统一的机器学习软件——"莱迪思"操作系统，产品之间可以彼此交流，可以像智能手机一样即时更新。勒基说，他的系统优于军工巨头雷神公司的系统。

2024 年有可能成为 AI 武器发展的重要一年。2024 年 1 月，美国开放 OpenAI 弱化了之前禁止将 AI 技术用于军事和战争的相关条款，之前与五角大楼保持距离的硅谷自由派科技精英已不再避讳与五角大楼合作。从美国政府 2024 财年预算看，军方对 AI 的投资大幅增加，国防部、能源部、国土安全部等多个机构，累计向 AI 领域计划投入超过 2511 亿美元。如果将政府外部筹资、资本市场的投入计算在内，美国在AI领域的投资将成倍数增加。

2024年4月，美国空军宣布安杜里尔公司和美国通用原子公司赢得协同作战飞机（CCA）无人机项目，也称“忠诚僚机”，空军将为两家公司提供资金用于开发研制“忠诚僚机”样机。该项目竞标开始于2022年，洛马公司、波音公司、诺格公司都参与了竞标。CCA将颠覆现有无人机概念，它能够在复杂环境中自主决策，执行多样化任务，将彻底改变空战面貌，使美国空军进入自主作战时代。

2024年4月20日，美国防务新闻网报道，不久前DARPA发布了AI驾驶的VISTA战机与资深飞行员驾驶的F-16战机进行的一场实地模拟空战的视频，这是AI与人类的首次空战。该项目由洛马公司、约翰霍普金斯大学、卡尔斯潘（Calspan）公司等机构合作完成。2024年5月3日，在加州爱德华空军基地，美国空军部部长弗兰克·肯德尔乘坐由AI驾驶的X-62A VISTA战机体验了AI战机。肯德尔说，“计算机不会感到疲倦，它并不害怕，它会遵循它的规则，并尽可能地接近完美的动作，而人类的表现总是会有一些变数。我们可以让AI战机成为先头部队，我们可以把它放在一些故意要牺牲的地方，以便吸引火力或者找出敌人在哪里。我们的飞行员普遍认为这将为他们带来竞争优势。我们正在抢占AI技术优势”。

2024年6月，安杜里尔公司与其他3家创新公司被国防部DIU选中研发“企业测试载具”，具体就是低成本、可大规模部署的中远程空射型巡航导弹。因为美军在役的三种空射型巡航导弹制造和使用成本高昂，采购单价在100万至400万美元不等。五角大楼希望安杜里尔等公司能研制出采购单价为15万美元的巡航弹，最大射程926千米，并且可利用现有货架部件实现大批量生产。

2024年7月22日，非营利机构硅谷防务集团（SVDG）发布了2024版国家安全百强初创企业名单，安杜里尔公司位列第二，第一是马斯克的SpaceX公司。截至2024年6月，上榜企业共吸引超过520亿美元私人投资，同比增长约20%，吸引政府投资为220亿美元，其中60亿美元来自国防部；约33%上榜企业主营业务在先进计算和软件领域，约25%在可信 AI 和自主技术领域，约 25% 在空间技术领域；主要项目包括国防创新单元的“复制器计划”、空军“协同作战飞机”计划等。SVDG 报告用数据分析表明，以 SpaceX 公司、安杜里尔公司为代表的新兴公司正在用 AI 技术打破传统军工巨头垄断军方订单的格局。

对于 AI 武器，各国政府都明确表态要限制，要为 AI 技术应用于武器定规则。2024 年 5 月初，来自 100 多个国家和地区的代表在奥地利维也纳召开自主武器国际会议，研讨 AI 与军事技术话题。与会学者和官员认为，自主武器系统已经永远地改变了全球稳定概念。杀人机器人时代已经到来，AI 武器的“奥本海默时刻”已来临。美联社评论，随着 AI 驱动的致命性自主武器系统（LAWS）投入实战，将可能发生继火药和核武器之后的第三次军事革命。

2024 年 7 月 25 日，OpenAI 首席执行官奥尔特曼在《华盛顿邮报》发表了《谁将控制 AI 未来》（Who will control the future of AI）有意识形态倾向的观点文章。奥尔特曼向美国政府建议：未来，AI 技术将取得巨大进步，并成为关键的国家安全问题，美国各级政府必须采取更紧迫的行动，在中国加速发展 AI 前保持全球领先。奥尔特曼认为中国在 AI 领域愿意花费巨资追赶并最终超越美国，这将给美国带来威胁。在随后的美国数字新闻网站（Axios）记者采访中，奥尔特曼继续喊话美国政府，“未来正快速向我们袭来，我很高兴看到（在白宫和国会）发生的一些事情，但我并不认为我们看到了这一问题所应达到的严重程度”。奥尔特曼文章和访谈的最终目的只有一个：美国政府对 AI 要大幅度投资。

施密特、奥尔特曼非常清楚，就像曾经的雷达、晶体管、半导体、计算机等新兴技术出现初期一样，当这些新技术在民用领域没能产生商业价值时，防务与安全领域是最好的选择。为了让国会增加防务预算，必须要给美国塑造一个对手，二人都将矛头指向了中国。

马斯克创立太空探索技术公司是为了给人类拓展生存空间，但马斯克与美国军方合作早已不是秘密，如果没有军方和 NASA 支持，“星链”和“星舰”是不可能那么快打造出来的。

华盛顿大学历史学教授玛格丽特·奥马拉在《硅谷密码——科技创新如何重塑美国》一书中说："今天，美国所有的科技巨头都具有军事工业的DNA。"马斯克也不例外。

本章结束语

从春田兵工厂的火枪，到硅谷初创公司的AI军火，这就是美国军工技术的历史与当下。19世纪，纺织业与轻武器制造业带动了美国机械制造业的全面发展，使美国工业产值在1894年超越英国位居世界第一。20世纪，经过两次世界大战，通过发展航空航天电子信息军民两用技术，美国终于在科技上全面领先了欧洲，赢得了美苏太空竞赛和冷战的胜利。21世纪，为保持唯一超级大国地位，美国将科技和知识定义成为大国战略竞争领域，硅谷自由派为了争取更多军方科研经费，正在学着五角大楼里的将军变成"鹰派"，就像施密特、勒基等人。

第二章　从私人作坊到华尔街军工巨头

洛马公司、波音公司、诺格公司、通用动力公司、雷神公司是美国五大军工巨头，其前身大多是20世纪初由飞行爱好者创办的小企业，和私人作坊差不多，其资本主要来自创始人与合作伙伴，规模从几千美元到几万美元，员工从几人到几十人。这些小作坊逐步发展壮大，在二战前后都走进了华尔街，完成了从私人企业到公众公司的转变。冷战结束后，从1993年开始，洛克希德等公司借助华尔街将“最后的晚餐”变为收购饕餮盛宴，最终在20世纪90年代形成了兼顾航空航天电子信息军民业务的美国五大军工企业。

进入21世纪，SpaceX公司、帕兰蒂尔（Palantir）公司、蓝色起源公司、内华达山脉航天公司、公理太空（Axiom Space）公司、安杜里尔公司等新型初创企业快速崛起。他们的创始人和股东许多来自硅谷科技精英，包括马斯克、杰夫贝佐斯等；他们不再依靠单一的华尔街IPO融资模式，帕兰蒂尔公司创建17年不盈利照样可以在华尔街直接上市（DPO）；他们正在用AI技术打破传统航空航天军工布局、重塑五角大楼，已在迫使波音公司和洛马公司开始考虑出售二者合资的火箭联合发射联盟公司（ULA）。

第一节　洛马公司的华尔街之路

1912年，23岁的艾伦·路赫德和弟弟马尔科姆·路赫德在Alco出租车公司资助下，用1200美元在加州创建了Alco水上飞机公司，格伦·马丁（1886—1955）也在这一年创建了自己的飞机公司。艾伦·路赫德是一名飞行教练，他当时的希望是“能看到航空成为最安全的运输手段，飞行速度能达到65～80千米/时，毫无障碍地飞越水面和陆地”。

图 2-1　路赫德兄弟

1915 年的巴拿马太平洋国际博览会上，公司靠载客观光飞行体验小赚了一笔钱。1916 年，兄弟俩将公司更名为与他们名字发音相似的洛克希德（Lockheed）飞行器制造公司，并邀请诺斯罗普[①]一起设计飞机。公司很快设计了一型名为 F1 的 10 座木质水上飞机用于观光，但由于一战结束，许多军用飞机低价倾销，洛克希德不得已在 1920 年将公司关闭。

艾伦·路赫德在洛杉矶当了几年房地产销售员，积攒了些资金决定再次创业。1926 年，37 岁的艾伦·路赫德再次邀请诺斯罗普以及另外两个投资人合作，第二次创办了洛克希德飞机公司。有诺斯罗普的加盟，公司很快于 1927 年 7 月 4 日美国国庆日推出了著名的 6 座单翼客机“织女星”，这是洛克希德公司的“第一星”。图 2–2 来自洛马公司网站。

到 1928 年，依靠“织女星”的畅销，公司取得了非常好的收益，但是大股东这时要将公司卖给底特律飞机公司，艾伦·路赫德和诺斯罗普心有不甘，先后离开了洛克希德飞机公司。艾伦·路赫德继续从事房地产销售工作。随之而至的经济大萧条使底特律飞机公司于 1932 年破产。

① 约翰·诺斯罗普还担任过道格拉斯公司的总工程师，后来自己创立了公司。

图 2-2　年轻的路赫德兄弟与诺斯罗普合作的“织女星”

1932 年，航空爱好者罗伯特·格罗斯和科特·格罗斯兄弟在底特律飞机公司破产后以 4.2 万美元收购了原来洛克希德公司的资产。艾伦·路赫德当时筹集了 5 万美元准备参加竞拍，但认为这些钱不够而放弃了，20 年的造飞机梦想就此遗憾止步。

1934 年，罗伯特·格罗斯将公司名称更名为洛克希德公司，自任董事长。这是一个令人尊敬的投资人，保留了“洛克希德”名号。格罗斯兄弟聘请到了最优秀的飞机设计师凯利·约翰逊（1910—1990），约翰逊是洛克希德公司重要发展阶段的灵魂设计师，他于 1933 年加入洛克希德公司，1975 年退休。P-38、美国第一架喷气式战斗机 F-80、U2 高空侦察机、高空高速战略侦察机 SR-71“黑鸟”都是约翰逊的作品。

英国人比较喜欢洛克希德公司的“伊莱克特拉”，二战爆发前英国首相去德国同希特勒签署和平条约，乘坐的就是“伊莱克特拉”。

1938 年，洛克希德公司获得了英国 200 架“哈德逊”反潜巡逻机订单，是当时美国飞机制造企业最大的一笔国外订单。“哈德逊”反潜巡逻机是在“伊莱克特拉”基础上改进而来，其派生机型制造了 3000 多架。为了扩大规模快速发展，1939 年，洛克希德公司在纽约证券交易所公开发行股票上市。洛克希德公司走进华尔街的时机拿捏得比较好，为即将到来的二战做了资本的准备。

二战时期，洛克希德公司共制造了 19278 架飞机（其中包括 9000 架 P-38“闪电”战斗机，2900 架“哈德逊”巡逻轰炸机，2600 架“文图拉”

图 2-3　1937 年新西兰发行的“伊莱克特拉”邮票

巡逻轰炸机，为波音公司代工 2750 架 B-17“飞行堡垒”轰炸机），人员规模从 1938 年的 2500 名工人扩张到 1945 年年初的 60000 名工人。1943 年，公司创建了“臭鼬工厂”，作为航空关键技术的预研小组。资本和技术彻底夯实了洛克希德公司长远发展的基础。

从 1932 年至 1977 年，格罗斯兄弟俩齐心协力，先后领导公司 45 年。兄弟俩分别在 1946 年和 1966 年登上《时代》周刊封面。1946 年哥哥罗伯特的封面背景是螺旋桨客机（图 2-4 左图），1966 年登上封面的弟弟科特则手持火箭模型（图 2-4 右图），表明公司已经进军航天领域。

20 世纪 50 年代中期，艾伦·路赫德被格罗斯兄弟邀请回公司当顾问，直到 1969 年去世，享年 80 岁。当有人问艾伦在航空业初创时期做了什么，他说“我幸存下来了”。

1954 年，洛克希德公司在硅谷设立了导弹宇航分部，成为硅谷最大的企业，带动了硅谷半导体产业的发展，其所在地桑尼维尔被称为“冷战经济的心脏”。

1981 年，美国空军发布了先进战斗机设计信息征求书（即 F-22 隐身战机项目，当时预算是 650 亿美元，后来超过了 1000 亿美元）。当时的洛克希德公司、波音公司、诺斯罗普公司、麦道公司、通用动力公司、格鲁门公司、沃特飞机公司、罗克韦尔国际公司、仙童飞机公司 9 家飞机制造企业提交了概念设计书。1986 年 5 月，美国空军给进入下一阶段竞标的公

图 2-4 《时代》周刊封面上的罗伯特 · 格罗斯和科特 · 格罗斯

司发布了新的技战指标和成本预算要求，并声明仅选择两家公司参与论证和定型。剩下的 5 家公司迫于国防部压力，分为“洛克希德公司—波音公司—通用动力公司”和“诺斯罗普公司—麦道公司”两大合作集团，两大合作集团各得到了 6.9 亿美元生产两架原型机的合同。

经过最后的原型机试飞验证，1991 年 4 月，美国空军宣布“洛克希德公司—波音公司—通用动力”合作集团获胜进入工程开发阶段。洛克希德公司成为 F-22 主承包商，奠定了美国军工老大的位置。

格伦 · 马丁大学没毕业就开始创业，1905 年开了家汽车修理铺，业余时间研究飞机，1909 年研制成功自己的第一架飞机，并成为美国著名的飞行表演飞行员。1912 年 8 月，26 岁的马丁在加州设立了格伦 - 马丁飞机制造公司，生产军用教练机。1916 年与莱特公司合并为莱特 - 马丁飞行器公司。合并后的莱特 - 马丁飞行器公司并不成功，一年后合作终止。1917 年 9 月莱特 - 马丁飞行器公司更名为莱特航空。

马丁离开莱特航空，很快于 1917 年 9 月在俄亥俄州的克利夫兰继续创办公司——马丁公司，这一年马丁 31 岁。这家公司是一家典型的工程师梦工场，麦克唐纳公司的创始人詹姆斯・麦克唐纳（1899—1980）、道格拉斯公司的创始人唐纳德・道格拉斯（1892—1981）、贝尔飞机公司的创始人劳伦斯・贝尔、掌管北美公司多年的金德伯格等人都曾作为工程师在马丁公司工作过。威廉・波音（1981—1956）还在马丁的飞行学校学习过飞行。

马丁公司在一战期间成功推出了第一个拳头产品——MB-1 大型双翼轰炸机，得到美国空军订货，但随着一战结束，只交付了 10 架，其余订单都被取消。1942 年，公司研制出了 B-26“掠夺者”中型轰炸机，在二战期间发挥了重要作用。1943 年 4 月 26 日，美国总统富兰克林・罗斯福视察了马丁公司在奥马哈的轰炸机厂，图 2-5 中左为富兰克林・罗斯福总统，右为马丁，中间是当时的加州州长。

图 2-5　富兰克林・罗斯福与马丁和当时加州州长的合影

（图片来自洛克希德 – 马丁公司网站）

马丁 1953 年退休，1955 年 12 月 5 日去世，享年 69 岁。

1961 年马丁公司与玛丽埃塔公司合并为马丁 – 玛丽埃塔公司，向航天领域发展，并在纽约证券交易所上市。

1991 年苏联解体。没有了强大的对手，美国开始大幅压缩军费，同时提出新军事变革战略，强调能力对能力的竞争、体系对体系的对抗，军工巨头们开始由以前单一武器装备供应商向作战能力与作战体系提供商转变。1993 年，美国国防部部长助理威廉·佩里在一次军工企业主管参加的晚宴上发表演说，鼓励防务承包商合并。这次晚宴被称为“最后的晚餐”，因为在此之后，美国 50 余家防务主承包商很快缩减到了 5 家。

“最后的晚餐”是对消失了的军工企业而言，对于洛克希德等军工巨头来说，则是盛宴的开始。“最后的晚餐”当年，洛克希德公司收购了通用动力公司 F-16 战机生产线。1995 年，洛克希德公司与马丁 - 玛丽埃塔公司合并，公司更名为洛克希德 - 马丁公司，巩固了航天防务业务。公司将 1912 年作为公司元年。

1996 年，洛马公司并购了劳拉等军工企业，进一步扩大了军品业务领域。2015 年，洛马公司以 90 亿美元收购了联合技术公司的西科斯基直升机公司，拥有了武装直升机平台。

现在的洛马公司虽然以 F-22 隐身战机和大推力火箭而闻名，但他更是高度集中的跨军种、跨平台的防务系统集成商和作战能力提供商。洛马公司的股票价格一直位于华尔街军工上市公司的首位。

2024 年 8 月，洛马公司股价在每股 560 美元波动，总市值约 1330 亿美元。

第二节 诺格公司的华尔街之路

关于诺斯罗普，我们在第一章已从技术角度做过介绍，这里讲讲他创办的公司。

1928 年，诺斯罗普创办了自己的公司——阿维翁（Avion）公司，推出了著名的“阿尔法”飞机。1929 年大萧条开始，Avion 公司被波音联合飞机与运输公司在 1930 年收购，并更名为诺斯罗普航空技术公司，由此可以看出波音对诺斯罗普的尊重。波音公司利用诺斯罗普全铝多室机翼结构发明并参考其“阿尔法”飞机，于 1933 年推出了开创民用客机新时代的波音 247。

1932 年，诺斯罗普在道格拉斯帮助下第二次创办了诺斯罗普公司，推出了几款很成功的单翼飞机。由于劳工问题，公司于 1937 年解散，成为道格拉斯公司的一部分。这期间，道格拉斯采用诺斯罗普的技术，推出与波音 247 竞争的 DC-3 系列飞机。

1939 年，诺斯罗普与美国飞行家莫伊・斯蒂芬合作，第三次创办了诺斯罗普公司，二战使诺斯罗普公司终于活了下来。二战期间，诺斯罗普公司的名机是 P-61“黑寡妇”夜战战斗机。

1947 年开始的冷战引发了新一轮军备竞赛，与二战时大规模扩张生产不同，冷战时期军备竞赛对军工产品技术含量要求越来越高，单一产品大批量订货越来越少，军工产业向高技术、高投资、高风险、长周期发展，单一产品和资金储备不足的军工企业纷纷出局。为了适应转型发展需要，迅速提升融资能力，诺斯罗普公司于 1951 年 12 月 10 日在纽约证券交易所上市。1952 年，57 岁的创始人诺斯罗普突然离开了公司，并卖掉了所有股票。诺斯罗普离开公司有两种说法，一是诺斯罗普和美国空军在有关项目上有分歧，另一种说法是空军让诺斯罗普与康维尔公司合并，诺斯罗普不同意。

20 世纪 60 年代以来，诺斯罗普公司一直是美国国防部的主要军火承包商，长期列于十大军火订货承包商。20 世纪 70 年代后半期曾退出十大承包商行列，不得已把经营方向转向国际市场。20 世纪 80 年代，诺斯罗普研制成功 B-2 远程战略轰炸机，重回美国主要军火承包商之列。

在诺斯罗普公司成立的同一年，1929 年，里洛易・格鲁门（1895—1982）和几个伙伴创建了格鲁门飞行器工程公司，公司注册资本 6.4 万美元，这一年格鲁门 34 岁。公司的第一架飞机是可伸缩起落架的 FF-1 双翼战斗机，为美国海军生产。二战期间，公司是美国海军舰载机的主要供应商，名机 F4F“野猫”以高可靠性著称，号称“格鲁门铁器”，是当时美国海军唯一能与日本零式战机打成平手的舰载机。二战后，在喷气战斗机发展初期，格鲁门公司进展不顺利，被麦道和沃特取代了在海军的领先地位。直到 1970 年靠 F-14“雄猫”才回到舰载机市场。格鲁门公司是阿波罗登月计划的主要参与者，但在之后的航天飞机竞标中输给了罗克韦尔公司，公司越来越困难。1969 年格鲁门公司更名为格鲁门航空航天公司。20 世纪 80 年代后期，在隐形技术方面，格鲁门公司也没有跟上，而洛克希德和诺斯罗普已经准备多年。

1994 年，诺斯罗普公司收购格鲁门公司，更名为诺斯罗普 - 格鲁门公司。1996 年，诺格公司收购了西屋电气公司防务和电子业务部门。冷战后诺格公司的重要收购活动见下表 2-1。

表 2-1　冷战结束后，诺格公司在军工领域的并购情况

序号	年份 / 年	并购企业	主营业务
1	1994	沃特飞机公司	军民用航空器
2	1996	西屋电气公司	防务和电子系统
3	1997	Logicon 控制公司	防务信息科技
4	1999	加利福尼亚微波公司	空中侦察和监视系统
5	2001	阿尔维斯后勤公司	爆炸物设备
6	2001	纽波特纽斯造船公司	核动力航母制造
7	2001	利顿工业公司	军事造船
8	2002	汤普森 - 拉莫 - 伍尔德里奇公司	航天及防务产品
9	2005	康福鲁特公司	空中预警系统和电子系统
10	2007	缩比复材公司	未来飞行器研制

2001 年，诺格公司进入造船领域，收购了纽波特纽斯造船公司，该公司是美国核动力航空母舰和潜艇的研发制造者，曾经设计过二战期间著名的“企业”号航母和“尼米兹”级核动力航母。2011 年，诺格退出造船业务，将造船业务拆分为亨廷顿英戈尔斯公司（HII）在华尔街上市。

2015 年，诺格公司战胜洛马公司等联合团队获得 B-21 新型战略轰炸机研制合同。华尔街很快做出反应，诺格与洛马的股价差逐渐缩小了，甚至有一段时间超过洛马。2024 年 8 月，诺格公司股价在每股 500 美元波动，总市值约 730 亿美元。

第三节　波音公司及其成员的华尔街之路

在波音公司的网站上，创始人有5位，分别是：波音、道格拉斯、麦克唐纳、金德伯格、霍华德·休斯（1905—1976）。

一、波音公司

1916年，35岁的波音创立了飞机制造公司。1909年，波音在洛杉矶的一个展览会上第一次见到飞机，由此成为航空发烧友。1915年7月4日美国国庆日，波音搭乘寇蒂斯公司制造的水上飞机进行了第一次飞行，当时的飞机相当原始粗糙，驾驶员和乘客座位安置在机翼上。极具商业敏感性的波音感到航空技术门槛并非高不可攀，而且有很大的提升空间，于是决定涉足飞机制造业。波音决定从水上飞机起步，先是买下了马丁公司的一架“飞行鸟笼”（Flying Birdcage）水上飞机，在马丁亲自指导下开始学习驾驶飞机。之后，他和海军工程师乔治·威斯特维尔特在一个小船坞里造出了一架双翼水上飞机，命名为B&W。这架水上飞机于1916年6月15日由波音亲自冒险首飞成功。1916年7月15日，波音迫不及待地与合作伙伴创办了太平洋航空器材公司（B&W）。

1917年5月9日，合作伙伴离开公司，波音将公司更名为波音飞机公司，首任工程师是毕业于MIT航空工程专业的华人王助。成立之初的波音公司经营业绩不佳，1916年的公司工资单上仅有21人。随着1917年美国正式加入一战，波音公司抓住了美国海军需要大批教练机的商机，推出了C型（Model C）水上飞机，争得了海军的50架订单，总合同金额57.5万美元。凭借这笔订单，波音公司得以告别造船小工棚，在西雅图建立起了波音1号工厂。到1918年年底，波音公司的工资单上有了337人，波音1号工厂也扩展成了包括一个大型组装车间的建筑群。

1918年一战结束，订单减少，为了维持公司运营，公司只能不断借债，用个人财产不断为公司输血。1919年3月3日，波音和飞行员艾迪·胡伯德（Eddie Hubbard）驾驶波音C-700飞机参加加拿大航展并将

60 封信件从温哥华带回西雅图，这是送达美国的第一批国际航空邮件，对于波音公司来说是一件大事，为波音公司走出困境布了局。

1925 年 2 月，美国国会通过了《航空邮政法案》。该法案规定，美国主要航空邮政业务原则上都由私人经营，邮递航线也由私人投标竞得。1927 年，凭借波音 Model-40 邮政飞机的性能优势，波音公司赢得了旧金山至芝加哥航线的运营权，由此成立了专门的波音航空公司，波音航空公司又从母公司采购了 25 架飞机来开展业务。同年，波音公司还收购了太平洋航空公司，获得了旧金山至西雅图航线的运营权。航空邮政使波音公司走出了困境。因此在 1997 年波音公司与麦道公司合并发行的股票上，其图案就是波音和飞行员运送邮件的照片。

1928 年，波音飞机公司与波音航空公司、太平洋航空公司完成整合。1929 年，48 岁的波音将公司更名为联合飞机与运输公司，准备大干一场。两年内陆续收购了普拉特·惠特尼公司、汉密尔顿标准螺旋桨公司、沃特飞机公司、国民航空公司等业内领先企业。到 1934 年，波音公司已经成为一家集飞机制造、航空邮运、航空客运等于一体的大托拉斯。

然而，1934 年政府出台的《空邮法案》（Air Mail Act）明确禁止航空制造商和运营商由同一家公司控制。1934 年 9 月，联合飞机与运输公司被迫拆分成波音飞机公司、联合航空公司、联合飞机公司。波音对此次拆分极为不满，抛售了自己持有的全部公司股份，辞去了公司的所有职务。

1934 年 9 月 5 日，波音飞机公司股票在纽约证券交易所上市。与波音飞机公司分家后的联合飞机公司（包括普惠公司、沃特飞机公司、西科斯基公司等知名航空制造企业）也于 1934 年在纽约证券交易所上市，后来更名为美国联合技术公司（UTC），2020 年 4 月与雷神公司合并。1956 年波音在西雅图去世，享年 75 岁。

波音公司上市后，1936—1946 年，公司合计向美国军方提供了 12731 架 B-17“飞行堡垒”轰炸机，3970 架 B-29“超级空中堡垒”轰炸机。1944 年 3 月开始，波音公司的飞机生产超过 350 架 / 月的惊人数量。

二、道格拉斯公司

1920 年 7 月，MIT 毕业且曾在马丁公司工作过的道格拉斯与出资 4 万美元的大卫·戴维斯在加州圣莫尼卡附近成立戴维斯 - 道格拉斯公司。由于道格拉斯公司制造的第一架飞机首次试飞失败，戴维斯以 2500 美元向道格拉斯出售了其持有的公司股份。1921 年 6 月，道格拉斯重整旗鼓，成立道格拉斯公司。1928 年 11 月，在大萧条来临之前，道格拉斯将公司改组为道格拉斯飞机股份公司，并在华尔街上市。

1942—1945 年，道格拉斯公司共生产了约 30000 架飞机，包括 C-47 运输机、SBD“无畏式”俯冲轰炸机、A-26“入侵者”攻击机等著名机型，员工扩张到 16 万人。道格拉斯执掌公司至 1967 年，长达 46 年。道格拉斯于 1981 年去世，享年 89 岁。

三、麦克唐纳飞机公司

1928 年，麦克唐纳创建了自己的飞机制造公司，但 1929 年的经济大萧条使这家公司很快破产，随后，麦克唐纳到马丁公司工作。

1939 年，在洛克菲勒财团的帮助下，40 岁的麦克唐纳再次创办了麦克唐纳飞机公司，这一次他成功了，因为二战开始了。初建时公司仅有 15 名员工，以向大公司提供飞机零部件为主，到二战结束时，麦克唐纳公司已有了 5000 名员工，不仅在飞机零部件生产方面有了良好口碑，自己开发的 FH-1“鬼怪”舰载喷气战斗机也被军方认可。1967 年，麦克唐纳公司与道格拉斯公司合并为麦道公司，麦克唐纳继续执掌公司。麦克唐纳于 1980 年去世，享年 81 岁。

四、飞行家实验室休斯公司

1932 年，娱乐大亨休斯向洛克希德公司租赁了在加州伯班克的一间飞机修理棚，创立了休斯飞机公司（Hughes Aircraft），雇佣美国最优秀的工程师制造更快更有效的飞机。二战爆发前，休斯飞机公司只有 4 名全职员工，而到战争结束时已经多达 8 万名员工。二战结束后，休斯公司较早设立了宇航分部，在通信卫星和电子方面为美国的太空竞赛作出重要贡献。

1985 年，通用汽车以 50 亿美元收购了休斯飞行器，和通用汽车名下的 Delco 电气以及休斯网络系统整合为休斯电子。在随后的 20 年间，通用汽车将原休斯名下的产业逐步出售，彻底退出了宇航和电子业务。

波音公司在美国五大军工中防务业务占比较少，“最后的晚餐”之后，波音公司有影响力的收购有 2 项：1996 年，收购了罗克韦尔公司的航天和防务业务；1997 年与麦道公司进行了高达 133 亿美元的换股，获取了麦道公司航天业务，关闭了麦道公司民机业务，消灭了一个强大对手，奠定了民用航空业务第一的位置。2000 年，波音公司收购了休斯宇航和通信公司，进一步拓展了宇航业务。

对于中国，波音收购麦道并关闭麦道在上海的民机合作项目，大大迟滞了中国商用飞机的发展。

2024 年 8 月，波音公司股价在每股 170 美元波动，总市值约 1106 亿美元。

第四节　通用动力公司的华尔街之路

通用动力公司的前身是美国潜艇之父约翰·菲利普·霍兰于 19 世纪末建立的霍兰鱼雷艇公司。尽管“霍兰”潜艇在潜艇发展史上占有重要位置，但技术上的成功并未带来与之相称的商业利益，潜艇研发的长周期和巨额费用将霍兰鱼雷艇公司拖入了财务危机。最后，霍兰被迫将公司卖给德裔犹太美国银行家伊萨克·赖斯。1899 年 2 月，赖斯将公司更名为电船公司。同许多技术出身的创始人一样，霍兰选择留在电船公司担任总工程师，变成了每周工资 90 美元的高级打工者，当然这在当时是绝对高薪。

赖斯虽然是律师和银行家，却非常善于营销，他把潜艇卖到世界各地，日俄战争期间，赖斯与日俄双方都有交易。赖斯还促成了英国维克斯公司与电船公司合作，大大改进了霍兰的设计。

一战期间，电船公司的产品终于获得美国军方认可，共为美国海军生产了 85 艘潜艇、722 艘猎潜艇和 118 艘自由轮，公司实现了规模化、产业化发展。二战期间，电船公司得到进一步发展，共生产了 74 艘潜艇和 398 艘巡逻艇，员工队伍达到 13000 人。

1926 年，电船公司在纽约证券交易所上市。1946 年，电船公司以 1000 万美元收购了加拿大飞机公司。1952 年 4 月 25 日，电船公司在纽约证券交易所正式更名为通用动力公司，通用动力名号亮相华尔街。

1953 年，通用动力从阿特拉斯集团买下了航空制造企业康维尔公司。康维尔公司是一家非常有实力的军机制造商，曾在 20 世纪 40 年代击败波音和诺斯罗普赢得 B–36 轰炸机，1951 年美国空军曾撮合诺斯罗普与康维尔合并，被诺斯罗普拒绝。20 世纪 70 年代，通用动力康维尔公司研制出了 F–16 多功能战机。1992 年，通用动力将 F–16 生产线作价约 15 亿美元卖给了洛克希德公司。F–16 是一款成功的三代半战机，共生产超过 4600 架，被美国盟友广泛使用。2024 年 7 月，美国、荷兰、丹麦联合宣布，将首次向乌克兰提供 F–16 战机。

1954 年 1 月，电船公司建造出了世界上第一艘核动力潜艇，被命名为“鹦鹉螺”号潜艇（SSN–571，见图 2–6），意为纪念法国作家儒勒・凡尔纳小说《海底两万里》中的“鹦鹉螺”号潜艇。“鹦鹉螺”号潜艇于 1980 年 3 月退役，经改装被放置在美国格罗顿潜艇部队作博物馆艇。

图 2-6　1954 年“鹦鹉螺”号下水现场

1959 年美国发行了一张北极探险纪念邮票，狗拉雪橇的北极冰面下是编号“571”的“鹦鹉螺”号潜艇，如图 2–7 所示。

图 2-7 北极探险纪念邮票

1959 年，电船公司建造了世界上第一艘弹道导弹潜艇——“乔治·华盛顿”号潜艇（SSBN-598）。该艇于 1960 年 7 月 20 日发射了第一枚“北极星”潜射弹道导弹，标志着美国海军正式拥有了核打击能力，同时也标志着美国成为世界上第一个具备“三位一体”核打击能力的国家。电船公司几乎主导设计了美国所有型号的常规动力和核动力潜艇，核潜艇的产量超过美国海军装备量的 50%。在美国能建造军舰的七家船厂中，通用动力所属的电船公司独占其三。

冷战结束后，通用动力公司进行了一系列重要的出售和并购：1993 年，通用动力将 F-16 生产线卖给洛克希德公司；1994 年，通用动力将康维尔飞机结构部门分拆卖给麦道公司；1996 年通用动力将康维尔关闭；1995 年收购巴斯钢铁公司；1997 年收购朗讯先进技术系统公司；2002 年收购通用汽车公司防务分部，从而奠定了军工巨头的地位；2008 年收购 Jet Aviation 航空服务与维修公司，进入民用航空服务领域。其间还出售了一些业务，如飞机和航天业务，这些业务最终都归集到了波音和洛马公司。其战略意图是巩固武器和军舰，提高防务占比，即使拓展航空航天业务也是避开波音和洛马另开新路。表 2-2 是通用动力百年历史及重要收购和出售活动。

表 2-2 通用动力百年历史和重要收购和出售活动

时 间	活 动
1898 年	霍兰创立电船（Electric Boat）公司
1952 年	公司更名为通用动力
1953 年	收购康维尔公司（B-36 轰炸机和 F-16 的制造商）
1982 年	收购克莱斯勒战斗系统，组建通用动力战斗系统
1992 年	将战术导弹部门出售给休斯电气
1992 年	将赛斯纳通用飞机出售给德事隆
1993 年	将固定翼军用飞行器部门（含 F-16 生产线）出售给洛克希德
1993 年	将空间系统部门出售给马丁 - 玛丽埃塔
1994 年	出售康维尔飞机结构部门给麦道
1995 年	收购创建于 1890 年的巴斯钢铁厂（Bath Iron Works）
1996 年	收购泰莱达因（Teledyne）车辆系统，加强野战火炮系统力量
1996 年	收购洛马公司的防务系统部和武器系统部
1996 年	关闭康维尔
1997 年	收购朗讯先进技术系统公司
1998 年	收购国家钢铁与造船公司（NASSCO）
1999 年	收购湾流航空航天公司
2001 年	收购摩托罗拉集成信息系统后组建通用动力决策系统
2002 年	收购 Advanced Technical Products
2003 年	收购通用汽车名下的通用汽车防务
2003 年	收购 Steyr Daimler Puch Spezialfahrzeug
2003 年	收购 Veridan
2005 年	收购威尔第公司
2008 年	收购 Jet Aviation
2016 年	成为美国海军升级版战略导弹核潜艇的主要承包商

通用动力目前经营四大业务：航空航天（The Aerospace group）业务包括民用航空（“湾流”系列公务机）、“宇宙神”系列运载火箭等；武器战斗系统（The Combat Systems group）包括履带式、轮式战车、后勤架桥系统以及各种弹药；情报系统与技术（Information Systems and Technology develops）包括移动式保密通信系统、单兵便携式计算机、防火墙，网络安全系统等；海上系统（The Marine Systems group）包括水面舰艇、核潜艇和补给舰等辅助舰船。

作为美国潜艇鼻祖，通用动力设计和建造了“海狼”级核潜艇、“洛杉矶”级核潜艇、“弗吉尼亚”级核潜艇、“俄亥俄”级核潜艇，正在设计建造美国第五代战略核潜艇即“哥伦比亚”级核潜艇，这又是一个千亿美元以上的军火大单。此外，通用动力专门设有美国海外船舶分部，为美国海军和海军陆战队后备储备船提供管理服务。

2024 年 8 月，通用动力公司股价在每股 300 美元波动，总市值约 810 亿美元。

第五节　雷神公司的华尔街之路

1922 年，布什博士与人合作在马萨诸塞州剑桥市创办了美国器械公司，1925 年更名为雷神制造公司，公司主业是电子产品。二战爆发后，美国军方需要大量雷达，雷神公司争取到了雷达关键部件磁控管合同。二战结束时，雷神公司已在磁控管、船用反潜雷达等方面建立起行业领先地位。

1945 年 10 月 1 日，雷神公司在纽约证券交易所上市。

布什博士是美国原子弹“曼哈顿计划”的提出者和执行者，1945 年 8 月 6 日和 8 月 9 日，美国 B-29 轰炸机向日本广岛和长崎投下了两枚原子弹，迫使日本投降。1945 年 7 月，布什博士写出了《科学：无尽的前沿》，这篇报告对美国科技发展影响至今。

冷战结束后，雷神公司开展了一系列并购活动：1992 年并购通用动力公司导弹分部；1996 年并购克莱斯勒机械技术公司加强军用电子业务；1997 年并购得克萨斯仪器公司防务与电子集团获得战术导弹、雷达夜视系统和电子战斗系统；1997 年并购通用汽车休斯防务公司获得陆、海、空防务电子系统和服务，由此进入美国五大军工之列。

2020 年 4 月 3 日，雷神公司与 UTC 完成合并，新公司被命名为雷神技术公司（Raytheon Technologies）。合并前的 2019 年，公司年营业收入约 740 亿美元，员工 19.5 万名，其中有 6 万多名工程师。

合并后的新雷神技术公司在以下领域具有优势：高超声速和未来导弹系统、能束武器，拥塞环境下的情报、监视与侦察（ISR），联网飞机的网络防护，下一代互联空域以及用于民航的先进分析和 AI 技术等。主要有四大业务单元。

一是柯林斯宇航公司。2018 年，UTC 以 300 亿美元收购罗克韦尔－柯林斯宇航公司，其中柯林斯宇航公司主要从事航电与机载系统与设备、内饰、航空结构件和动力控制系统。产品覆盖民用航空、公务航空和军工领域，总部位于北卡罗来纳州夏洛特，2019 年营业收入约为 260 亿美元。

二是普惠公司。是与通用电气公司（GE）和罗尔斯－罗伊斯公司（简称罗罗公司）并列的航空发动机三大公司之一，设计制造航空发动机和辅助动力系统并提供相关服务。总部位于康涅狄格州东哈特福德，2019 年的营业收入约为 210 亿美元。

三是雷神智能与航天技术。提供互联网与软件解决方案，研发先进传感器。总部位于弗吉尼亚州阿灵顿，2019 年营业收入约为 150 亿美元。

四是雷神导弹与防御技术。主要业务包括各类反导系统，总部位于亚利桑那州图森，2019 年营业收入约为 160 亿美元。

雷神与 UTC 合并案揭晓了之前 UTC 接连出售西科斯基“黑鹰”直升机、奥的斯电梯、开利空调，以及急于收购柯林斯的谜底。

雷神与 UTC 的合并，不免让人对美国五大军工格局何时打破产生联想。

美国五大军工巨头格局的确立，既是企业间自由竞争的结果，更是美国国家意志的体现。在美国政府和军方看来，理想的军工产业格局应该是既保证各军工巨头有世界级的规模和实力，又要保证各军工巨头之间保持必要的、有限的市场竞争关系。基于这一立场，美国政府和军方对军工巨头的合并会根据不同情况采取不同态度。

1997 年，洛马公司和诺格公司提出合并，声称增强全球竞争力。虽然 1990—2000 年是美国军工企业合并高潮期，但是美国政府考虑到两者合并完成后将打破已经形成的五大军工格局，美国司法部出于反垄断考虑未予批准。

2002 年，诺格公司收购美国第八大军工企业汤普森－拉莫－伍尔德里奇（TRW）公司，尽管“老大”洛马公司出面阻止，美国司法部还是批准了该合并案，因为这将进一步加强五大军工竞争局面，美国国防部也乐见其成。

2020 年，雷神与 UTC 的合并有可能打破美国五大军工格局，成为向更少军工寡头整合的开始。新雷神技术公司的普惠航空发动机，“爱国者”导弹和“战斧”导弹，各种雷达产品，以及柯林斯宇航电子信息产品，使公司的业务更加聚焦航空航天与防务。

从收入看，2019 年，新雷神营业收入 740 亿美元，已逼近波音和空客，未来有可能坐上航空航天防务业务第一位置。具体数据见表 2-3。

表 2-3　2015-2019 主要航空航天公司收入与增长率对比表　　百万美元

公司＼时间	2015	2016	2017	2018	2019
波音	96，114.00	93，496.00	94，005.00	101，127.00	76，559.00
	5.90%	-2.72%	0.54%	7.58%	-24.29%
洛马	40，536.00	47，290.00	49，960.00	53，762.00	59，812.00
	1.48%	16.66%	5.65%	7.61%	11.25%
雷神	23，321.00	24，124.00	25，348.00	27，058.00	29，176.00
	2.17%	3.44%	5.07%	6.75%	7.83%
UTC	56，098.00	57，060.00	59，452.00	66，501.00	77，046.00
	-3.11%	1.71%	4.19%	11.86%	15.86%
诺格	23，526.00	24，706.00	26，004.00	30，095.00	33，841.00
	-1.89%	5.02%	5.25%	15.73%	12.45%
通用动力	31，781.00	30，561.00	30，973.00	36，193.00	39，350.00
	3.01%	-3.84%	1.35%	16.85%	8.72%

表 2-3（续）

时间 公司	2015	2016	2017	2018	2019
空客	71，539.54	73，693.76	66，678.41	75，245.89	78，899.26
	6.16%	3.31%	−11.35%	7.94%	10.63%
BAE	25，656.27	24，112.26	22，194.73	22，457.39	23，370.67
	8.79%	−6.02%	−7.95%	1.18%	4.07%

注：数据来源于彭博，雷神与 UTC 是合并前各自的数据，但是新雷神公司的收入不是两个公司收入的简单相加。

从市值看，按照合并后 2020 年 4 月 27 日数据，五大军工总市值排序为：洛马 1067 亿美元，雷神技术 987 亿美元，波音 726 亿美元，诺格 577 亿美元，通用动力 390 亿美元。

2024 年 7 月 17 日，雷神总市值 1396 亿美元，市盈率 41；洛马公司 1142 亿美元，市盈率 17；波音公司 1135 亿美元，亏损；通用动力公司 801 亿美元，市盈率 24；诺格公司 651 亿美元，市盈率 31。雷神公司总市值位居美国五大军工之首。

雷神与 UTC 合并后，可以大胆畅想一下美国五大军工进一步重组整合的可能性：麻烦不断的波音公司为摆脱困局最有可能率先重组，卖掉一些业务，选择合适的对象收购或合并，最有可能的对象是与通用动力公司或洛马公司合并，当然也有可能是英国的 BAE 系统公司，这会进一步加大波音公司的防务业务比重，这样波音公司才能存活下来，否则也会与 UTC 一样被其他公司吞并而消失。2024 年 8 月，有媒体透露，波音已在考虑出售与洛马公司合作的火箭联合发射联盟业务了，估价 20 亿～30 亿美元。

洛马公司不会坐失防务老大位置，一定会选择盟友联合重组，最可能的对象还是诺格公司，虽然 1997 年两者的合并案曾被美国政府否决，但是此一时彼一时，建立新平衡会让美国政府改变主意。

如果美国出现三大军工局面，欧洲的空中客车公司（简称空客公司）也会坐不住，有可能会重拾 2012 年与 BAE 整合的方案，当然也有可能选择意大利的莱昂纳多或者法国的某一家军工巨头，加大防务业务比重。

如果以上局面出现，那么一定会影响俄罗斯和中国的航空航天军工体制的变化，新的改革又将启动。

五大军工巨头变为两或三家军工寡头，美国政府和军方不会轻易同意，那样军方的议价采购策略将大受影响。但是，美国五大军工的格局一定会改变，因为在空间防务技术和 AI 无人装备领域已经出现了一批新型军工企业，而且势不可挡。

在航天领域，马斯克的 SpaceX 公司已对洛马公司、波音公司形成竞争优势。2024 年上半年，SpaceX 公司发射火箭数量和送入太空载荷吨位已超过各大国总和。如果 SpaceX 公司进入资本市场，市值一定会位居美国军工上市公司前列，预计 1000 亿美元以上。

第六节　美国军工企业与金融财团的关系

1979 年苏联出兵阿富汗，五角大楼要建立一支快速反应部队，需要一批新型军用运输机，洛克希德、波音和麦道三大飞机公司展开了激烈竞标。1982 年，竞标到了关键时刻，华盛顿州参议员亨利・杰克逊竭力为花旗银行财团支持的波音公司游说，力主把波音 747 改为军用；空军部分官员和威斯康星州参议员威廉・普罗克斯迈尔则为洛克菲勒财团支持的麦道公司说话，力陈采用新型的 C-17 运输机，认为该机能够在波斯湾等前线的简易机场起降，迅速运送部队；国防部部长温伯格以及副部长弗兰克・卡卢奇则为总部设在加州有加州财团支持的洛克希德公司力争，认为波音 747 不适于军用，C-17 成本过高，主张用洛克希德的 C-5B 代替 C-17，成本可由 150 亿美元下降为 110 亿美元。最终，洛克希德公司获胜。

从二战开始到冷战结束，美国各大金融财团通过华尔街资本市场与洛克希德公司、波音公司、雷神公司、诺斯罗普公司、通用动力公司等建立起了密切关系，表 2-4 是从二战开始到冷战结束，美国五大军工及前身与各大财团的关系。

表 2-4　二战到冷战结束，美国五大军工与各大财团关系

五大军工前身	背后主要财团	五大军工公司
波音	第一花旗财团	波音
道格拉斯	加利福尼亚财团	
麦克唐纳	洛克菲勒财团	
罗克韦尔	梅隆财团	
洛克希德	加利福尼亚财团	洛马
马丁－玛丽埃塔	洛克菲勒财团	
	梅隆财团	
诺斯罗普	加利福尼亚财团	诺格
格鲁门	摩根财团	
通用动力	摩根财团	通用动力
雷神	波士顿财团	雷神
休斯	得克萨斯财团	

一、洛克菲勒财团

二战之前，洛克菲勒财团关注的主要是石油工业和金融业，在其他领域投资有限。二战临近，该财团开始向军事工业投资，于 1939 年控制了麦克唐纳飞机公司。二战后，洛克菲勒财团积极争夺飞机、导弹、火箭、原子能、宇航、电子计算机、通信设备等尖端军工业和高技术工业，取得了明显的进展。1946 年成立了洛克菲勒兄弟公司，它的一个主要任务是把资本转投到新兴军工业中去。

1962 年年底，在肯尼迪政府任期内，加利福尼亚财团支持的道格拉斯飞机公司被取消闪电式导弹研制合同，1967 年与洛克菲勒财团支持的麦克唐纳飞机公司合并。在洛克菲勒和加利福尼亚两大财团支持下，合并后的麦道公司争夺军火订单的优势显现出来，成为海军新型舰载机的赢家。20 世纪 80 年代，加利福尼亚财团支持麦道公司与诺斯罗普公司合作，从摩根财团支持的格鲁门公司手中夺得海军 F-18 舰载机项目。而在此之前，格鲁门公司凭借海上“熊猫”F-14 舰载战斗机一直在海军拥有优势地位。

1994 年，格鲁门公司被迫与诺斯罗普公司合并为诺斯罗普 - 格鲁门公司。

除了麦道公司，洛克菲勒财团还控制了马丁 - 玛丽埃塔公司（与梅隆财团共同控制）、西屋公司（与梅隆财团共同控制）、联合工艺公司（原名联合飞机公司，与第一花旗银行财团共同控制），这些公司都进行飞机、导弹、电信系统等军火生产。洛克菲勒财团支持的军火公司都是五角大楼的主要军火承包商。

二、摩根财团

19 世纪末 20 世纪初，摩根财团的投资公司、商业银行成为华尔街最大的“货币托拉斯”，拥有 10 亿美元的资金，在几乎所有工业部门的大公司中持有股票，向这些公司董事会派进代表，并成为他们主要的信贷来源。这样，一个以金融机构为核心而联合起来的摩根财团，其业务范围就不再局限于某一个工业领域，而是涉及美国经济的方方面面。在非金融业中，摩根财团在电子计算机、半导体产品、飞机、导弹等高技术和尖端武器中占有十分重要的地位。

1878 年，摩根财团支持爱迪生创立电灯公司，摩根的合伙人法布里出任爱迪生电灯公司的董事和执行委员会委员兼财务主管。爱迪生电灯公司共计 30 万美元的股份中，爱迪生占 50%，另外 50% 由投资者认购，投资者中包括法布里及摩根的另外两个合伙人。保守的摩根父亲不同意摩根支持爱迪生，但是摩根却认为此事没有多大风险，“如果取得成功，收获不可估量”，继续为爱迪生提供资金。1889 年，注册资本 1200 万美元的爱迪生通用电气公司成立。

1892 年，爱迪生 GE 公司与汤姆森 - 休斯敦公司合并成为通用电气公司（直流电和交流电技术的强强联合），合并后公司资产为 5000 万美元。虽然爱迪生的名气很大，但是爱迪生 GE 公司的效益没有汤姆森 - 休斯敦公司的效益好，两个公司股东的股份分别以 1 ∶ 1 和 3 ∶ 5 的比例换成新公司的股份，并且汤姆森 - 休斯敦公司的总裁科芬成为通用电气公司的总裁，摩根进入董事会。爱迪生股权被稀释，不再是最大股东，他仅仅出席了一次董事会会议之后就离开了 GE 公司。1977 年，美国《工业研究》杂志举办的年度一百种新产品的评选中，美国 GE 公司的新产品获奖最多，包括可载原子弹和氢弹头的阿特拉斯火箭、“雷神”号火箭等军品。

在军事工业方面，除了GE公司，摩根财团与通用动力公司、通用汽车公司、美国电话电报公司和格鲁门飞机公司都有密切关系。这些公司既是常规武器供应商，又是尖端核武器垄断者，在五角大楼军火承包商名单上名列前茅。朝鲜战争中，通用汽车公司是最大的军火承包商。在越南战争升级的1968年（财政年度），通用动力公司、美国电话电报公司、格鲁门公司拿到国防部的军火合同价值分别为22.39亿美元、7.76亿美元和6.29亿美元。1981年，通用动力公司、GE公司和格鲁门公司获得大量军事订货，在美国十大军火承包商中分别位列第3、第4、第9位。

三、花旗财团

花旗财团是二战后兴起的美国东部大财团，历史虽短，但其控制的资产总额已超过几家老财团，跃居十大财团的前列。该财团以花旗银行为核心，依靠它的巨额资金，向军事工业（如火箭、导弹以及飞机等）和民用工业（如电子、化工、石油以及有色冶金等）不断扩张，一段时间内，花旗财团控制了一大批著名的大企业。

花旗财团之所以发展迅速，主要是因为其经济实力是由花旗银行同与军火生产有密切关系的大公司和大企业所共同支撑。花旗银行对尖端军事工业拥有大量投资，曾是波音公司、TRW公司和格鲁门公司的重要股东，至今仍把军工作为投资重点。从20世纪60年代到70年代初，波音公司和其他军火公司发生多起争夺军火合同的事件，从中可以看到垄断财团间的激烈竞争。1963年，波音公司为了F-111飞机订单，同摩根、芝加哥财团共同支持的通用动力公司展开了激烈争夺；1965年，又和加利福尼亚财团支持的洛克希德公司争夺C-5A超声速运输机订单，花费1600万美元，雇佣了大量的人员。当洛克希德夺走了这笔订单时，波音公司总经理表示很难接受这笔损失。谁知，洛克希德公司由于这笔军火生意亏本2亿美元，陷入财务困境，于1970年要求美国政府和国会为其出面向银行团担保以取得贷款。当时，加利福尼亚财团支持的尼克松总统，为了支持洛克希德公司，向国会提出法案，由政府给予担保向银团贷款。此法案经国会长达几个月的辩论才勉强得以通过。对尼克松庇护洛克希德公司之举，波音公司十分不满。

四、波士顿财团等

波士顿财团由 19 世纪经营奴隶贸易而致富的波士顿地区的洛威尔、劳伦斯、亚当斯以及洛奇等家族同新兴的肯尼迪家族联合组成。当时，这几个家族把从海外殖民掠夺中积累起来的巨额资金投资于商业银行、保险业和投资公司，并依靠这些金融机构提供资金经营轻纺工业。由于轻纺工业发展迅速，至 20 世纪初，波士顿这几个世代互相通婚的家族，便以波士顿第一国民银行为核心，形成了波士顿财团。

波士顿财团在工矿企业方面的实力不及东部大财团。20 世纪 50 年代起，波士顿财团利用 MIT 的科研成果发展新兴技术工业，向电子、半导体、光学、宇航和导弹等高技术和尖端军事工业部门发展。德事隆集团、雷神公司是波士顿财团在尖端武器工业中具有代表性的企业，对财团实力的发展起了重要作用。

波士顿财团支持的德事隆集团，二战后兼并了许多中小公司，实力不断壮大，经营方向也由轻纺工业转向发展宇航工业和电子工业，成为拥有 70 多家子公司的多元化公司，其中包括贝尔直升机公司、赛斯纳通用飞机公司等。从 20 世纪 60 年代开始，德事隆集团已成为五角大楼的主要军火承包商之一。1961—1970 年其承包的军火合同价值达 31 亿美元，在国防部军火承包商中居第 19 位。

波士顿财团支持的雷神公司主要从事设计、制造、销售民用和国防电子设备，为美国海、陆、空三军制造导弹，是国防部主要军火承包商之一。由于电子和军火产品的迅速发展，该公司的资产额由 1965 年的 2.7 亿美元猛增至 1983 年的 37.29 亿美元，同期内销售额由 4.8 亿美元增至 59.37 亿美元。

20 世纪 50 年代到 60 年代初是美国加速发展导弹时期，马萨诸塞州的军事订货在全国各州的比重从二战中的第 10 位上升为第 4 位。正是由于取得了价值巨大的军事合同以及同登月计划有关的项目，在 20 世纪 60 年代，波士顿地区出现了历史上最大的经济繁荣，波士顿财团实力也随之增强。

波士顿财团的后起家族——肯尼迪家族为财团发展新兴产业提供了政治靠山。约瑟夫·肯尼迪是控制波士顿金融界的重要人物之一，20 世纪 20 年代投资证券和房地产业获取巨额利润，进入美国富豪榜。他的儿子约翰·肯尼迪 1960 年由波士顿财团支持，在洛克菲勒等财团配合下成为美国总统。肯尼迪总统发起“登月计划”，推动军备竞赛，波士顿财团及其相关军工企业在争夺五角大楼军火合同中收获颇丰。

二战期间，加州是美国最大的军火生产基地，聚集了洛克希德、诺斯罗普等飞机制造公司。军事工业带动了加州金融业快速发展，形成了以美国银行集团为中心的加州财团。

T. 梅隆于 1869 年创办了托马斯 – 梅隆父子银行，发展迅速，1902 年改名梅隆国民银行。梅隆财团支持的工矿企业，其中资格最老的是美国铝业公司，它的前身是匹兹堡冶炼公司。1910 年以来，美国铝业公司一直垄断着美国铝的生产，也是军工行业的重要供应商。二战后，梅隆财团在保持传统业务投资的同时，加大了对飞机、导弹、宇航等军事工业领域投资，成为罗克韦尔国际公司、马丁 – 玛丽埃塔公司、TRW 公司的重要股东。

第七节　美国军工巨头的新股东

随着美国军工企业的不断重组整合，一家财团或少数财团单独控制军工巨头的局面逐渐被打破。同时，军工企业的重组整合也加速了各财团间的交叉渗透，财团之间的合作不断增强，机构投资者和共同基金逐渐成为华尔街军工巨头的新主人。

管理大师德鲁克在《养老金革命》一书中说，美国正在进行一场“悄悄的社会主义革命”。这场悄悄的革命表现在企业股东方面，就是少数金融寡头控制大公司的局面在改变。德鲁克用 1991 年在《哈佛商业评论》上发表的一篇标题为《企业管理》的文章作为书的后记，文中提供了一些数据：截至 1991 年，美国 20 家大型养老基金（其中 13 家是州政府、市政府或非营利机构的雇员养老基金）持有美国全部上市公司大约 10% 的股票，而美国大型企业 40% 的股份也由机构投资者（主要是养老基金）所持有。这些养老基金已经不再满足于消极的投资，开始在企业治理中发挥作用。

20 世纪 70 年代以后，美国的机构投资者在股市的持股比例不断上升，80 年代初达到 34%，90 年代末达到 45%。美国经济咨商局 2008 版《机构投资报告》中称，截至 2007 年年底，这一数字已经上升到空前的 76.4%。美国航空航天五大军工巨头的股权结构也符合这一趋势。

让我们来看一下洛马公司、波音公司、诺格公司前五位股东情况。根据 2020 年 5 月 11 日相关公司网站上披露的信息，公司股东分为两类，一类是机构投资者，另一类是共同基金投资者。其中，美国道富环球投资管理、先锋集团、资本国际投资、华盛顿共同投资基金等都是这三大公司的股东，股东重合度很高。前五位机构和基金投资者持股比例合计很高，洛马公司为 50.98%，波音公司为 38.42%，诺格公司为 54.05%。具体情况见表 2–5。

表 2–5　2020 年 5 月 11 日，洛马、波音、诺格主要股东持股情况

	序号	洛马（LMT）		波音（BA）		诺格（NOC）	
		持股者	比例	持股者	比例	持股者	比例
机构投资者	1	STATE STREET GLOBAL ADVISORS INC（道富集团）	15.49%	CAPITAL GROUP COMPANIES INC（资本集团）	7.24%	CAPITAL GROUP COMPANIES INC（资本集团）	14.86%
	2	CAPITAL GROUP COMPANIES INC（资本集团）	8.92%	VANGUARD GROUP INC（Vanguard 集团）	7.23%	STATE STREET GLOBAL ADVISORS INC（道富集团）	10.17%
	3	VANGUARD GROUP INC（Vanguard 集团）	8.09%	BLACKROCK FUND（贝莱德有限公司）	6.11%	VANGUARD GROUP INC（Vanguard 集团）	7.97%
	4	BLACKROCK FUND（贝莱德有限公司）	6.60%	NEWPORT TRUST CO（新港信托公司）	5.44%	BLACKROCK FUND（贝莱德有限公司）	6.43%
	5	WELLINGTON MANAGEMENT GROUP LLP（威灵顿管理有限责任合伙）	4.07%	T. ROWE PRICE GROUP INC（普信集团公司）	5.31%	SUN LIFE FINANCIAL SERVICES（加拿大永明金融公司）	3.13%

表 2-5（续）

	序号	洛马（LMT）		波音（BA）		诺格（NOC）	
		持股者	比例	持股者	比例	持股者	比例
共同基金持股者	1	American Funds Washington Mutual Investors Fund（美国华盛顿共同投资基金）	2.00%	American Funds American Balanced Fund（美国平衡基金）	1.86%	American Funds Washington Mutual Investors Fund（美国华盛顿共同投资基金）	4.93%
	2	American Funds Income Fund of America（美国收益基金）	1.68%	American Funds Washington Mutual Investors Fund（美国华盛顿共同投资基金）	1.55%	American Funds American Balanced Fund（美国平衡基金）	1.91%
	3	Vanguard 500 Index Fund（先锋 500 指数基金）	1.33%	Vanguard 500 Index Fund（先锋 500 指数基金）	1.42%	MFS Value Fund（马萨诸塞价值基金）	1.78%
	4	American Funds American Balanced Fund（美国平衡基金）	1.24%	American Funds Fundamental Investors Fund（美国基金基本面投资者基金）	1.29%	American Fund Growth Fund of America（美国成长型基金）	1.46%
	5	Vanguard Institutional Index Fund（先锋机构指数基金）	0.78%	American Fund Growth Fund of America（美国成长型基金）	0.97%	Vanguard 500 Index Fund（先锋 500 指数基金）	1.41%

美国道富集团是道富环球投资管理的母公司，是全球最大的托管银行和资产管理公司之一。深究下去，这些机构上一层的股东大都来自华尔街圈子里能够代表美国利益的各大金融财团和富豪，有时这些机构的子公司也是母公司的股东。当然，各类股东之间有时也相互交叉持股，有时企业本身也是自身股东的股东，这些“巧妙安排”的交叉持股关系能够在资本层面使投资者和公司的利益一致，保证在遇到重大问题时大股东间可以采取一致行动，确保公司稳定持续发展。

所以，从表面上看，美国现代军工上市公司股权趋向于分散，不像二战和冷战期间大财团对公司控制得那么明显，但是他们的多数股票还是掌握在少数华尔街金融机构及其一致行动人手中，只需 5 家左右的大金融机构联手就可以控股这些企业。这些军工企业实际上还是在大财团、大机构掌控中，只是做得更隐蔽了。

第八节 不急于进入华尔街的 SpaceX 公司

2012 年，美国航天飞机停飞、F-22 停产，真的是因为预算紧张或技术遇到门槛了吗？不是，这其实是美国在新技术革命下军事战略和军工企业转型的开始。

从 2000 年开始，在五角大楼推动下，两股力量快速聚合。一是在硅谷完成资本积累，并对新挑战极具向往的硅谷科技狂人，如马斯克、贝佐斯等；二是在航天飞机停飞、F-22 停产时面临失业，但又对宇航事业热爱且极具献身精神的工程师，他们与马斯克、贝佐斯们一起研制出“猎鹰”、新谢泼德等返回式新型运载火箭，建造了军民通用的卫星互联网“星链”，使老牌军工洛马公司与波音公司合资的火箭联合发射联盟渐落下风。

2002 年 2 月，为了研制大推力运载火箭，马斯克去了莫斯科，希望能买到廉价火箭。当俄罗斯人报出火箭价格时，马斯克直接还价一半，最后不欢而散。在从莫斯科回国途中，马斯克在电脑上算来算去，感觉自己造火箭可以大幅度降低成本。

2002 年 6 月，马斯克用在硅谷挣到的钱在加州洛杉矶机场附近的旧仓库创办了 SpaceX 公司，相对于洛马、波音等在华尔街上市的宇航巨头，SpaceX 经常被媒体称为私营商业宇航公司。

马斯克创立 SpaceX 公司，比 100 多年前莱特兄弟的目标更远大，也更执着。SpaceX 公司的目标是不断降低航天运输成本，使人类探索宇宙成为常态，为探索火星和殖民火星做准备。在 SpaceX 公司之前，洛马公司和波音公司等是 NASA 的主要承包商。按照传统惯例，NASA 招标项目时，一般采用建造成本费用加一定比例的利润方式签订合同，对承包商来说，一般可以旱涝保收。

SpaceX 等新型私营宇航公司与 NASA 建立了新的合作模式，即固定成本法。NASA 在招标后支付这些公司一笔固定资金，项目完成后，余下的资金是公司的利润，如果项目费用超支，则由公司自己承担。

试错是硅谷企业创新成功的基本原则。自 SpaceX 公司创立以来，马斯克一直是公司的核心。马斯克认为，要从物理学的角度看待世界，发现事物的本质，要坚持简单、可靠、低成本的“第一性原理”思维。马斯克赋予 SpaceX 公司硅谷精神和互联网基因，依靠一次次迭代试验，从失败中获取经验，改变了航天系统工程每走一步都要万无一失的传统做法。

传统的航天系统工程主张在前期设计中要暴露尽可能多的风险，降低错误成本，因此在设计阶段投入了大量的时间和精力。SpaceX 依靠迭代试验方法获取经验完成设计、开发、测试工作流程，不但所需的成本大大低于传统航天系统工程方法，而且研制速度也大大加快。2023 年 4 月到 2024 年 3 月，“星舰”三次发射试验失败，马斯克和 NASA 局长仍然发文祝贺，遵循的就是这个逻辑。

SpaceX 公司 1 号员工是推进部门首席技术官汤姆·穆勒。穆勒曾在美国 TRW 工作了 15 年，TRW 公司是“阿波罗”登月飞船着陆动力系统的承包商。在遇到马斯克之前，穆勒感觉自己许多关于火箭发动机设计的想法在 TRW 没有施展出来。从 2001 年下半年起，穆勒利用休息时间在朋友的仓库研发液体燃料火箭发动机。2002 年年初，穆勒在仓库与马斯克相遇，马斯克问穆勒能造比这个动力更大的火箭吗？之后，穆勒加入了 SpaceX 公司。在穆勒领导下，“梅林”火箭发动机于 2003 年 10 月首次试车，但遭遇失败。15 个月后，改进试验成功。“梅林”发动机用于“猎鹰”1 号“猎鹰”9 号和“猎鹰”重型运载火箭，具有极高的可靠性。

SpaceX 公司总裁格温·肖特维尔是马斯克的得力助手，曾在航空航天公司埃尔塞贡多研究中心工作 10 多年。2002 年，经过仅仅几分钟的交谈，马斯克就决定给肖特维尔业务拓展副总裁的职位。肖特维尔是拯救 SpaceX 公司于破产边缘的关键人物。2006 年、2007 年、2008 年 8 月，在经历

"猎鹰"1号运载火箭三次试飞失败后，马斯克面临崩溃。而肖特维尔则认为发射越来越接近成功，在修复了一台"猎鹰"1号发动机，对一、二级火箭分离进行微改后，2008年9月的火箭试验终于成功。之后，肖特维尔被马斯克任命为公司总裁和首席运营官。"没有她，我们根本做不到现在这样。"马斯克这样评价。

"猎鹰"1号火箭虽然在2009年9月的第4次试验中获得成功，但SpaceX公司也已陷入破产边缘。2009年12月，"没有NASA，可能就没有现在的SpaceX"，美国作家阿什莉·万斯在其关于马斯克的传记中这样写道。2009年12月，NASA宣布将价值16亿美元的空间站运输合同授给SpaceX公司。2014年，SpaceX公司获得NASA一个5000万美元的载人航天计划项目。按照合同，NASA为SpaceX公司的火箭和飞船研发提供支持，对其开放了"阿波罗"计划的部分技术，以支持"猎鹰"系列火箭发动机的研发、测试。据美国CNBC网站报道，仅为了"龙"载人飞船发射，NASA前前后后给SpaceX公司提供了31亿美元研发费用。此外，NASA的许多科学家也加入SpaceX公司任要职。例如，在NASA从事航天飞机项目42年的比尔·格斯登迈尔刚一退休，就到SpaceX公司担任了顾问。

2020年11月16日，马斯克的SpaceX公司的"龙"飞船搭载4名航天员升空奔赴国际空间站，使美国在航天飞机退役后具有了自由往返太空的能力，这也是SpaceX公司的首次正式商业载人发射。2020年11月16日被NASA称为"开启载人航天新时代的一天"。

SpaceX公司"星链"的成功，美国军方功不可没。2014年，SpaceX公司开始了雄心勃勃的"星链"项目，通过在近地轨道部署大量（几万颗）通信卫星，构建一个全球性卫星通信网络，在当时，许多人认为马斯克的想法太疯狂。然而，美国军方却给予马斯克持续的支持。2015年5月，美国军方向SpaceX公司颁发认证，允许其进入美国军用发射市场，发射军事卫星以及执行与国防安全相关的太空任务。2016年，美国空军授予SpaceX公司8300万美元的卫星发射合同。同时，美国空军为SpaceX公司新一代液氧甲烷发动机Raptor的研制提供资助，总投资额6100万美元，约占SpaceX总投资额的1/3。

太空探索技术公司创立的初衷是致力于星际探索，如今该公司的军事能力已不容小觑，尤其“星链”在俄乌冲突中的表现引人关注。虽然马斯克并不承认“星链”帮助了乌克兰军队，强调仅限于民用，但俄罗斯官员已多次警告并发话要摧毁“星链”。2022 年 12 月，SpaceX 公司宣布成立一个名为“星盾”的新业务部门，在升级“星链”安全通信功能基础上，增加了地球观测和载荷托管任务，定向为美国国家安全机构和国防部服务。

X-37B 空天飞机项目是五角大楼 DARPA 和 NASA 主导的项目，主承包商是波音公司，虽然波音公司与洛马公司合资建有研制新一代大型运载火箭的 ULA，但在 X-37B 试飞中已开始使用 SpaceX 公司的可重复使用大推力火箭作为载体进行高轨道发射试验。

2023 年，SpaceX 公司发射火箭次数和载荷质量的比重已占全球 80% 以上。2002—2023 年，SpaceX 公司仅仅用了 20 年时间就做到了只有美国、俄罗斯、中国等主权国家才能做到的事情。

2024 年 3 月，SpaceX 公司首席财务官表示，公司不会在 2024 年进行首次 IPO，说明公司有足够的资金支持其发展。

在美国，对太空探索头脑发热的不只有马斯克。亚马逊公司创始人贝佐斯在 2000 年创办了太空探索技术公司——蓝色起源，公司员工已达 1 万名。2019 年，亚马逊公司宣布启动类似马斯克“星链”的项目，名为“柯伊伯计划”（Project Kuiper）。2023 年 5 月，NASA 宣布蓝色起源公司赢得价值 34 亿美元的合同，为“阿尔忒弥斯”登月计划建造月球登陆器。2024 年 5 月，蓝色起源公司的“新谢泼德”飞行器完成了第七次载人太空飞行，6 人进行了大约 10 分钟的太空游。毫无疑问，贝佐斯与马斯克已经在太空探索领域展开全面竞争。

还有比马斯克和贝佐斯更离谱的太空迷。2012 年，航天科技富豪埃里克·安德森和硅谷奇点大学（SU）联合创始人彼得·戴曼迪斯创办了行星资源公司，宣称要到太空挖矿，谷歌公司创始人拉里·佩奇和 CEO 施密特也都投资了该公司，电影《阿凡达》导演詹姆斯·卡梅隆担任该公司顾问。行星资源公司认为，近地小行星比其他任何地方都更适合采矿。他们将主要立足两类资源：水，铂、钯等稀有金属。这两者在地球上都很有用，也可以减少未来太空旅行的花费。例如，水可以分解成可做燃料的氢，可呼吸的氧；铂金可以用在电子组件上。公司总裁兼 CEO 曾在 NASA 火星探测器“勇气”号和“机遇”号任务中担任飞行总监，几十名员工中的多数来自 NASA、喷气推进实验室（JPL）、波音公司等。公司已与 NASA 签订了合作协议。

对行星资源公司，许多人并不看好，认为这无非是淘金热的现代版，是经典的科幻小说。关于科幻小说，激光发明者、诺贝尔奖获得者查尔斯·汤斯说，他就是受阿列克谢·托尔斯泰 1926 年的科幻小说《加林的双曲线体》启发，发明了激光。汤斯说，他曾将激光设想与“计算机之父”诺依曼分享，诺依曼却说，“这个想法根本不会成功”。而汤斯认为，如果要尝试新的东西，就必须忽略批评，即使批评者是个伟大人物。

如今，激光武器已不再神秘，不再是关注焦点，因为更神秘的 AI 武器已走进战场。

第九节 “AI 军火商”帕兰蒂尔的另类华尔街之路

2020 年 9 月 30 日，一家创立 17 年从没盈利过的神秘公司在华尔街 DPO，没有采用传统的 IPO，没有发行新股并融资，当然也就没有用投行，这就是帕兰蒂尔公司。

从 2001 年反恐战争开始，美国国防部和安全部门开始更加关注科幻小说。为五角大楼提供未来主义咨询的阿兰·安德鲁斯博士说，“负责保卫国家安全的人需要一些疯狂的主意”①。

很快，美国出现了一些之前只有在科幻影视中才能看到的与防务与安全相关的新型企业，他们是一些“使命企业”。他们的投资者有足够耐心，不急于赚钱，不急于到华尔街变现，因为这些投资者相信，他们投资的企业将颠覆传统的防务与安全相关的技术和产业。这是一些比较特别的投资机构，其代表就是 CIA。

① 《五角大楼之脑》第 382 页。

1999年2月，为了使互联网等新技术更好地服务国家安全，为了防止当时的互联网泡沫破灭而影响与国家安全相关的项目，美国CIA打破政府部门不对具体风险投资基金扶持和不直接向具体基金注资的传统，设立了In-Q-Tel（简称IQT）高科技风险投资公司。CIA每个财年向IQT提供3500万美元资金，IQT则以风险投资形式支持CIA需要的项目，为CIA发现、培育和提供先进的信息技术。时至2024年，IQT业务已经拓展至AI武器领域。

IQT的宗旨是一切为了国家安全，因此其不以投资获得最大回报为目标，而是定位于非营利的国家安全战略投资者。根据2017年的公开信息统计，IQT大约75%的投资交易服务于包括CIA、国家安全局（NSA）、国家地理空间情报局、国防部部长及联合参谋长办公室、国防情报局、FBI、国家侦察办公室、国土安全部等。结果，IQT在为政府部门服务的过程中，竟然成为硅谷众多风险投资机构中的优等生。在SVDG发布的2024版国家安全初创企业百强榜中，IQT投资了其中的33家。

2003年，IQT投资了一家叫Keyhole的地图创业公司，该公司研发了EarthViewer技术，引发了卫星图像革命。EarthViewer技术在伊拉克战争中被美军广泛应用。2004年，IQT将Keyhole卖给了谷歌公司，EarthViewer技术成为谷歌地图的核心工具。2011年，美国海豹突击队在巴基斯坦将本·拉登击毙，为确认本·拉登身份，参加行动的每架直升机上都携带有本·拉登DNA样本。因此，开发一种手持设备，在现场就能进行DNA分析的需求提了出来。2012年，IQT投资了一家名叫SnapDNA的硅谷创业公司，该公司研发的手持式检测设备可以在5分钟内完成对人体DNA的分析。获得IQT的投资，被认为是获得政府部门认可的标志，能帮助创业公司从其他风险投资（VC）募集更多资金。

统计显示，IQT每投资1美元，会拉动其他VC投资11～15美元。除了直接投资，IQT还与DARPA和硅谷DIU合作搞孵化器，从更早阶段培育隐秘的为防务与安全服务的创业公司，其中帕兰蒂尔公司最为成功。

2003年，斯坦福大学毕业的几个年轻的程序员创办了数据挖掘公司帕兰蒂尔，公司获得了“硅谷创投教父”彼得·泰尔（Peter Thiel）的投资。之后，泰尔请来哲学博士阿列克斯·卡普（Alex Karp）做公司联合创始人和 CEO。2005 年 9 月，IQT 风险投资基金向帕兰蒂尔公司投资 200 万美元，成为其 A 轮投资者。投资虽然不大，但是能够得到 CIA 认可，帕兰蒂尔在创办初期不再担心融资和业务问题。从 2005 年到 2008 年，CIA 是帕兰蒂尔公司的唯一客户。

公司创始人用《指环王》中“Palantir”（魔石）为公司命名，是希望能通过研发大数据挖掘技术，将那些来自完全不同系统、各种形态的数据综合在一起进行分析，然后发现其中有价值的规律，帮助客户做出判断甚至预测未来。帕兰蒂尔公司官网显示，公司主营业务有两类：一是 Palantir Gotham，主要服务于国防与安全领域；二是 Palantir Foundry，主要为企业等商业机构提供自动化解决方案，公司已在法律、医药、健康、投资等十几个领域有成熟解决方案。

帕兰蒂尔公司自创立以来一直保持低调，虽然美国媒体喜欢给其冠以“那家帮助找到本·拉登的公司”“CIA 资助的公司”等称号，但帕兰蒂尔自己并没有正面承认。帕兰蒂尔公司中一些顾问的身份表明它是一家非常特殊的企业，美国前国务卿康多莉扎·赖斯、CIA 前局长乔治·特尼特都曾当过帕兰蒂尔的顾问。特尼特在采访中曾说，“我真希望在 9·11 恐怖袭击之前，能拥有像 Palantir 这样强大的工具”。曾担任过伊拉克、阿富汗驻军司令和 CIA 局长的戴维·彼得雷乌斯将军在接受《福布斯》采访时曾说，“正当我们亟须更好的捕鼠器时，Palantir 出现了”。

帕兰蒂尔公司服务的政府客户有美国 NSA、FBI、CIA 及其他反恐和军事机构。例如，帕兰蒂尔曾协助 FBI 整合了 40 年的交易记录，分析了海量数据，最终发现了麦道夫的“庞氏骗局”。这些业务显然不方便公开披露，公司保持低调也就可以理解了。虽然帕兰蒂尔保持低调不愿披露更多信息，但各种投资机构依然对其看好，截至公司上市前的 2020 年 6 月，帕兰蒂尔已经完成了 19 轮融资。

不愁资金的帕兰蒂尔公司在 2010 年以后开展了多次并购，丰富了业务结构。2013 年 2 月，收购了语音邮件服务公司 Voice Gem；2014 年 7 月，收购了社交测试服务公司 Poptip 和移动应用孵化公司 Propeller；2015 年年初，收购了提供全渠道营销平台的创业公司 Fancy That；2016 年年初，收购了 API 厂商 Kimono Labs；2016 年 8 月，收购了大数据可视化公司 Silk。这些收购帮助帕兰蒂尔公司拓展了企业市场，如美国银行、新闻集团等公司。从 2015 年开始，华尔街开始采用该公司的软件探测欺诈行为和评估贷款风险，并一度是帕兰蒂尔公司的最大客户。

自公司成立以来，虽然资本市场看好帕兰蒂尔，但公司管理层对进入华尔街一直态度模糊，多次向外界重复说公司没有上市计划。公司 CEO 和联合创始人卡普曾在 2014 年对《纽约时报》记者说："上市对我们公司的文化、业绩都是有腐蚀性的。"媒体因此分析认为，帕兰蒂尔迟迟不上市是因为其出身问题，如果要公开上市，公司就要将自己与政府机构、银行金融之间的隐秘合作关系公之于众，上市需要一段准备时间。

2020 年 9 月 30 日，帕兰蒂尔公司终于走进了华尔街，但采用的是 DPO，而不是通常的 IPO。DPO 意味着企业不需发行新的证券，也不需要由投资银行对证券进行定价，发行的证券也没有封锁期，其交易价格完全由市场根据供求自由决定。直接上市可以使企业省去高昂的承销费用，还能避免稀释现有股东的所有权，同时也能为现有股东手里的股份提供流动性。帕兰蒂尔公司发行价 7.25 美元，上市首日收盘价 9.50 美元，比发行价上涨 30%，总市值 206 亿美元。

据美国彭博社报道，帕兰蒂尔公司在上市前的最后一笔融资来自日本的保险控股公司 Sompo Japan Nipponkoa Holdings Inc.，总额 5 亿美元。这笔来自日本的 5 亿美元注资，使公司得以采取 DPO 进入华尔街。

帕兰蒂尔之所以选择 DPO，一是因为业务的敏感性，二是不好看的财务数据。据 2020 年 8 月帕兰蒂尔报给美国证监会的招股书显示，这家神秘的公司，在其 17 年的历史中从未盈利过。2019 年公司营收 7.43 亿美元，净亏损约 5.8 亿美元，运营成本 10.77 亿美元，其中销售和市场推广费用占比约 42%，研发费用占比约 28%。2020 年上半年亏损 1.65 亿美元。

2023 年年底，帕兰蒂尔公司发布了最新一代 AI 平台的详细信息，该平台为军方设计推出了大型语言模型，该工具就像军事领域的聊天机器人，通过简单的语音指令输入便可为指挥官提供实时战略决策建议，原本可能需要几小时的军事决策，现在只需几分钟就可完成。帕兰蒂尔公司宣称，其 AI 系统是乌克兰武器的数字大脑，乌军的大多数打击目标都是借助该平台锁定并打击的。

2024 年 2 月 26 日，美国《时代》周刊封面文章《第一场人工智能战争》披露：2022 年 2 月俄乌冲突爆发后不久，帕兰蒂尔公司 CEO 卡普就到乌克兰与泽连斯基总统会面。很快，帕兰蒂尔就开始应用其 AI 软件分析处理来自无人机、卫星、地面人员、可穿透云层的雷达、可探测到部队行动和炮火的热像等原始情报，向客户提供打击敌方阵地的最有效选择，该软件还能通过每次打击进行学习和改进。帕兰蒂尔公司软件还能将各种实时战场信息与商业数据、政府数据整合在一起，使军事官员可以向地面指挥官传递敌军位置或做出打击目标的决策。

《第一场人工智能战争》文章作者薇拉·贝根格林说，帕兰蒂尔公司在乌克兰的工程师向他展示了如何凭借几个点击，就能挖掘出令人眼花缭乱的战场数据，而在此之前，这些数据需要数百名人员来分析。帕兰蒂尔公司 CEO 卡普说，“在战场上，我们可以做一些在国内环境下无法做到的事”。

2024 年 4 月，《纽约时报》披露了一个五角大楼名为“梅文计划”（Project Maven）的最新进展情况：梅文智能系统正在乌克兰战场得到快速训练和完善，该 AI 系统已能将卫星、雷达、红外设备甚至社交媒体上的影像处理后汇总到一块屏幕上，帮助接入该系统的人员快速识别出打击目标。通过接入战斗机或无人机等武器系统，人类指挥官只需做出确认打击的最终决定。另据美国彭博社报道，在美军

图 2-8 《时代》周刊 2024 年 2 月 26 日封面

于 2024 年年初对中东进行的空袭中，梅文智能系统至少帮助美军锁定了 85 个打击目标，地点涉及伊拉克、叙利亚、也门和红海地区。

“梅文计划”是五角大楼于 2017 年启动的 AI 旗舰项目，致力于用 AI 技术识别军方无人机所摄取画面中的潜在打击目标。起初，谷歌公司是“梅文计划”的主要参与者。2018 年，由于谷歌公司 4000 多名员工联名上书反对，谷歌公司停止了与军方的合作。然而，更多的公司参与进来，包括帕兰蒂尔公司、亚马逊网络服务公司、L3 哈里斯科技公司、马克萨尔科技公司、微软公司、内华达山脉公司等。谷歌公司前 CEO 施密特在 2017 年卸任后也参与了“梅文计划”。

帕兰蒂尔公司是梅文智能系统平台承包商，该公司声明其 AI 武器系统遵循道德和法律准则，运行时有人工监督，无法独立发起攻击。但现实是，自主武器制造技术早已存在，很有可能“自主武器”已在美国或某些国家存在。2023 年 10 月福布斯新闻网报道，乌克兰萨克尔无人机公司宣称，他们已经部署了一款全自主无人机——“猎隼侦察兵”。“猎隼侦察兵”能够自行决定在战场上杀死谁，该机已经进行过小规模的自主攻击。

作为 AI 军火商的代表，帕兰蒂尔公司已得到华尔街的高度认可。2024 年 8 月 1 日，帕兰蒂尔公司总市值 598 亿美元；8 月 20 日的总市值已升至 727 亿美元，是 2020 年上市首日收盘总市值 206 亿美元的 3.5 倍。帕兰蒂尔公司 8 月 20 日每股股价是 27.5 美元，是俄乌冲突以来的最高点，帕兰蒂尔公司到底帮乌克兰做了什么，估计要等多年以后才能披露，但公司的股价已经给出了答案。

2024 年 7 月 22 日，美国非营利组织 SVDG 发布了国家安全百强初创企业名单，其中 33% 的企业都有 IQT 的投资，中情局投资机构 IQT 继续领跑最佳投资人榜单。

第十节　美国军工资本的“举国体制”

在防务与安全领域投资方面，美国社会呈现出了资本的“举国体制”。从华尔街到硅谷，从 CIA 到国防部及各军兵种，各类基金和投资公司不断组建，他们帮助以硅谷初创企业为代表的美国科技型小企业耐心成长，不但支持了马斯克打造太空探索技术公司这样的新型军工企业，还培育了一大批与防务与安全有关的硅谷初创企业，其中不少已在乌克兰战场得到考验，如前面提到的帕兰蒂尔公司、安杜里尔公司等。

早在 2005 年 6 月，CIA 所属的 IQT 风险投资基金公司首席执行官 Gilman Louie 接受采访时说："直到 IQT 出现，美国才有了完完全全的政府风险投资，IQT 现在已经不是唯一的政府风险投资机构了，因为所有的人都在跟着我们学。"

2012 年，杜立特协会成立，最早主要为空军提供技术转移等服务。协会以杜立特命名，是为纪念二战期间杜立特空袭指挥官詹姆斯·杜立特，效仿其领导改装并从航母上部署 B-25 轰炸机的做法，实现快速创新和解决问题。2015 年，美国特种作战司令部与杜立特协会联合创建了特种作战工场（SOFWERX），推动民用技术在特种作战场景的应用。2017 年，美国空军与杜立特协会创建空军工场（AFWERX）。为了配合这些创新组织开展工作，美国空军、陆军等军种都成立了自己直属的风险投资基金，开展各种形式的创业挑战赛来发现新项目，推动创新技术在军方的快速应用。

2015 年，在共和党资深参议员约翰·麦凯恩支持下，在摩根大通银行赞助下，非营利组织 SVDG 成立。麦凯恩对五角大楼的官僚体制早就不满，他说："获取国防部以外的创新资源对未来的国家安全至关重要。然而，国防采购繁琐的程序正导致许多商业公司选择不与国防部做生意，或者不配合国防部获取这些公司必须提供的关键技术。"

2015 年 4 月，美国国防部部长阿什顿·卡特到访硅谷，宣布在硅谷设立 DIUx，8 月开始运营，2018 年更名为 DIU，并成为常设机构。DIU 的组建，加速了军方对太空探索技术公司等新型企业的支持。前面介绍过，SpaceX 公司的"星链"得到了军方的大力支持：2015 年美国军方向 SpaceX 颁发认证，允许其进入美国军用发射市场；2016 年，美国空军授予 SpaceX 公司 8300 万美元的卫星发射合同等。

美国传统军工巨头感受到了来自硅谷新军的压力，他们经常因预算失控、进度缓慢、技术指标降低而备受国会和舆论批评，马斯克曾多次批评 NASA 偏袒洛马、波音等传统军工。为跟上技术进步，洛马、波音等军工巨头也都陆续成立了投资创新项目的风险基金或公司。洛马公司成立了 Lockheed Martin Ventures 投资基金，典型案例包括军用无人机公司 Skydio 和量子通信公司（Atom Computing）。波音公司成立了 HorizonX 公司专注创新项目风险投资。2018 年 4 月，我到芝加哥波音总部与 HorizonX 的研究人员就民用项目风险投资进行过交流。

2022 年 4 月，生产“爱国者”防空导弹的雷神技术公司成立了风险投资基金 RTX Ventures。成立不到一年，RTX Ventures 已经投资了 HawkEye 360、Hermeus、Gastops 三家非常有前景的创新公司。在乌克兰战场，HawkEye 360 帮助美军和情报机构执行了 1000 多次军事任务；Hermeus 制造的高超声速飞机，能以 5 倍声速飞行；Gastops 的装备维护服务已经被用于 F-35 战斗机，客户包括美国海军、海岸警卫队和以色列空军。

美国中小型国防承包商也加入到了创投生态圈。2022 年 6 月，国防咨询公司 Booz Allen Hamilton 宣布成立 Booz Allen Ventures 投资基金，已投资了 Latent AI、Synthetaic、Reveal Technology 等明星公司。同年，国防顾问公司 Pallas Advisors 成立了 Pallas Ventures 投资基金，基金管理合伙人包括陆军部前部长瑞恩·麦卡锡（Ryan McCarthy）和海军部前部长理查德·斯潘塞（Richard Spencer）等。

2022 年 6 月，在美国政府支持下，美国首个非营利性战略投资组织美国前沿基金（America’s Frontier Fund，AFF）成立，首批资金来自“硅谷创投教父”彼得·泰尔、谷歌前 CEO 施密特、电子公告板创始人克雷格·纽马克等科技巨头和硅谷富豪。AFF 专注于那些有潜力产生巨大财务回报、为美国带来广泛繁荣、为美国及其盟国带来战略优势的高科技公司，并支持这些公司实现商业化和规模化。投资方向包括微电子、AI、新材料、量子科学、下一代网络技术、先进制造、合成生物学等。

此外，有“幽灵金融”（Spooky Finance）之称的投资机构也不断涌现。“幽灵金融”最初是指那些聘用了前美军、情报机构和执法单位的员工，以国防科技为主要投资领域的风险投资基金。代表基金有 Lux Capital、Shield Capital、New North Ventures、Harpoon、Scout Ventures、Razor’s

Edge Ventures 等。在大数据、AI 等新技术快速发展推动下，“幽灵金融”投资范围逐渐扩大，已成为国防科技主流基金，如 a16z、Accel、Insight Partners 等，它们在连接硅谷和军队的各种社群、基金会、退伍军人俱乐部等发挥了重要作用。越来越多曾在美军、情报机构和执法单位任职的人士，开始进入国防科技创业投资生态圈。

例如，New North Ventures 的两位创始合伙人，克·沃德尔（Rick Waddell）曾任美国参谋长联席会议主席助理，在美军服役 39 年；布雷特·戴维斯（Brett Davis）曾在美国海军服役 11 年，之后在 CIA 工作近 24 年。Govtech Fund 的顾问有美国国土安全部前首席信息官 Luke McCormack。Acorn Growth 公司聘请了前 NASA 局长吉姆·布里登斯廷（Jim Bridenstine）担任高级顾问。Starburst Ventures 的顾问是前国防部联合人工智能中心副主任 Jacqueline Tame。由于“幽灵金融”创始人长期在军方工作，了解国家防务与安全需求，在帮助硅谷工程师与军队采购部门打交道和将先进的民用技术用于防务与安全领域方面发挥了独特作用。一些之前反对与军方合作的硅谷公司在“幽灵金融”引导下，成为军方的创新主力。

2024 年 7 月 22 日，美国非营利组织 SVDG 发布了 2024 版美国国家安全百强初创企业排行榜，前 10 位是：SpaceX（太空探索）、ANDURIL（AI 自主武器）、Shield AI（AI 宇航）、Lambda（深度学习基础设施）、Scale AI（AI 数据平台）、Applied Intuition（自动驾驶软件）、Databricks（大数据与 AI）、Relativitv（3D 打印火箭）、Axiom Space（私人商业航天）、Skydio（以大疆为目标的无人机），他们比 20 世纪 20 年代的洛克希德、波音、马丁、诺斯罗普等企业的实力强得多。可以预测，在图 2-9 中这份初创企业百强榜单中（按字母排序），一定会出现未来的美国军工企业巨头。

从投资上榜企业机构类型看，主要有使命型基金公司、多元化私人基金公司、企业风险投资公司以及传统风险投资公司等。CIA 投资机构 IQT 领跑最佳投资人榜单，投资了上榜企业的 33%。企业风险投资（CVC）公司中，洛马风投公司表现突出。2023 年上榜企业共吸引投资 91 亿美元，截至 2024 年 6 月中旬，2024 年上榜企业共吸引投资总额 45 亿美元。SVDG 报告对美国政府投入不够表达了不满意见。

图 2-9　2024 版美国国家安全百强初创企业榜单

本章结束语

南北战争中，银行家库克帮助林肯动员全民买战争债券；二战期间，太平洋战争英雄巴斯隆与电影明星一起为战争募资；20 世纪 80 年代以来，华尔街与硅谷联手在打造新经济的同时引领防务新科技、新装备发展。

进入 21 世纪，迫于大国战略竞争需要，美国开始打破政府不干涉市场的惯例，鼓励全社会资本向与国家防务与安全领域投资，尤其在 AI 技术领域，表现出了美国特色的资本“举国体制”。

第三章　美国军工复合体的形成与运行

美国国防部是战争部，也是新科技部，还是新经济部，更是军工复合体的中枢神经。在美国自由市场经济制度下的“小政府”中，国防部是一个计划性很强的大机构，比任何国家的国防部管的都宽，发挥的作用都大。五角大楼在不同时期组建的 DARPA、DIU、OSC，虽然是大国战略竞争的需要，但也大大促进了美国科技与经济的快速发展。

不同历史时期的美国军方，要么是新工艺、新发明的先锋用户，要么是新技术、新发现的策源地，为美国制造超越欧洲、科学技术领先世界提供了原始动力，并多次成为全新经济诞生的产房。200 多年间，美国形成了一套能使军事装备与新科技、新经济相互促进发展的运行机制。这套运行机制善于通过塑造对手创造市场，推动国会出台法案营造军火需求，用订单和投资把白宫、国会山、五角大楼、军工企业、科技界、金融界联结在一起，形成有共同利益的军工复合体。

第一节　美国国防军工行业组织机构与现状

根据美国宪法，总统兼任武装部队总司令，通过国防部对全军实施行政领导。1947 年，按照《美国国家安全法》，美国国家军事部成立。1949 年，按照修订的《美国国家安全法》，国家军事部更名为美国国防部，确立了统管全军的地位。美国国防部办公楼呈五角形状，有时也用五角大楼代称美国国防部。

1950 年，美国《国防产品法》颁布，标志着美国国防军事工业管理体系的形成。1950 年以来，在白宫和五角大楼主导下，美国国防军工行业以法律法规为基础、以订单为指挥棒、以军工大企业为主体、以资本市场为平台，在航空、航天、电子信息等领域实行军民结合政策，不仅实现了全球军事霸权，还在民用航空运输、卫星导航通信、新型电子产品等领域实现了快速引领发展。在这一过程中，美国国防军工行业相关的组织机构逐渐定型。

一、宏观管理

美国国防军工行业的宏观管理具有集中决策、分散实施的特点，主要是通过国会、总统、国防部和军兵种等来决策和实施，其职能划分如下。

美国国会和总统是国防军工行业的最高决策层，负责制定军事工业总体发展战略，并通过预算拨款和政策进行宏观调控。国会负责通过立法对军事工业进行宏观控制、审核及批准国防预算；总统负责领导制定军事工业发展的方针政策及重大采办计划的指示；由总统主持的NSC负责制定国家安全政策，审议防务目标、军事战略和重要武器计划，并提出决策性的建议。

国防部是美国军事工业组织与管理的核心职能机构，其主要职能是负责国防科研和武器装备研制、采购、生产、试验、鉴定、维修、保障全过程的统一管理和协调。

陆、海、空三军总部，作为武器装备采办全过程的执行部门，负责本军种装备研制、采购、生产、维修的具体组织实施。能源部主管核武器工业；NASA也承担部分军用航空航天计划；运输部所属海事管理署负责舰船工业管理和通过有关政策和法令，对造船企业的经营行为进行宏观调控。

二、运行机制

美国军事工业在长期发展中形成了比较完善的体系化运行机制，包括利益机制、政策机制、计划机制、合同机制和法律机制。

利益机制，通过市场主体对自身利益的关心而对市场活动发生作用的一种机制。美国政府非常重视利益机制在整个军事工业运行中的基础性作用，尊重军品生产企业独立自主的地位，通过对企业的军品科研生产给予经济补偿等操作满足企业合理的利益诉求。

政策机制，包括军工投资政策、装备采办政策、价格补贴政策、科研补助政策等，引导、推动军事工业可持续发展。

计划机制，主要表现就是其规划、计划和预算（PPBS）体制。目前不仅美国继续沿用并不断改善这一制度，英国、法国等军事大国也都在采用这一制度。

合同机制，美国的军品采购特别是武器装备采办主要是通过合同的方式进行，有更多市场特征。

法律机制，美国的国防科研和生产具有完备的法律体系，军事工业各项活动都在严格的法律约束下进行。

三、企业类别

从企业所有权和经营权角度看，美国军工企业分为三种类型。

一是以上市公司为主体的企业，它们不是国营企业，也不是私营企业，恰当地讲，应该称其为公众公司，如相对于洛马公司和波音公司，美国媒体习惯称马斯克还没有 IPO 上市的太空探索技术公司为私人企业。

二是国有国营单位，这类企业多数在二战中出现，后来逐渐被转卖或关闭。现在的国有国营单位主要是一些军内科研试验单位和军工厂，专门承担军用技术开发、特殊军品研制生产和武器系统维修等业务。

三是国有民营企业，国有科研生产设施除政府经营的以外，还有一部分以合同的方式交给承包商经营管理，这种企业不多，主要是弹药厂、武器生产厂和核武器研制生产综合体等。

从企业规模和作用的角度看，美国军工企业可以分为三个层次。

一是主承包商，负责武器系统的总体设计、综合协调和总装。主承包商一般掌握每个特定武器系统采购费的 40%～60%，实际上垄断和支配着整个军品市场。

二是分承包商，负责制造武器系统的主要分系统和部件，如雷达、计算机、发动机和电子设备等，其规模大小不等，也有主承包商的下属公司和政府所属的军工厂。

三是零部件供应商，负责向武器系统或分系统制造商提供零部件和原材料，包括电子组件、集成电路、电池、轴承等，他们是为数众多的中小企业。

四、科研体系

美国有3/4的科学技术机构从事与军事项目有关的研究工作，陆军、海军和空军有70多个科研机构，分属国防部、能源部、NASA的60多个研究中心，其研究经费占政府科研费用的90%以上。美国的国防科研工作由国防部主导，其科研体系主要由四部分组成。

一是军内科研单位。由美军自己组建和直接控制，主要从事应用研究，也从事部分基础研究和先期技术开发工作。美军共有70多个科研机构，约占联邦政府科研单位的1/10；雇员总数约6万人，其中半数以上是科技人员。DARPA是美国国防部重大科技攻关项目的组织、协调、管理机构和军用高技术预研工作的技术管理部门，主要负责新技术、颠覆性技术的超前研究、开发和应用。其承担的科研项目多为风险大而潜在军事价值也大的项目，一般是投资大、跨军种或不属于三军管辖的中、远期项目。DARPA管理的项目，一部分自己提出，一部分由国防部部长或国防部部长办公厅下达，还有一些由高等院校和工业部门提出。DARPA虽然不是统管三军预研工作的职能机构，但在保持美国军事技术领先地位，牵头组织多军种联合科研计划，安排、协调和管理跨军种科研项目，节省科研力量和科研经费及缩短研究周期等方面效果显著。该局工作人员不足200人，多由文职人员组成，其中多为各学科一流专家、学者。DARPA实施扁平化的项目经理制，分为局长、业务处长和项目主任三层。DARPA的业务机构分为技术部门和保障部门，其中技术部门包括国防科学处、电子技术处、信息系统处、信息技术处、传感器技术处、战术技术处、两用技术计划处、先进信息技术服务联合计划处以及高续航力无人机项目处；保障部门包括审计处、合同管理处、行政管理和小企业管理处、安全与情报处以及法律顾问处。

二是大学。在美国480多所研究型大学中，与国防部有合同关系的有250多所，他们不仅为国防和科研输送大批人才，而且还承担了许多国防研究特别是基础研究的项目，约50%的军队基础研究项目是由大学完成。

三是军工大企业科研机构。美国军工大企业一般都拥有先进的科研设备和一流的科技人员，他们除了从事军品的试制和生产外，还从事国防科学技术开发和应用研究，如洛马公司的“臭鼬工厂”等。

四是职能部门的研究机构。在美国，许多政府部门都有自己的研究机构，其中不少从事与国防有关项目的研究与开发。例如，能源部有 3 个研究所主要从事与核武器有关的科研活动，NASA 所属各研究中心的科研项目不少都与国防有直接或间接关系。

五、社会中介组织

社会中介组织是独立于政府和企业之外并连接政府和企业，为双方提供咨询服务的官方认可的民间组织。在美国这类组织众多，例如，国防长远规划研究机构、国防合同审计管理机构、国防财务会计服务机构、国防信息系统和情报机构、国防法律服务机构、国防后勤机构等。正是因为有一大批这类中介组织，借助现代计算机网络技术，解决了政府与军工企业沟通与合作问题，成为政府与军工企业越来越重要的依靠力量。

美国国防工业协会（NDIA）是由防务承包商组成的非营利机构，与军工企业关系最密切。该协会是 1997 年由美国防御预备协会（ADPA）与国家安全工业协会（NSIA）合并而成的。ADPA 创建于 1919 年，是一个非政治、非营利组织，致力于公共防御和国家安全预备，其基本使命是提高武器技术，改进国防管理，维持一个强大的国防科技工业队伍，促进国防开发、生产、后勤保障和管理。20 世纪 60—90 年代，军工化学协会、军工管理协会和国家培训系统协会先后并入 ADPA，ADPA 的服务领域和功能不断拓宽。

此外，还有一些非营利性组织发挥的作用更灵活、更有影响力，例如，2012 年成立的杜立特协会（2017 年更名为国防工场）、2015 年成立的硅谷防务集团等，他们与军工企业、华尔街、白宫、五角大楼关系密切，在军工复合体中发挥润滑剂作用，有时根据需要担当黑脸角色。

六、美国国防工业现状

2024 年 4 月，美国国防工业协会发布了《关键表征 2024：国防工业基础的健康与战备》报告，评估了大国竞争背景下美国国防工业战略转型的政策需求、难点和重点，从防务承包商角度向政府提出了政策建议。

NDIA 的评估报告采用官方财政数据，综合分析了 1397 名相关人员的

（其中政府人员568名、军工业界人员829名）问卷调查结果，反映了美国国防军工业界的新诉求。报告以中国为战略竞争对手进行对比分析，值得关注。报告主要观点[①]如下。

（一）美国国防工业新需求

美国经济转型和制造业萎缩削弱了国防工业韧性，而中国国防总实力呈现逐年增长，美国两届政府对此关注有余，而行动不足。此外，美国国防工业建设面临决策困境：一是强化双边竞争的同时，会衍生与其他国家的国际合作困境；二是加强应对大国威胁的同时，还需就区域冲突做好及时军事援助；三是扩大未来战争优势的同时，仍要为持久战做好充分准备。政治分歧、预算不稳定、信贷市场收紧、高通胀率等，给政府的施政方向和国防工业界的投资决策带来诸多不确定因素。

（二）政府和业界共同关注的政策问题

美国国防工业的转型需要政府和业界协同合作。问卷调查显示，政府和工业界共同关注的首要紧迫问题是联邦预算流程和采办程序复杂且漫长、供应链韧性挑战和劳动力紧缺；制约政府与工业界合作的三大障碍是采办程序、资金保障、合规要求；工业界希望政府能释放明确稳定的需求信号，增加投资以加强关键供应链的基础建设。

（三）国防工业施政侧重点

一是预算稳定充足性方面，过去15年间有14年国防预算依靠“持续决议”运行，导致项目经费不足和新立项困难，给工业界造成延误、停工、业务流失等问题。

二是国防部数字现代化转型方面，主要障碍是知识产权保护不足，削弱小企业参与国防业务的意愿；网络安全要求过高，增加企业的业务成本。

三是对外军售和技术合作方面，流程繁琐且管理不透明，对奥库斯（AUKUS，美国、英国、澳大利亚、日本等国组成的联盟）等重要合作组织的授权不充分，出口管制制度不能充分适应技术快速更迭等。

---

① 本部分参考科荟智库报告《美发布新版国防工业表征评估报告》，作者穆玉苹。科荟智库由中国船舶集团714所主办。

四是工业能力战备方面，政府的战略和采办合同尚不足以推动企业积极扩大产能，54% 的受访企业缺少充足劳动力应对扩产，但仍有 57% 的受访企业未来 5 年将改造军工设施和扩大生产线。

五是供应链韧性方面，供应商维持供应链韧性的主要政策挑战是政府需求不稳、通货膨胀、制度约束和施压等，存在的关键供应链漏洞是孤源供应、产能有限、国外供应源的政治敏锐性。

（四）国防工业战略转型的政策建议

一是加大资金支持，以数十亿美元规模的资金支持《国防工业战略》的有效实施，改进预算流程以按时拨款；二是改进流程机制，启动需求生成机制改革、简化合同定价机制、改革对外军售流程等；三是优化政策环境，为企业提供网络安全合规指导、为人才发展提供绿色通道等；四是提供必要特殊授权，永久授权小企业创新计划、为奥库斯国家间出口提供许可豁免、以特殊资金和政策激励扩大产能等。

《关键表征 2024：国防工业基础的健康与战备》报告将建设强大、坚韧、生机勃勃、可用顶用的国防工业生态体系作为评估对标标准，与白宫和五角大楼以备战大国竞争和冲突推动国防工业转型的目标一致，呼应了国防部发布的《国防科技战略》《国防工业战略》中关于美国军事工业发展速度跟不上中国发展的“威胁论”观点，强调了美国国防军工变革的必要性。

《关键表征 2024：国防工业基础的健康与战备》报告提出的问题、挑战和策略，多数在 2012 年 3 月美国众议院军事委员会向国会提交的《国防部开展业务的难题》报告中都有涉及。2015 年美国国防部在硅谷设立的 DIUx，2022 年五角大楼成立 OSC，都是解决报告中所提问题的具体举措。

从 2024 年美国媒体公开披露的信息看，俄乌冲突加快了美国国防军工行业的转型步伐。例如，安杜里尔公司等 AI 武器初创企业已享受到其他交易授权（OTA）快速采办政策的红利，其产品 ALTIUS-600M 攻击型无人机已被美国政府纳入对乌克兰和以色列军事援助计划。2024 年 4 月，美国空军宣布安杜里尔公司和美国通用原子公司赢得 CCA 无人机（忠诚僚机）原型机研制项目。鉴于俄乌冲突以来 AI 技术初创企业在军火领域的抢眼表现，一些美国权威媒体断言，安杜里尔公司、帕兰蒂尔公司等硅谷初创企业的运营机制有望重塑过去100多年形成的美国国防科技工业体系，再造美国军工复合体。

第二节 美国军工复合体的形成与发展

在200多年的地缘政治碰撞、大选制度博弈、经济危机冲击等矛盾的磨合中，国会山—五角大楼—军工巨头—华尔街—科学技术界渐渐联结在一起，形成了美国独有的军工复合体。在美国，军工复合体虽屡遭诟病，但也在不断进化，成为美国社会运行中一种管用、实用的体制和机制。

一、从海军联合会开始

1901—1909年，罗斯福担任总统期间，美国孤立主义政策依然占据上风。罗斯福为实施大海军计划需要大量资金，但筹措困难。1903年，在罗斯福倡议下，美国海军联合会成立，当时的主要成员有：石油大王约翰，美国钢铁公司拥有者、华尔街金融家J.P.摩根，钢铁大王安德鲁·卡内基曾经的合伙人亨利·弗里克，伯利恒钢铁公司创办人查尔斯·施瓦布，陆军部部长伊莱休·鲁特，加州参议员詹姆斯·费伦等商界、政界名人。罗斯福1909年卸任总统后，也成为美国海军联合会的一员。

在海军联合会的运作下，美国造船、钢铁、石油、金融、贸易等行业密切合作，为美国海军崛起和海上力量扩张提供了有力支撑，军火生产开始向私营企业集中，私人资本开始在军工产业扎根，军企政商合作初见成效，军工复合体开始萌芽。

一战爆发后，1915年，根据威尔逊总统要求，美国海军部提出了长期海军建设计划：用10年时间使美国海军最终将与世界上任何国家所保持的最强大的海军力量相匹敌；之后5年，需要平均每年投入1亿美元，建造10艘战列舰、6艘战斗巡洋舰、10艘轻型巡洋舰或侦察舰、50艘驱逐舰、15艘潜水艇及其他小型舰艇。这一有悖于孤立主义传统的建设计划引发了国会的激烈争论，社会舆论也因担心卷入一战而广泛反对。最后，仅达成了一项建造5艘战斗巡洋舰的妥协法案。到1917年美国正式参战时，海军舰艇仍有 2/3 尚不具备在国外作战的条件。当然，美国那时的造船能力也不足，否则就不会将 4 艘万吨军用运输船订单给上海江南造船所。此外，一战期间，美国的军用飞机也不如法国、英国和德国。但一战还是大大带动了美国经济的发展。

一战期间，为了在短时间内充分调动起庞大的社会资源，将美国的国民经济和工业产能转入战时轨道，美国国会于 1916 年 6 月通过了《国防法》。该法第 120 条授予总统直接采购包括任何供应来源的战争物资和在必要时征用工厂的权力，并授权总统任命一个工业动员委员会；同时还命令陆军部部长准备一份包括全部有条件制造武器和军需品的私营工厂的完整清单。

起初，美国军方从传统出发对于引进私营企业参与备战工作持抵制态度，坚持认为与军事采购和军事战略密切相关的合同不应交付给私人商业机构。但由于军队后勤系统的混乱低效，美国军方不得不做出让步。1917 年，随着美国在 4 月正式对德宣战，为了应对军用物资采购数量激增造成的混乱，美国国防委员会决定在 7 月成立战时工业委员会（War Industrial Board，WIB），负责工业动员和组织，企业家弗兰克·斯科特担任主席。WIB 工作人员主要由企业家和企业雇员的志愿人员构成，这些人因仅象征性地从政府每年领取一美元工资，又被称为“一美元人”。1918 年 3 月起，WIB 不再隶属于国防委员会，提升为直接对总统负责的独立机构。WIB 相比军方的军需部门拥有更高权力，统管美国陆、海、军和盟国的战争物资的采购和供应，军需品的生产和计划，资源的调拨和保护，战时物资采购价格的制订等一切有关战争的经济问题。

主要由企业人员构成的 WIB 在实际运作中并没有一味维护“自家人”。1917 年 9 月，WIB 召集钢铁行业大公司 60 多名经理人员，希望就政府采购钢铁的价格达成一致协议。面对钢铁业方面明显过高的报价，WIB 以采取必要的步骤接管钢铁厂为威胁，很快迫使钢铁业大公司在政府采购价格的基础上重新修改了价目表。最后的协议价格比战时的市场价低了不少，但仍远高于战前美国钢铁市场的价格，使得钢铁企业仍能从中获得可观利润。

为了确保军工生产得到足够的人力、物力支持，WIB 对福特公司等汽车工业巨头、杜邦公司等化学工业巨头也采取了强硬的管制手段，但被管制的这些企业从军需合同中也得到了不菲的补偿和收益。总体来看，在 WIB 的主导下，战争期间美国政府、企业和军方实现了共赢。

一战期间，美国政府还建立了战时贸易委员会、战时金融公司、船舶委员会、飞机生产委员会等各类管制机构，如将中途解散或合并的也计算在内，管制机构总数约 5000 个。在政治家、企业家、资本家与军方的共同强力推动下，美国的战争机器迅猛发动，全国被分成 21 个军事工业区，共计生产了大炮 4000 门、枪 350 万支、飞机 2 万架、舰船 875 艘（排水量总计 294 万吨）、卡车 3.5 万辆，军工产业迎来了一个短暂的发展高峰。

对于一战后期的美国，同时代的经济学家默里·罗斯巴德将之形容为战争集体主义，他认为美国“是一个完全的计划经济，主要由大的利益集团用政府的工具来运转，是 20 世纪国家资本主义条件下国家公司的原型”。

随着 1918 年 11 月一战正式宣告结束，美国的战时管制体制迅速走向终结。停战协定签订刚过两天，美国就废除了物价管制，一个月后又停止了优先调拨令的发布，到 1918 年年底美国大部分战时管制机构已停止履行职能。在战争期间主导 WIB 的工业和资本巨头们曾试图让这一机构在战后继续发挥作用，以作为跨行业合作平台来维持战时高价、防止通货紧缩。但在经济自由主义和孤立主义重新抬头的大趋势下，威尔逊总统于 1919 年解散了 WIB。

1920 年，以“恢复常态”为竞选口号的沃伦·哈定当选美国总统。尽管沃伦·哈定于 1923 年在任内病逝，随后的两任总统约翰·柯立芝和赫伯特·胡佛同样是经济自由主义信徒，美国进入了沃伦·哈定所称的“在企业中少一点政府，在政府中多一点企业”的时代。

在企业方面，由于政府的自由放任态度，美国企业迎来了联合与兼并的高峰期。1919—1930 年，制造业与采矿业有 8000 多家企业消失，军工企业也不例外，波音、寇蒂斯 – 莱特等公司在此期间通过联合与兼并迅速成长，洛克希德、诺斯罗普等公司则经历了多次倒闭与被兼并。

在政府方面，沃伦·哈定的内阁成员多半有着明显的大企业背景：国务卿休斯是美孚石油公司代理人；财政部部长安德鲁·梅隆是著名金融寡头、美国铝业公司的老板；陆军总长魏克斯是摩根公司的交易所经理。政府对军工的管理同样体现了很多的企业参与，美国战争部负责起草采购和动员计划的很多官员来自利益相关企业，各军事采购地区也设立了军事承包商组成的顾问委员会来协助军事采购。本质上，军工复合体已经存在于美国政府之中。

随着 1929 年大萧条爆发，政府对经济的自由放任主义开始受到普遍质疑。1933 年富兰克林·罗斯福就任美国总统后，一方面以国家的“有形之手”来加强对产业的控制调节，推动产业的公平竞争，颁布了《全国产业复兴法》等与垄断组织争夺产业控制权的法令。1934 年，波音的联合飞机与运输公司被一分为三。富兰克林·罗斯福总统通过大力兴办公共工程来拉动经济增长，美国军工企业从中受益不少，公共工程局一度将大量款项用于改进军事装备和设施，陆军改建了 32 座军事基地，陆军航空队新增了 50 多座军用机场和大量飞机；海军从中得到了“列克星敦”号、“企业”号两艘航母，4 艘巡洋舰，4 艘重型驱逐舰，以及许多轻型驱逐舰、潜艇、飞机和军事设施。但是，由于美国国会和民间的孤立主义仍占上风，这种做法随着 1935 年《紧急救济拨款法》的颁布而被叫停，其中的一条限制性条款明确禁止这些拨款用于军火、战舰、陆军或海军设施。

二战爆发前后，随着德、意法西斯在欧洲的迅速扩张，罗斯福政府意识到不能等到希特勒征服欧洲后再做出反应，开始认真考虑加强美国的战备工作。然而，“罗斯福新政”推行时的政府主要支持力量——国会中的民主党议员大多数是孤立主义政策的拥护者。据当时民意测验，仅 10% 的美国人主张参战。

在这样大背景下，为了战争机器的顺利运转，罗斯福政府只得改弦更张，对“罗斯福新政”中受到限制的大企业和华尔街伸出了和解之手。富兰克林·罗斯福总统说：“已经送走了新政先生，目前正在与赢得战争的先生磋商协作。”

1939 年夏天，富兰克林·罗斯福成立了战争资源委员会（War Resources Board，WRB），旨在为战时经济动员提供建议。在委员会民间咨询负责人的人选上，富兰克林·罗斯福精心挑选了小爱德华·斯特蒂纽斯担当这一重任，他是美国钢铁公司时任总裁，曾任通用汽车公司总裁，他的父亲爱德华·斯特蒂纽斯曾在一战时担任 J.P. 摩根公司出口部门主管。通过这一任命，富兰克林·罗斯福希望将大企业与大财团充分调动起来参与战备工作。小爱德华·斯特蒂纽斯上任后，很快将美国电话电报公司总裁沃尔特·吉福特、通用汽车公司高管约翰·普拉特、西尔斯公司董事长罗伯特·伍德等大企业巨头吸纳进了战争资源委员会，而这些大企业家多数曾是“罗斯福新政”的反对者。

然而，在全国舆论的激烈抗议下，WRB 于 1939 年 11 月被迫解散，但政府与大企业家已围绕战争动员私下里结成了利益同盟，开始携手主导和推动美国向战时经济转轨。

1940 年，富兰克林·罗斯福邀请小爱德华·斯特蒂纽斯担任工业原料委员会委员，并让其陆续兼任一些政府职务。1944 年，小爱德华·斯特蒂纽斯成为美国国务卿。西尔斯公司总经理唐纳德·尼尔森于 1942 年被富兰克林·罗斯福任命为战时生产委员会（War Production Board，WPB）领导人。

在政府官员和企业人员共同努力下，从 1940 年开始，美国迅速实现了战争经济总动员。从 1940 年 7 月到 1945 年 8 月，美国直接和间接国防开支达 3044 亿美元，占政府预算总开支 90% 以上。1940—1944 年，美国新建了 2600 多家军工企业，9 万家生产民用产品的工厂转为生产军品，这期间美国生产的飞机、舰艇、坦克、火炮、机枪、步枪等军火总产量远远高出德、意、日轴心国军火产量的总和。

大企业在与政府的合作中也得到了丰厚回报，1940 年年中到 1944 年 9 月，政府的军用产品合同总值达到 1750 亿美元，其中的一半被实力雄厚的前 30 家大公司获得，2/3 被前 100 家大公司获得，排名第一的通用汽车公司获得了合同总额的 8%。在政府采购的拉动下，美国军工企业在规模、技术能力、政治影响、经济拉动、就业创造等方面都成为美国一股举足轻重的力量。

1945 年二战结束后，各种战时委员会陆续解散。美国按照孤立主义政策进行了大裁军，军费开支从 1945 年的 816 亿美元，削减到 1946 年的 447 亿美元，再减到 1947 年的 131 亿美元，美国军工产业也随之进入低谷期。1945—1946 年，政府处理掉总投资约 150 亿美元、约占全国工业生产能力 20% 的军工企业。

美国军事工业暂时进入了低谷。

二、在冷战和军备竞赛中曲折成长

1946 年 3 月 5 日，英国前首相温斯顿·丘吉尔在美国总统哈里·杜鲁门的母校威斯敏斯特学院发表了题为《和平砥柱》反苏联、反共产主义的演讲，拉开了美苏冷战序幕。

1947 年 3 月，以担当自由世界守护神的“杜鲁门主义”正式出台，美苏冷战正式开始。当年，美国颁布了《国家安全法案》，成立了国家安全委员会（NSC）、CIA 和国家军事机构，正式成立了美国空军。1949 年，国会将国家军事机构正式更名为国防部，明确国防部对美国陆、海、空三军统一领导。

20 世纪 50 年代，在朝鲜战争和越南战争中，在太空竞赛和冷战中，白宫和五角大楼通过设立由大企业人员组成的顾问及咨询委员会，定期或不定期召开政府官员、军方、大企业高管组成的联席会议，政府与企业的合作得到进一步强化，不但专业的军火企业订单不断，就连通用汽车公司这样以民品为主的企业都成为重要的军火供应商。

1961 年 1 月 17 日，艾森豪威尔总统在告别演说中正式提出了军工复合体这一概念，艾森豪威尔的态度是一方面必须警惕“军工复合体有意或无意在政府各部门中获得不应有的影响……政府政策本身可能沦为一个科学 - 技术精英阶层的俘虏”，一方面又承认“军事权势集团是维护和平的关键因素……军事权势集团与大军事工业的结合是美国经历的新事物，其全部影响——政治的、经济的，甚至精神的——已渗透进每个城市、每个家庭、每个联邦政府机构”。从此，军工复合体开始得到广泛关注与争议。

1961 年 1 月 20 日，艾森豪威尔卸任总统职位，肯尼迪就任美国总统。1961 年 1 月 21 日，福特汽车公司总裁罗伯特·麦克纳马拉就任美国国防部部长，成为美国历史上最有权势的国防部部长。

肯尼迪和麦克纳马拉认为，美国可以负担得起500亿美元军事开支而不增加通货膨胀，并且提升军事开支能够促进经济增长。1963年肯尼迪总统遇刺后，林登·约翰逊继任总统。在麦克纳马拉的推动之下，美国于1965年正式出兵越南，将越南战争升级为由50多万美军充当主力的“局部战争”。

越南战争对军工复合体的发展带来了正负两方面的影响。正面影响当然是军费开支大幅增长，美国投入越南战争的军费高达3500亿美元，比朝鲜战争高出一倍还多，巨额武器订单使多个军工企业成为军火巨头，还催生了德事隆公司等一批军工新贵。负面影响是受到大规模反战运动的波及，军工复合体开始承受越来越多的舆论压力。20世纪六七十年代，美国涌现出了一大批研究军工复合体并侧重放大其负面影响的出版物，如弗雷德·库克的《战争国家》，维克托·珀洛的《军国主义与工业：核时代的军队暴利》，理查德·巴尼特的《死亡经济》等。

在反战舆论的重压下，美国在陷入越南战争的十余年时间里始终未进行大规模战时动员，军工生产与民用生产基本处于同等地位。美国政府还决定最大限度地采用竞争性采购的办法来压低军火价格，经常使军工复合体处于大订单、薄利润的尴尬境地。很多军工企业宁愿把产能分配给更有利可图的民品业务，也不将越南战争视为发财的机遇。

1968年，尼克松当选美国总统后，开始逐步摆脱越南战争泥潭，推行加强对话谈判、减轻军事负担的新和平战略，与此同时全球也进入了战略收缩期。随后的福特总统和卡特总统时期也基本延续了这一态势。尽管为了应对军备竞赛，这一时期美国国防开支在总额上仍有所增长，然而占联邦预算和国民生产总值（GNP）比重却逐步下滑，1960年国防预算占联邦预算的58.6%，占GNP的9.5%；1970年下滑到占联邦预算的50.3%，占GNP的8.3%；1975年进一步减少到占联邦预算的32.7%，占GNP的5.7%；到1980年唐纳德·里根上台前更是降到了占联邦预算的29.4%，占GNP的5.0%。在这样的大环境下，军工复合体进入了相对萧条期，大有偃旗息鼓之势。

20世纪70年代，随着美苏太空竞赛进入尾声和越南战争结束，美国军工企业普遍开工不足，大批军工中小企业破产。许多大型军工企业被迫关闭或低价卖掉投入巨资建造的生产线，终止自筹资金军品科研项目。随着众多军工科研人员和熟练工人加入失业大军行列，一些经济上依赖军工产业的城市陷入困境，如加州等。

1980 年以“鹰派”著称的里根当选为总统，为了谋求对苏联的全面优势，美国全球战略从收缩防守转为全球对抗。在唯有实力才能获致和平的理念引导下，里根政府提出了一个预算总额为 15000 亿美元的 5 年防务计划和一个 1800 亿美元增强战略核力量的 6 年计划。1983 年，里根提出了耗资巨大的“星球大战”计划。在里根的 8 年任期内，武器采购费用达到 5000 亿美元，国防研发费用达到 2045 亿美元，国防开支占联邦预算的比重由 1980 年的 29.4% 回升到 1985 年的 35.1%，占 GNP 的比重由 1980 年的 5.0% 回升到 1985 年的 6.4%。此外，里根政府把对外军事援助和军火销售作为推行外交政策的重要工具。在其任期内，对外军事援助总额达 410.98 亿美元，对外军火销售总额达 894.83 亿美元。

里根政府的巨额国防投入使美国军工产业迅速回暖升温。美国陆军装备实现了全面升级换代，M-1“艾布拉姆斯”主战坦克、M-2/3“布雷德利”步兵战车、M-270 多管自行火箭炮、AH-64“阿帕奇”武装直升机、UH-60“黑鹰”突击运输直升机等先进武器装备使陆军作战能力有了显著跃升。美国海军的“尼米兹”级核动力航母建造计划得以重启，昂贵而先进的“洛杉矶”级核潜艇、“阿利·伯克”级导弹驱逐舰也开始成批列装部队。美国空军则随着 C-5“银河”重型运输机的重新生产，KC-10 空中加油机先进机型的获得等，找回了在 16 小时内对全球任何地区发动大规模空中打击和前沿部署的能力。

F-22“猛禽”第四代战斗机开始研制，全球导航定位系统（GPS）开始大规模部署，军用侦察卫星和国防通信卫星也得到了跨越发展。

三、终于毫无顾忌走向前台

1991 年，苏联解体，冷战结束。鉴于美国已成为唯一超级大国，老布什政府在 1992 年提出地区防务战略，将美国防务重点从对付苏联的全球性威胁转向对付地区性突发事件，以防止敌对国家在世界关键地区对美国的全球利益构成挑战和威胁。

1993年民主党人克林顿入主白宫后，开始进一步压缩为应对全球战争而建立的庞大常规军事力量。国防部副部长佩里在1993年“最后的晚餐”上坦率地告知军工巨头们：国防部不能再订购如此多的船舶、飞机和坦克，去满足里根总统时期由军备扩张扶持起来的众多武器承包商。

然而，美国军工复合体很快在单边主义时代找到了新的发展机遇。1993年起，克林顿政府开始不顾《限制反弹道导弹系统条约》有关规定，启动了年均投入过百亿美元的国家导弹防御系统和战区导弹防御系统。1996年后，在军工复合体的游说和推波助澜下，克林顿政府将伊拉克和朝鲜等国列为“无赖国家”，并提出了同时应付两场较大规模局部战争的国防建设需求。1999年5月8日，美国B-2飞机轰炸了中国驻南斯拉夫大使馆，开始了塑造新对手的行动。

2000年，共和党人小布什在美国右翼势力支持下当选总统，军工复合体进一步增强了对政府决策的影响力。布什家族，以及小布什政府为重大国防战略问题拍板的三驾马车——副总统切尼、国防部部长拉姆斯菲尔德和副部长保罗·沃尔福威茨均是“鹰派”代表，与军工复合体有着千丝万缕的联系。小布什政府启动的反恐战争为军工复合体提供了一座大金矿。据斯蒂格利茨在2010年出版的《三万亿美元的战争》中的数据，美国仅国会拨付的、已发生的和将发生的投入伊拉克和阿富汗的战争费用就已超过8000亿美元，每月军事行动成本不断上涨，到2008年已达每月160亿美元。

2009年贝拉克·奥巴马就任总统后，面对金融危机带来的预算紧张，开始从阿富汗、伊拉克撤军。2014年，随着克里米亚公投加入俄罗斯，美国及北约对俄罗斯的制裁逐渐加码，美国军工复合体又一次迎来了发展新周期。

2022年2月24日俄乌开战，洛马公司生产的“海马斯”火炮和“标枪”导弹成了明星，供不应求。2022年5月3日，美国总统拜登视察了洛马公司在亚拉巴马州的一家工厂，就美国对乌克兰的援助发表讲话，

“这家工厂正像二战期间那样，在开足马力为乌克兰生产‘标枪’导弹”。图 3-1 是拜登总统在洛马公司参观“标枪”导弹生产线。

图 3-1　美国拜登总统在洛马公司参观

洛马公司 CEO 詹姆斯·泰克莱特（James Taiclet）对媒体透露公司计划将“标枪”导弹产量提高约一倍，“目前，我们的产能是每年 2100 枚。我们正努力将这一数字提高 4000 枚，这需要几个月，甚至几年的时间才能实现。我们的计划是长远的。我们知道，美国和我们的盟友，乃至亚太地区对这类系统的需求将会增加”。

2022 年年初，洛马公司股价是每股 357 美元；2022 年 2 月 24 日俄乌冲突首日，洛马公司股价升至 387 美元；2024 年 8 月 21 日，洛马公司股价已飙升至每股 557 美元。

美国杂志《商业内幕》披露，美众议院议员在 2022 年 2 月 24 日俄乌冲突之前或当天购入大量军工股票。来自佐治亚州的众议员玛乔丽·格林在 2 月 22 日，也就是冲突前两天，买入了洛马公司股票。她在社交媒体上写道，“战争是我们领导人的大生意”。来自佛罗里达州的众议员约翰·罗斯福德在俄乌冲突当天买进巨额雷神公司股票，而罗斯福德不仅是议员，还是众议院拨款委员会成员，负责审定联邦政府开支。来自俄勒冈州民主党众议员厄尔·布鲁门也在开战当天购买了包括雷神公司等军工企业在内的 31 只股票，当天的交易额将近 50 万美元。

虽然早在 2012 年，美国国会就通过了《制止国会知情交易法》，该法案禁止政府官员利用其掌握的内幕信息买卖股票。美媒指出，上述议员都涉嫌违反了该法案，但实际处罚中，如何证明官员是利用内部消息又太难举证。《商业内幕》调查发现，有超过十分之一的国会议员涉嫌违反该法案。

美国议员一边手握军工巨头股票，一边游说支援乌克兰武器，美国利益和个人好处兼得。美媒披露，2021 年，洛马公司在联邦游说上花费了 1440 万美元，雷神公司花费了近 1540 万美元。美利坚大学历史学教授彼得・库兹尼克说，挑动俄乌冲突对于美国来说是笔大生意，美国的对外决策很大程度上已被军工集团绑架。

美国军工巨头们不但为世界各地冲突提供武器，还向白宫和五角大楼输出官员，美国多任国防部长、副部长，以及海军、空军装备部部长等官员不少来自军工大公司，而这些公司董事会中更少不了退役的上将和政府高官。

在任何政治体制下，人都是关键因素。经过长期的磨合，美国政界、军方和企业界形成了令人诟病但好用的人事“旋转门”，成为美国非正式但常态化的干部交流体制。

特朗普总统任上，国防部部长频繁更换。2019 年 1 月，特朗普直接提名担任过波音公司副总裁的帕特里克・沙纳汉担任国防部部长，洛马公司为此提出抗议，五角大楼专门请监察机构澄清新任部长对洛马公司没有偏见。不到半年，2019 年 7 月，曾担任雷神公司 7 年副总裁的马克・埃斯珀又被特朗普任命为国防部部长。

美国五大航空航天军工巨头董事会中，前任政府各级官员、军方各级官员、华尔街高管、社会名流比比皆是。美国审计署 2008 年 5 月发布的一份报告显示，2004—2006 年，有 2435 名前五角大楼官员被 52 家主要防务承包商聘用，其中 7 家大型公司聘用的人数就达 1581 人。

在洛马公司董事会里出现过国防部前副部长皮特・奥尔德里奇、战略司令部前司令詹姆斯・埃利斯、国土安全部前副部长兼海岸警卫队司令詹姆斯・洛伊和驻欧洲最高联合司令部前司令兼参谋长联席会议副主席约瑟夫·罗尔斯顿等。

2019 年 11 月，64 岁的美国前参谋长联席会议主席、陆战队上将约瑟夫·邓福德退役。不到 2 个月，2020 年 1 月 25 日，洛马公司宣布，董事会已选举约瑟夫·邓福德为公司董事会成员，自 2020 年 2 月 10 日生效。他将在洛马公司的治理委员会和安全委员会任职，负责监督机密业务。美国参谋长联席会议主席退休后到洛马公司当董事，政府放心，企业欢心，投资者更高兴，因为政府的资源又可以源源不断地输入了。

美国军工复合体是在地缘政治、军事变革、科技进步、经济转型等主客观因素相互作用下产生的，是一种无形的体制和机制。现在的美国军工复合体不仅是军火之源，也是美国对外政策的策源地，它有计划地塑造着一个个“对手”，使美国陷入周期性战争经济之中。

无论是民主党执政，还是共和党掌权，美国军工复合体将长期存在，而且已经毫不避讳地走向了前台。

第三节 DARPA 和 NASA 的“孪生”与合作

DARPA 和 NASA 是一对“孪生”兄弟，都创建于 1958 年，催生剂都是苏联卫星。DARPA 与 NASA 密切合作，在美苏军备竞赛和太空竞赛中发挥了关键作用。

1957 年 10 月 4 日，苏联发射了人类历史上第一颗人造地球卫星，美国媒体极力渲染这一事件，将这一天称为“斯普特尼克时刻”①。当时的美国社会普遍认为，苏联在军事领域已取得领先地位，极有可能在其他方面也已超过美国，华尔街道琼斯指数随之下跌。

1957 年 11 月，国防部请回了被“冷藏”在陆军红石导弹基地的德国“战俘”冯·布劳恩主持运载火箭研制。布劳恩对国防部官员说，只要他出手，60 天内可使美国的人造卫星升空。1958 年 1 月 31 日，布劳恩用他主持设计的丘比特 -C 型运载火箭将美国第一颗人造卫星“探险者”1 号送

① “斯普特尼克”是俄语卫星的发音。

入太空。道琼斯指数从这一天开始回升，到 1958 年 5 月份恢复到了 1957 年 10 月 4 日之前的水平，之后更是持续上升一年多。

实际上，在苏联发射第一颗人造卫星前后，美国也多次发射过运载火箭，但屡遭失败。白宫经过调查发现，美国当时的航天研究机构不少，但合力却不够。美国陆军俘获德国火箭专家布劳恩后，把布劳恩藏在偏远的红石试验场搞自己的导弹。美国海军在研发洲际弹道导弹，由于缺乏关键技术与人才屡遭失败。空军支持的几大飞机制造公司道格拉斯、麦克唐纳、北美公司等也在研制各类火箭。还有一些国家实验室、大学研究所也在研究火箭。为了防止再次出现“斯普特尼克时刻”，艾森豪威尔总统决定加强国家对科学技术研究的组织与领导，不能仅仅依靠布劳恩。

1957 年 10 月 9 日，艾森豪威尔任命企业家尼尔・麦克尔罗伊为国防部部长。麦克尔罗伊在宝洁公司从业务员干到 CEO，他推行一人一品牌经理制使宝洁公司脱颖而出，被称为“品牌营销管理之父”，肥皂剧就是因他而来。

1957 年 11 月 7 日，艾森豪威尔在向全国发表“科学在国家安全中的作用”电视广播讲话，宣布设立总统科学和技术特别助理职位，成立总统科学技术顾问委员会。虽然二战期间布什博士曾担任富兰克林・罗斯福总统的科学顾问，但布什博士那时的正式身份是美国 OSRD 主任。

1957 年 11 月 20 日，国防部部长麦克尔罗伊向国会提议：成立一个新机构，即预先研究计划局（Advanced Research Projects Agency，ARPA）。ARPA 将负责人造卫星和太空研发项目，ARPA 要有能力预见尚未显现的国家需求，并且能够研发大量未来武器系统[①]。

麦克尔罗伊的提案遭到陆、海、空各军种和参谋长联席会议将军们的反对，防务承包商也不同意建立 ARPA，因为这样会改变他们长期以来与各军兵种建立起来的合作关系。艾森豪威尔总统早就看出美国陆、海、空军分散力量各自研制导弹屡屡失败的原因，之所以请麦克尔罗伊出任国防部部长，就是希望他用管理企业的办法整合资源。

1958 年 1 月 9 日，艾森豪威尔总统在发表国情咨文时宣布成立 ARPA，

---

① 引自《五角大楼之脑——美国国防部高级研究计划局不为人知的历史》第 39 页，作者：[美] 安妮・雅各布森。

他说：现有军种工作模式已经无法适应高技术带来的新型武器系统需求。这些新武器系统要求，从研发到部署的各个环节都跨越、融合、超越现有各个军种。

1958 年 2 月，ARPA 正式成立，GE 公司高管罗伊·约翰逊成为 ARPA 首任局长。国防部部长麦克尔罗伊曾考虑请布劳恩担任 ARPA 首席科学家，但布劳恩提出要带十几名曾经的德国同事进入 ARPA，由于这些人中有的曾是狂热纳粹分子，麦克尔罗伊只能另找他人。最后，来自利弗莫尔实验室①的首席科学家赫布·约克担任了 ARPA 首席科学家。约克是美国氢弹之父爱德华·泰勒的学生。

ARPA 成立后几经改名，最后定名为 Defense Advanced Research Projects Agency，简称 DARPA，中文习惯翻译成“国防部高级研究计划局”。根据 DARPA 工作性质，翻译成“国防预先研究计划局”更为合适，因为“Advanced”本意是预先而不是高级。DARPA 使命是防止“斯普特尼克时刻”出现，动用一切资源开展超前防务技术研究，确保美国军事科技始终领先对手。

麦克尔罗伊 2 年后卸任国防部部长回到宝洁公司担任董事长，但他的一人一品牌项目管理制度和品牌营销理念使 DARPA 成为美国最成功的官方机构，如果从经济角度评价，DARPA 也是最成功的企业组织和风险投资机构。

DARPA 善于发掘和培育奇思妙想。DARPA 发起和资助的项目衍生出了互联网、半导体、个人计算机操作系统、激光器、GPS 等颠覆性军民两用技术。

无人机和机器人技术，DARPA 早在 20 世纪 60 年代越南战争期间就开始研究了。20 世纪 90 年代，DARPA 提出无人机作战概念时，曾被人讥讽为“DARPA 幻想”，而当 DARPA 提出启动在高空飘浮 5 年甚至 10 年的无人机或飞艇项目时，又被人嘲笑为匪夷所思。如今，曾经的许多“DARPA 幻想”都已经成为现实。

① 现名“劳伦斯利弗莫尔国家实验室”，隶属美国能源部，从事核技术、核武器研究。

当然，DARPA 开展了许多不便宣传的有争议项目，如越南战争期间，DARPA 组织研制出了最恶毒的生物武器——橙剂（落叶剂），给越南人民包括美国士兵造成了永久伤害。至于 DARPA 目前正在研究什么致命武器，这要等到几十年后人们才可能知晓。可以肯定的是，AI 武器、定向能武器、高超声速导弹、生物武器一定是 DARPA 关注的重点。

1958 年 7 月 29 日，艾森豪威尔总统签署了《国家航空暨太空法案》，以法律的形式确定了太空研究计划、方向和目标。1958 年 10 月 1 日，在 1915 年成立的美国 NACA 基础上，美国 NASA 成立，NASA 直接听命于总统，向总统汇报。美国陆、海、空三军跟航天相关的单位很快划归到 NASA，其中包括海军研究实验室、陆军弹道导弹局、空军火箭发动机研究所等。NASA 在登月计划和美苏太空竞赛中发挥了关键的组织和领导作用。

1960 年，ARPA 将民用航空项目移交给 NASA，军用航空项目交给各军种，自己则聚焦于防御者计划（弹道导弹防御）、维拉计划（核试验探测）、敏捷计划（反叛乱研究与研发）等项目，同时开展了计算机处理、行为科学、材料科学、生物制造等新项目研究。之后，又经过多次调整，NASA、DARPA 和各军兵种在航空航天武器研制方面有了明确分工。

20 世纪 60 年代，DARPA 与 NASA 密切合作，使美国在太空竞赛和军备竞赛中渐渐超越了苏联。

时间进入 21 世纪，DARPA 与 NASA 的合作出现了新变化，开始更多地依赖小企业。1998 年，美国空军和 NASA 开始研制 X-37 空天无人飞机，原计划投资 1.73 亿美元，这是一个军民两用的项目。2001 年，美国空军停止对 X-37 投资后，项目变成 NASA 独立投资。2002 年，NASA 授予波音公司价值 3 亿美元合同研制 2 架 X-37 样机。2004 年美国总统小布什提出重返月球计划，NASA 退出了一些近地轨道项目转向登月计划。2004 年 9 月，NASA 认为 X-37 计划无法满足空间探索新构想，将 X-37 计划交给了 DARPA，NASA 作为技术顾问参与该计划。

DARPA 为了使 X-37 项目能够进行下去，开始精打细算，与许多小企业开展了合作。2005 年 6 月，DARPA 主导的 X-37 由“白骑士”载机携带升空开始了第一次试验飞行。“白骑士”载机是美国缩比复合材料公司主打产品“太空船”的绰号。

1982 年，飞机设计师伯特・鲁坦（Burt Rutan）在莫哈韦沙漠航空航天港创办了缩比复合材料公司（Scaled Composites，LLC），微软公司联合创始人保罗・艾伦是该公司天使投资人。2004 年，由鲁坦设计制造，艾伦投资的价值 2500 万美元的“太空船”1 号赢得 1000 万美元“安萨里 X 大奖”，“白骑士”从此扬名。

“安萨里 X 大奖”由硅谷奇点大学执行主席戴曼迪斯设立，竞赛规则是：第一个用自制飞行器将 3 名乘客送到 100 千米外太空，再将其安全接返地球，并能够在两周内使用同一架飞行器重复上述载人飞行的公司或组织最终能获得 1000 万美元奖金。奇点大学位于硅谷中心地带的 NASA 艾姆斯研究中心内，由谷歌公司与 NASA 合作创办，旨在培养未来科学家，为迎接电脑优于人脑时代做准备，研究领域为合成生物学、纳米技术、AI 等。

2007 年，诺格公司收购控股了缩比复合材料公司。现在的缩比复材公司被称为“缩比空军”。2024 年 6 月 6 日美国《航空周刊》杂志发了一篇文章，题为《诺斯罗普 - 格鲁门公司“缩比空军”是试验能力的关键》，对缩比公司进行了详细介绍。

2023 年 12 月 10 日，《纽约邮报》发表了题为《五角大楼神秘的 X-37B 太空无人机将再次发射》的文章。文章引用美国太空军作战部部长布拉德利・萨尔茨曼上将的话：这次飞行将进行突破性试验，为美国提供加强当前和未来太空作战能力的知识。

当地时间 2023 年 12 月 28 日晚，马斯克旗下 SpaceX 公司成功发射 X-37B 轨道试验飞行器（OTV-7），这是 X-37B 第 7 次任务，首次用“猎鹰”重型火箭执行发射任务前往更高轨道。“猎鹰”重型火箭可把远超 X-37B 重量的载荷投送到地球同步轨道，即距离地球大约 36000 千米的轨道。

DARPA 主导的 X-37B 目标任务是什么？美国官方一直没有明确说法。有专家猜测：X-37B 尝试到高轨道运行是为实现全轨道运行能力，达到在高轨道监视、接近别国航天器的能力，从而具备对别国卫星进行软杀伤能力，如在战时用于捕获敌国卫星。

2024 年 7 月 19 日，美国彭博社网站报道：美国太空军透露，美国即将部署一种新型陆基干扰器，旨在大国发生冲突期间，可以阻止中国或俄罗斯卫星传递关于美国军队的信息。

从 2005 年 X-37 用“白骑士”太空船第一次试验飞行，到 2023 年 X-37B 用“猎鹰”重型火箭第 7 次试验飞行，DARPA 与 NASA 在与非传统军工企业合作中受益匪浅，这使得美国政府相信，美国国防工业可以更多依靠商业技术破解预算紧张和效率不高的问题。

总之，DARPA 和 NASA 是两个善于推动美国军工不断创新和变革的组织。

第四节　国防部开展业务的难题与对策

2009 年 1 月，美国第一位黑人总统奥巴马在金融危机中入主白宫。2010 年 8 月，美国战斗部队撤出伊拉克，2011 年 6 月美国开始从阿富汗撤军，“三万亿美元战争”进入尾声。

2011 年 7 月 21 日，美国“亚特兰蒂斯”号航天飞机完成最后一次飞行任务，NASA 宣布实施了 30 多年的航天飞机计划结束。NASA 在对“挑战者”号航天飞机爆炸事故分析时发现，传统的承包商、配套商以及项目管理体制机制存在不少问题，已经不适应新军事、新技术发展需求，亟须变革。

2012 年，美国最先进的战机 F-22 生产线正式关闭，原因是预算吃紧和某些技术不成熟，F-22 使用维护成本居高不下。

2012 年 3 月，美国众议院军事委员会专家组向国会提交了关于《国防部开展业务的难题》报告。针对五角大楼与国防工业部门之间开展业务存在的问题，报告对五角大楼提出了尖锐批评。报告指出，国防部既是国防工业的用户，又是国防工业的调节器，目前国防部在制度、做法方面存在诸多问题。

1. 对小企业利用不足。报告强调要高度重视小企业在国防工业基础中的作用，认为小企业对于维持市场竞争与公平、维持和增强国家的整体经济、维持和促进国家整体生产力、创造和保留就业岗位具有重要作用，与国防工业基础的健康有直接联系。

目前对小企业的利用上存在的问题集中表现在：与小企业签订的国防合同规模不达标。例如，国防部的小企业联邦合同签订目标占联邦国防合同总量的22.28%，但2010财年实际完成611.2亿美元，占20.94%。出现这一问题，主要原因包括：

（1）国防采办系统对小企业参与重视不够。规避风险是采办的重要原则，为此，美国国防部推出了“首选供应商”计划，基于以往表现和其他证据，协助采办官员选择更有把握的供应商。这对于在规模、产能、资金等方面处于天然劣势的小企业来说，显然是不利的，同时也给新兴企业进入国防市场设置了障碍。此外，国防部对较低分包合同层级上小企业的参与情况跟踪不足，因此，虽然设置了大额合同要向小企业分包的规定，主承包商在竞标时也将分包计划作为竞标的重要筹码，但在获得合同后的实际执行过程中，给小企业分包商的分包任务却大打折扣。

（2）对小企业的贷款支持不足。美国小企业管理局（SBA）从1971年4月开始施行“保证金担保”计划，为那些通过正常商业渠道难以获得保证金的小企业和新兴承包商提供支持，担保200万美元以内合同的竞标、执行和报酬，帮助其获得政府合同。但由于国防部的合同规模越来越大，200万美元的担保已远远不够用。国防部2010财年与小企业签订的建造合同平均金额超过590万美元。

（3）对小企业范围的限定不当。美国小企业管理局定义小企业的标准主要有两种方式：一种是按规模，将员工数量作为定义小企业的标准；一种是按企业资产和净利润，例如，小企业管理局中的小企业投资公司设定的标准是公司最大净值不超过1800万美元，且先前两年的平均税后净利润不超过600万美元。由于缺乏对标准的定期评估和及时修订，上述限定导致的不利结果是，一些有资格参与竞标的小企业无法拿出足够的资金，而能够拿出足够资金的中型企业（比法定小企业要大，但又比大型国防合同承包商小的企业）又没有竞争资格。这也造成了中型企业的尴尬处境，相当于将中小企业都排斥在外。

（4）知识产权易受侵害。知识产权受侵害是国防承包商普遍面临的风险。联邦合同规定，在政府合同或转包合同履行期内，政府对技术发明拥有一定的占有、使用甚至转让权。一旦出现纠纷，承包商需要将政府诉至联邦权益申诉法院，而控告政府的时间成本和经济代价高昂，尤其对小企业而言是无法承受的。在调查中，小企业指出，有政府雇员不正当地向其竞争者提供资料，使竞争者通过逆向工程仿制其专利产品，并以政府所有形式发布成果的知识产权。

2. 采办管理能力不足。采办是政府调控和发展国防工业基础的重要手段，采办实施不合理，则可能导致国防工业基础运行效率低下、资源浪费、技术进步乏力等。目前美国国防采办系统主要存在两方面问题。

（1）采办制度不稳定且日趋冗长。前国防部副部长林恩称，“自二战以来，针对采办改革的研究约有130多项”。国防部5000系列采办指令在1971年制定后的40年里，被修改了超过12次，每次修改涉及8～840页不等。规章制度的频繁变动，增加了采办难度，降低了执行力。二战以后，有关国防采办的法规也不断增加。联邦采办政策办公室在20世纪70年代末调查发现，美国国防部共有79个不同的办公室在制定采办条例，制定出的采办流程法规共有30000页，而这些法规并不能保证完全一致。另外，国防部下发的合同也越来越冗长。1907年，美国国防部下发的飞机采办合同只有两页纸，而2011年签署的KC-46空中加油机合同则长达1233页。

国防采办的复杂性及规则的不断变化，使许多企业对竞争国防部的合同望而却步，尤其是中小企业，他们通常没有资源来雇请高价法律顾问或政府合同方面的专家，使合同尽可能对自己有利。

（2）采办队伍规模和素质不能满足管理需求。这是美国国防部近几年部分武器项目评估报告指出导致项目拖、涨、降问题严重的重要原因。受20世纪90年代美国政府推行“瘦身计划”和国防部对采办人员重视程度不够等因素影响，过去20年里国防合同审计局和国防合同管理局均大规模裁员，而国防部的合同量却成倍增长。自1990年以来，国防合同审计局约裁员40%，而工作量增加约140%；国防合同管理局员工从1990年的近2.4万降至2008年的0.93万。2002—2010年的关键采办岗位平均空缺率，陆军为13%，空军为43%。采办人员的不足增加了合同计划制订、管理和监控的风险。大量任务积压，采办人员只能优先处理大额合同，小企业合同被忽视。

同时，采办人员的素质也在下降。国防采办队伍（尤其是项目经理）平衡项目费用、进度、效能的能力不足，预算师、系统工程师、采办主管等高技术人才尤其缺乏。部分政府官员指出，国防部已经没有足够的兼具能力与经验的人员去管理复杂的新项目或监督承包商。这在一定程度上迫使国防部将部分项目管理任务外包给主承包商。这一方面不利于自身关键技能的养成，另一方面模糊了公私界限，造成潜在利益冲突。

3. 政府对工业部门缺乏清晰的远期战略指导和有效沟通。国防工业是一个特殊的行业，无法完全依靠市场竞争维持其健康发展，政府需要发挥调控作用，包括对兼并重组、上市等行为进行审查；通过采办投入对特定能力进行培育；向工业部门发布清晰的远期战略指导；与工业部门有效沟通；发挥“指挥棒”的作用等。美国国防部在这方面的作用在下降。

（1）缺乏全面深入的战略来管理和维持工业基础。美国宇航工业协会的专家杜威指出，工业部门需要两样东西：一是充足的预算，支撑可盈利的项目，并培养人才；二是工业基础战略，为工业部门制定战略业务方向提供指导和预测。研究认为，鉴于美国未来几年国防预算形势严峻，国家安全环境日趋复杂和危险，要保护国防工业关键领域，制定一个长期战略势在必行；缺乏国防工业基础维护战略的后果之一，就是美国可能在不经意间丧失本土开发和生产关键产品与服务的能力，影响美国军事优势的维持。

但报告认为目前美国国防部缺乏阐明国防部未来技术需求的清晰、连续的战略。1989年开始，国会要求国防部提交《关键技术规划》，后来演变为《国防技术领域规划》，再后来拆分为《联合作战科学与技术规划》和《国防技术目标》。多年来，这一要求逐渐弱化，工业部门越来越难以看清国防部未来的技术需求，难以做出投资决策。美国战略与预算评估中心的报告《维持美国国防工业基础的关键领域》甚至认为，自 20 世纪 50 年代美国国防工业基础诞生以来，美国就缺乏维护和发展这一基础的整体战略。有专家指出，由于缺乏长期规划，美国国防工业基础的许多关键领域已经萎缩。

（2）政府与工业部门沟通不畅。负责制造与工业基础政策的国防部部长助理帮办兰伯特指出，如果政府能通过交流向工业部门提高透明度，明确需求和计划，执行过程向工业部门和财政部门透明，那么市场就会正常运转，公司也会得到所需的投资。国防业务委员会 2008 年 7 月提交的报告称，政府与工业部门以前的联系是活跃的，如国防部部长或部长助理每半年与重要国防工业领袖会面，提供政策指向、关键问题指导，并听取工业部门关心的问题和建议，但目前二者的沟通是不够的。国防部与国防工业部门的沟通大部分局限于大型承包商。没有良好沟通，供应商就难以明确投放研发资源的优先次序；导向不明确，工业部门对于军事能力需求的预判就可能超前，导致技术超出需求，进而引发采办项目的拖、涨、降问题。

4. 推动技术转化的措施缺乏统筹协调，力度不足。创新对国民经济发展和国防建设都至关重要，根据美国国家研究委员会的定义，产生新理念、新知识并不意味着创新的完成，技术转化是美国所谓“创新”的重要一步，而且也是最困难的一步，大量先期研究成果无法跨越工程化验证“死亡谷”这一关。因此，作为一项重要工作，推动技术转化一直受到美国政府重视。

根据美国政府问责署统计，目前国防部有超过 20 项措施激励技术转化，推动新理念、新技术快速投向战场，如《国防生产法》的第三章、制造技术计划、小企业创新研究计划、工业基础创新基金、快速创新基金等。但美国国会审计办公室发现，这些激励措施作用都很有限，而且没有统一、协调的使用方法；针对特定技术转化活动的繁多而规模小的拨款，只能为一个大系统问题提供一种零碎的解决方案，不能解决系统性问题；多样而不协调的投资机制，无法形成合力。

针对以上这些问题，《国防部开展业务的难题》报告给出了策略和解决办法。

1. 从立法和执行上确保充分发挥小企业作用

立法方面，专家组建议国会提高国防部的小企业总包与分包合同指标；国会修改《小企业法》，放宽对小企业定义的限制，使更多企业获得优惠；将小企业管理局的保证金限额从 200 万美元提高到 650 万美元；出台奖励办法，奖励持续表现优异的小企业，确保其业务稳定。

执行方面，一是加强独立考评和责任追究，保证国防部小企业合同目标的实现，确保那些留给小企业做的工作确实是由小企业完成；二是在采办中更多考虑小企业的利益，如让小企业项目办公室主任参与高层决策，加强对小企业采办管理人员的培养，由国防部检察长评估国防部的知识产权相关行为，特别重视保护小企业创新研究项目的知识产权。

2. 加强采办队伍建设，优化采办制度和组织结构

（1）采办队伍建设。专家组建议继续从广度和深度上提升采办队伍；监督国防部对于采办人员管理规定的执行情况；建议国防部加强对采办人员的认证和培训，改善国防采办大学的课程，重视商业或工程学研究生学历的教育项目，让中高级领导人员完成相关的合同承包课程。

（2）优化采办制度。专家组建议国防部部长和国会全面审查采办相关法律规定，废除、修改过时的或矛盾的内容，精简采办流程。

（3）调整国防部采办组织结构。专家组建议国会指导国防部部长审查国防部的组织结构，评估“重组国防合同审计局和国防合同管理局”的可行性与合理性，以加强审计、监督和管理工作。

3. 国防部提供明确的战略指导

建议由国会指令国防部部长与三军军种部部长协调，制定维持国防工业基础的稳固有效的长久策略；指令国防部部长制定并颁布技术战略，以根据国防部的需求和能力空白确定未来投资领域；指令国防部部长每半年提交逐行业逐层级审查进度，在制定相关政策时确保数据的有效性；建议国防部部长制定政策和机制，改善国防部和企业间的沟通，使企业能更好地分配独立研发资源，使投资满足国防部未来需求。

4. 推动基础研究，加强技术转化，促进创新

报告指出，在创新过程中，基础研究尤为重要。在冷战后第一次国防预算削减时期，美国国会力求维持科技投入，设立了每年科技拨款增幅高于通货膨胀率 2% 的目标。面对已经来临的冷战后第二次国防预算削减，系统研发费用在国防研发预算中所占的比例将降低，而科技投入将得到保护。

建议国防部借助研发机构和大学的专业技术，促进非营利或营利性组织之间的合作伙伴关系，协助大学推进基础研究工作。对于武器系统开发工作，维持一定的研发投入水平，重点开发与下一代系统或装备解决方案相关的技术。

为加强技术转化，精简国防部快速采办和技术转化流程，简化和修正不协调的投资机制，增加透明度、减少冗余，围绕满足作战人员的需求进行技术开发；评估国防部的研究与工程基础设施，以便更好地利用这些资源支持技术开发、转化与集成，使小企业能利用政府设施进行样机验证，在改进生产工艺后投入大规模商业生产；建议国防部加强技术筛查和市场研究；建议国会加强审查重大采办项目对小企业技术创新的利用情况。

这些建议很快被五角大楼采纳，在硅谷成立了 DIU，并给予快速采办授权。

第五节 五角大楼硅谷办事处 DIU

2015 年，美国国防部在硅谷设立了 DIUx。2018 年，DIUx 更名为 DIU 成为国防部常设机构。DIU 成立仪式在斯坦福大学举行，时任国防部部长强调说，DIU 将重塑五角大楼。

与 DARPA 主要关注预先研究不同，DIU 的任务则是为军方充当可为防务与安全服务的民用技术的发现者、牵线人和投资者，搭建将民用技术快速引入军方的桥梁。DIU 下设三个工作组：军民对接小组、技术转化小组、风险投资小组。

1974 年颁布的《联邦采购法规》（FAR）对美国政府采购做了详细要求，但程序繁琐，不适合创新业务的开展。为提高国防部采购流程效率，适应硅谷创新创业公司技术和项目迭代特点，DIU 被特别授权使用 OTA

（DARPA 也拥有这项特权）。OTA 是美国强力采办工具的法定名称，可以豁免政府现有采购法规和条例中的许多繁文缛节，加快与政府打交道经验不多的初创企业与军方的沟通与合作。

DIU 成立以来，美国政府不断放宽 OTA 有关规定，允许美国国防部授予更大金额的 OTA 协议。例如，DIU 的操作流程是首次会面 60 天内授予合同，可以直接签订 500 万美元以下的项目，允许完成样机项目的承包商不经进一步投标，即可获得后续生产合同，实现技术的快速试验和转化。这方面，2017 年成立的安杜里尔公司是最大受益者之一，前面已经介绍过。

2017 年创办的安杜里尔公司，专注于 AI 技术驱动开放操作系统研究。不同于传统军工繁琐冗长的研发流程，安杜里尔公司可以根据战场需求，用 AI 技术驱动硬件实现快速迭代，低成本研制出从无人机到无人潜艇等各类新型武器，这些武器已在乌克兰、加沙投入实战。与传统军工巨头复杂炫目的武器使用平台不同，安杜里尔的武器可共用一个操作平台 Lattice，这个平台可以承担战场指挥平台职能，一名操作员可控制和协调多个 AI 自主武器，从无人机、潜艇到移动监视塔，可自如转换角色。操作平台 Lattice 与日常使用的软件相似，用户界面友好。2022 年俄乌冲突以来，为了用有限的预算为乌克兰提供尽可能多的武器，美国政府已向安杜里尔公司等非传统军工企业订购了多种低成本武器。安杜里尔公司研制的“走鹃”（Roadrunner）智能防空高爆无人机拦截器，高 1.5 米，运输灵活，弹头载荷是同类飞行器的三倍。相比只能单次使用，售价 10 多万美元的 AGM-114“地狱火”导弹、AIM-120 导弹，售价几万美元的“走鹃”可以从发射平台垂直起降，如果判断威胁不存在，还能完好地返回指定地点。

SVDG 在 2024 版国家安全百强初创企业排行榜报告中分析，从政府采购方面看，相比其他美国政府机构，美国国防部更倾向于使用 OTA 等非《联邦采购条例》承包的方法采购创新技术，但从整体看，采用非《联邦采购条例》承包方法授出的合同数量仅占全部合同的 25% 左右。就上榜企业来看，政府通过《联邦采购条例》规定的采办方式授出的合同数量占比为

88%，非《联邦采购条例》采办方式合同占比12%。报告认为国防部及DIU在应用OTA采购工具方面做得仍然不够，没能对一些初创企业给予及时支持，影响了民用技术在防务安全领域的推广应用效率。报告建议，要进一步精简合同流程，帮助小企业和非传统承包商公平获取联邦合同。

虽然DIU成立以来办成了不少事，但国会和一些非政府组织认为五角大楼做得还是不够。斯坦福大学国家安全创新中心联合创始人史蒂夫·布兰克渲染式地声称，“北京向科技行业注入了大量资金，中国的组织结构像硅谷，五角大楼的组织结构更像底特律的汽车制造商。这不是一场公平的战斗”。

迫不得已，五角大楼继续设立新机构。

第六节　弥补DARPA不足的战略资本办公室OSC

2022年12月1日，美国国防部部长劳埃德·奥斯汀宣布设立OSC。在OSC成立大会上，五角大楼发言人说，OSC的成立可以弥补DARPA和DIU的不足。

DARPA有什么不足？DARPA是美国政府中最成功的机构，许多国家都在向DARPA学习。一般人看来，DARPA被指责的不足有些凡尔赛，原因是：五角大楼给了DARPA很高的失败容忍度，但是，DARPA孵化投资的创业项目成功率过高，失败率太低，国会因此质疑DARPA组织研究的技术和产品是否足够创新，是否代表了前沿科技，是否具有颠覆性技术潜质。在DARPA组织研发的高超声速导弹屡屡受挫之年，DARPA依然被投资权威机构评为年度创新项目之星，投资界给DARPA以肯定。然而，美国国会却认为，DARPA过多的商业活动影响了其成立时的宗旨，DARPA应该减少投资活动，专注于发掘奇思妙想，加强从0到1颠覆性技术研究。（题外话，这是不是有些像中国政府对中央企业聚焦主业的要求。）

我们习惯将0作为原创技术或产品的研发起点，将0～1作为原创技术或产品的研发阶段，将1～10作为实验室产品向全面生产惊险一跳阶段；将10～100作为新产品实现大批量生产获得商业成功阶段。如果从筹资角度看，0～1 阶段的资金一般来自政府预算；10～100 阶段的资金主要靠资本市场解决；而 1～10 阶段的筹资就比较难，这一阶段被称为“死亡之谷”。虽然风险基金和政府会投一些资金，但远远不够，因此很多新技术或新产品经常夭折在大批量生产之前。

按照五角大楼给 DARPA 和 DIU 的定位，DARPA 负责推动从 0 到 1 颠覆性技术和产品研发，资金主要来自政府预算或非营利组织。同时，DARPA 也兼顾 1～10 阶段的产品孵化，资金一般来自天使投资、风险投资等机构。但有些时候，当 DARPA 看到自己辛辛苦苦研发的一些过于超前的产品不被理解，由于缺少临门一脚资金的支持将跌入“死亡之谷”时，迫不得已亲自下场筹资，科学家变成了风险投资家，因此给了国会批评 DARPA 不务正业的口实。

DIU 负责遴选从 1 到 10 可为防务与安全所用的初创企业，这一阶段的资金一般来自各军兵种。同时，根据需要，DIU 也要帮助初创企业加快发展，为国防部提供高技术、低成本、大批量的成熟产品，例如，DIU 组织实施的快速部署大量全域、可消耗的自主系统“复制器”计划，需要各类企业参加并要求具有大批量生产能力，这种情况下，资本市场就成为其资金的主要来源。但是，面对大量的资金需求，DIU 已力不从心。硅谷防务集团对 DIU 的批评，也可能是 DIU 希望看到的，因为这样可以引起国会重视，多增加防务预算。

新成立的 OSC 将解决以上问题。国防部奥斯汀强调说：“OSC 关注的技术类型包括那些通常主要具有商业价值，而不是由国防部直接购买的技术，但这些技术将在未来有机会为提升防务能力提供支撑。由于今天私营部门的资本是技术开发的主要资金来源，我们可以通过与专注于国防部关键技术领域的可信任资本接触，来建立持久优势。”

奥斯汀进一步解释了 OSC 的职责：为国防部确定工业界和学术界有前景的关键技术领域，并确定其优先次序；对国防部至关重要领域的技术提供资金支持；为国防部提供信息，并鼓励私营部门在关键技术领域进行投资；推动政策制定、执行和实施，以保护私营部门的工业和技术能力。

五角大楼新闻秘书进一步解释：下一代生物技术和量子科学通常需要

长期资金支持，以跨越实验室和全面生产之间所谓的“死亡之谷”；这些技术公司还受到长期“耐心资本”供应有限的影响，这导致他们无法将技术转化为军事能力，即使是在政府拨款或合同的帮助下开发的技术，也同样存在“死亡之谷”。

五角大楼发布的OSC成立备忘录进一步明确了OSC与DARPA、DIU在项目选择和投资方式方面的不同之处。

DARPA更多关注颠覆性创新技术，主要支持科学技术方面的创新项目，遴选具有颠覆性创新技术的私人企业，投资方式相当于天使基金。DIU更多关注能够提供创新产品和服务方案的初创企业，投资方式相当于风险投资。OSC负责为这些项目找到长期资本和耐心资本，或者亲自出手。

OSC首任主任杰森·拉杰博士说，该办公室的使命是协调和扩大私人资本以支持国家安全利益。美国军方一般主要依靠合同和拨款开展工作，OSC则将采用美国军方通常不使用的贷款、担保和其他金融工具来开展工作。OSC将在第一年分析关键技术资本不足的项目，例如，五角大楼已经资助了碳纳米管的开发，但还没有直接采购；对量子计算和AI等领域的公司，军方也很有兴趣。

OSC的长期资本功能很快在硅谷银行破产事件中得以展现。2023年3月10日，硅谷银行宣布破产，使许多科技初创企业陷入困境，而与这些企业有关联的五角大楼也受到了冲击。国防部DIU、OSC等机构很快为在硅谷银行有账户且从事与国防项目相关的初创企业制订了应对计划，承诺在需要时向这些公司提供现金。与国防部签订合同的数据软件服务公司（Strider Technologies Inc.）的联合创始人埃里克·莱维斯克说：“听到银行破产消息6小时后，公司账户就被封锁，华盛顿（五角大楼OSC）这一（兜底）承诺，让我们松了口气。”

对于硅谷银行破产的危害，前国防部DIU主任迈克·布朗指出，许多从硅谷银行获得资金支持的初创公司都与国防部有合作。如果政府不介入，一些军事产品生产可能面临风险，可能也对供应链造成直接影响，一些机密项目的供应商可能已经受到了威胁。

2023 年 3 月，美国 OSC 和 SBA 所属投资与创新办公室签署了合作备忘录。双方以 2022 年 12 月发布的小企业投资公司（SBIC）关键技术为基础开展合作，增加对半导体、先进材料和生物技术等关键技术领域的早期投资。

美国 SBA 的前身是 20 世纪 30 年代大萧条时期建立的重建金融公司（RFC）。RFC 经过几次调整后于 1953 年变为小企业管理局，1958 年被国会确定为永久性联邦机构，专门向小企业提供融资支持、技术援助、政府采购、紧急救助、市场开拓（包括国际市场）等全方位服务。SBIC 是 SBA 支持的信用担保机构，曾扶持了联邦快递、微软、英特尔、苹果等众多知名企业，催生了一批以硅谷为代表的高新技术园区。OSC 寻求与 SBA 合作是明智之举。

OSC 主任表示：“与 SBA 合作，能够为早期科技公司和资本密集型小企业提供投资机会，以满足当下最紧迫的防务与安全供应链需求。”

然而，对于美国国防部成立战略资本办公室加强与硅谷初创企业合作也有一些不同声音，认为五角大楼的决定有些舍本逐末，缺乏远见，并举例论证，“双子座”宇航员乘坐的“宇宙神”运载火箭原型是洲际导弹，互联网是因军方为寻求在发生核攻击时传递可靠消息方法而产生，没有一家初创企业会制造出“哥伦比亚”级核潜艇和 F-35 五代战机。

这显然是传统军工巨头的代言人。然而，这种言论已不合时宜，因为在太空探索、AI 等领域，硅谷初创企业已经走在了传统军工巨头们的前面。2020 年以来，美国传统军工巨头不但在高超声速武器研制方面一再失手，落后于其他国家，在登月、空间站建设等方面的计划也一拖再拖，如果没有马斯克、贝佐斯们的新型太空技术公司的出现，美国的宇航技术可能真的还停留在上个世纪。2024 年 6 月 5 日，波音“星际客船”将两位宇航员送入国际空间站开展为期 9 天的太空任务，但由于设备故障致使两位宇航员的返回日期一推再推。2024 年 8 月，NASA 已在考虑请马斯克 SpaceX“龙”飞船出手相救。波音公司在“星际客船”项目上已超支 15 亿美元，其运载火箭“宇宙神 -5”由波音公司与洛马公司合资的 ULA 研制。

本章结束语

2024 年 8 月 16 日，美国路透社报道，波音公司与洛马公司已在商讨出售 ULA 方案。这表明，美国传统的两大航空航天巨头波音公司和洛马公司已经无力与太空探索新力量竞争了，“宇宙神”该退位了。

美国新的军工复合体即将登场，他们来自硅谷。

第四章　美国政府管控军工企业的举措与案例

美国五大军工巨头虽然都是在华尔街上市的公众公司，但白宫和五角大楼仍然能让这些大企业服从于国家意图和战略，其管控举措主要有三：一是法规政策；二是合同订单；三是预算安排。

第一节　美国军工项目及企业管控法规

美国国会作为立法机构，在国家安全方面拥有国防拨款权、建军养军权和对装备采办计划的监督权。对于国防军工项目管理，国会负责制定采办法律、审批预算申请和监督国防部等行政部门的执行情况。

美国总统作为政府首脑，负责实施国家法律和领导行政事务。政府除了依法执行装备建设计划，还要制定国防项目管理、装备采办方面的具体法规或条例。美国国防部设有国防法律服务局，各个军种也都设有相应的军事法律局和总法律顾问，从事立法监督活动。

美国法院则主管诉讼案件。国防项目在计划编制、审查和执行过程中如果出现立法权争议、违规行为或者合同纠纷等问题，由法院来负责调解裁决。

一、永久性基本法

美国国会通过的法律法令主要包括永久性的基本法，如《国家安全法》《国防生产法》《武装部队采购法》《国防授权法》等，以及特定的法律或修正案等。这些法律是启动国防军工项目、审查预算和执行计划的主要法律依据和基本指导方针。

1. 永久性的基本法

《美国法典》中国防与战争部分列出了大量与国防军工项目相关的法律，内容涉及机构人员、预算拨款、研发生产、试验评定以及合同管理等。这些法律是国防军工项目管理的根本依据，其中比较重要的有《国防生产法》《国防工业储备法》《反托拉斯法》《武装部队采购法》《签订合同竞争法》《购买美国货法》《诚实谈判法》和《国防采办队伍加强法》等。

《国防生产法》是一部有关工业动员和储备事项的法律，核心是保军备战，增强应对突发事件的军工基础与生产能力。该法于1950年制定，基本内容包括优先履行军品合同、保障战略物资供应、扩大国防生产能力和充分发挥小企业作用等。

《国防工业储备法》规定美军应该依靠从事国防生产的私人企业提供所需装备的最大部分。该法于1973年制定，要求国防部负责制订全局、综合并且持续的计划，确保在战时或急需之时相关军工企业可以随时投产储备物资，及时为军队提供装备和补给。

《武装部队采购法》是美国陆、海、空三军和国防后勤局管理装备采购工作的基本法律。该法于1947年制定，规定和平时期除明文列出的特殊情况，军事采购要正式招标、公开竞争。美国国防部的相关采办条例以该法作为重要依据。

《反托拉斯法》是一部保证市场竞争性的法律。该法于1890年制定，禁止排斥竞争或限制正常交易的不法行为，从而避免了竞争公司间私下达成协议或谅解进而妨碍市场法则发挥作用，规范了军工企业的行为。

《签订合同竞争法》规定在签订军品合同时要进行全面、公开的竞争，同时在部队中设立竞争代理人，简化采购程序，尽可能使用民品。该法于1984年制定，指出了密封投标方式的不足，认为谈判竞争法可以兼顾质量和价格。该法是对《武装部队采购法》的一种修订。

《购买美国货法》规定美国政府优先采购国产的成品，除了明文列出的特例，承包商也应该只交付国产的成品。该法于1933年制定。

《诚实谈判法》规定军工项目主承包商或任何分包商应该根据一定条件按照美国国防部、NASA和海岸警卫队的要求提出并且核实合同的成本或价格数据。该法于1962年制定，要求合同中应列入如下条款：如果承包商或分包商提供的成本或价格数据不当，那么造成的费用增长应当予以扣除。

2. 年度《国防授权法》与《国防拨款法》

美国总统的联邦政府预算包括了国防部的科研、生产和保障预算。装备采办计划必须每年向国会申报，首先经参众两院军事委员会审议并通过授权法案，再经两院拨款委员会审议并通过拨款法案，最后由总统签署方可执行。国防部在计划实施过程中，必须定期向国会报告情况。

由于年度授权法与拨款法按照财年规定了国防部的拨款数额，具有最强的约束意义和现实意义，因此立法当局、行政部门、国防部以及三军总部领导人都极为重视，每年耗费大量时间精力在参众两院的听证会上讨论军事态势并提供证词。授权法案听证会和拨款法案听证会出席做证官员大致相同，一般为国防部和军种的助理部长以及三军副参谋长，他们提供的证词也基本相似，具体包括军事态势陈述（如国防部现状、未来规划和总体防御目标与政策）以及对预算申请的详细说明和具体讨论。

《国防拨款法》中规定的采购费和科研费有时界限不是很明显，有超过10% 的重要计划可以列入二者中的任何一类，因此有些项目需要经常调整，例如，样机制造、生产工程和试验鉴定等。同类项目调整（例如，从 A 型飞机改为 B 型飞机）有的可以由国防部自行决定，有的需要事先报告或国会审批。不同类项目转变（例如，从战斗机调整为巡航导弹）则必须经国会批准。

3. 特定的法律和修正案

这类法律往往是针对国防项目管理中的一些情况，由特定的人提出意见，再经法律程序批准后形成。例如，1980 年颁布的《史蒂文森 – 怀特勒技术革新法》是国会支持技术转让的一项重要法律。这类法案可以对现有法律形成补充和完善，并更改一些不适应国防发展现状的内容。

二、条例与条令

根据美国法律，总统是全国最高行政首脑兼武装部队总司令，可以依法颁布具有和法律同等效力的行政命令来行使权力，总统相关行政机构也有权颁布有关条令，如《联邦采购条例》。有些条例同样是国防采办和项目管理的权威性依据，主要包括《行政令》《国家安全决定令》和《国家安全审查令》等。这些文件是对国会法律的补充和细化，是国防军工项目管理的行动指南。

三、规章制度

政府各部门和三军总部制定的一系列规章制度，包括部门条例、指令 / 指示和各种带有约束力的出版物（指南、手册和标准 / 规范之类），这一部分内容最为丰富，涵盖了国防军工项目研发、装备采办管理的大政方针、部门职责和工作政策等。

美国国防部及各军种制定并发布的指令性文件同样具有行政约束力，由指令、指示、条例和细则 4 个纲目构成。通过这些规章条例，国防部部长对三军总部和其他有关部门实施领导，从而控制、协调整个国防部的政策和行动。这一层级的规章最为具体，操作性很强，是国防军工项目管理的实际依据，是相关工作人员的案头工具书。

根据国防部的法规要求和立法宗旨，各军种也制定了针对自身的装备建设条例、条令、规程和技术手册，军种下属的相关业务部门则有配套的、更详细的基本规章。

需要说明的是，不同层级的法律法规其效力也不同，下一层级必须服从于上一层级，国会通过的法律或指令居于主导和支配地位。

第二节　反垄断与反不当竞争案例

自由竞争是美国资本主义社会的基础制度，早在 1890 年，美国国会就颁布了《反垄断法》（也称《反托拉斯法》），意在解决不当竞争问题。美国大企业非常在意反垄断审查，洛克菲勒的标准石油公司曾被《反垄断法》无情拆解；当今的微软公司、谷歌公司也都曾陷入反垄断调查风波。与军工企业相关的典型案例当属 1934 年被一分为三的波音托拉斯和 1997 年波音与麦道公司合并的反垄断调查。

一、波音托拉斯一分为三

1929 年美国经济大萧条中，波音通过并购打造了集飞机制造、航空运输服务于一体的波音联合飞机托拉斯。从 1929 年到 1933 年，波音联合飞机和运输公司生产的飞机和发动机占了海军订购总数的 48%、陆军的 29% 和商用飞机市场的 48%，邮政服务更是处于市场领先地位。

1934 年，一本名叫《死亡商人》的书描述了当时的航空业如何凭借垄断地位和贿赂政府牟取暴利。国会开始了调查，最后集中到波音公司与邮政部签署的航空邮政业务合同上。参议院委员会说，航空邮政的很多线路没有经过竞标就被波音公司获得，实际的情况是当时只有波音一家竞标公司。于是富兰克林·罗斯福总统 1934 年签署了《空邮法案》，法案规定航空邮政业务同飞机制造公司不能有任何联系。法案逼迫波音托拉斯解体，分裂成波音飞机制造公司、运输公司和联合飞机公司 3 家公司。波音飞机制造公司分拆之后的销售额只有 100 多万美元，亏损 22.5 万美元，员工数量从 1933 年的 2000 人下降到 1934 年的 600 人。波音非常气愤，卖掉了持有的波音公司股票，彻底离开了自己创办的公司。

后来的事实证明，政府的决定是正确的，分拆后的 3 个公司后来都成为各自领域的领先者，他们就是波音公司、UTC 和美国联合航空公司。波音公司由于丧失了在规模上的优势，更加聚焦飞机制造。1939 年二战开始，陆军大量采购波音设计和生产的 B-17 和 B-29 飞机，政府订单使波音公司重回巅峰。

二、波音与麦道合并的反垄断调查

1996 年 12 月 15 日，世界航空制造业排名第一的美国波音公司宣布收购排名第三的美国麦道公司，在全球飞机制造业引起了轩然大波。二战之后，波音公司以原有的 B-52 型轰炸机的生产设备和厂房为基础大量生产波音 707 大型民用客机，奠定了其在世界大型民用客机生产领域的垄断地位。1996 年，波音公司赢得了 346 架飞机订单，这是 6 年内订单最多的一年。

与此同时，波音公司的竞争对手麦道公司的竞争力则不断下降，其占世界民用客机市场的份额从原来的 22% 下降到兼并前的不足 10%。从军工产品来看，尽管麦道公司曾经是世界最大的军用飞机制造商，生产了著名的 F-15、F/A-18 等战斗机。但在 1994 年，美国洛克希德公司与马丁 - 玛丽埃塔公司合并组成了洛克希德 - 马丁公司，与麦道公司展开了激烈的竞争。1996 年，洛克希德 - 马丁公司又斥资 91 亿美元，兼并了另一家军工大企业——劳拉公司。3 家公司联合之后的年销售额达到 300 亿美元，是麦道公司年销售额的两倍，削弱了麦道公司的军机竞争力。

然而，根据美国有关法律，如此大规模的合并必须经过反垄断当局的批准。关于兼并的允许范围，法律中明确规定，如果两家公司合并以后市场份额乘 100 后的平方和大于 1800，公平交易部的反垄断处或联邦贸易委员会就有权立案调查。照此规定计算，波音所占的市场份额为 60%，仅其一家的市场份额平方就是法律条文规定的两倍，麦道所占的市场份额为 15%，两家市场份额乘 100 后的平方和为 3825，是立案调查标准的两倍多，但最终美国政府还是批准了该收购。

这起合并事件使世界航空制造业由原来波音、麦道和空中客车三家公司共同垄断的局面变为波音和空中客车两家公司之间的竞争，对欧洲飞机制造业构成了极大的威胁，在政府和企业界引起了强烈的反响。1997 年 1 月，欧洲委员会开始对波音兼并麦道案进行调查；5 月，欧洲委员会正式发表不同意这起兼并的照会；7 月 16 日，来自欧盟 15 个国家的专家强烈要求欧洲委员会对这项兼并予以否决。美国和欧洲各主要国家的政府首脑也纷纷卷入这场兼并和反兼并的冲突之中。

最后，为了完成兼并，波音公司在 1997 年 7 月 22 日不得不对欧盟做出让步，其代价是：①同意放弃 3 家美国航空公司今后 20 年内只购买波音飞机的合同；②接受麦道公司军用项目开发出的技术许可证和专利可以出售给竞争者（空中客车公司）的原则；③同意麦道公司的民用部分成为波音公司的一个独立核算单位，分别公布财务报表。

经 15 个欧盟国家外长磋商之后，1997 年 7 月 24 日，欧盟正式同意波音公司兼并麦道公司。1997 年 8 月 4 日，新的波音公司开始正式运行。至此，世界民用航空制造业三足鼎立的局面不复存在，变成了波音与空客两强格局。

三、反不正当竞争法规与案例

作为一种经济现象，不正当竞争行为在各国的市场经济中普遍存在。不正当竞争一般是指强加于其他市场主体的一种非法行为，即法律意义上的侵权行为。对不正当行为的规范，既可以由国家的执法机构加以纠正和禁止，也可以由私人的各种市场主体作为原告通过法院系统加以指控和纠正。

不正当竞争行为主要分为两大类：一类是针对特定竞争者或者潜在竞争者的各种垄断市场和限制贸易的行为，另一类则是针对一般竞争者和消费者的各种不正当和欺骗性的行为。反不正当竞争法相关法规的主要目标在于维护市场竞争所必须共同遵守的商业行为准则，制止滥用经济优势地位以达到自己目的的不正当竞争，从而保证市场经济以及顾客不至于因为某一市场主体不遵守正当的商业行为准则而受到损害。一般而言，不正当竞争行为主要涉及固定价格、价格歧视、搭售和独家经营等实质性减少或者损害竞争的行为，还包括商业贿赂、对消费者的不正当或者欺骗性行为，此外还涉及限制贸易、图谋垄断等。

在美国司法部网站的判决声明中很容易找到大量反不正当竞争的案例，被处罚的公司包括波音公司、洛克希德－马丁公司、诺斯罗普－格鲁门公司、GE 公司以及英国 BAE 系统公司等。有两个案例很说明问题。

案例 1：2006 年 6 月 30 日，美国司法部官员宣布，美国政府与波音公司达成最终协议，波音公司支付创纪录的 6.15 亿美元来解决所涉及的刑事与民事指控。此指控主要涉及波音公司不正当地使用了关于竞争对手从美国空军和 NASA 得到的价值数十亿美元的发射服务采购合同的信息。对波音公司的调查结果向从事政府项目承包的公司发出了明确的信息：不遵从最高法律和道德标准的任何人都将面临严重的后果。

案例 2：英国 BAE 系统公司认罪并罚款 4 亿美元。2010 年 3 月 1 日，在美国哥伦比亚特区联邦地区法院官员宣布，由于共谋欺诈美国政府，损害、阻挠美国政府合法职能，对海外腐败行为做出虚假陈述，违反《武器出口控制法》和《国际武器贸易条例》等行为，对 BAE 系统公司提出指控。BAE 系统公司认罪并承认故意向美国政府机构做出虚假陈述。BAE 系统公司被判支付 4 亿美元罚金，这是司法部在查处国际业务中的海外腐败行为以及实施美国出口管制法的过程中判处的历史上最大金额罚金之一。对于此案，FBI 华盛顿调查办公室主任助理肖恩·亨利认为，竞争是美国经济体系的基石之一，图谋危害竞争的任何公司以及个人不仅会伤害他人，最终也将动摇公众对整个经济体系的信心。

第三节　无须解释的安全审查

美国政府的安全审查不以交易大小而论，而是以是否损害国家利益和安全为标准。至于审查的理由，经常是无须解释，下面以案例说明。

2010 年 9 月，华为向美国商务部递交申请收购美国三叶系统公司价值 200 万美元资产，并获得批准，但之后又被美国外国投资委员会（CFIUS）否决。在之前的 2008 年 3 月，也是因为美国外国投资委员会以涉及美国国家安全为由驳回了华为收购 3Com 公司的要求。对于否决的原因，CFIUS 以审议属于高度机密为由不对外公布。

下面结合 2011 年航空工业通飞公司并购美国西锐飞机公司案例，来看一看美国对外资并购案的审查过程和一些细节问题。

2011 年 2 月 3 日，航空工业通飞公司和美国西锐公司（简称西锐公司）股东签署股权收购协议，3 月 1 日正式对外发布，这个时间恰巧是在美国媒体热炒华为收购案之后。虽然西锐公司是一家私营企业，业务主要以通用飞机为主，但是鉴于其航空行业特点，以及收购方航空工业的国有军工背景，收购一事在美国还是引起了广泛关注，在反垄断和安全审查方面费了些周折。

2011 年 3 月 25 日，美国明尼苏达州第 8 区国会众议员克拉法克致信美国财政部部长盖特纳，提醒美国政府在审查时要极端的谨慎，并关注两个问题：一是收购后中方是否向国内转移工作量，从而消减当地就业；二是中方通过此收购将获得喷气发动机和全权电子引擎控制系统技术等受美国出口管制的技术，对美国国家安全构成威胁。实际上，对其所说的管制技术，航空工业从一开始就明确表态可以剥离出去。

对此，航空工业通飞与西锐公司一道按照美国一般性商业规则进行了大量富有成效的沟通和公关：西锐公司公开致信克拉法克议员做出正面回应；通过律师与 CFIUS 官员就涉及的技术性问题进行深入沟通；专程拜访所在地政府官员、当地议员、美国国防部、商务部、财政部等相关人员，争取各方面的支持。2011 年 4 月 22 日，收购交易通过了美国政府的反垄断审查后，进入了最关键的 CFIUS 的安全审查。

2011 年 5 月 18 日，由于担心中方收购西锐公司会对美国国家安全构成威胁，美方根据其《国防生产法》，要求航空工业通飞与美国 CFIUS 签订缓冲协议，并要求航空工业出具确认函。

协议内容主要包括：西锐公司在雇佣外国人或邀请外国人访问前需要通知美国政府；外国人实地访问西锐公司或与西锐业务相关单位（如供应商），需提前通知美国政府；西锐公司设置一名安保负责人，记录上述有关信息并向美国政府报告。

该缓冲协议是由外资并购交易各方与美国外资并购国家安全审查参与部门之一的美国国防部之间，就减轻美国国家安全潜在威胁达成的协议，是有条件通过美国 CFIUS 审查的方式之一。对此航空工业进行了认真而客观的分析：

——鉴于收购方航空工业的国有军工背景等，美国监管部门有戒备之心可以理解。实际上，西锐公司的客户遍布欧美，尤其是美军也用西锐公司的产品作初级教练机。并购完成后，法国的一家媒体还在渲染“美国空军向航空工业订购飞机”话题。客观地讲，美方是希望以缓冲协议使我们在西锐公司的活动透明，而我们也不想通过西锐公司从事与正常经营无关的事。

——协议采用了相对温和的访问控制、现场检查、任命安保主任等方式，而未采用直接干预企业控制权的董事会决议等强烈措施，可以判断美国政府对本次交易的关注点不在于公司的实际经营，而在于对收购方和目标公司交流的监控上，这些条款对航空工业通飞接手西锐公司后的运营不会产生实质性损害。

经过研究欧洲企业收购美国企业一些案例，类似的限制条款也屡见不鲜。例如，当年英国罗罗公司收购美国艾利逊发动机公司时，美国国防部也提出了许多限制性条款。艾利逊发动机公司与国防部签署了安全和技术协议。协议规定在未获国防部批准的情况下，技术和信息转移所必需的一些约束条件：所有涉及前沿领先技术的项目必须放在一家新成立公司——艾利逊领先开发公司（AAD）；该公司将负责与美国国防部达成的秘密级以上的合约项目，以及为下一代飞机发动机准备的基础开发项目；该公司必须在独立的治理结构、管理层和附加的安全程序下运作；该公司向艾利逊发动机公司转移任何项目或指定的技术数据前，必须得到国防部的许可；如果股东代表需要在 AAD、艾利逊或罗罗公司之间参观考察，须提前经过许可。最后一条和要求我们的缓冲协议类似。

经过慎重研究，航空工业同意了美国国防部提出的缓冲协议。缓冲协议的签订，标志着并购项目安全审查的完成，也意味着美国政府监管的开始，作为签约方的航空工业通飞必须严格执行协议中的条款，否则美国 CFIUS 有权再次启动审查调查程序。

2018 年 4 月，笔者到明尼苏达州德鲁斯西锐公司与高管研讨公司进入资本市场的必要性。2024 年 7 月，西锐飞机公司在香港证券交易所公开发行股票上市。

专门长篇详细讲述收购美国西锐公司的过程，是想说明美国外国投资安全审查是一个体系，企业所在社区、财政部、国防部以及公众媒体等机构都参与其中，关注的问题很具体，无论交易大小，都不例外。虽然处于金融危机中的美国私人股东非常想出售自己的股份，但是在整个交易中都尊重政府制定的制度，不敢有丝毫侥幸。可以说，安全审查是确保美国企业在资本主义市场经济自主运营中不损害国家战略和安全的重要屏障。

与美国企业合作，一定要了解安全审查方面的法规制度。因为按照收购时有关协议，即使股东访问收购企业，也要提前向有关部门报备。

第四节　F-22 有限竞争和 F-35 发动机双源采办原则

美国军方与供应商签订采购合同一般采用密封投标和谈判两种方式，前者适用于技术规范明确、成本与技术风险不大的项目，后者适用于无法采用密封投标方式、技术要求不太明确、不确定因素较多和竞争不激烈的项目。谈判方式又分为竞争性谈判和单一来源谈判。

谈判方式允许合同双方相互协商、讨价还价、改变立场和妥协让步，飞机、发动机、复杂的电子系统和导弹等重大装备项目主要采用这种方式订立合同。

一、F-22 有限竞争采办原则

美国空军新型隐身先进战术战斗机（Advanced Tactical Fighter，ATF）项目，即 F-22“猛禽”战斗机采用了有限竞争采办原则。

20 世纪 80 年代初，为了应对苏联研发中的苏 -27 和米格 -29，美国空军于 1981 年 6 月发布了 ATF 招标信息。对于军工企业，ATF 项目是一次巨大机会和挑战，赢得了这个合同就可以在未来几十年称霸战斗机市场，否则甚至生存都是问题。

洛克希德、波音、通用动力、麦道、诺斯罗普、格鲁门和罗克韦尔 7 家承包商提交了报告。1986 年 10 月，美国空军最终选出洛克希德和诺斯罗普两家进入下一轮竞争，但建议优胜者与落选的公司组成设计团队。洛克希德与波音和通用动力、诺斯罗普与麦道组成联合团队，进入了为期 50 个月的原型机设计与试飞阶段。洛克希德团队研制出了 2 架 YF-22 原型机，诺斯罗普团队研制出了 2 架 YF-23 原型机，分别使用 GE 公司 YF120 发动机和普惠 YF119 发动机。

1991 年 4 月 23 日，美国空军宣布洛克希德团队的 YF-22 获胜，这就是 F-22 最早的原型机。这一结果对诺斯罗普公司和麦道公司造成了巨大冲击，最终导致诺斯罗普公司与格鲁门公司合并，麦道公司则被波音公司收购。

美国空军没有公开 YF-23 竞标失败的原因，有分析推测诺斯罗普公司在 B-2 轰炸机研发过程中出现的预算超支和进程落后状况让美国国防部不满意，而洛克希德公司在研发 F-117 过程中展现的管理执行能力和波音公司在大型计划中丰富的经验可能让军方更有信心。选择 YF-22、放弃 YF-23 很可能是空军综合考虑了 ATF 的挑战性和竞标团队以往表现的结果。

洛克希德赢得了合同后并没有独家垄断，而是将工程制造和发展阶段的工作均摊给团队成员，波音公司和拥有战斗机研发经验的通用动力公司仍然是项目的重要成员。美国政府和承包商一致认为，分工有利于各方充分发挥技术优势并保持长久的竞争力。F-22“猛禽”战斗机于 1997 年 9 月 7 日首飞，2005 年 12 月达到了初步作战能力。F-22 从发布招标信息到装备部队，时间长达 24 年。

回顾 F-22 采办过程，美国国防部充分调动飞机制造商参与竞争，保证了国防部可选方案的多样性和质量。同时，军方鼓励承包商分工合作，降低了研发风险和成本。这种有限竞争的采办原则保证了美军装备的质量，激发了军工企业的积极性和工作效率，更是五角大楼管控企业的有效方式。

二、F-35 发动机的双源采办

双源采办是指同一重要部件或装备有两种互换型号可供军方选择。双源采办可以打破垄断和防控风险，两种型号之间的竞争还可以显著提高产品质量和降低成本。

美军的双源采办在航空发动机领域最具代表性。由于投资周期长、风险大，发动机成了世界各军事强国发展新一代战斗机的瓶颈。例如，俄罗斯 T-50 战斗机飞行测试一拖再拖就是因为配套发动机研制问题；法国的“阵风”战斗机由于 M88 发动机推力不足导致无法打开国际市场。美国发动机研制一直走在世界前列，尽管如此，军方为了规避风险，在重大战斗机项目中仍然提倡双源采办，F-15 和 F-16 采购项目中的 F100 和 F110 发动机也是如此。在 F-35 联合攻击战斗机（JSF）项目中，普惠公司的 F135 发动机和 GE/ 罗罗公司的 F136 发动机展开了前所未有的竞争。

联合攻击战斗机项目来源于 1993 年开始的联合先进攻击技术（JAST）项目，目的是为美国空军、海军和海军陆战队及盟国研制下一代多用途战斗机。2001 年 10 月，洛马公司原型机 X-35 战胜波音公司原型机 X-32 赢得 JAST 项目，新一代联合攻击战斗机正式定名为 F-35。

F-35 项目中两个竞争团队研制验证机时，普惠公司的 F119-PW-100 发动机是唯一可以满足性能要求的发动机。为了分别满足波音公司和洛马公司的垂直升力系统方案，普惠公司研制了两种略有不同的 F119 改进型。联合攻击战斗机项目竞标结果公布后，动力系统继续沿用普惠公司的产品就成了自然而然的事情，这就是 F135 发动机项目的开端。

F135 的前身 F119 是普惠公司为 F-22“猛禽”研制的发动机，技术也相对成熟。普惠公司以 F119 为基础进行改进，进展比较顺利。考虑到普惠公司已经获得了 F-22 的发动机合同，如果 F-35 的发动机继续由普惠公司独家提供，则会出现普惠公司垄断美军主要战机动力系统的局面。为了避免这种情况，美国国防部在 F-35 项目之初就提出要有两种型号的发动机可供选择，于是就有了 F136 发动机项目。

联合攻击战斗机项目是美国历史上规模最大、耗资最多的武器研制项目。除了装备美国空军、海军和海军陆战队，F-35 在美国的众多盟友中也有广泛的市场需求，因此当时预测其之后 30 年总产量有望达到 6000 架。如果以每架战斗机在全生命周期内使用两台发动机计算，那么动力系统的采购和维护价值将超过 1200 亿美元。如此庞大的市场，对于任何一个发动机制造商来说都具有绝对的吸引力。因此，美国 GE 公司与英国罗罗公司决定联手开发 F136 发动机，与普惠公司的 F135 发动机进行竞争。

在 F136 发动机的联合研制项目中，GE 公司入股 60% 并且负责发动机的总装，罗罗公司持有 40% 股份。在 2003 年之前，两家公司先后投资 6 亿美元完成了发动机的设计以及重大部件的性能测试。虽然 F136 只是 F-35 项目的备份发动机，但是 GE 公司和罗罗公司采用了包括可变循环技术在内的一系列先进技术，拥有更强劲的推力。在 2005 年 8 月通过 F-35 项目办公室的初步设计评审后，F136 发动机被授予了一份价值 24 亿美元的系统研制与验证（SDD）合同。

2010 年年初，奥巴马政府提交了近 3.9 万亿美元的 2011 财年财政预算，其中国防预算超过 7000 亿美元，这让当时仍然遭受着严重次贷危机的美国公众极为不满。迫于各方压力，时任美国国防部部长罗伯特·盖茨在 2010 年 5 月提出将国防预算削减 100 亿美元，其中就包括停止对 F136 项目的拨款。尽管如此，美国国会最终还是为 F136 发动机的研制拨付了 4 亿美元资金。截至 2010 财年，美国在 F136 项目上的总投入已经达到 20 亿美元。

在 F135 和 F136 的发动机竞争战中，一直存在各种各样的争议。反对者认为，既然 F135 发动机已经可以满足联合攻击战斗机的性能要求，就没有必要对其他发动机型号进行重复投资，如果终止 F136 项目，美国军方可以节省数十亿美元的研制资金。考虑到美国当时的财政压力，这也可以降低 F-35 被削减预算的风险，从而加快该机型的生产与装备。但是有分析家认为，两型发动机竞争有助于提高产品性能并降低采购成本。终止 F136 项目只能在短时间内减轻五角大楼的财政压力，从长远来看可能埋下了更大的隐患。事实上，根据美国媒体报道，F135 发动机的研发并非一帆风顺，费用已经超支了近 20 亿美元。由于发动机研制的巨大风险，这个数字可能随着时间推移最终膨胀到 100 亿美元，并且进一步带动 F-35 采购价格的大幅上升。与终止 F136 项目节省的资金相比，美国军方最终将得不偿失。

更严重的是，如果没有 F136 发动机作为备份，三种型号的 F-35 战斗机将完全依赖于普惠公司的 F135 发动机，一旦出现设计、结构或者材料问题，整个 F-35 机队都将面临停飞的威胁。类似的情况曾让美国军队大为头疼，以 F-22 战斗机为例，2011 年 5 月和 9 月因为座舱制氧系统问题机队就曾两次停飞。由于 F135 发动机在测试过程中出现过发动机涡轮叶片损毁和滑油泵漏油等问题，分析人士对 F136 发动机的支持就显得更为有力。

回顾 F-35 联合攻击战斗机两种发动机的竞争过程，制造商、国防部和国会围绕研发、测试、评估和拨款进行了一系列的工作。双源采办扩大了同一类型产品的市场范围，使装备合同能够被更多的军工企业分享，在现代武器装备研发高投入高风险情况下保证了美国国防工业的发展。

第五节 国会决定的 CVN-77 航母“精明采购”方案

所谓“精明采购”，是美国纽波特纽斯造船厂（NNS）在 1997 年 3 月为建造 CVN-77 核动力航母而提出的采购方案建议，该方案在国会、海军得到广泛关注和讨论。在 CVN-77 实际采办过程中，通过“精明采购”降低了政府实际预算，生产进度和总体技术水平得到比较好的管控。

CVN-77 是美国海军第 10 艘也是最后一艘“尼米兹”级核动力航空母舰，最初计划于 2008 年服役。由于 CVN-77 包含在下一代航母应用的新技术，海军将其视为一艘过渡型航母。NNS 建造了以往所有“尼米兹”级航母，分布在美国 40 多个地区的 4000 多家公司为其提供零部件。NNS 在美国政府向国会提交 1998 财年国防预算及 1999—2003 财年的《未来年份防务计划》后约一个月提出了针对 CVN-77 的“精明采购”方案。该方案建议，在不改变该船 2002 财年采办、2008 年服役计划前提下，提前两年启动建造程序，从 1998 财年就开始为 CVN-77 提供经费，美国政府原计划是 2000 财年提供资金。下表是美国政府计划和企业“精明采购”方案的拨款情况比较表。

表 4-1　CVN-77 拨款情况比较　　百万美元

	1998 财年	1999 财年	2000 财年	2001 财年	2002 财年	总计
政府计划	0	0	695	0	4505	5200
“精明采购”	345	170	875	135	3075	4600
资金差别	+345	+170	+180	+135	−1430	−600

表 4-1 中显示，尽管截至 2001 财年“精明采购”方案要求的资金量比政府计划多出一倍，但在 2002 财年整个项目完成时，总资金却比政府计划减少了约 6 亿美元。根据 NNS 的预计，减少的 6 亿美元总费用中约 1/4 来自避免通货膨胀。因此该航母实际成本（调整通货膨胀后）减少约为 4.5 亿美元，其中超过 3 亿美元由 NNS 自身实现，另外约 1.5 亿美元依靠配套公司实现。

NNS 认为通过提前拨款可以避免船厂工作效率低下，从而节省相当一部分成本。事实上，CVN-77 之前的“尼米兹”级航空母舰“里根”号于 1995 财年采办，按照美国政府的计划，二者之间的采办时间间隔长达 7 年，是以往航母采办时间间隔的两倍，导致“里根”号基础建设完成后至少两年 CVN-77 才开始基础建设。在这种情况下，NNS 将被迫在两年间进行大量技术熟练工人的解聘和新工人的雇佣。根据船厂经验，刚招来的工人多数都未涉足过造船业，因此必须花费相当的时间和金钱来对其进行基本技能培训。此外，培训后新员工的初期工作能力也比不上之前更有经验的老员工。“精明采购”可以让 NNS 把“里根”号航母的老员工直接转到新航母的制造任务上，避免知识丧失效应，节约了培训等额外费用。由供应商实现的 1.5 亿美元资金节省与 NNS 的情况类似，提前启动建造可以避免生产效率低下和重新认证供应商（检测并确认供应商的工作质量）的费用。

“精明采购”方案提出后，美国海军官方表现出了兴趣，声称如果预算能够被独立验证则他们倾向于支持该方案。此后，兰德公司在美国国防部部长办公室和海军海上系统司令部的主持下，进行了一项关于航母工业基地的研究。1997 年 4 月 22 日，兰德公司国防研究所的分析专家在参议院军事委员会海上力量分委员会关于水面舰船建造的听证会上证实了研究结果：按 1998 财年的美元计算，CVN-77 零部件制造和厂房建造提前两年启动能降低 4.4 亿美元的造船成本。这与 NNS 考虑通货膨胀影响的 4.5 亿美元预算节约几乎一致。兰德公司基本上证实了“精明采购”方案的总体经费节约数值。美国海军作战部部长杰伊・约翰逊上将给海上力量分委员主席约翰・华纳参议员的信中写道：“我们综合了 NNS 提供的信息并且确信提案的优越性。考察造船厂的基本设想和采用的方法，初步成本分析显示‘精明采购’计划将节省 4 亿美元。我们核算了细节，根据来自海军之外的资料单独佐证，确实有希望实现数额庞大的成本节约。”

NNS 提案的支持者认为，在美国海军的强烈要求下，几乎可以确定 CVN-77 将在 2002 财年完成采办，加上兰德公司对预算节约的研究佐证，提前拨款似乎没有太大的不妥。“精明采购”还可以极大地缓解 2002 财年造船预算的压力，这样美国海军可以在同年比较轻松地采办其他舰船。

当然，“精明采购”方案也不乏更为谨慎的反对者。他们的论据是，从 1997 财年到 2002 财年国内外军事形势可能发生变化，如果建造 CVN-77 的正当理由减少，美国海军的承诺就未必一定要履行。随着时间推移，NNS 及其供货商的生产条件也很可能由于突发因素而发生变化，导致无法达到预算节省额度预期。

最后，“精明采购”方案提交给国会审议。在众议院，国家安全委员会代表哈伯特・波特曼提出了包含 NNS 提议经费的修正案，但是遭到否决。参议院军事委员会则在议案报告中支持 NNS 的提议，并且包含了启动资金。在最终的 1998 财年国防拨款议案报告中，参议院拨款委员会为

“精明采购”方案提供了 3.45 亿美元资金。NNS 的提议获得了国会的支持。

2002 年 12 月 9 日，CVN-77 以乔治·赫伯特·沃克·布什命名；2003 年 9 月 6 日，铺龙骨；2006 年 10 月 7 日，下水并举行命名典礼；2009 年 1 月 10 日，举行服役仪式。该舰服役和建造完工时间较原计划略有推迟，服役仪式时尚有 3% 未完成的工作，主要与航空作业和集成作战系统有关。承包商海试结束后，海军调查与检查委员会进行了进一步的海试，舰载机飞行作业也在 2009 年进行。这艘 21 世纪的航母拥有众多的科技进步和现代化特征，作为过渡型号为美国新一代航母的研发建造进行了很好的探索。

CVN-77 采用了岛形建筑外形设计，尺寸较小并且外壁向内倾斜。该舰的主动式相控阵多功能天线取代了众多的雷达和通信天线，安装于舰桥的平板内壁，使建筑物外表光滑整洁，具有明显的隐身特征。飞行甲板和飞机起飞、着降装置也有了一定的改进。CVN-77 还强化了信息战的能力，美国海军将其打造成网络中心战的中心，装备了 C^4ISR（指挥、控制、通信、计算机、情报、监视、侦察）系统。利用航母得天独厚的条件，CVN-77 成为一个功能强大的信息指挥中心，可以把过去分散的作战平台整合成一个分布式的探测和攻击系统。美国航母战斗群因此可以攻击从海岸至内陆数千千米纵深的目标，还能为深入内陆的地面部队提供空中保护，舰队的作战效能显著提高。

由于设计上的改动，CVN-77 的最终费用出现了超支问题，但是实际预算仍然低于美国政府最初的计划。作为大型国防采办项目，CVN-77 的进程控制、经费管理和总体技术水平监督都较为出色地完成了。可以看到，一方面美国充分利用建造“尼米兹”级核动力航母的大量经验和相应设备；另一方面对这种包含新技术、兼具下一代航母特点的过渡项目，政府和军队对于采办方案的论证是严谨、慎重和充分的。

美国 CVN-77 航母的项目经验表明，军工企业可以根据研发生产情况提出采办建议，军队和国防部指导研究部门进行分析，之后再由国会充分讨论以法律形式进行授权和拨款，最终企业和政府双方都能获得最大收益。

第六节 美国优先：波音丑闻加身依然竞得 KC-46 加油机

美国保护本国军工企业利益的法规很多，有《国家安全法》《武装部队采购法》和《购买美国货法》等。其中，《购买美国货法》规定，美国优先采购本国产品，以下情况例外：只供在美国境外使用的产品；政府认定不能在美国按合理的商用批量和合格的质量要求进行开采、生产或制造的产品；政府认定优先在国内采购是不符合美国国家利益的产品；政府认定国内采购在费用上很不经济的产品。

KC-X 加油机项目是美国空军优先采办项目，其目的是替换其 179 架 KC-135 加油机，项目总价值 350 亿美元。主要竞标团队当时提供了两个方案：一是波音公司的 KC-767；二是欧洲航空防务航天公司（EADS）与诺格公司联合团队的 A330MRTT。经过多轮角逐，美国空军最终选择了波音 KC-767 方案，并命名为 KC-46。

空中加油机可通过一次或多次空中加油显著增加各种受油机（作战飞机和作战支援保障飞机）的航程，使得这些飞机能够远离基地完成以前无法完成的远程作战任务。据统计，一般情况下，轰炸机经过一次空中加油，其作战半径可以增加 25%～30%；战斗机可增加 30%～40%；运输机则可以增加一倍。如果实施多次空中加油，作战飞机可以实现“全球到达”“全球作战”。反之，如果空中加油支援不力，空军的战略投送能力、远程作战能力和快速反应能力都将受到限制。在现代战争中，加油机在空军装备体系中的战略地位日益重要。

2002 年 3 月，美国空军宣布波音公司的 KC-767 竞标胜利。不久，波音公司在采办竞争中贿赂空军采办官员的丑闻曝光。2004 年 10 月，美国国会要求美国空军必须重新竞标。2009 年 2 月，美国空军宣布 EADS 与诺格联合团队的 A330MRTT 在 KC-X 项目中竞标获胜，之后，美国空军把 A330MRTT 改名为 KC-45。

波音公司以受到不公平竞争为由提出抗议。美国国会也反应强烈，参议员萨姆·布龙贝克表示，他对美国空军采购 A330MRTT 感到震惊和失望，要求国防部部长给出全面解释。另一位议员托德·蒂赫特也表示对国防部采购欧洲的加油机而不采购美国产品的决定深感疑惑。对此，美国政府很快采取措施，决定 KC-X 项目再次重新竞标。

2009 年 6 月，美国国会审计办公室同意了波音公司的抗议申请，并通过对 KC-X 加油机项目竞标的审查，认为空军在新型加油机采购项目投标的评估和决策过程中存在着严重的错误。建议美国空军采取措施，纠正问题，包括可能重新进行项目竞标。这项裁定是由美国国会的下属监督机构——联邦审计总署做出。

经过第三轮竞标，2011 年 2 月，美国国防部宣布波音 KC-767 获胜。空军给出的评定结论是：KC-767 的采购与运营成本比 EADS 的 A330MRTT 更低。之后，美国空军授予了波音公司一份价值超过 35 亿美元的固定价格合同，波音公司必须在 2017 年之前交付 18 架飞机，新机编号为 KC-46。美国空军同时也宣称："如波音公司严格履行 KC-46 加油机的合同，我们可以购买更多的架数，否则，我们仍旧可以再次启动加油机竞标活动。"

虽然波音公司在竞标中出现了丑闻，但项目还是终归波音。《购买美国货法》要求美国优先采购国产产品，只有特殊情况才例外处理。虽然 EADS 拉上美国诺格公司作为合作方，但也没能例外。

在 KC-X 项目竞标中，美国国会明显有偏袒波音公司的倾向。虽然是公开招标，但在本土制造商波音公司竞争失利时，国会便开始对军方施压，迫使其重新进行项目招标，直到波音公司获胜。虽然美国空军宣称：如果波音公司没有按照合同交付 KC-46，或者美国空军不满意所交付的飞机，空军将提前启动 KC-Y 和 KC-Z 加油机项目。但这种警告更像是外交辞令。

欧盟指责美国政府，KC-46 加油机项目是美国政府对波音公司一种隐形补贴。KC-46 项目使波音公司在与欧洲空客公司的竞争中增加了额外支持。

如果按照平均每年 15 架的生产速度，179 架 KC-46 的生产时间将持续到 2028 年，使波音公司在十多年的时间里拥有稳定的防务订货。此外，

KC-46 的成功，将使波音在其后 50 年间成为美国空军加油机的唯一供应商，因为美国空军现役的 KC-135 和 KC-10 都是波音公司的产品。

KC-X 加油机项目是美国空军加油机机队替换项目三阶段中的第一阶段，后续还有 KC-Y、KC-Z 加油机项目，大型加油机 KC-10 的替代项目。美国空军的一份简报称，在首批 179 架 KC-X 之后，15～20 年内不会有 KC-Y 和 KC-Z 项目；而大型加油机 KC-10 的替代项目也不会在未来 30 年内启动。但等到 KC-Y、KC-Z 项目乃至 KC-10 替换项目时，波音公司借助其七八十年的加油机项目经验，在这一领域的竞争力将会更加强大；而且美国空军一直都是用波音公司的加油机，会形成路径依赖，如果再换成另一家公司的产品，意味着空军的使用维护将换一种模式，这显然不如继续用波音公司的产品更加便利。到时，这些后续的加油机替换项目又会顺理成章地归波音公司，这将会给波音公司带来超过 350 亿美元的收入。

美国国防部也曾决定采购一些欧洲产品，例如，欧洲的 EH-101 直升机中标美国总统直升机项目，欧洲的 C-27J 中标战术运输机项目，这些项目对美国的本土制造商不可避免地造成了冲击。后来这些项目在执行中陆续都发生了变化：C-27J 采购数量被减少；EH-101 合同被取消。理由和原因都很充分，但美国优先一定是首要原因。

自 2019 年波音公司向美国空军交付第一架 KC-46 加油机以来，KC-46 故障频发，如过度燃油泄漏、影响 F-22 隐身性能，引发欧洲用户担忧。2024 年 7 月，意大利空军宣布新采购计划，从 2025 年开始，将引进 6 架新型加油机取代波音 KC-767 机队，空客公司 A330MRTT 多用途加油机成为主要候选者。意大利空军选择欧洲空客产品还有一个重要原因是空客公司与意大利国内企业有多个合作项目，此外，也有本国利益优先的考虑。

第七节 与美式军民融合相关的法规政策

美国政府很少提及军民融合发展，但与美式军民融合发展相关的法规政策却很多，尤其在每年的政府预算中，经常夹带指令或条例类的规定。作为自由市场经济国家，美国原则上不干涉工业部门的具体事务，因此政府没有定期、明确发布产业政策白皮书的安排。但美国政府会根据地缘政治、经济、技术等发展变化，调整国家战略，配套制定各类法规，维护国家利益和安全。

二战期间，由于战时需要，美国政府适时调整促进国防科技进步、推动经济发展和工业转型法规政策，将经济转为战时经济，科技活动以军事目的为主，形成了以联邦国家实验室和民间企业密切合作的科研与生产体系。这一时期的政策虽然有很强的临时性和针对性，但启发了战后美国科技与经济发展战略的调整，尤其改变了政府不参与、不干涉科学研究的观点，统一了政府要支持基础科学研究这一重要认识。

20 世纪 70—80 年代，美国对其战后科技政策进行反省，抓住电子信息新技术革命和半导体计算机新兴工业发展机遇，制定新一轮的科技产业政策，主要包括：鼓励私人部门的研究开发活动、针对企业研发的税收优惠、放宽反托拉斯法的规定以促进企业之间的合作、加强知识产权保护、强化联邦技术向私人部门的转移、鼓励科技方面的国际合作，简化联邦政府的决策机构，消除有碍于产业竞争的规则和惯例。

1980 年，《拜杜法案》和《史蒂文森——怀德勒技术革新法》颁布。

《拜杜法案》明确，政府出资支持的研究项目发明或专利所有权归项目承担者所有，即“谁发明，谁拥有”，而在此之前是“谁出资，谁拥有”。由于之前政府出资项目发明权归政府所有，那么在向私人部门转让时就要履行复杂的政府审批程序，导致技术转让和转化效率非常低。该法案堪称一项资本主义制度性革命，使美国技术和风险基金合作达到了一个新境界，为美国由制造经济向知识经济发展提供了法律保障，激发了自然人和私营企业的创新动力。

《史蒂文森——怀德勒技术革新法》明确了政府作为研究项目承担方时发明所有权归属问题。该法规定：（非国家所有）企业在与联邦政府实验室（国家所有）进行合作研发项目时，当企业作为出资方，联邦政府实验室作为承担方，其发明所有权可以由出资方所有，也可以归联邦政府实验室所有，但企业可以通过独占授权获得该技术。

在联邦政府投入资金较多或参与研究较多的国防军工领域，初创企业和科研人员因《拜杜法案》和《史蒂文森——怀德勒技术革新法》获益最多，这也是硅谷人越来越愿意参与美国军方项目的原因之一，军民两用技术双向转化速度大大加快。

1984 年颁布的《合作研究法》规定，合作研究行为不违反《反托拉斯法》，这为公司间进行合作研究扫清了反垄断障碍。尤其对于研发成本巨大、风险巨高的项目来说，《合作研究法》促进了私营部门之间的研发合作，推动了诸多研究团体和联盟的成立。1982 年，面对日本半导体产业的竞争压力，美国多家半导体芯片企业和政府机构联合成立了半导体研究公司（SRC）和微电子与计算机技术公司（MCC）等工业研究联合体，联合各方力量，充分利用大学和联邦实验室资源，最终赢得了与日本半导体竞争的主动权。

1986 年颁布的《联邦技术转移法案》为美国政府实验室和私营部门之间的合作关系建立了基本框架。该法案颁布后，1992—1996 年，授予产业界的联邦专利许可证数量几乎增长了一倍，支付给美国政府的专利使用费猛增 77%。更为重要的是，该法案促使联邦实验室更加主动地与私营部门建立合作关系。

根据 1993 年的《国防授权法》，美国建立了国防部技术转让办公室，负责国防部的国内技术转让计划，制定军民两用技术转让政策，协调技术转让相关科技信息的收集和传播工作。该法案同时简化了面向小企业的技术转让过程。1995 年，国防部向各军事部门负责人发布了一项关于国内技术转让的备忘录，并在此基础上于 1999 年 5 月发布了主题为“国防部国内技术转让计划”的国防部指令 5535.3 和 5535.8。受新政策刺激，美国军工企业通过技术转让极大地提高了研发效率。

美国 2001 年公布的《四年防务审查报告》指出“新的军事技术能够使军事竞争形势和武装冲突的性质发生革命性变化”。国防部在《2002 年国防报告书》中进一步明确“技术优势已经是美国军队的一个特征，是美国国家军事战略的基础之一”。在航空工业领域，美国政府不仅鼓励开发有前途的先进飞行器概念和技术，为实现卓越的军事能力创造机会，还采取一系列措施保证了国防研发投资使其具有长期性和稳定性，包括重大科技研究和先期技术开发等。

在市场方面，政府提供采购政策和买（卖）方信贷政策，有效减少了企业技术创新及市场开发的风险。另一方面，美国政府抑制对国防起关键作用的核心技术向国外转移，并且减少在国防关键项目中对国外供应商技术的依赖。

为了维持美国在全球国防科技军工方面的领先地位，培育持续创新能力，国防部每年都滚动发布国防科学和技术计划，吸引主承包商和小型高技术公司为国防部工作。在航空航天、兵器装备、船舶和核工业领域，美国都拥有完整的产品研发、生产、销售和维护的产业价值链，政府部门、工业界、高等院校、其他性质的机构以及用户分别处于产业价值链从起点到终点的不同位置。政府部门既是产业价值链研发环节的重要参与者，同时又是整个产业价值链的重要外部影响者，而军工企业是国防工业产业价值链中最重要的参与者，其他研究部门各有侧重，作用发挥相对较小。

2001 年国防部研发经费约占美国政府研发经费总额的 44.6%，约 400 亿美元，国防部内部研究机构获得其中的 23.6%，工业界则获得了剩余部分中的绝大多数。

对于企业自身来说，由于内部研发机构是确保技术优势的基础，各大军工巨头自发地成为该领域科研生产的关键执行力量。据统计，航空工业界承担了国防部将近 50% 的应用研究、65% 的先期技术发展任务和近 80% 的重大系统发展项目。

私营军工企业参与科研可以获得巨大的利润。根据美国国防部军事采购制度，如果利用政府的经费来搞科研，一旦研究发展失败，承包商可将费用报销而不负担经济损失；而如果研究成功，承包商将获得一大批军事订单和新技术的专利权，并且可以把技术成果转为民用。此外，参与国防科研计划可以增加企业管理人员对于大系统高技术项目的管理经验。

军工企业除通过合同承担国防部制定的科研项目外，还可以按照自己的需要开展一些独立的研究与开发工作。这种合同外的科研活动基本属于预研工作，包括基础应用研究、系统研究和技术开发等。独立研发项目虽然在当时没有纳入具体的军事科研合同，但在日后和国防部的合作中，投资企业往往可以收回成本。美国军方还通过具体的补偿办法对企业的独立研究活动进行支持。

洛马公司创建于1943年的“臭鼬工厂”承载着航空关键技术的研究，该团队在高空侦察机和隐身战斗机研究方面成就显著。“臭鼬工厂”还承担高投入、高风险的创新工作，例如，为F-35生产型飞机研究隐身涂料与飞机耐高温材料的有机融合方法，核装置小型化也是其研发重点。

政府发起的大型项目、倾斜的资金支持和配套的法规政策，与军工企业自身的科研力量有机结合，成为推动美国国防科技工业发展的重要力量，使美国在诸多军事科研和产品领域居于领先地位。同时许多与军工相关的新技术通过二次开发转化为民用产品技术，例如，数控机床、计算机、互联网、GPS、AI技术等，美式军民融合为美国创造新经济发挥了关键作用。

第八节　美国国防预算的调控引导作用

国防军事支出既要满足国家安全和军队建设需要，又要兼顾国家经济实力。为了避免军事拨款的随意性，美国国会每年都要审定《国防授权法》和《国防拨款法》，必要时还通过《国防紧急拨款法》对有关军费拨付的权限、程序类别等进行规范，从而使各项军费开支做到有法可依。军事拨款一旦被国会审议通过便具有法律效力；未经国会批准，任何人不得改变。依法进行军费拨付，既可以有力保障国防开支的需求，又可以提高管理过程的科学性。

美国国防费用管理法规体系完善、层次分明、操作性强，可以全面高效地指导国防预算的编制、审议、执行和监督工作。新科技、新装备不断改变战法理念，推动军事力量和军工部门转型，通过法律法规而不是单纯的行政命令管控国防费，可以及时有效地对军工企业的研发生产进行引导和协调，使企业利益和国家利益保持一致，实现国防建设和军工企业协调发展，减少矛盾，避免腐败。

一、军事战略转型改变军费分配并引导企业转型

从20世纪90年代开始，美军处于由工业时代向信息时代军事发展

的过渡期，为了适应冷战结束后对手不确定的国际政治现实，抢占世界新军事变革的战略制高点，美军提出了完整的转型战略和路线图。鉴于私人企业提供了国防装备中的绝大部分，美国政府通过调整国防费用的军种分配，成功地引导军工企业研发生产活动的业务转型。这种宏观管控为美国持续保持先进的军事力量起到了重要作用。下面结合美国陆军不同时期的作用和预算安排进行分析。

1. 冷战之前，陆军为王

直到二战结束，美国陆军一直是各军种的“老大”。在传统战争中，海军、空军基本是陆军的配属，主要作用是提供保障。空军更是直到 1947 年才从陆军分离出来升格为独立军种，其前身是陆军航空兵。

虽然在一战、二战中海军、空军作用增强，但多数战役的结果判定还是落在对敌陆上军事力量的消灭和战略要地的占领上。战场上的主要作战行动往往都是围绕陆军开展。无论是一战欧洲战场的壕堑战，还是二战在北非、西欧与德国的正面对决，陆军始终是“龙头”。为了保证陆军能够顺利完成各项作战任务，直到冷战前期，美国政府对陆军的预算投入在绝对规模和相对规模上都比较大，这种预算倾斜使生产地面武器装备的企业获取了高额利润。例如，二战和朝鲜战争中的最大受益者是通用汽车公司、春田兵工厂等生产陆军装备的企业。

2. 冷战时期，海空崛起

二战时期，美国海军、空军的作用在战争中得到了充分的展现。太平洋战场上海军、空军的联合作战对最终击败日本起到了重要作用。二战结束后，美国开始重视制空权、制海权，于 1947 年成立了美国空军。冷战时期，美国为了与苏联争夺全球霸权，在海外建立了众多军事基地，大多以海军和空军力量为主，其中美国海军航母优势明显，成为美国遏制苏联的一大利器。国防预算开始向海军和空军倾斜。

20 世纪 80 年代，美国陆、海、空三军经费占国防开支的平均比例分别是 25.9%、33.8% 和 32.4%。1998—2002 年，美国海军国防开支为 806.9 亿～1023.8 亿美元，占整个国防费比例的 28.3%～29.7%；空军的国防开支为 762.8 亿～1002.3 亿美元，占国防费比例的 27.2%～28.1%；而同时期陆军的国防开支仅为640.5亿~859.2亿美元，占国防费比例的23.4%~24.1%。从这些数据可以看出，无论是绝对规模还是相对规模，陆军国防开支已经低于海军和空军，陆军为王时代已经过去。

这一阶段，美苏两大军事集团军备竞赛推动了飞机、导弹、航母、潜艇的快速发展，各种新型号不断涌现，以此相互遏制与威慑。美国政府通过对预算的合理分配，指导军工企业在海军和空军装备上投入巨资研发和生产，保持了军事优势、实现了战略目的。最终，不堪重负的苏联解体，冷战落幕。

3. 信息时代，未来部队

冷战结束后的一段时间里，大国竞争强度减弱，美国政府调减了军费预算，三军装备研发都受到了影响。20世纪90年代以来的几场局部战争，让五角大楼认识到美军在适应新作战环境中的问题和不足，开始正视信息时代新的战争要求与为冷战而建立起来的作战体系和作战理论之间的矛盾。

1999年的科索沃战争，以美国为首的北约对南联盟进行了持续78天的空袭，美国在历史上第一次不依靠地面力量取得战争胜利。当时陆军仅派遣了一支旅级规模的部队前往战场。陆军配套的参战重型装备不多，但战略空运部署和遂行保障行动却问题不断，地面部队尚未接敌，其配备的两架“阿帕奇”直升机便在战前飞行训练中坠毁。直到战争结束，美国陆军也没有真正出动一兵一卒，陆军弱点在科索沃战场暴露无遗，为此备受批评，人们甚至开始质疑陆军在未来战争中是否还会发挥作用。

1999年9月，美国国防部副部长约翰·哈姆雷毫不客气地说：“如果陆军总沉溺于辉煌的历史，就会裹足不前，最终是死路一条。”这场战争似乎表明，仅依靠海军与空军的联合空袭行动（甚至单靠空中力量）就能够决定高技术局部战争的胜负问题，美国陆军感到了“靠边站”的危险。之后的伊拉克战争和利比亚战争更印证了这一点。

美国国防部决定进行陆军军事转型，出台了一系列指导性文件，如1999年颁发的《陆军构想》、2002年以来的陆军转型年度路线图和2003年出台的《美国国防部2003—2007年国防计划指南》等。根据这些文件，未来信息时代全新的陆军（未来部队）将成为一支具有战略反应能力、与联合部队中其他军种相互依存、可进行精确机动作战的部队，并且在国家的安全要求下，可以在未来全球安全环境中执行所有军事行动时占据优势地位。

根据美国陆军转型计划，发展未来部队所需要的技术占全部科研项目的 97% 以上。未来作战系统（Future Combat Systems，FCS）是其中最优先的发展项目，大约需要全部科技资金的 1/3。其他能够大幅度提高作战能力的基础性研究项目，如 C^4ISR 系统、无人空地系统、生存能力系统和精确致命系统等也在优先发展之列。如此庞大的计划必然需要强有力的资金支持，因此自 2004 财年起，美国开始加大对陆军国防开支的投入力度，改变了以往几十年来一直遵循的国防费用分配政策，使陆军经费的绝对规模和相对规模又超过海军和空军。2006 财年陆军国防费用预算更是占了整个国防费用预算的 31.2%，而同时期的海军和空军预算仅占 25.7% 和 25.3%，国防部本部只有 13.6%。

在陆军的计划中，转型投资分为三个阶段：近期（2004—2005 财年）主要发展未来部队必需的技术，关键是使 FCS 尽快成熟和定型；中期（2006—2012 财年）着眼于 FCS 所需的后续技术及提高未来部队能力的其他技术；远期（2013—2020 财年）致力于对基础性研究进行投资，以促进革命性作战概念的发展，包括纳米技术、新能源技术和生物技术等，一定有不方便披露的 AI 机甲战士。

国防费用对陆军的倾斜强有力地推动了其军事转型，加速了武器装备的现代化建设，并且满足了伊拉克战争中陆军部队的需要。美国陆军转型是一个庞大复杂的系统工程，涉及陆军建设的思想观念转变、武器装备发展、高新技术预研、部队训练革新、编制体制改革等各个层面，具有极大的创新性、挑战性和风险性。国防部根据经费保障情况、技术成熟程度、转型本身进行中的经验教训和可能的实战经验教训，对转型战略和计划进行适时的修改和调整。

美国通过合理调整国防预算，促进军种转型和融合，保证国防研发和生产活动按照政府的意志进行，同时引导军工企业同步转型，从开发提供陆军传统装备向 FCS 所需的信息化、网络化等新功能模块发展，促进企业对相关新领域的投资和业务并购。

二、引导民间机构和企业投资无人机

美国军方较早认识到无人机的重要性，连续公布了无人机路线图与无人系统路线图，向军工企业和民间机构展示了军方的新需求。美国政府利用预算引导企业关注这种变化，一方面加大对无人机系统的投资，另一方面减少、控制 F-35 联合攻击战斗机和 F-22“猛禽”的采购量和保有量，督促军工企业及时调整研究方向，以适应国家未来军事发展战略。

1917 年，英国研制成功世界上第一架无人机，由于当时科技水平限制，此后很长一段时间内都没有实质性进展。二战之后，计算机技术、电子技术、控制技术和信息技术的高速发展，以及军备竞赛的需求推动了无人侦察机的发展。20 世纪 90 年代以来，随着微电子、自动化、虚拟现实、AI 等技术的爆发式发展，无人机研制中的许多瓶颈问题被解决，无人作战飞机逐渐进入实战状态。

一开始，许多人认为无人机仅仅是反恐镇暴行动的辅助工具，但无人机改变战争规则的潜力很快就在几场冲突中显示出来。使人们确信，航空装备发展进入了全新转型期，传统有人作战飞机注定会走进历史，未来属于装备有灵敏侦察设备和精确武器的 AI 无人机系统。

革命性的装备往往意味着超常规发展速度。伴随着 21 世纪初的反恐战争和数次局部冲突，无人机迎来了产业化发展高速成长期，研制投入和采购需求呈现爆发性增长。

整个 20 世纪 90 年代美国无人机领域的投入合计只有 34 亿美元，但到了 2010 年，这一投入已经达到 44 亿美元，2001—2010 年年均增速高达 44%。美国在《2011—2040 年固定翼军机采购计划》中强调，为满足对持久飞行多用途情报、监视和侦察无人机的需求，大型无人机平台（“全球鹰”“死神”和“捕食者”级无人机系统）的数量将从 2011 财年的约 300 架增加到 2020 财年的 800 多架，这还不包括三军已经引进或将要引进的十几种小型无人机系统。

受 2008 年开始的金融危机影响，美国国会大幅削减随后几年的军费预算，美国国防部宣布继续按低速小批模式采购 F-35 战斗机，将 2012 年度第五批次的 35 架削减为 30 架，但同时，美国空军宣布将保持对 MQ-

9“死神”无人机的采购规模，MQ-1 和 MQ-9 数量将从 2011 年的 50 架增加到 2013 年的 65 架，并且将关注 MQ-9 后继机型的评估。这表明，从 2011 开始，美军对无人机的重视程度高于性能先进、造价昂贵的高端战斗机。五角大楼认为，无人机能够增强美军在不对称战争中的灵活性和快速反应能力。为此，在 2012 年的国防预算中安排了 48 亿美元用于研发和采购持久监视大型无人机平台，包括 RQ-4“全球鹰”、MQ-1“捕食者”和 MQ-9“死神”等。

随着军事装备技术的发展和地缘政治环境的变化，信息战、网络中心战、海空一体战等新作战理念及作战思想应运而生，对作战装备体系的要求也发生了变化，无人系统、情报侦察装备、网络安全系统成为军方装备急需。美国比俄罗斯较早做了这方面的准备，俄乌冲突中，美国帕兰蒂尔公司提供的综合信息化平台和安杜里尔公司提供的无人攻击机，给俄军造成很大威胁。

2010 年前后的国防预算削减，为美国提供了一个“弃旧扶新”的发展机遇，客观上促进了装备体系面向适应新作战理念的转型，加快了无人机等新作战装备对传统装备的替代过程。当时的《航空周刊》分析，无人系统、情报侦察装备、网络安全系统等新兴细分领域将是近期美国各大航宇防务制造商开展战略转型的主要方向，并将成为未来 20 年增长最快的航宇防务业务领域。

军用无人机等新技术装备需求引起硅谷一些初创企业的关注，涌现出了帕兰蒂尔、安杜里尔等一大批与防务与安全领域相关的科技型初创企业，他们的产品在俄乌冲突、巴以冲突的战场中加快迭代。2024 年，帕兰蒂尔公司的总市值已接近 600 亿美元。

第九节　黑色预算

黑色预算是指国防预算中涉及高级机密的部分，该预算支持的计划或项目称为黑色项目。这类项目因为过于敏感，其存在与否都是秘密，实施过程也不被承认，某些放弃的特殊黑色项目甚至不需要向国会说明，只有

4 个国防委员中的主席和少数成员会被通知项目决定。黑色预算因此激起了公众强烈的好奇心。

黑色项目在美国国防政策中并非附属产品，早在 20 世纪 80 年代末，秘密项目的投入已经占据了美国国防预算中不小的比例。冷战结束后，头号竞争对手苏联的消失导致美国国防开支一度缩减，但是黑色预算却一直相对稳定，甚至还有增加的趋势。

1999 年美国空军的秘密研发资金高达 50 亿美元，并且 38% 的硬件预算（包括研发和采购）用在了黑色项目上。“9·11”事件后，布什政府延续了对黑色项目较高投资的政策，美国空军操作系统研发的黑色预算在 2007 财年财政预算中增加了 88 亿美元。这个数字是 F-35 联合攻击战斗机项目系统研发和验证开支的两倍。2012 财年的预算申请中黑色项目及其相关行动的资金总计约 593 亿美元，黑色项目支出占国防采购费的 18%，占活动与维持费的 7.7%。在基础国防预算中，采购费中的 172 亿美元，研发、测试与评估费中的 197 亿美元，还有活动与维持费中的 158 亿美元都被划入黑色预算。除此之外，海外紧急军事行动预算中还有附加的黑色项目投入，总计约 65 亿美元。

黑色预算的波动反映了整个国防预算的变化趋势。2002—2011 年国防开支急剧增加时，黑色预算也迅速上升。2012 财年黑色预算基本保持稳定，而此时国防预算也基本停留在峰值。不同黑色预算中采购费与研发测试评估费的比例有显著差别。基本黑色预算中研发活动的权重更高，因此在 2012 财年，其采购费与研发测试评估费的比例降到了 0.87 : 1。与之相对，海外紧急军事行动的黑色预算更为看重采购，使得其采购费与研发测试评估费的比例高达 13 : 1。

美国国防预算中的黑色项目支出包括对军事情报计划和国家情报计划防御单元的投资。军事情报计划主要致力于为战术军事行动服务的情报活动，而国家情报计划则涵盖了更广泛情报领域内的活动。尽管名称相像，军事情报计划和国家情报计划的黑色项目支出完全独立。据美国国家情报主管披露，2010 财年国会批准的国家情报计划支出为 531 亿美元。2009 财年和 2008 财年的国家情报计划开支分别为 498 亿美元和 475 亿美元。

国防部在 2010 财年报告了总计 270 亿美元的军事情报计划资金，国家情报计划和军事情报计划两项开支达到了 800 亿美元。由于国家情报计划涉及许多国防部以外的部门，并且包括其他资金来源，其总和最终超过了 587 亿美元。

2012 财年，国防部黑色预算中采购费总量的 79% 分配给了空军。黑色项目占空军采购费基本预算和海外紧急军事行动预算的 51%，为 197 亿美元，占研发测试评估费的 44%，为 121 亿美元。

两个原因导致了黑色预算集中在空军身上：第一，官方认为空军采购预算可以为许多情报机构提供资金，包括 CIA、NSA 和国家勘测局；第二，空军对主要的 C^3I（指挥，控制，通信，情报）功能和相关资产负责，包括侦察卫星与发射控制设备，这些往往是高度机密的项目。考虑到这些情况，空军预算中可能有几十亿美元并没有真正落在自己户头。

黑色项目有许多成功的例子，如“日冕”侦察卫星计划，美国国防部在 1960 年到 1972 年期间从该计划中获取了许多有价值的图像情报。许多先进飞行器也是作为黑色项目被开发和生产出来的，包括 F-117 隐身战斗轰炸机，B-2 隐身战略轰炸机和 SR-71 “黑鸟”侦察机。

当然，也有一些黑色项目遭遇失败，如“未来图像建筑”计划，这是为美国国家勘测局开发下一代间谍卫星而启动的项目。“未来图像建筑”计划的光电卫星部分在 2005 年取消，理由是严重的成本超支和技术问题，导致了美国政府约 40 亿美元的损失。

由于深入接触黑色项目有诸多限制，美国国会和国防部在黑色项目上的监督明显少于公开项目。低水平的审查强度以及严格的信息隔离，导致一些议员主张对五角大楼的密级制度进行改革。尽管如此，分析家认为黑色项目可以使相关系统更快地运行起来，这类计划的存在会扰乱潜在战略对手的计划，增加美国军事力量在对方意识中的不确定性，并强迫对手将一部分资源用于应付黑色项目，甚至是并不存在的黑色项目。因此，有些信息披露的黑色预算项目不一定真实存在，这方面，相关国家专业人士应该心知肚明。

美国政府国防预算的编制、审查和执行有严格的法律程序，规范之余，略显生硬。国防部官员常常抱怨“不经过国会，什么事也干不成”。黑色预算为国防拨款开辟了一条特殊的捷径。国防预算有一定比例可直接对外宣称机密，只给出具体数字，而不透露实际用途，这也是美国军工上市公司处理信息披露的常用办法。除此之外，通过所谓空军预算等途径顺利通过国会审查，把资金投给真正需要的部门，从而绕过繁琐的行政和法律手续。如果公众质疑，只须以保密等理由进行解释，就可为极具前沿性、颠覆性和风险性的秘密项目提供有力支持。当然，黑色项目并不是财政“黑洞”，如果成效有限或者开销暴涨，国防部也会及时终止。黑色项目只是在公众眼中充满神秘色彩，相关部门仍然会按照一定的规章制度对其进行管理。

黑色预算对美国按部就班地公开国防拨款形成了补充。任何对手都必须对美国隐藏的军事实力加以考虑，从而起到干扰和威慑对手的作用。黑色预算所占份额不高，但是在武器装备升级、军事转型、战法革新方面颇具创造性。除此之外，黑色项目的成果既可以在实战中给对手意想不到的打击，出奇制胜，又能显著提高美军的威慑能力。

第十节　美国政府对重大国防采购产品的监督和审计

重大国防采购产品的可靠性、维修性和安全性是提高采购产品质量的关键，美国国防部制定了严格的试验和评审制度体系，指导采购产品的流程，成立专门的机构负责产品质量监管。

国防部和美军重大国防采办产品经费的审计主要由美国国会负责，国会专门成立了问责处监督政府采购行为，并且定期发布重大国防采购产品进度和经费审计报告。当政府采购费用超支并且进度缓慢时，国会有权对采购项目的可行性质疑，甚至采取国会听证制度，要求国防部对采购项目进行说明，以保证采购产品经费的正常使用。

一、重大国防采购产品监督和审计法规体系

美国重大国防采购产品质量监督及审计相关法规体系比较完善，具体分为三个层次。

第一层，国会审定通过的有关法律。这些法律突显出国会在美国重大国防采购项目监督和审计工作中的主导作用，是国会下属专门监督和审计机构对重大国防采购项目进行监督和审计的法律依据。《纳恩－迈克柯迪法案》是参议员沙姆·纳恩和众议员大卫·迈克柯迪于1982年在美国《国防授权法》中提出的，意在解决武器采购计划严重超支问题。依据该项法案，当某个武器采办项目当前测算成本与项目启动时的测算成本相比，超支幅度超过15%时，要通知美国国会，国会有权要求对该武器采购项目进行重新计划；超支幅度超过25%，就要考虑取消该项目，除非证明该项目对于国家安全是必需的，并且该项目还存在其他测算成本更低的替代方案。

第二层，国防部颁布的有关指导性条例。这些文件是对国会法律的补充和细化，是重大国防采购产品质量监督和审计工作的行动指南。1971年，美国国防部发布了第一个采办规范文件——国防部指示DoDD5000.1《国防采办系统》。此后根据装备采办的实践和技术进步，国防部又制定了DoDI5000.2《国防采办系统运作方法》，并进行连续修订。

第三层，各军种及其下属机构制定的一系列规章制度。包括部门条例、指令/指示和各种带有约束力的出版物（如指南、手册和标准/规范等），这一部分内容最为丰富，涵盖了重大国防采购项目产品监督和费用审计管理的大政方针、管理机构、管理职责、工作政策等，操作性很强，是相关工作人员的参考资料。

二、重大国防采办项目监督和审计主要机构

1. 美国国会审计办公室，是美国国会下属机构，主要负责调查、监督联邦政府的规划和支出，2004年以前是美国总审计局。该机构是独立机构，只对国会负责。对政府财务进行审计，权利必须独立于政府之外，负责人总审计长由总统任命，但总统无权罢免，只有国会有权弹劾总审计长。国会审计办公室主要通过发布关于政府重大支出项目的监督和评价报告，对重大项目的费用支出和进度情况进行管理，由于美国国防部和美军装备采购是国防费用重要的支出对象，国防部和美军自然成为国会审计办公室重要的监督对象。

国会审计办公室针对重大国防装备采办项目报告系统，引入了美国惯用的技术成熟度等级（TRL）评价标准，利用技术就绪程度评价（TRA）方法来评价项目的成熟度和风险，更加关注项目的技术研究进度和成熟度，而对于项目的支出情况，主要依据国会的《纳恩－迈克柯迪法案》。国会审计办公室还承担接受并处理参与竞争厂商投诉职能，如果有厂商不满意国防部或者军队在装备采办项目公布的竞标结果，并有充分理由证明国防部或者军队的选择不合理，可以向国会审计办公室提出抗议。

2. 美国国防部的相关机构。为了落实国防部对采办过程中质量与可靠性的要求，国防部建有一套完整的组织保障体系，有3个主要负责机构。

试验、系统工程和评价局。该局是国防部质量与可靠性管理方面主要决策管理机构，主张把质量、可靠性与维修性工作纳入到采办工作中，从产品的设计研发开始就进行质量管理。

承包商、政策合同管理部门和项目管理办公室。依据美国《联邦采办条例》以及国防部补充条例等法规文件，承包商主要负责监控产品和劳务质量、将符合合同要求的项目提交政府验收、提供有关产品符合合同要求的证据。政策合同管理部门负责评价和决定承包商检验系统或质量计划的可接受性、评价承包商提供给政府产品一致性方面的客观证据、确保采购产品和劳务符合合同要求。项目管理办公室负责将用户要求转变为可实施的设计或建立必须遵守的规定、参加设计和生产准备状态审查、参与评价承包商对产品保证要求的执行情况、评价承包商的产品是否满足既定要求。

技术服务专业研究机构。这些机构隶属国防部系统或者是由国防部资助的独立研究机构，他们在业务上受国防部或三军有关机构的领导，在技术上为国防部提供数据和相关的咨询服务。例如，美国的可靠性分析中心，该中心是国防部技术信息中心资助机构，研究范围涉及可靠性项目管理、可靠性数据收集和分析、全面质量管理研究等多个技术学科；美国的罗姆实验室主要从事与可靠性专业相关领域的研究，是美军实力最强的质量和可靠性研究机构。

三、案例："科曼奇" 直升机项目为什么被取消?

1983 年，美国陆军提出了研制和生产轻型试验直升机（LHX）的项目。1991 年 4 月，美国陆军宣布波音公司和西科斯基公司的方案中标获胜，并将 LHX 正式命名为 RAH-66 "科曼奇"，并明确了武装侦察、反坦克 / 对地攻击和空中作战三种型号的需求。这种一机多能设计思想要求直升机从基本型研制开始就要同时兼顾其他任务要求，但在实际研制中，RAH-66 没有达到预期要求。

2001 年 6 月，美国国会审计办公室公布报告指出，美国陆军 RAH-66"科曼奇" 直升机项目给出的成本、进度和性能等目标均不切实际。2004 年 2 月，五角大楼召开新闻发布会，美国陆军官员宣布停止 RAH-66 "科曼奇" 武装侦察直升机项目，计划将用于购买 650 架 "科曼奇" 直升机的 390 亿美元用于升级现役直升机和发展新装备。五角大楼为什么要取消曾经普遍看好的 RAH-66 "科曼奇" 武装侦察直升机项目，主要有以下原因。

1. 预算超支严重。RAH-66 项目从 1991 年正式开始后，总投入 69 亿美元，研制出了具有先进性能要求的轻型武装直升机样机，但是进度缓慢。随着研制经费的升高，RAH-66 的单机采购价格从最初的 1200 万美元飙升至 5900 万美元，十分少见。如果项目继续进展下去，美国陆军大概率将被国会问责。为了掌握主动，陆军高层决定尽早放弃 RAH-66 项目，转而追求其他更为实际的目标，例如，为整个陆军航空兵机队加速直升机生存力改造、改进 400 架 AH-64 "阿帕奇" 直升机、研发新型无人机等。

2. 战略调整需要。RAH-66 项目开始于 1983 年，当时处于美苏冷战时期，项目技战指标主要针对欧洲环境下的战争而设计。"9・11" 事件后，美国军事行动转为以反恐和非对称战争为主时，相比快速发展的无人机，RAH-66 存在的意义就不大了。

3. 战场战术改变。反恐和非对称战争中，廉价肩扛式火箭弹、地空导弹和高射炮作战能力大大提高，直升机已经不适合这类军事活动；而先进无人机已能代替直升机完成作战侦察任务，且成本低、风险小。

从2024年俄乌冲突和中东冲突中的武器使用情况看，取消RAH-66项目是明智的。

第十一节　美国政府对军工企业的扶持与补贴政策

无论在哪种制度的国家，大企业都是国家基石。在大企业遭遇重大困难时，政府都会出手相救。2008年金融危机中，美国政府不救罗曼兄弟银行，却出手救助通用汽车公司，是一个典型案例。在美国政府救助通用汽车公司过程中，有两件事很说明问题：一是奥巴马在2008年年底竞选胜利还没正式就任总统时就开始插手通用汽车公司救助计划。二是当2009年6月1日通用汽车公司破产时，奥巴马对美国政府为什么投入300亿美元救助重组通用汽车公司亲自发表演讲，向纳税人、债权人和工会解释缘由。奥巴马说，“为了我们的孩子能够成长在一个仍具备制造能力、能继续生产汽车并为美好明天奋斗的美国，我们就必须响应要我们做出牺牲的号召。……一个崭新的通用汽车公司即将崛起，给新一代美国人带来实现梦想的机遇，它能够战胜世界上其他汽车制造商，它将再次成为美国经济的重要组成部分。到那时，我们就可以庄严宣布：造福通用汽车公司及其员工就等于造福美利坚合众国！”。2010年11月18日，通用汽车公司成功IPO发行股票重返华尔街；2011年，通用汽车公司全球销售汽车900多万辆，销量重回世界第一。

2000年以来，空客公司和波音公司为争夺美国空军加油机等项目互相揭短，官司打到世界贸易组织（WTO）。WTO正式裁定欧盟对空中客车公司的200亿美元公共贷款为非法补贴。WTO称，空客能够推出新型客机，进而获得更多市场份额得益于接受了欧盟及其成员国——英、法、德和西班牙的补贴。欧盟同样也向WTO提出诉讼，指责美国违反国际贸易准则，将约230亿美元的军用研发经费作为补贴用于民用航空制造业。波音公司除接受了来自多个美国机构、银行的补贴和优惠贷款外，还在美国多个州内享受减税待遇，所接受的各类补贴总额高达约3050亿美元。不管这些数字是否属实，这从侧面说明，美欧政府对战略性产业的高度重视和支持，以及企业在发展中对政府的依赖。

欧洲空客公司与美国波音公司的补贴官司，披露了美国和西方国家违背他们所尊奉的自由市场竞争规则给自己企业补贴的内幕。

一、美国对军工企业的补贴方式

美国政府对重要企业有各种补贴措施，军工企业得到的关照比较多。

1. 税收优惠。包括：美国各州对承担军品任务的企业免征销售税，只缴纳联邦所得税和州所得税；企业承担国防研究与开发项目可以使公司减税，可要求政府退回部分税款；美国政府对承担军品任务的企业出口销售也有鼓励性的税收补贴，即出口退税；加速设备、厂房的折旧，以减少公司所得税数额。

2. 提供研制生产中的贷款担保。需要流动资金来完成军品研制、生产的企业，可向私人金融机构申请贷款，美国国会授权联邦储备银行以国家财务代办的身份对这种贷款实行担保，并且可为企业进行技术开发提供长期低息贷款。

3. 提供预付款，降低研制风险。在合同任务完成前，政府会根据一定标准预先向承担军品任务的企业支付项目款，以促进合同任务的顺利完成。例如，在 F-35 研发项目中，美国国防部先从多个公司提供的方案中选出了洛马公司和波音公司的两个方案，由两家公司各自研制两架验证机进行比较，军方为此给两家公司各拨款 7.5 亿美元用于开发验证机。

4. 额外的科研资助。承担军品科研生产任务的企业完成合同任务后，可以从政府获得研制费用 1%～3% 的资助，由该企业独立安排科研项目。

军工企业参与国家的科研项目即便不成功，照样有利可图。例如，波音公司竞标 F-35 研发项目虽然没有成功，但波音公司利用政府拨款研发获得的关键技术用到了 F/A-18E/F 和其他的飞机项目中。

二、案例：美国政府对波音公司的补贴

根据欧盟为诉讼波音提供的数据，自 1992 年以来，波音公司从联邦政府、州及地方政府等获得的各种补贴约 230 亿美元。其中，仅 2003 年波音的大型民机业务就获得了高达 27.4 亿美元的各种补贴。在波音 787 项目上，波音公司获得的政府补贴占项目启动资金的 41.6%。

通过《海外销售公司法》及相关立法，美国政府给予波音公司很大税收优惠。根据欧盟估计，美国政府通过税收形式给波音大型民用客机的补贴，在1989—2006年高达22亿美元。2006年后，美国政府同意终止《海外销售公司法》及有关立法给波音公司的补贴，但这并不意味着美国政府不再以税收的形式对波音公司进行暗补。波音公司还会以2000年的《海外收入排除法案》和2004年的美国《就业机会创造法案》为依据，继续享受相当多的政府暗补。

波音公司有多个渠道从政府获得补贴，包括美国国防部、NASA、商务部等。NASA和国防部通过研发项目对波音公司提供补助，主要有以下4种形式。

（1）NASA和国防部通过合同形式将研发项目交由波音公司负责。波音公司可以使用这些研发项目的成果。

（2）NASA和国防部以报销的形式返还波音公司一部分研发项目费用。

（3）NASA和国防部研究人员会以各种形式协助波音公司的研发工作，而不需要波音公司支付任何费用。

（4）NASA和国防部允许波音公司无偿使用他们的研发设备和场地。

以上补贴形成了政府对波音公司的隐性补助。根据欧盟的估计，在20年间，美国政府通过研发项目对波音公司的补助高达166亿美元。

根据某投资银行的一项研究报告，在美国国防部向波音公司采购波音767空中加油机合同中，波音公司的利润率可达到15%，尽管该型号飞机的正常利润率仅为6%。此外，美国空军向波音采购空中预警飞机零部件的合同，美国海军向波音公司采购民用波音737，并将它们改型为长距离、多功能飞机的合同等，都是间接给波音补贴的典型案例。

美国进出口银行的主要职能是向外国买家提供低息贷款，或者向外国买家的私人银行贷款提供担保。这样的做法是将外国买家的一部分成本转嫁到美国纳税人身上，其主要目的是为美国出口商赢得更多的订单。本质上，这也是政府补助，用纳税人的钱为大型出口商争得市场。多年来，美国进出口银行被冠以“波音银行”名号。1998—2004年，美国进出口银行提供的贷款或为私人贷款提供的长期担保，金额总计530亿美元，其中

280 亿美元在波音公司名下。有人说，美国进出口银行这个联邦机构存在的主要目的就是保卫波音公司的国际市场。1999 年，美国进出口银行 68% 的补助流向波音公司。2001 年，一名波音公司高层承认，波音公司有 20% 的海外销售获得了进出口银行的财政支持。

美国商务部的一项重要职能是促进美国商品的海外销售。国际贸易机构的一项报告指出，商务部对波音公司海外市场的拓展和维持提供了重要的支持。

美国有些州政府和地方政府也通过各种形式对波音公司提供暗补。最常引用的例子是华盛顿州、堪萨斯州等。华盛顿州通过税收豁免、税收优惠和基础设施建设的方式，向波音公司提供了 40 亿美元的政府补助。堪萨斯州则通过税收豁免和“波音债券”向波音公司提供了 9 亿美元的政府补助。

由此不难看出，虽然美国各级政府、各种官方机构与波音公司没有产权关系，但对波音公司的补贴和支持是全方位的。这也是美国政府管控军工企业的一种有效方式。

本章结束语

通过周密的法律法规、合同订单、政策支持等举措，美国政府与军工企业之间建立起了比股权更紧密的共生关系，这也是白宫和五角大楼为什么能够管控住与其没有产权关系的华尔街军工巨头的原因所在。

第五章　美国军贸管控法规与案例

军贸，即军事装备出口与国际合作，是美国地缘政治和外交的大手段，也是美国军工企业的大生意。但是，无论是外交大手段，还是企业大生意，都要在政府管控下开展。美国政府高层从国防部部长、国务卿到总统，对军贸项目都极为重视，有时还会亲自出面推动，但相关的法律法规管控制度也比较严格，重大军贸项目都要国会审定才能实施。

第一节　美国军贸管控组织与机构

美国国务院、商务部和国防部主要履行对国防军工领域国际合作及军贸项目的管理职责。

主管外交事务的国务院负责军备清单产品的管制和直接商业销售的管理，具体职责部门是国务院政治军事局国防贸易管制办公室。该办公室的主要职责是：负责对美国所有的军工产品和服务的制造商和出口商进行登记注册；根据《军品出口控制法案》和《国际军品贸易条例》的规定，以美国军备清单为依据，通过颁发出口许可证的形式对军品出口进行管理，防止发生未经批准的军品转让，并负责调查未经批准的军品转让事件；就军事服务和军事技术的转让、军事装备的合作生产等进行审批、管理并出具书面意见；就合作政策、程序和具体办法对美国政府其他部门和国防工业界进行指导；负责向国会通告重要的和金额超过一定额度的军品转让项目的情况；与政府其他部门（主要是国防部）协商，确保对合作项目的授权不会影响美国的国家安全、不与美国签订的双边及多边协议相矛盾；对于有争议的项目提交 NSC 讨论，向总统提出意见，由总统最终裁决。

商务部负责管理军民两用产品方面的国际合作，职责部门是商务部出口管理局。其管理形式也是通过颁发出口许可证对军民两用产品和技术的出口进行控制，例如，可用于制造弹道导弹的技术、用于开发化学武器的化学制品、高性能计算机和警用装备等。

国防部负责评估合作对美国国家安全的影响程度，并具体执行对外军事销售、装备转让和租赁等活动，职责部门是国防安全合作局。国防部常务副部长负责协调国防部合作计划的有关政策和国防部的采办程序。为加强国防科技的国际交流与合作，美国国防部成立了军备合作指导委员会，统一领导和协调国防科技合作事宜，加强合作计划组织领导，确定合作领域。

从 1985 年开始，总统授权国防部在监督美国国防工业国际合作控制方面发挥更大的作用，并在国防部成立了技术安全办公室。1987 年设立的防务合作工作组，负责监督国防部与盟国国防工业合作计划的制订和实施。防务合作工作组的具体任务是：指导《谅解备忘录》谈判；监督合同签订；确定合作新领域；了解武器装备合作计划进展情况；审查合作研制计划；监督三军实施合作项目；研究和解决国防部各部门在经费、技术转让和向第三国销售军火等问题上的分歧；提出执行财政年度国防授权法的具体规定的建议和指导方针。1993 年，美国国防部又成立了国际武器装备合作领导委员会，具体负责国防部武器装备事宜。

国务院（对外军事销售形式除外）和商务部在审查合作许可申请时都必须征求国防部国际武器装备合作领导委员会的意见，且通常据此做出是否同意发放出口许可证的决定。该委员会的主席为国防部负责采办和技术的副部长，成员包括负责政策的国防部副部长、参联会副主席、军种采办执行官以及国防部部长办公室和国防业务局的部分人员。国防部及其国际武器装备合作领导委员会不是授权合作的审批机构，而是合作政策的制定及合作影响的评估机构。

分管国际和民用计划的国防部副部长助理负责合作政策和计划的制订、实施与评估，负责工业事务和装备的国防部副部长助理负责评估国际协议对美国国防军工行业的影响。此外，国防研究工程署、测试系统工程和评估署、外国合同署等按职责分工负责一些具体事务。

第二节 美国军贸管控法规与政策

美国政府对国防军工行业开展军贸与国际合作管控严格，相关法规条例有《共同防御援助法》《对外援助法》《军品出口控制法》《出口管理法案》《国际军品交易条例》和《出口管理条例》等。

一、军事装备国际合作法规条例

1.《共同防御援助法》。1949 年北大西洋公约组织成立，美国同年就颁布了《共同防御援助法》，正式向西欧盟国提供军事援助。主要有 3 种方式：直接转让武器；提供有关技术和培训；为盟国武器生产提供设备和原材料。该法是美国开展国防工业国际合作的基本原则。该法曾在 1951 年和 1961 年修订。20 世纪 50 年代，美国与菲律宾、日本、澳大利亚、韩国、巴基斯坦等签署过《共同防御条约》，但在执行时灵活掌握。

2.《对外援助法》。该法制定于 1961 年，是关于向外国政府提供经济、军事援助的法律。该法案规定了美国的军援政策，明确了总统审批向国外提供军品和劳务、培训外国军人的权限和某些特别权利以及应受的约束等，并赋予国防部部长在军援方面更大的决策权。接受这一援助的通常为与美国关系密切的长期军事盟友和打击以美国市场为目标的毒品生产和走私活动的国家。该法于 1961 年和 1969 年进行过修订。美国国会曾几次试图修改这一法案，但均因意见不统一而未实现，只能在具体实施中由国会一事一议批准。例如，2024 年 4 月，美国国会通过了 950 亿美元的对外援助法案（援助乌克兰和以色列）。

3.《军品出口控制法》。该法制定于 1976 年，是规定美国军事装备及相关服务的销售和转让程序的主要法律，颁布后成为武器出口的指导纲领。该法案规定了美国武器出口政策（采用什么样的交易方式）、总统在审批和控制武器出口方面的权限（只能是国防部提出，国会批准），确定了武器出口的条件、限制和程序等。该法案确认美国总统控制国防产品及劳务出口的权利，制定武器出口控制的项目清单——《美国军品目录》，并将其列入《美国联邦法典》中《国际武器贸易条例》卷，由国务院定期修订。

4.《出口管理法案》。1979 年制定的《出口管理法案》对美国军民两用技术和信息产品的出口做出了严格的规定。如《出口管理法案》，包括对某些国家限制出口武器、导弹技术、保密技术、生化武器技术等内容和规则极其详尽，美国国防工业界和其在国会中的盟友四处游说，希望对这一法规进行修正，放宽对军民两用产品的限制和监督。

5.《国际军品交易条例》。该条例由美国国务院政治军事局贸易管制办公室根据《军品出口控制法案》制定，并由其负责修订。该条例具体指导美国政府部门和军火商的军品贸易行为，主要包括由国务院制定的《军品清单》和《禁止出口国家清单》。其中，《军品清单》具体规定了哪些武器装备可以出口，哪些武器装备不可以出口。如果是先进的武器和核心技术，即使是对最亲近的盟友也要有所保留。例如，向英国出口的“支努干”运输直升机的装备与美军装备的不完全一样，一些关键设备都做了替换。美国的《禁止出口国家清单》，则明确规定了不允许出口武器装备和技术的国家。

6.《出口管理条例》。该条例由美国商务部出口管理局根据《出口管理法》制定，具体指导美国商务部各部门和出口商的贸易行为。该条例包括了由商务部制定的《美国商业控制清单》，其中包括军民两用产品。

以上法规和条例都经过多次修订。例如，2024 年 7 月，美国国务院和商务部负责出口管制部门发布消息称，拟对《国际武器贸易条例》和《出口管理条例》修订，其中有关条款与遏制中国科技发展有关。

二、军事装备国际合作国家分类

从国家战略与安全角度出发，美国对军工项目国际合作有着严格管控和区分。例如，虽然日本是美国的重要盟国，但美国也不出售 F-22 战斗机给日本；英国是 F-35 战斗机的核心合作研发伙伴，美国也没有将机载控制软件源代码与英国分享。

为了确保军工企业在国际合作中符合国家利益，美国制定了严格的法规和条例，前面已介绍过。根据这些法规条例，美国把全球国家分为可以合作的国家和不能合作的国家。

1. 可以合作的国家分为三类

一是希望依靠美国、受美国保护并极愿意听从美国召唤的国家。例如，英国、以色列和北约盟国等。对于这些国家有关的国际项目合作和武器出口等，美国都愿意提供合作机会。

二是与美国有直接利害关系的国家和地区。对于那些自然资源丰富，特别是石油资源丰富且又不会对美国形成威胁的国家，美国也很愿意出口各种先进武器，如沙特、科威特、阿联酋等中东国家。

三是能够对美国全球战略形成有利态势的国家和地区。例如，亚洲的韩国、菲律宾、印度尼西亚和印度等国，可以帮助美国“围堵”中国，美国也愿意提供国际合作机会或出口武器。

2. 不能合作的国家分为两类

一是战略竞争对手国，如俄罗斯和中国。美国严格控制本国企业与战略对手国家开展防务与安全领域的国际合作，也不会向这些国家出口武器，美国甚至利用自己的影响力阻止其他国家对其出售武器装备。例如，阻止欧盟、以色列对华武器销售与合作等。

二是美国所谓的无赖国家，如古巴、伊朗、朝鲜和叙利亚等。根据美国出口管理的相关法案，这些国家被列入武器禁运国家，不会对其出口武器，更不会提供国防军工国际合作机会。

三、保密分级与法规

保密有狭义和广义之分。狭义的保密是指针对特定人员、特定场所，在特定系统内，防止信息对外泄露。传统的国防科技研发工作，是由政府发起、设置专门机构进行研发制造，保密的措施多由政府主管部门或机构自行制定执行。广义的国防科技保密是以国家为保护对象，执行保密的行为主体，包括在国家领土范围内能接触科技研发成果或信息的所有人及法人。

从保密法律类别上划分，美国有国家机密保护、国内科技学术保密、国际科学技术保密、商业秘密保护 4 种法律系统。国防部依据这些法律，以法规命令的方式制定执行相关规范，并跨部门整体运作。

保密级别分为绝密（Top Secret）、机密（Secret）、秘密（Confidential）

和敏感性但非属机密信息（Sensitive but Unclassified）4 级。

美国国内科技保密法方面有《发明秘密法案》；技术转移过程的科技保密有《拜杜法案》；国际科技保密制度方面有《出口管理法》《出口管理规则》；国防科技保密规范有《国防部信息安全计划》《国家产业安全计划作业手册》《国防部对研究及技术保护的规定》等。其中，《国防部对研究及技术保护的规定》要求研究人员对于军方资助的研究成果，即使不属于机密资料，也必须经过国防部审查，才能公开讨论或发表。

美国《国家产业安全计划》要求政府机密信息向民间承包商、被授权者、被让与者释放时，对信息加以保护。这项命令明确要求，基于国家利益，政府与各部门在与民间单位签署执行可能涉及国家机密信息的契约、授权、让与等技术转移活动时，行政机关必须采取适当的保护措施。

此外，还有一系列管制军工技术向海外转移的规定。从这些规定可以看出，美国政府在推进军工产业和民用产业关联发展的同时，明确要求国家安全优先。

美国政府所有的科技信息保密法令，都是以国家安全为核心，以强化国防科技发展为目的。国防部在其中起核心和主导作用，但各项保密规定不仅仅局限于国防部内部，能源部、NASA 等部门都属于国防科技发展单位，都必须遵守国防科技保密规定，包括证券资本市场。

我曾经问过美国一家大投行的高管，在军工上市公司信息披露方面，如果美国证券交易委员会的要求与国防部的规定矛盾了，怎么办？他没有犹豫地说，“当然听国防部的，但国防部不能干涉这些企业的产权制度”。

四、军事装备国际合作工作流程

美国军备项目国际合作工作分 4 个流程：前期调查、受理申请、政府审批、合同签订。

1. 前期调查。在有合作意向的国家尚未正式提出合作要求之前，美国政府的相关部门会调查并明确相关国家对美国国防工业合作的需求。国务院负责安全、科学和技术的副国务卿办公室和国防部负责安全事务的部长助理办公室会对世界各国情况进行综合分析。必要时会派出代表团对驻外机构、外国政府和企业进行广泛接触，明确其需求意向。

2. 受理申请。美国将合作国分为 A、B 两类。A 类是美国的盟友或友好国家，例如，北约成员国、日本、澳大利亚、新西兰等，可以直接向国防部提出合作申请；B 类是与美国关系不太密切的国家，这类国家不能直接向国防部提出合作申请，必须事先通过驻美采购团、美国大使馆、美国军援顾问团或其他方式间接向国务院提出申请，获准后再交国防部转至有关军种受理。

3. 政府审批。美国政府的相关部门会对各国提出的申请根据装备类型、重要性及费用等进行相应的审查。对出口装备，分为一般武器装备和重大武器装备。美国政府规定，一般武器装备的合作申请由美国大使馆、军援顾问或安全援助办事处转交国防部三军安全援助机构、国防合同审计局、国防测绘局、国防后勤局及联合参谋部下属各司令部审批。重大武器装备的合作申请则必须报国务院政治军事局和国防部安全援助局审批。

4. 合同签订。国防合作项目获批后，合作项目双方通过协商确定合同价格及合作的相关条款并签订合同。如果是军贸出口，在合作价格与交货日期确定之后，填写正式文件《报价与接受书》，该文件为美国政府对武器装备购买申请的正式答复文件。合作双方正式发出《报价与接受书》之前，要交美国国防部和国务院审批，如果销售额超过《军品出口控制法》的规定限额，还应提交国会审批。

第三节 区别对待的 F-35 国际合作伙伴

F-35 是洛马公司研制的第四代战斗机，洛马公司是华尔街上市公司，美国政府不持有洛马公司股份，但美国政府通过法律法规，牢牢控制着 F-35 战斗机的国际合作与出口。

一、合作伙伴分级对待

美国 F-35 项目的合作伙伴有英国、意大利、荷兰、土耳其、加拿大、澳大利亚、丹麦和挪威 8 个国家，根据亲疏关系和参与程度分为三级。

第一级是完全合作伙伴，在 F-35 联合攻击战斗机项目办公室具有完全代表权，参与机型选择和评估进程，第一级合作伙伴只有英国，出资 25 亿美元并承担 15% 的工作份额。

第二级合作伙伴有意大利和荷兰两国，其中，意大利出资 10 亿美元，荷兰出资 8 亿美元。

第三级合作伙伴是加拿大、丹麦和挪威等 5 国。其中，加拿大出资 4.4 亿美元，土耳其出资 1.75 亿美元，澳大利亚出资 1.44 亿美元，挪威出资 1.22 亿美元，丹麦出资 1.1 亿美元。

不同层级的合作伙伴获得的技术转让也不一样。第一级获得的技术转让最多，可以获得敏感的 F-35 先进技术，如隐身技术。第三级只能获得非常有限的技术转让。而安全合作参与国只能采购整机，无法获得技术转让。

二、技术秘密分级管控

在 F-35 项目上，《军品出口控制法》《出口管理法案》《国际军品交易条例》和《出口管理条例》充分发挥管控作用。F-35 根据技术秘密分级、产品和技术出口限制、独立研发中涉密信息处理有关法规要求，对合作伙伴进行了分级对待。

1. 技术秘密分级。F-35 是美国主力战机，绝不允许关键核心技术扩散。为此，美国对 F-35 的技术进行了严格分级，最关键的核心技术只能由美国企业完成。例如，隐身技术是美国最高机密，当然要限制合作伙伴国接触；F-35 雷达反射截面测试也必须由美国企业来完成，任何时候都不可能由欧洲企业来完成。在产品投入使用后，维修保障时也限制其他使用国接触。

英国是美国核心合作伙伴，但在签订 F-35 合作备忘录时，就英国能否独立保障和验证 F-35 的隐身特性问题，英美两国进行了多次谈判。谈判关键内容是英国使用主权需求及有关的低可探测性（LO）技术获取问题。英国主要使用 F-35 的基地是苏格兰北部的洛西空军基地，英国国防部希望在该基地开展 F-35 的维护、修理和升级，以及后续的 LO 验证，而这与美国的国家披露政策有冲突。双方经过多轮谈判，英国甚至强硬地以退出合作威胁。最后在 2006 年 12 月，美国和英国军方领导签署了谅解备忘录，美国同意向英国提供敏感的、英国想获得的 F-35 先进技术。

英国能获得如此优待，固然与美英两国特殊的盟友关系密不可分，也与英国长期参加美国的核心技术计划不无关系。以隐身技术为例，英国与美国在隐身技术研究方面已秘密合作多年。早在 F-117 隐身战斗机未曾面世之前，就有一位英国交流飞行员参与过 F-117 项目。

2. 产品和技术出口限制。美国为防止外国获得敏感技术和秘密信息，秘密信息的国际转移必须通过政府途径，由国家间对等披露和保护涉密信息。未经联邦政府批准，承包商不得擅自出口。如果承包商欲与外国企业谈判合并、接管等事宜，或准备吸收外国人参与，须事前向安全审查机构提交报告，由安全审查机构进行反间谍评估和技术转移风险评估。

有关 F-35 隐身技术的相关问题，美国联合攻击战斗机项目办公室都无权决定，而是由国防部部长直接负责。国防部有两个机构——国家保密方针委员会和低可探测性 / 反低可探测性执行委员会负责向国防部部长提供隐身领域的建议。国家保密方针委员会是一个跨机构小组，包含了军方和情报部门官员，负责就发布和控制秘密信息向国防部部长提供建议。低可探测性 / 反低可探测性执行委员会由负责情报、技术和后勤事务的助理国防部部长领导，执行委员会执行秘书是国防部内部特别项目主任，也负责领导特别采购项目监督委员会，该机构负责监督隐身项目和其他秘密工程，包括不披露的黑色项目。

受美国产品和技术出口限制的一个典型案例就是以色列参与 F-35 项目受限。以色列原本打算在联合攻击战斗机项目的系统研制与验证阶段投资 1.5 亿美元进而成为联合攻击战斗机项目的三级合作伙伴，以色列最重要的建议是改进并开发 F-35 战斗机的双座型，包括对目前的单座型飞机进行重要结构及其他方面的改进，估计耗资将达 4 亿美元。由于美国担心相关的技术可能被传到未获授权的第三国而拒绝了以色列的要求。即便在 2003 年，以色列与美国签署了合作意向书，在得知以色列准备与中国进行军事装备合作后①，美国决定暂停以色列参与 F-35 的研制计划。显示了美国对军工企业严格规范约束的立场，绝不允许军工企业为了利益而触动国家安全这根红线。

① 以色列曾与中国达成合作研究预警机协议，后在美国干预下停止。

3. 独立研发中涉密信息的处理。美国法律规定若承包商在独立研发中使用秘密信息，未经书面认可，不得将秘密信息泄露给其他承包商。如果承包商的独立研发成果包含了秘密信息，应进行派生定密。

在 F-35 生产、持续保障与后续研制阶段合作的政府间谅解备忘录的谈判中，美国是按照双边而非一对多边的基础进行谈判，每一双边合作谅解备忘录的内容对合作双方以外的其他合作者绝对保密。

三、机载源代码管控

当美国盟友的飞行员们驾驶着花费巨资买来的 F-35 “闪电” 战斗机参战时，有时飞行员可能无法确定到底是谁在控制这架飞机。为保护核心技术，美国国防部最终决定，将保留 F-35 机载软件源代码，不会向任何合作研发国或购买国公开。

作为基于网络中心战理念设计的第四代战斗机，F-35 的飞行控制、综合航电、武器发射等几乎所有操作全由计算机控制。而机载软件源代码控制着武器、雷达、发动机在内的所有关键系统，是战斗机飞行及作战系统核心技术，其重要性不言而喻。

如同计算机操作系统可以留有后门或者被植入木马一样，不肯公开源代码的控制系统软件也完全可能被操控，而这也正是拟购买 F-35 美国盟友们的致命担心。五角大楼的这一做法遭到英国强烈反对。当年，为减轻 F-35 庞大的研制经费负担，美国同英国、意大利、荷兰、澳大利亚、加拿大、丹麦、土耳其、挪威 8 国达成了共同研发协议。英国为 F-35 项目共投入了 25 亿美元，是 8 个合作研发国中资金投入最多的国家。

英国之前曾多次公开要求获取战斗机机载软件源代码，并向美国政府施加压力，甚至威胁如果无法自行升级战斗机软件系统，就取消原定购买计划。2006 年，英美两国曾为是否能够分享机载软件源代码吵得不可开交。2006 年 3 月，英国政府告知美国参议院军事委员会，如果美国拒交机载软件源代码，英国就退出开发项目。2006 年 5 月，时任美国总统小布什和时任英国首相布莱尔宣布，两国政府同意，英国具有操作、升级、部署及维护的能力，英国对战斗机保有主权，但双方并没有具体提及源代码分享事宜。

2009 年 11 月，美国国防部 F-35 战斗机项目国际业务负责人乔恩·施赖伯在接受路透社记者采访时表示，参与 F-35 战斗机合作研发的国家都不会得到机载软件源代码，概莫能外。

美国不向盟国公布的核心技术不仅限于软件源代码。此前，澳大利亚媒体曾曝光，美国向盟国出口的 F-35 隐身性能大打折扣，因为美国人不想让核心的隐身技术外泄。据媒体披露，用于出口的 F-35 国际型联合攻击战斗机与美军版相比具有更大的雷达有效区，这将更可能被敌方雷达所侦测并遭受攻击。

躲避雷达技术的关键是能计算任何已知类型的威胁雷达对自身探测的机载软件，由此才可确定飞机的威胁规避航线。这种软件高度敏感，从其中的数据可分析出怎样才能探测到隐身飞机，这也是美国坚持不提供源代码的原因之一。

四、防篡改技术管理

为防止美军武器系统关键技术落入非合作国或者战略对手国手中，美国在出口型 F-35 设计中采用了多种新型防篡改（Anti-tamper）技术。

早在 2003 年，美国空军就表示，要向由洛马公司负责的 F-35 项目加拨 10 亿美元专门经费，用于开发防篡改技术以保护联合攻击战斗机的隐身特性，同时在其出口机型配置中删减部分尖端技术。随后媒体披露，F-35 的飞行控制源代码已被加入了软件防篡改技术，如果美国不公开其源代码，即使是盟国也很难破解并加以修改。这显然需要美方在程序设计之初就着手考虑哪些代码需要保护。

为了开发和管理防篡改技术，美国于 2003 年成立了防篡改技术办公室，并制定了防篡改技术相关政策。2008 年出台的美国国防部关键信息保护技术准则要求，防篡改技术必须在新武器系统设计之初就纳入其中，以保护美国关键技术不被仿制。

F-35 项目对合作伙伴的区别对待，反映了美国通过法律法规管控军事装备国际合作的一个方面，但很有代表性。然而，从 F-35 项目实际进展和使用情况看，其项目进度、成本管控、软件升级不如预期。以下几个原因值得关注。

一是定位过高，F-35 被要求同时具备高空突防、对地对海打击、战场信息中枢指挥他机作战等功能，在现有成熟技术难以满足的情况下，使用了一些不成熟技术，导致服役后故障时常发生。

二是合作伙伴过多，原想多个伙伴多个金主多份市场需求，但是合作伙伴诉求也不少，项目管理协调难度加大，加上合作伙伴间缺乏信任，使研制计划一拖再拖，成本飙升。

2024 年 4 月，美国国会审计办公室发布报告称：F-35 在使用和可用性有所下降情况下，其维护费用仍增加了 44%，从 2018 年的 1.1 万亿美元增至 2023 年的 1.58 万亿美元。2018—2023 年，F-35 总体可用性呈下降趋势，该平台的任何型号都没有达到可用性指标[①]。在无人机战机快速发展形势下，F-35 的订货需求有压缩的可能。

第四节 美国军贸历史与法规

武器销售是一种外交货币，军品出口是美国实施对外战略与获取经济利益的重要工具，这些观点在美国很受欢迎。同时，美国又很担心武器出口后不受控，反噬本国安全和利益，为此制定了比较系统的法规和政策管控军贸。

美国武器出口军贸法规政策是结合不同时期的国际环境，顺应本国利益和安全，渐进形成的。

一战期间，美国因向欧洲国家出口军火物资而大大受益。一战后，美国孤立主义再次抬头，参议院成立了专门委员会，调查一战期间美国的军火制造和销售情况。经过调查，参议院认为是大银行家和大军火商将美国拖入了一战。美国国会据此通过《中立法》，禁止向交战国输出武器，但实际上很难避免。

随着纳粹德国崛起，国际武器交易趋于活跃。1939 年，美国国会对《中立法》进行了修改，提出在现款自运基础上允许美国向英国等友好国家

① 可用性指标是指该平台能够执行其任务的时间百分比。

出售武器，但随着二战深入和扩大，英国等同盟国连现款自运和运输自理都已无能力。为了支持同盟国，美国国会于1941年通过《增强美国防务法》(又称《租借法案》)，确立总统有权向美国友好国家和对美国具有重大战略意义的国家“出售、交换、租借或转让任何军需品”。根据这一法律，美国在二战后期向盟国提供了500多亿美元的援助，用以购买武器装备和其他战略物资。

二战结束，《租借法案》于1945年9月终止，但随之而来的美苏冷战使美国的军品出口继续进行。1949年，美国国会通过了《共同防御援助法》，确立美国对北约的军事援助政策，呼应之前于1948年开启的被称为“马歇尔计划”的对欧经济援助项目。此外，《共同防御援助法》还正式确立了扩大美国向菲律宾、希腊、土耳其和中国台湾提供军事援助的承诺。

1951年，美国国会通过《共同安全法》，将此前分开执行的对外经济和军事援助合为一体，由共同安全署取代此前的经济合作署来实施对外援助。

1961年，美国国会通过《对外援助法》，在强调对外援助的同时，开始把军品出口作为对外援助的主要补充。美国政府根据该法成立了美国政府国际发展署，1962年又在国防部设立了国际后勤谈判办公室具体负责政策的执行。制定该法的背景是进入20世纪60年代，欧洲和日本等国已经从战争中恢复过来，而美国正处于越战泥潭，对外单纯的军事援助已难以为继。美国政府鼓励本国军火商向国外推销武器，同时希望外国政府从美国购买更多武器。美国武器销售额开始快速增长，从1960年的7亿美元增长到1962年的14亿美元。

1968年，美国国会对《对外援助法》进行修订，制定了《对外军售法》，确立了对外军售的法律依据和程序，强调政府在做出对外武器销售决定时要注重外交政策方面。从这一时期开始，美国越来越把军贸作为对外政策和战略的支撑，鼓励对外军贸，希望通过出口先进武器来改变美国20世纪60年代开始出现的国际贸易逆差。在这一政策激励下，军贸开始出现爆炸式增长，从1971年的10亿～20亿美元增长到1978年的130亿美元，占到当时全球武器出口总额的52%。

1974年，美国国会对《对外援助法》增加了《纳尔逊修正案》，要求美国行政当局在对其他国家军售时必须提供充分的证据证明从美国购买武器的国家确实面临着现实的威胁，而且还要求认真评估对地区裁军的影响及其他后果。该修正案还要求总统在批准对外出售价值超过 2500 万美元的武器时，国会有审查的权利，国会还可以在 20 天内通过共同决议案来阻止该项军售。从这一时期开始，美国对军贸的监管越加完善和严格。

1976 年，美国国会又通过了《国际安全援助和军品出口控制法》（简称《军品出口控制法》）。就对外军贸参与决策的部门的权利和义务、对外军售过程应该遵循的程序等都进行了非常明确的规定，也确立了美国国会在对外军售决策过程中的权力。例如，该法要求超过 2500 万美元的军贸项目必须通过政府军贸方式，而不能以商业销售的方式出售；把国会审议对外军贸的时间延长到 30 天。

进入 20 世纪 80 年代，苏联军贸出口对美国军贸的挑战越来越大，甚至一度超过美国的出口额。1981 年，里根总统在施政报告中强调，“武器输出是美国全球防卫战略的一个基本要素，是外交政策不可替代的组成部分”。为了巩固军贸地位，里根政府对 1976 年的《军品出口控制法》进行了修正，废除了“对新西兰、日本、澳大利亚及北约成员国政府间武器销售需要通知国会并由国会审议”和“向其他国家和地区的武器出口需要提前通知国会出售额”等条款。1982 年，美国军贸出口额达到 209 亿美元。此后，美国针对各种具体需要，在之前建立的各种基本法律基础上进行适应性增补和修改，例如，专门针对禁止 F-22 出口而设立了法案。

1995 年，克林顿担任美国总统后，明确提出了国家安全因素将是影响美国军备输出政策的最主要因素，提出了五项具体原则：第一，确保美国在军事科技上保有绝对优势；第二，在美国主导优势的大前提卜，协助盟邦抵御外来侵略；第三，避免大规模毁灭性武器的扩散，以确保美国的区域安全；第四，提升美国和平解决争端的能力；第五，提高美国国防工业基础的稳定性，除了满足美国国防的各项需要外，也要保持低成本的军力优势。

克林顿政府还认为，通过军贸一方面可以维系和拓展美国与盟国之间的关系，将有关国家或地区纳入美国势力范围，成为美国全球战略的一部分，防止其他国家填补真空；另一方面还可以将前沿部署或前沿存在扩展为势力部署或利益存在。

美国政府在军贸方面的策略与措施根据地缘政治不断演变，美国向巴基斯坦出口 F-16 战机反映了这种变化。

第五节 F-16 战机出口巴基斯坦的历程

很长一段时间内，巴基斯坦的军事装备主要依靠美国。巴基斯坦和美国的关系复杂多变，经历了几个阶段：蜜月期为 1982—1989 年；僵持期为 1990—2001 年；不确定期为 2001 之后。

一、美国出口巴基斯坦 F-16 缘由

1982—1989 年，美国与巴基斯坦关系良好，美巴军贸畅通。20 世纪 80 年代初，巴基斯坦空军军力薄弱，与对手印度空军相比处于劣势。按照美国在南亚地区的战略意图，美国希望印巴军力平衡。此外，当时正值苏联占领阿富汗，苏联空军经常进入巴基斯坦领空，巴空军难以防御，为此美国支持巴基斯坦符合本国利益。于是，美国决定向巴基斯坦出口当时先进的三代战机 F-16。

1982 年，美国向巴基斯坦出口了首架 F-16。之后几年，巴基斯坦陆续获得了共 40 架 F-16（28 架 F-16A 和 12 架 F-16B）。这些飞机成为巴基斯坦空军的核心力量，在对袭扰巴基斯坦领空的苏联空军的战斗中，F-16 表现出色，击落了至少 8 架苏联军机。

1989 年，巴基斯坦又向美国订购了 71 架 F-16，价值 17.5 亿美元，巴方预付定金 6.58 亿美元。1990 年 10 月，美国国会以巴基斯坦开展核计划为由，通过了针对巴基斯坦的《普雷斯勒修正案》，对巴基斯坦实施武器禁运，中止了 F-16 军贸合同，所有的 F-16 停止交付，连巴方的预付款也被冻结。此时，美国已生产了 28 架 F-16。巴基斯坦认为，美国的理由过于牵强，因为巴基斯坦核计划由来已久，冷战期间美对此是睁一只眼，闭一只眼，而冷战刚结束，美国就要动真格，显然是美国在赢得冷战后，地缘政治方面不再需要用巴基斯坦牵制苏联了。

当时，巴基斯坦空军 F-16 因机械事故、零部件短缺等原因损失了 8

架，剩余的 32 架 F-16 也因禁运导致配件紧张而不得不减少飞行次数。在长达十几年的时间里，巴基斯坦空军既没有得到飞机，又无法从美国要回被扣的资金去买别的战斗机，实力因此严重受损，致使印度空军在数量和质量上很快超过了巴基斯坦。进入 21 世纪后，印度空军的人数已是巴基斯坦空军的 2.5 倍，战斗机总数是巴基斯坦空军的 1.8 倍。

"9・11"事件后，美国政府开始大规模反恐，围剿基地组织，而基地组织主要在阿富汗活动。2001 年，巴基斯坦帮助美国推翻了阿富汗塔利班政权，美巴关系回暖。

2002 年，美国政府为感谢巴基斯坦对反恐战争的支持，宣布继续对巴军事援助，包括出售 F-16 战斗机。2003 年，美国政府特别批准向巴提供 30 亿美元的经济援助外加 13 亿美元的武器销售合同。2004 年，美国宣布巴基斯坦为美国的主要非北约国家盟友，使得再次向巴基斯坦出口武器符合美国法规约束之规定，即盟友是美国军贸出口有限考虑的对象，从而为继续向巴基斯坦交付 F-16 扫清了法律障碍。

2005 年 3 月 25 日，布什总统通告国会，美国有意向巴方交付 F-16。基于此，巴基斯坦遂要求订购 75 架新型 F-16C/D 战斗机，此外，巴基斯坦还要求购买 11 架二手 F-16 战斗机。洛马公司因为巴基斯坦订单使原本要关闭的 F-16 生产线得以保留。2005 年，巴基斯坦北部发生 7.8 级大地震，F-16 战斗机交付计划被延误。

2007 年 12 月，美巴正式签订军贸合同时，F-16 订购数量减为 18 架。作为补充，美国还承诺向巴基斯坦无偿转让 14 架二手 F-16A/B（实际只转让了 10 架），另外还为巴基斯坦空军改装此前销售的 F-16A/B 战机。新订购的 18 架飞机性能优越，计划配备 AIM-120C5 先进中距空空导弹、AIM-9M"响尾蛇"近距格斗导弹、GBU-31 和 GBU-38 卫星制导联合直接攻击弹药，以制衡印度的苏 -30MKI 战机。

以上合同是美国典型的军售外交。布什政府在宣布对巴军售计划时，正值美国政府表示愿意与印度进行核合作之后。对此，美国国务院发言人雷塞德说："我们分别对待印度与巴基斯坦，每个国家面临的国防需求不一样，我们对巴基斯坦军售符合美国在南亚的军事战略与外交政策。巴基斯坦是我们重要的非北约战略伙伴。”

2012 年 1 月，美国驻巴基斯坦大使馆强调，美国将继续向巴基斯坦出口军贸合同中的最后一批 F-16。这是对外界怀疑美国可能终止对巴基斯坦出口 F-16 的回应。因为由于此前一两年美巴关系又在恶化，致使美方暂时冻结了对巴方 7 亿美元的军事援助，但美国并未因此完全废除对巴基斯坦军事援助，因为美方担心巴基斯坦与其他大国开展更多合作。

二、美国对出口巴基斯坦 F-16 的监控

美国出口巴基斯坦的 F-16C/D 战斗机性能优越，其中目标瞄准系统和雷达系统是美国当时在役战斗机中最先进的。印度情报机构的一名官员表示：“这些系统能让巴基斯坦的战斗机对米格战斗机以一抵六，也就是巴军一架最新型 F-16 战斗机相当于印度空军 6 架米格 -29 战斗机，这无疑让巴基斯坦空军实力大增。这种技术一旦流向中国，对印度的威胁会更大。”

美国政府也有同样的顾虑，他们担心第三方从巴基斯坦获得 F-16C/D 整机。而且更让美国担心的是新版 F-16 是将飞机和各型先进的导弹一起卖到巴基斯坦的，先进导弹也是第三方非常希望获得的技术。

为防备第三方从 F-16 战斗机获取敏感技术，美巴 F-16 交付协议中严格规定了禁止向第三方透露先进技术的保证条款。不但如此，美国还采取了严密的防范措施，要求巴基斯坦将这些战斗机及其弹药与其他国家提供的战斗机分开存放，避免第三国或未经授权工程师接近该飞机，美国工作人员每半年检查 F-16 库存资产及相关系统，而且美国还利用掌握的各种手段监控巴基斯坦的 F-16 动向。例如，据 2010 年的媒体报道，美国的间谍卫星发现一队防卫森严的巴基斯坦军车车队驶离 F-16 驻扎的空军基地，驶向巴基斯坦边境。这一事实表明，美国时刻监控着巴基斯坦 F-16 的使用和保存情况。

第六节　美国为什么不卖 F-22 给日本？

F-22 是世界上第一种投入使用的四代隐身战机，该机具备隐身、超声速巡航、高机动和先进航电等诸多全新的技术性能特征。F-22 几乎综合了

超视距空战和近距空战所需的全部技术，拥有先敌发现、先敌发射、先敌摧毁优势。在空战中，F-22 强调超视距发射后的多目标攻击能力，可以在超视距飞行中使用精确制导武器从防区外打击先进的陆基防空导弹系统。F-22 于 2001 年进入低速生产阶段，2005 年进入全速生产阶段，2009 年生产停止，总共生产了 187 架，全部供给美国空军，没有一架出口。

日本曾希望通过美日特殊战略伙伴关系获得 F-22，但经过反复拉锯，美国最终通过法案否决了对日本出口 F-22。这是美国通过法律法规约束军贸出口的典型案例，值得关注。

1947 年的日本宪法第 9 条规定，“日本国民……永远放弃以国权发动战争、武力威胁或武力行使作为解决国际争端的手段”。但是对这一条款的解释一直在扩展。最初提出的论据是日本有自卫权就可以组建自卫队。1951 年签订日美安保条约时加入了以下内容：“日本将更多地担负起自身防御的责任，应对直接和间接威胁。”据此，日本自卫队的国防政策确定为专守防卫。这一政策延伸到空中自卫队的航空装备领域便是日本主力战机基本都是制空战机，重点强调空战能力，不强调对地攻击。20 世纪 50 年代末，日本引入了美国 F-104J “星” 战斗机；20 世纪 70 年代，引进美国的 F-4EJ “鬼怪” 战斗机；20 世纪 80 年代，引进美国的 F-15J “鹰” 战斗机，这些都是制空战斗机，目的都是夺取空中优势，特别是在引入 F-4EJ 时，飞机上的对地攻击装备都被拆除，而对空空武器进行了加强。

截至 2011 年年底，日本作战机队中有 378 架战斗机，其中 F-4 有 102 架，但该机型的机龄都在 30～40 年，已明显老化。日本空中自卫队希望更新 F-4 机队，迫切需要至少 50 架飞机替代老龄的 F-4。日本强调中国威胁，为了抵御中国空军不断增长的远程打击能力，日本认为空中自卫队必须强化对空拦截能力，F-22 战斗机是实现这一目标的最理想机型，该机所具备的隐身、超声速巡航和高机动能力对空中拦截、夺取战区制空权有着十分明显的优势。

有一事件从侧面反映了 F-22 的隐身性能。2007 年，F-22 第一次临时部署到冲绳的嘉手纳空军基地时，日本派出无线电操作员与雷达操作员协助引导其降落，当 F-22 飞行员通知地面飞机准备降落时，雷达操作员仍不知道战斗机在哪里，因为直到 F-22 着陆，其雷达屏幕上都没看到飞机。等到美军宣布第三架 F-22 即将降落时，日方空管人员将信将疑地直接到跑道旁查看，果然有 1 架已经着陆，正在滑行，空中还有 2 架在盘旋等待降落。此事对日本军方产生很大冲击，后来日本军方强烈要求获得 F-22，并发起自制“心神”隐身战斗机计划。

鉴于 F-22 对日本的重要性，日本政客想尽办法游说美国为日本提供 F-22 战斗机。例如，拼命鼓吹中国空军力量发展迅速，而日本缺乏足够的反制能力等。美国的日裔参议员丹尼尔·井上（民主党）也为日本游说，井上是美国参议院财政支出委员会委员长，在预算分配上有很大的权限。2009 年 5 月，井上向美国国防部部长盖茨发去信函，在信函中表示：“日本政府这几年对购买 F-22 有兴趣，价格相对较高也会很有兴趣。”由于当时 F-22 战斗机在美国被禁止出口，开发出口机型不合法。井上的言下之意，是希望美国修改 F-22 的出口法令，而且即便 F-22 的出口机型开发改造费用再高，日本政府都会购买。

对于 F-22，早在 1997 年，美国众议院就通过民主党议员戴维·欧贝提出的《欧贝修正案》，禁止将这一美国最先进的战斗机向任何国家出口。这和美国的国家战略密切相关，美国一贯坚持追求自身技术遥遥领先于其他各国；自身武器装备对别国拥有压倒性优势；每一代先进武器的开发，都追求让世界其他各国现行的对抗武器失效。

但到 2009 年，随着美国空军 187 架 F-22 订单的完成，F-22 生产线将被关闭。美国空军认为现有的 187 架远远不够，希望将采购数量至少提高到 243 架。当时正值 2008 年金融危机，联邦财政赤字居高不下，国会计划大量削减军费开支以控制预算，在这种情况下，美军难以采购更多的 F-22 战斗机。从军事角度来看，美国国会此前反对 F-22 出口的主要原因是担心该机采用的隐身技术泄露，从而增大美军日后可能面对的威胁。但随着其他国家新式战斗机的发展，隐身技术已不再是美国的专利，只要出口型 F-22 战斗机将隐身性能降低到与中俄新式战斗机持平（估计值）的水平即可。由于关闭生产线后再重启的可能很小，以后想买也不可能，因此美国空军对不能获得足够 F-22 的恐惧压倒了对未来面临更强对手的担心。如果日本能够采购几十架 F-22 战斗机，那不仅可以为美军提供采购同等数量战斗机的经费，更可以维持生产线再运转 3～5 年。于是美国国内军界和工业界开始有一股力量倾向修改出口禁令，对日出口 F-22。

对日本一再鼓吹的外部威胁，当时的美国国务卿赖斯的回应："美国已经购买了 F-22，并可为盟国提供保护，它不是日本必须获得的能力。"对于美国国内声称 187 架 F-22 不够的问题，当时的国防部部长盖茨的回应是，"虽然美国已经卷入两场战争，但这两场战争中一架 F-22 也不需要"。《华盛顿邮报》发表评论，盖茨的这一观点得到了美国空军司令部的支持。后者认为，无疑 F-22 将是未来几十年美国武器库最重要的组成部分之一，但未来时间还很长。F-22 从 20 世纪 80 年代开始作为防空战斗机研制，当时主要的敌人是苏联空军。现在这一潜在敌人已经不复存在，对防空战斗机的需求也减少了。而 F-22 无论制造成本还是维护成本都非常高。盖茨认为，不如将经费投到能更好地应对国家安全威胁的 F-35 上。

美国国内各方力量多方博弈，经过对政治、经济和军事影响的多方权衡，最后有了结论——禁止 F-22 出口。2009 年 9 月 10 日，美国参议院拨款委员会表决通过了包含 F-22 隐身战斗机禁运措施的 2010 财年（2009 年 10 月—2010 年 9 月）《国防拨款法案》。于是，争论结束了，出口禁令依旧。

虽然美国不愿意出口 F-22 给日本，但愿意出售 F-35 给日本，日本迫于无奈，最后选择了 F-35。据 2012 年 5 月初的媒体报道，日本将采购 42 架 F-35，而根据美国的报价单，这批飞机估计价值 100 亿美元。值得一提的是，美国卖 F-35 给日本同样是国家战略利益使然，自 20 世纪 90 年代海湾战争之后，为了更好地利用日本的军事、经济资源，美国不再满足于把日本当作一个专守防卫的军事政治伙伴。当 2005 年日本修改和平宪法，提出让日本在国际安全事务上发挥更大作用的新宪法草案时，美国默许了日本。

日本和美国是特殊战略伙伴关系，签署有《美日安保协议》。即便日本求购 F-22 的愿望极其强烈，花多少钱也在所不惜，游说手段也层出不穷，在涉及美国核心秘密的先进武器和技术方面，美国没有因关系特殊而对日本有例外。

实际上，F-22 连英国和以色列都不卖，美国对被其投过原子弹的国家能没有提防吗？日本国民真的能抹去美国对其投放原子弹的记忆吗？

本章结束语

普鲁士国王腓特烈大帝曾说，“没有武力的外交就像没有乐器的音乐”。“军火商的利益是全球化的，但其出售给祖国的始终是最好的。”这是弗兰茨·克虏伯在消除德国皇帝质疑其向潜在对手出售大炮时的辩词。美国政府和军火商对军贸的意图及管控，与当年普鲁士国王和克虏伯大炮主人的态度没有大的变化。

第六章 美国资本和订单对欧洲国防军工的影响

1997 年 8 月，美国波音公司与麦道公司合并案完成法律程序。1997 年 12 月，法国提议组建欧洲航空防务航天公司（EADS）。2012 年 9 月，EADS 与英国最大军工企业英国 BAE 系统公司宣布合并，一个月后又宣布合并取消。

2004 年，中国出资 20 亿元人民币成为欧盟伽利略全球卫星导航计划主要合作伙伴，但最终中国被排挤出局。2023 年 2 月，欧空局宣布取消之前签订的欧洲航天员进驻中国空间站协议。

虽然欧洲历来有独立发展之梦想，但由于欧洲对美国有太多依赖，欧盟在内外部一些重大事项上经常要看美国脸色行事，尤其在国防军工领域更要考虑美国因素，有时是对抗，有时要妥协。

第一节 聚力打造欧洲空中客车应对波音

1958 年，戴高乐（1890—1970）当选法国总统后，执行了一系列被称为“戴高乐主义”的强硬政策：维护民族独立，力争大国地位；对美国既联盟又独立，对苏联既坚定又对话，打破美苏两极格局，推动世界多极化；建立以法国为核心的“欧洲人的欧洲”；树立法国在世界事务中的大国形象等。20 世纪 60 年代，美国希望法国参与越南战争被戴高乐拒绝。戴高乐警告美国，“亚洲不会屈从于美国意志”。进入 21 世纪，法国奉行“欧洲战略自主”，美国奉行“美国优先”，分歧明显。

为了保持法国独立的军事和外交政策，法国把技术力量和财力集中于喷气战斗机发动机研发。在为战斗机选择发动机时，法国坚持“宁愿自己的水平低，也不买外国的发动机”的政策，法国斯奈克玛公司先后研制出了军用涡喷发动机“阿塔”系列（“超军旗”“幻影”系列的发动机）和涡扇发动机 M53（“幻影”2000/4000 发动机）。虽然这些发动机那时还不能和英美产品相比，但已能基本满足法国自身的军事需要，并有相当数量的出口。

遵循“欧洲人的欧洲”理想，1970 年，法国、德国、英国、西班牙、荷兰等国在法国创立了空中客车公司，以扭转欧洲民用客机市场被美国波音公司和麦道公司垄断的局面，但法国没有合适的发动机。当时世界干线客机发动机市场被英国罗罗公司和美国普惠公司垄断，法国斯奈克玛公司先后找英国罗罗公司和美国普惠公司合作，都被拒绝。

退而求其次，斯奈克玛公司最终与美国 GE 公司达成合作协议，成立 CFM 国际公司，联合研制名为 CFM-56 的干线客机发动机。美国 GE 公司之所以同意与斯奈克玛公司合作，是因为当时 GE 公司在大型民用发动机市场份额最少。在 1965 年的全球大型民用飞机发动机市场，普惠公司占比 92.4%、罗罗公司占比 5.9%，GE 公司只占 1.7%。

CFM-56 发动机是一款成功的干线客机发动机，截至 2011 年 6 月，共有 22200 台 CFM-56 系列产品服役，占有单通道干线客机市场约 70% 市场份额。此外，CFM-56 还改型为多款军用飞机发动机被欧美所用。

在斯奈克玛公司与 GE 公司合作谈判初期，美国国防部强烈反对，谈判一度中止。

1970 年，GE 公司与斯奈克玛公司开始商讨 CFM-56 合作事项，双方分工是：GE 公司提供 F101 发动机核心机作为 CFM-56 的核心机，斯奈克玛公司按照 GE 公司对该发动机的整体设计技术指标和 GE 公司关于民用发动机的研究开发规范，由斯奈克玛公司负责开发与该核心机配套的其他部件，包括进气道、风扇、低压压气机、低压涡轮、附件机匣、燃油和滑油系统等。完成以上任务后，双方联合组装发动机，并按照 GE 公司的规定对发动机进行试车考核。

F101 是 GE 公司为美国 B-1 超声速战略轰炸机开发的发动机，而且 F101 的核心机也是日后 F110、F118 美国军用发动机的核心机。其中，F110 发动机是 F-14/F-15/F-16 的发动机之一，F118 发动机是 B-2 隐身战略轰炸机的发动机，是美国至关重要的航空装备。

按照合作项目安排，GE 公司要将 F101 发动机运到巴黎附近的斯奈克玛公司的工厂，从两家公司来的工程师们将在那里装配和试验第一台全尺寸发动机。1972 年年初，美国国防部否决了 GE 公司的申请，不允许将美国军用航空发动机运出美国。

为了得到欧洲空中客车项目市场，GE 公司做了大量公关工作。GE 公司首先通过尼克松总统科学顾问小爱德华·戴维重启项目审查，成立了由美国国际经济政策委员会成员和国家航天委员会成员等人组成的工作组，专门研究 GE 公司与斯奈克玛合作问题，并提出了保密措施：在项目全过程中，由斯奈克玛公司作为“黑匣子”来处理 F101 核心机，确保核心机在物理上保持密封状态。GE 公司把合作方案上报到国防部研究和发展办公室，但国防部依然不同意。

1972 年 8 月，在 GE 公司的申请报告遭到国防部否决一个月后，美国国际经济政策委员会成员 G. 韦思去巴黎参加一个经济研讨会。在巴黎期间，韦思提出一个解决方案：将发动机首次试验及总装从巴黎转移到美国俄亥俄州 GE 公司的工厂，在那里进行技术交换，从而消除美国国防部担心的技术泄露风险。按照这一思路，GE 公司提出了新申请，附加了降低核心机参数、GE 公司向政府支付 8000 万美元特许税、欧盟不谋求对美国卖给欧盟的航空航天产品征收进口税等条件。申请拖到 1973 年，美国国防部依然不同意，项目走进了死胡同。

最后，项目通过时任国务卿基辛格报给了尼克松总统。当时正被越南战争困扰的尼克松总统经过通盘考虑，同意了 CFM-56 项目。1973 年 5 月 30 日，尼克松总统和法国蓬皮杜总统在葡萄牙亚速尔群岛进行双边高峰会谈，当日，两位总统联合宣布了 CFM-56 合作项目。1974 年 9 月 28 日，CFM 国际公司正式成立。但是，为确保美国国家利益和安全，将“与法国政府达成关于出口发动机核心机的物理安全和技术保护的贸易协议”等关键条款纳入了美国总统令，并分发给美国情报、科研、经济和国防机构。

CFM 国际公司的成立，解除了欧洲空中客车发展的后顾之忧，欧洲大国开始了更大的谋划。

20世纪90年代，法国宇航公司、德国宇航公司将其直升机部门合并，组建了欧洲直升机公司（其中法宇航占60%，德国宇航占40%）；法国拉加代尔集团和英国BAE系统公司将其导弹业务合并成立了马特拉BAE动力公司，两家公司各占50%股份。1997年10月，法国政府宣布将汤姆逊-CSF公司实行私有化，并将达索电子技术公司、阿尔卡特（Alcatel）公司的空间与防务电子部门以及法宇航的卫星业务部门都纳入汤姆逊-CSF公司。1999年，英国通用电气公司（GEC）将其国防业务部门即马可尼电子系统部门出售给BAe，新的英国BAE系统公司就此产生。

经过以上一系列准备，1997年12月，法国提议，基于法、德、英等国在空中客车项目成功合作的经验，欧洲各国有必要联合打造一个能与美国波音公司抗衡的企业。经过法国、英国、德国、西班牙、意大利等国两年多的研究和谈判，EADS于2000年7月1日正式成立，成为当时排在波音之后的世界第二大航空航天军民一体化公司，但英国BAE系统公司不在其中。

EADS主要业务包括：空客公司及飞机装配线80%股份（另外20%由英国BAE系统公司持有，后被英国出售），民用航空业务约占EADS集团营业额的50%；欧洲战斗机项目；包括阿丽亚娜火箭在内的欧洲多个航天项目；欧洲直升机项目；欧洲导弹集团及相关产品；防务电子业务、支线客机业务、轻型军用运输机业务等。

EADS在2000年7月公布的IPO发行备忘录（Offering Memorandum）中披露，在首次公开发行股票后，法国方面（法国拉加代尔集团、法国政府和法国几个私营金融机构）持有30%股份，德国方面（戴姆勒集团、DASA）持有30%股份，西班牙方面（西班牙国家工业控股公司（SEPI））持有5.5%股份，这些共计65.5%的股份通过一个契约持股组织统一行使投票权。剩余34.5%的股份则在法国巴黎、德国法兰克福和西班牙马德里股票交易所出售。出于财税上的考虑，EADS注册在荷兰。

在EADS中，法、德的平衡是股权结构设计的核心，他们中的任何一方不能完全控制EADS，双方享有同等权益。如果其中一个股东希望卖掉股份，只能上市操作，但不能改变EADS内部权力。也就是说，市场股份与投票权无关。此外，法国和德国股东有优先认购权。

2014年1月1日，欧洲航空防务航天公司更名为欧洲空中客车公司，公司总部确定为法国图卢兹，法国人在公司的影响力进一步加大。

如今的欧洲空客公司，已成为美国波音等公司的强劲对手，美国五角大楼的担心还是有一定道理的。

第二节　EADS与BAE合并案取消的美国因素

2012年9月12日，EADS与欧洲最大的防务集团英国BAE系统公司在柏林航展上宣布，双方正在探讨合并事宜。然而，不到一个月，2012年10月10日，EADS与BAE又发表联合声明称终止合并案谈判。这一事件不仅反映了英、法、德之间的复杂关系，也能感受到美国那只看不见的手的影响力。

一、EADS和BAE提出合并的原因

分析EADS与BAE宣布合并后披露的信息，双方管理层基于商业层面合并的意愿都很强烈。

BAE在合并案取消后声明，EADS与BAE之间的合并案建立在合理的商业逻辑之上，两家企业已就统一管理、董事会结构、节约开支与利润效益等多方面内容达成一致，但在与相关国家政府商讨细节时却未能寻找到合适的契合点。BAE首席执行官对合并案流产表示遗憾，“我们很失望，在与各国政府的谈判过程中，我们未能得到令人满意的条件”。

总的来说，EADS与BAE提出合并主要基于以下原因。

第一，业务机构方面，合并使新公司军民品业务结构更加合理。欧美军工企业在冷战结束后的20世纪90年代进行了一轮大重组，最终美国形成了洛马、波音等五大军工巨头，欧洲产生了BAE和EADS等集团。2008年金融危机后，欧美各国国防订货减少，订单争夺加剧，EADS与BAE合并能更好地抵御经济周期性波动。在EADS的业务中，空客民机业务占比60%以上，其军品业务板块弱于BAE系统公司。BAE系统公司则相反，其业务

主要集中在防务领域，军品占比 90% 以上。合并后的新公司，不但能更好地巩固相关各国在“台风”战斗机、A400M 运输机、英国未来航母等重大防务项目上的合作，而且还能集中力量争夺新市场。

第二，规模和市场方面，根据 2011 年数据，两家公司若合并，销售额将达到 720 亿欧元（约合 930 亿美元），在全球拥有 22 万名员工，将成为包括空客在内的世界最大的防务制造商，业务分布欧美航空航天防务市场。2011 年，波音公司销售额为 687 亿美元，洛马公司销售额为 465 亿美元。EADS 与 BAE 合并后，毫无疑问将在与美国波音和洛马等公司的竞争中处于优势地位。此外，在美国市场，BAE 是 2011 财年美国军方第九大装备供应商，订单总额超过 70 亿美元，EADS 订单只有不足 7 亿美元，合并将提高新公司在美国市场的竞争力。

第三，运营管理方面，企业管理层想获得更大自主权，尤其 EADS 管理层想改变“半国企”状态，以便争取更多的美国订单。由于法、德政府在 EADS 中直接和间接拥有较大股权，公司在重大事项方面经常受两国政府影响，在公司高管任命方面经常摩擦，不得不搞平衡。

2012 年 6 月 1 日，原空客 CEO 德国人托马斯・恩德斯接替法国人诺尔・弗加德成为 EADS 公司 CEO，法国人法布里斯・布利叶接替恩德斯成为空客 CEO。布利叶任期从 2012 年 6 月 1 日开始，为期 5 年。任职当天，他宣布了空客执行委会员组成名单，其中 51 岁的德国人京特・布切克任首席运营官，61 岁的美国人约翰・莱希继续担任负责销售事务的首席运营官，54 岁的西班牙人多明戈・乌雷尼亚・拉索继续担任空客军机部负责人。这种安排反映了 EADS 与法、德、西、美等国政府的特殊关系，在人事方面煞费苦心。

从德国《星期日图片报》介绍托马斯・恩德斯的文章中，我们可以看到法、德两国政府在 EADS 中的博弈，可以看出两国政府的分歧。EADS 新任 CEO 恩德斯获得博士学位后，开始在德国国防部规划局任助理，并为时任国防部部长杰哈特・斯托登伯撰写演讲稿。恩德斯后来加入了基督教社会联盟（CSU）。1991 年恩德斯加入德宇航 DASA，成为董事长办公室主任。2000 年，EADS 成立时，恩德斯是 EADS 执行委员会成员。EADS 从

2005 年开始施行法国、德国各出一名首席执行官的管理模式，由恩德斯和前空客首席执行官诺尔·弗加德一起担任 EADS 的首席执行官。但这样的管理成效并不好，公司经历了严重危机，2007 年后恩德斯和弗加德都不再担任这一职务，弗加德离开了 EADS，恩德斯接任 EADS 最重要的子公司——空客公司的首席执行官，空客公司收入占 EADS 的三分之二。但法国人感觉，是德国人在实际掌管着“他们的”传统公司。2012 年 6 月 1 日的管理层轮换，由法国人担任空客 CEO，暂时满足了法国要“里子”的意愿。

从空客 CEO 升任 EADS 一把手的恩德斯不想当花瓶，想扭转公司被法、德政府过多干预的现状。恩德斯在受访时说：“我十分期待这份工作，欧洲应该继续保持在世界航空业的领先地位。我想继续增加公司的盈利，加大国际化的进程，并理顺公司的所有者结构，减少政府控股者对公司决策的影响。”恩德斯从不掩饰对政府干预公司业务的不满，有时甚至不惜与德国政府站在对立面。德国政府航空航天事务协调员彼德·亨特兹曾给恩德斯一封信，信中明确要求恩德斯在担任 EADS 首席执行官时应该考虑德国人的利益。恩德斯的回复很干脆，“我不会屈服！”。

恩德斯担任 EADS 的 CEO 后，提议将 EADS 总部从巴黎和慕尼黑迁至空客总部所在地法国图卢兹。恩德斯认为，EADS 远离政治中心，将有利于公司发展，虽然迁址方案引起多方不满，但最终成为现实。

可以说，从恩德斯的行事理念可以判断，EADS 和 BAE 合并案的提出，恩德斯发挥了重要作用。恩德斯认为，两家公司合并后，通过给三国政府“金股”可以使公司摆脱过多的行政限制。由于“金股”能使政府否决影响国家安全的决定，如敌意收购等，从而能使法国和德国政府根据市场规则放心减持所持股份，给公司更大经营权。

双方的合并得到市场欢迎，采购了 90 架空客 A380 的阿联酋航空公司总裁表示，“合并会给 EADS 的股权结构带来变化，从此就没有必要平衡法、德两国股权比例了，这是一个整顿企业内部的好机会”。

二、英、法、德三国政府和股东的态度

两家公司的“特殊性”决定了合并案必须要获得英、法、德三国政府的批准，因为法国和德国对 EADS 拥有直接和间接股权，而英国政府在 BAE 系统公司拥有“金股”。围绕股权结构、责权划分和国家安全等方面，三国政府在不同层面展开讨价还价，而主要领导人则表态慎重。

合并案提出后，英国首相卡梅伦表示完全支持，认为此举会促进英国经济增长，前提是要满足本国政府诉求条件。英国媒体分析，英国政府支持两大欧洲航宇防务巨头的合并案，但在企业的股权结构方面英国有自己的“底线”。英国方面虽然明确表示支持两家公司合并，但要求三国对公司影响力相同，法国政府持股比例不能高于 10%，不能影响和美国的关系，其意见和 BAE 系统公司意见比较一致。BAE 系统公司在英国本土有 3.5 万名雇员，EADS 公司在英国也有约 1.5 万名雇员。

法国总统奥朗德未对合并案发表明确意见，奥朗德称“两国政府在制定能够解决就业、工业、国防和国家利益问题的条款”。合并案搁浅后，奥朗德表示：“我既不悲伤，也不高兴。”法国政府自始至终态度明确，确保在公司中持有较多股权，并对公司有较大影响力，不同意给英国出具不再增持股份（不大于 10%）的承诺函，坚持公司总部设在法国图卢兹。

德国总理默克尔对合并案没有表达明确意见，但有媒体认为，默克尔对 EADS 与 BAE 合并案流产负有责任。德国国防部长托马斯·德迈齐埃为默克尔开脱说：“我注意到了这个观点，但我不这么认为。”德国政府没有强调一定要在新公司中占有股份，但要求在对公司影响力方面与法国平衡，公司总部设在德国慕尼黑，大量高管应来自德国。

2012 年 9 月 28 日，路透社引述德国政府消息报道，德国已经准备向法国提交一份建议，对拟议中的合并交易一旦实现，两国在新实体中影响力均衡方面的问题做出说明。建议已经在默克尔总理办公室和经济部之间取得共识，主要内容将是防止法国和德国在合并后新实体中的势力均衡受到影响。德国政府不是 EADS 的直接股东，不过消息来源称，德国方面把本次交易视作一个加强对德国方面在 EADS 公司股权控制力的机会。德国方面通过戴姆勒集团和银行财团在该公司持有与法国相当的股权。法国政府直接拥有 EADS 公司 15% 的股权，并且希望在合并之后保持对新实体的决策影响力。当时法国政府在 EADS 中的决策影响力主要通过一个复杂的持股方案来实现，包括了法国综合性集团拉加代尔在其中 7.5% 的股份。消息来源没有说明这份提议的更多细节，但是确认了之前《德国世界报》的一篇报道，即如果法国政府希望保持在 EADS 公司的持股，德国政府有意由德国发展银行出面，从戴姆勒集团和银行财团手中购买相应的股权以保持两国的影响力均衡。《金融时报》(德国版）报道称，德国和法国政府希望获得合并后新实体中 27% 的总股权，以形成一个足以否决任何管理层决定的股东群，但是这个方案遭到了英国政府的反对。

英国首相卡梅伦的发言人在 2012 年 9 月 24 日周一的例行媒体简报会上表示："考虑到两家公司业务的特性，政府对交易决策有明显的话语权，我们希望确认英国的公众利益将会得到适当保护。"发言人随后补充说，"我们正在和双方公司进行讨论，希望英国的利益被保护。首相已经和德国总理默克尔女士在周五（2012 年 9 月 21 日）晚些时候进行了沟通，并在周一（2012 年 9 月 24 日）早些时候和法国总统奥朗德先生进行了交谈。"该发言人没有说明两次交谈的更多细节，但是也确认，卡梅伦首相还没有和美国总统奥巴马就相关事宜交换意见。BAE 系统公司在美国有 4 万名雇员，同时和美国国防部有特别安保协议，能够以次级承包商身份参与保密合约。

据英国《金融时报》报道，BAE 曾宣称，如果合并会削弱自己与美国国防部的特殊关系，将放弃最终的交易。英国 BAE 与美国国防部之间的特别安排规定，BAE 美国业务的最高领导须由美国人担任，这项安排让 BAE 得以参与美国很多高级别防务项目，例如，F-35 联合攻击战斗机项目、先进隐身喷气式战斗机项目。BAE 的特别安全安排使其成为美国最大最受信赖的外国军事供应商，BAE 的美国业务创造了 140 亿美元的收入，在大约 40 个州聘用了 4 万名员工。而 EADS 在美国只聘用了大约 3 千人，营收 14 亿美元。美国对 EADS 的特别安全安排比 BAE 更为严格，对某些敏感项目，必须由一家美方领导的代理公司经营，该公司只向 EADS 汇报最低限度的财务信息，EADS 不介入日常经营。BAE 坚持不改变特别安全安排使交易存在障碍。有律师认为，如果 BAE 与 EADS 合并，美国政府将不会允许 BAE 继续保持其更慷慨的特别安全安排。

2012 年 10 月 1 日，路透社引述英国国防部消息称，英国政府已经准备好在交易条款不符合英国利益时行使“金股”特权，否决拟议中的 EADS 和 BAE 的合并交易。当时匿名消息来源称，英国政府所要求的优先考虑事项包括了就业和 BAE 在英国工厂的未来保障。英国政府将会坚持要求防务业务以英国为总部，同时任命英国人作为首席执行官；希望合并后的新公司是一个商业组织，不会受到过于明显的政治影响；希望三国都持有“金股”，以使三国都能阻止任何实体在新公司中持有超过 15% 的股份。英国防务大臣哈蒙德表示：“我们希望看到这家企业以商业公司的模式繁荣起来，集中精力去做对业务正确的事情，不对任何一家政府感恩戴德或受其控制。当然不必要让这家公司中没有法国和德国的权益，必要的是将它们所持的股份降低到能够控制或者决定公司行为的水平之下。”

虽然 EADS 和 BAE 的管理层对于双方的商业合并意愿都非常强烈，但是资本市场对两公司的合并案表现不一。2012 年 9 月 12 日，合并声明宣布后，BAE 股价当天大幅上涨 10.62%，而 EADS 的股票价格则下跌 5.6%。10 月 10 日，合并案取消声明发布后，BAE 股价收盘时下跌 1.4%，EADS 上涨 5.3%，这印证了两个公司股东意见的不一致。按照合并案初步安排，EADS 原有股东将在新公司持股 60%，对此 BAE 股东认为过高，而德国方面则认为偏低，应该达到 70%。但这不是合并案取消的真正原因，因为总有办法对公司资产价值进行比较公平的确定。

三、美国才是合并案搁浅的主要因素

根据 EADS 多年的运行情况可以判断，法、德之间关于总部所在地和高管多少之争是可以通过谈判解决的，因此法、德之间的分歧不是合并案搁浅的主要原因。

英国政府从不影响与美国合作底线出发，要求法国政府持股不要超过 10%，要求法国出具承诺函，并希望法国政府最好不持股，可以持“金股”，减少政府对企业过多干预。法国则坚持继续持有股权，并且不给英国出具低于 10% 股权的承诺函，这才是合并案搁浅的根本原因。

BAE 在美国拥有巨大利益，英国担心美国干涉，所以希望新公司符合美国理念。实际上，这只是 BAE 的一厢情愿。设想一下，如果英、法、德达成了一致意见，两公司就真能合并成吗?

美国不会允许出现能挑战洛马公司和波音公司的欧洲公司，会采取一切手段阻止两公司合并。美国有这方面的手段和能力，防务订单竞标和安全审查、反垄断法审核就足以使合并案无限期地拖延下去，根本不需要美国总统出面。

合并案公布后，波音公司 CEO 迈克纳尼用外交辞令表示，波音不会受到合并威胁，他预计这一交易将标志着全球防务产业整合的开始，EADS 与 BAE 合并将打造一家商业和军工业务更加平衡的实体。然而，2012 年 9 月 19 日，波音防务业务首席执行官丹尼斯・穆伦伯格在出席空军协会年度研讨会期间向媒体表示，EADS 和 BAE 之间可能的合并将会带来很多国家安全和行业内的问题，各国监管机构应该对这一拟议中的交易进行严格的审查。他指出："我们认为这笔交易应该接受所有的一般监管审查，而交易中的国家安全问题、行业问题等都需要解决。"丹尼斯・穆伦伯格指出，这个合并案是"一个严肃的问题，需要被仔细审查"。

波音紧张有其客观原因，一方面空客民机已与波音势均力敌；另一方面，合并后的新公司军品力量大增势必给波音造成更大压力，不但波音进入欧洲更难，在美国本土 BAE 和 EADS 联手将进一步压缩波音军品空间。不用美国政府出面，波音这些表态就足以震慑 BAE 了，因此才会有"BAE 迫于美国压力拟取消合并"的媒体言论。1997 年，波音就曾阻止过洛马公司和诺格公司的合并，对同胞尚且如此，对国外竞争对手波音更不会手软。

三国政府首脑对美国方面可能的态度应该早有预判，因此都表态慎重。两公司 CEO 对美国的态度也应该有预判，因此这次合并动议可能是一次试探，否则也不会这么快就收兵。2012 年 10 月 10 日，EADS 和 BAE 在对合并案没能进行下去表示遗憾外，BAE 首席执行官伊恩・金又表示他和他的团队仍能看到机会。EADS 首席执行官汤姆・恩德斯则表示他的公司将继续沿着国际发展道路前进。很显然，这些都是外交辞令了。

从地缘政治看，EADS 与 BAE 合并案应该只是双方管理层的意愿，或者是管理层的一次政变尝试，因为有美国这个因素存在，英、法、德是很难走到一起的。英国不使用欧元，退出欧盟，卖掉空客公司 20% 股份，是给美国的投名状。

2014 年，EADS 更名为欧洲空中客车公司。

第三节　英国军工私有化背后的美国资本

冷战结束后，迫于运营压力，英国将原由政府绝对控制的许多军工企业和机构进行了私有化和股份制改造，美国资本在其中发挥了重要作用。虽然英国在私有化或股份制改造的军工企业中设置了“金股”，但对于有美国资本的公司而言，“金股”很少使用。英国奎奈蒂克公司 QinetiQ 的私有化和罗罗公司的国际业务拓展就是两个很好的案例。

一、英国国防部评估与研究局的分立改革

英国国防部原评估与研究局主要为英国国防部、贸工部提供航空、国防、电子、金融、医疗、舰船等公共部门技术支持，以及安全、航天、媒体、运输等领域的技术开发和应用，有 12000 多名员工，这在英国是大机构。冷战结束后，政府预算逐年减少，随着新技术快速发展，要维持和跟上业务发展，必须继续加大投入。为了化解这一矛盾，2001 年 7 月，英国政府决定对其进行分立和公司化改造：将评估与研究局一分为二，少量业务和 3000 人保留在国防部继续由政府财政拨款支持，其余大部分业务和 9000 人分离出去成立了奎奈蒂克公司。

奎奈蒂克公司成立之初，由国防部 100% 持股，经过 18 个月的运行，公司价值显现后开始出售股份。股份出售的基本条件是：面向非关联的国防企业；金融投资者优先；3 年内实现上市。共有 10 多家金融投资机构参与了招股。2003 年 2 月，美国凯雷投资集团公司（简称凯雷公司）出资约

2005 年，笔者参加中国企业高管研讨班在剑桥大学丘吉尔学院的学习，英国国防部一位官员介绍了英国军事和军工单位私有化的情况，学校还安排考察了朴次茅斯军港，该军港曾由军方管理，后来变成了企业化管理，印象深刻。

2010 年 9 月 16—17 日，笔者和同事专门拜访了英国商务与创新部和罗罗公司，了解英国国防部评估与研究局（奎奈蒂克公司的前身）的分立改造和私有化情况，接待的官员曾在英国国防部工作，并参与过奎奈蒂克公司的股份制改造工作。

4200 万英镑获得了 31% 的股份。

凯雷公司成立于 1987 年，是一家很有背景的美国公司，美国前国防部部长、国务卿、白宫预算主任等高官都曾是它的雇员。凯雷公司一度被称为美国“退休政要俱乐部”和“总统俱乐部”。

拆分到奎奈蒂克公司的 9000 人从公务员转变成了公司雇员。根据公司和工会达成的协议，每个职工都获得了一部分股票，除此之外，公司高管还可按照卖给凯雷公司的条件多买一些股票。由此，职工持股比例达到 13%，其余 56% 的股份由国防部持有。

在公司管理方面，英国国防部委托凯雷公司代管所持股份，国防部派人进入董事会。国防部派往公司的董事在公司日常决策中并没有特殊的权力，仅在公司资本结构和公司重大战略发生变化时，如有需要可行使否决权。这时的奎奈蒂克公司，实际上已经成为一家美国资本控制的公司。

经过凯雷公司的运作，公司于 2006 年 2 月在伦敦证券交易所上市，公司价值从 1.5 亿英镑增值为 11 亿英镑。上市后，英国国防部持有的股份逐步被稀释到 19%。国防部承诺为公司提供业务支持，保证 3 年内合同不减少。2008 年 9 月，英国国防部又出让了 18.9% 的股份，只保留了少量的“金股”，以防止外国股东掌控公司。奎奈蒂克公司“金股”权利包括：

（1）英国政府拥有阻止其他机构对公司恶意接管的权利，对重大决策保留最后发言权；

（2）英国政府拥有反对任何威胁国防与安全的公司交易或持股的权利；

（3）公司重要的相关工作开展前必须得到国防部具体并辅以文件证明的许可方能进行；

（4）出于国家安全考虑，拥有监督董事会成员和批准董事会主席的权利；

（5）监督公司生产类别，使之满足英国国防军备产业链需要的权利。

需要说明的是，公司上市后，凯雷公司将所持股票卖掉，大赚了一笔，约 4.6 亿美元。接手的依然是美国投资公司，主要是美国黑石公司等机构。公司高管也获得了 10 倍以上的收益，职工的收入和福利不低于留下的那 3000 人的水平，以至于政府有些后悔当初给职工和高管的条件过于优惠。

英国媒体从纯市场角度曾质疑英国国防部贱卖国有资产，还扯出美国布什家族和英国前首相梅杰，因为据说老布什总统与凯雷公司有利益关系。媒体的质疑是有根据的，从奎奈蒂克公司的董事会成员构成不难看出政商关联的安排，例如，非执行董事埃德蒙·吉巴斯提尼上将，在2005—2007年曾担任第七届美国参谋联席会议副主席，还出任过美国联合部队司令部长官、美国国防部陆军指挥官、美国CIA副局长和北约盟军总司令等，另一名非执行董事詹姆斯·纳金特伯爵作为海军上将，在英国皇家海军服役了37年，曾出任过海军舰队总司令，还曾在英国国防部和财政部工作过。这种在军方和政府之间的工作经验使公司的政府采购计划受益匪浅。

不管怎样，通过对评估和研究局的私有化、股份制改造，相关利益方，政府、客户、股东、员工都各得其所。

据2024年5月消息，英国奎奈蒂克公司成功进行了英国首次有人飞机与自主喷气式无人机之间的演示飞行试验。

二、罗罗公司的“金股”制度

成立于100多年前的英国罗罗公司经过不断创新和专注于主营业务发展的并购策略，在1966年基本完成了英国国内航空发动机企业的整合，此举为罗罗公司成为世界三大航空发动机公司之一奠定了基础。2008年金融危机发生，罗罗公司2009年年报显示，尽管世界经济不景气，但是罗罗公司仍取得了较好业绩：销售收入101亿英镑，增长11%，税前利润9.15亿英镑。另外，订单存量583亿英镑，创下历史纪录。2000年9月24日收盘价165.5英镑，而2010年9月24日收盘价为576.5英镑，10年间股价最高曾达628英镑，最低64.25英镑。

罗罗公司虽然处于倡导私有化的英国自由市场经济环境，但如果没有政府支持，恐怕早已倒闭了。1966年整合完英国国内发动机企业后，雄心勃勃的罗罗公司决定为美国洛克希德公司的L-1011宽体客机设计RB211发动机。今天看来，这是一型非常成功的发动机，经过多年的发展，RB211及其后继发动机均无可争辩地成为当今大型民用航空发动机中较成功的发动机系列。但是，当年在研发该型发动机的过程中却遇到了巨大的资金难题，罗罗公司几乎破产。

1971 年，英国政府为解决罗罗公司在 RB211 发动机开发中遇到的难题，将公司收归国有，投入 10 亿英镑支持公司继续研发 RB211。1973 年，政府要求罗罗公司将汽车业务分离并上市，之后又卖给德国宝马，实现了汽车业务的退出。在帮助罗罗公司渡过难关之后，1987 年，英国政府又重新将罗罗公司还给资本市场，发行股票上市，政府当初的投入也得到了很好的回报。如果不是英国政府及时出手，对公司实施国有化，提供资金支持，恐怕早就没有了今天的罗罗公司。

2010 年笔者拜访罗罗公司时了解到，当时公司发行在外 18 亿股普通股，有约 23 万名股东，但是 2% 的机构投资者持有 90% 的股票；英国投资者持股比重约 44%、北美 26%、欧洲 24%、其他 16%，其中中国的一家投资公司持有 2% 的股份，最大股东持有 6% 的股票。董事会成员持股不超过 1%，董事持有股票市值相当于其 7～8 年的年薪，由于公司有良好的股票激励计划，60% 的员工持有公司股票。

1987 年罗罗公司上市时，根据英国政府要求公司制定了“金股”制度，具体如下：

（1）单个外国股东（包括欧洲国家）或行动一致的多个外国股东不得持有超过 15% 的股份；

（2）公司行政总裁及主要高管必须是英国人；

（3）公司重大业务以及涉及重大产权变更等整体事务的处理，必须得到“金股”持有者的同意。

需要说明的是，到笔者拜访罗罗公司时，“金股”条款还没有使用过，但是由于它的存在，使一些可能的敌意收购望而却步，减少了许多不必要的麻烦。

罗罗公司上市后，依托资本市场展开了一系列的并购活动，巩固和扩大了核心业务，成为世界领先的能够为航空、船舶和陆地装备提供动力设备的企业。1989 年，罗罗兼并了英国北方工业工程公司，以加强燃气涡轮技术核心竞争力。1994 年年底，罗罗公司收购了美国艾利逊公司，以完善航空发动机产品线。1999 年是罗罗公司频繁收购年，收购了库珀能源服务公司，以增强燃气涡轮技术在能源动力领域的能力；收购了美国国家空中动力公司，以加强发动机维修和翻修业务；收购了英国维克斯公司，以拓展燃气涡轮技术在船舶制造行业的应用，一举进入船舶动力业务领域，同时成就了其在该领域内世界级供应商的地位。

罗罗公司选择收购目标的战略意图非常明显，而且有明显的运作特点，而不是碰运气。在罗罗公司并购项目中，有许多曾是罗罗公司与其合作伙伴的合资公司，这些合资公司最初都有很好的合作设想，但是最终由于正面或负面的原因，罗罗公司收购了合资方的股份。例如，1990 年，罗罗公司与德国的宝马公司共同建立合资公司，生产航空发动机，10 年后的 2000 年，罗罗公司成为这家公司的唯一股东；1999 年，罗罗公司与美国国际科学应用公司共同成立了数据系统和解决方案公司，7 年后的 2006 年，罗罗公司又成为其唯一股东。完全控制了这些公司后，罗罗公司按照自己的战略意图进行改组，加大投入，使这些公司实现持续发展。这是罗罗公司资本运作的一大特点。小股渗透—增持—控股—完全控制，这个过程有时甚至是 10 年或更长时间，需要耐心和战略定力。

罗罗公司在收购美国企业时受到了许多限制，例如，在收购美国艾利逊公司发动机业务时，美国国防部虽然最终批准了这项并购，但也提出了相应限制性条款：

（1）艾利逊发动机公司与美国国防部签署安全和技术协议，协议规定，公司技术和信息转移必须要获得国防部批准。

（2）所有涉及前沿领先技术的项目必须放在一家新成立的公司——AAD 中开展。

（3）AAD 必须在独立的治理结构、管理层和附加的安全程序下运作。AAD 将负责与美国国防部达成的秘密级以上的合约项目，以及为下一代飞机发动机准备的基础开发项目。AAD 向艾利逊发动机公司转移任何项目或指定的技术数据前，必须得到美国国防部的许可。

（4）如果股东代表需要在 AAD、艾利逊或罗罗公司之间参观考察，须经过事先的许可。

虽然有这么多限制，但是通过此次收购，罗罗公司扩大了其民用飞机发动机产品领域，使其能够提供几乎所有飞机机型的发动机产品，还为罗罗公司带来了已获成功的防务项目。

第四节　欧洲怎么办?

不甘于美国、俄罗斯、中国在太空的抢眼表现，法国于 2020 年将空军改名为空天军，英国于 2021 年 4 月宣布成立太空司令部，德国于 2021 年 7 月宣布成立太空司令部。

2022 年 2 月 16—17 日，在欧盟轮值主席国法国主持下，欧盟 27 国部长级代表在空客公司总部法国图卢兹商讨欧洲太空发展愿景，明确了欧洲太空卫星互联网项目，以摆脱对美国马斯克“星链”的依赖。欧洲版“星链”是继伽利略全球卫星导航定位系统和哥白尼气候变化服务项目之后，欧盟的第三个重要航天大项目。此外，法国总统马克龙在会上还倡议启动欧洲载人航天计划，并强调“建立欧洲太空战略是我们主权的关键，载人航天事关欧洲战略自主权，它涉及对月球矿产资源的开发等”。2022 年 3 月，欧盟批准了《战略指南针》，计划到 2030 年建立起欧盟的防务与安全力量，包括提升欧盟海洋安全行为能力，开发欧盟空间防务与安全新项目等。

2022 年 6 月 13 日，法国《回声报》网站发表了标题《为战争服务的太空革命》的文章。文章认为“乌克兰冲突证明了正在进行的太空革命。如果没有数百颗主要由美国控制的卫星支持，乌克兰军队将无法抵抗俄罗斯的入侵。欧盟没有这样的基础设施，必须加快速度确保其主权”。这篇文章援引多位相关人士的观点为欧盟增加太空项目预算进行论证。空客公司首席执行官米夏埃尔·舍尔霍恩说:“如果没有卫星提供的互联网连接，泽连斯基总统永远不可能与军方及国民建立如此密切的联系。”《天空开放的战争——1991 年伊拉克，梦想的胜利》一书作者瓦莱里·鲁塞说:“在 20 世纪 90 年代的海湾战争中，国际联军最多可以使用 80 颗卫星。如今的数量达 10 倍还多！乌克兰变成了一本天空开放的书，卫星图像习以为常。”欧盟委员会负责内部市场的委员蒂埃里·布雷东认为，欧盟应该拥有自己主权的卫星网，并强调没有一个欧洲国家能独自负担得起这样的太空基础设施。欧盟委员会预测，建设一个大约 300 颗分布在不同轨道的卫星组成的卫星网，投资至少要 60 亿欧元。法国国防部官员说："马斯克的'星链'及其第一代卫星是一种原型，现在欧盟必须发展自己的基础设施，尽可能地先进，具备卫星间连接等其他功能，以确保我们的主权。"

很显然，如果欧盟发展太空卫星网，最大的承包商将是法国和德国主导的空客公司，该公司首席执行官舍尔霍恩为此呼吁："欧洲已经远远落后了，因此现在每天都很要紧，必须迅速行动。"

本章结束语

美国通过资本、订单和附加合作限制条款，将英国 BAE 等军工企业与美国利益捆绑得越来越紧密，英国 BAE 公司与欧洲空客公司短期内很难再言合并了。

第七章　美西方与俄罗斯的恩恩怨怨

1929 年，美国遭遇经济大萧条，过剩的工业生产能力在苏联找到了市场。斯大林曾说："在我们的重工业工厂中，约有三分之二是在美国技术援助下建成的。"所谓重工业，一般与军事工业联系紧密。二战期间，美苏结盟打败纳粹德国，美国给予苏联大力支持，包括飞机、坦克、军车、拖拉机、石油、棉服等大量物资。虽然以上具体数字美苏双方有所不同，但美国对苏联的支持是真实存在的。

冷战期间，美苏展开了军备竞赛和太空竞赛。1991 年，在美西方使用各种手段策划下，理想化的苏联和俄罗斯领导人亲自肢解了苏联。苏联末任总统戈尔巴乔夫获得了诺贝尔和平奖，新俄罗斯领导人叶利钦和年轻的内阁部长们唯美国专家意见是从。1998—2011 年，美国与俄罗斯主导 16 国完成了国际空间站建设，中国被排斥在外。

2024 年 8 月，在国际空间站即将到寿报废之时，俄罗斯正与美国支持的乌克兰发生冲突。继承了苏联主要军事力量的俄罗斯为什么会把 2022 年开始的"特别军事行动"拖延至 2024 年，这还要从苏联解体后美国人给俄罗斯设计的资本主义道路——全面私有化说起。

第一节　美西方与沙俄和苏联的恩恩怨怨

自 1776 年美国独立战争以来，美国与俄罗斯的关系多数时间里都是合作大于敌对。

一、沙皇俄国时期

1780 年，美国独立战争期间，沙俄与荷兰、丹麦、瑞典、普鲁士成立了针对英国的武装中立联盟，瓦解了英国对美国的贸易封锁。1812 年 6 月 18 日，美国对英国宣战，英军火烧华盛顿总统府。1812 年 6 月 24 日，拿破仑对沙皇俄国不宣而战，拿破仑火烧莫斯科。1812 年 12 月，沙皇俄国取得对拿破仑胜利后，出于欧洲力量平衡考虑，沙皇亚历山大一世请在莫斯科的美国人约翰·亚当斯（1767—1848）出面调停英美战争（亚当斯后来成为美国第六任总统）。1814 年 12 月 24 日，英美双方签订了“根特[①]条约”，英美战争结束。1853 年，沙皇俄国与土耳其奥斯曼帝国、英国、法国等国之间爆发克里米亚战争，战争期间美国政府和民众比较同情俄罗斯。1854 年，俄美两国签订了“海洋中立公约”，该条约虽然没能扭转俄罗斯败局，但美国表明了立场。1861—1865 年美国南北战争期间，英国虽然宣称中立，但暗地里支持南方，沙皇亚历山大二世则派出军舰访问纽约港，以此声援林肯领导的北方联邦。

二、苏联时期

苏联的工业化曾得到美国的支持。在列宁时期，美国资本家阿曼德·哈默作为美苏之间的贸易中间人，通过以物换物，缓解了苏联粮食短缺问题，哈默因此得到列宁接见。哈默还促成美国福特汽车公司等 30 多家大公司到苏联投资，促进了苏联农业和工业的发展。1929 年，美国“大萧条”开始，美国过剩的生产能力在苏联找到了市场，100 多个工业技术援助项目迅速展开，包括冶金、工业机械、农业机械，以及飞机等先进技术领域项目；高尔基汽车厂、斯大林格勒拖拉机厂和哈尔科夫拖拉机厂都是在美国帮助下建起来的。二战期间，这些汽车厂、拖拉机厂变成了兵工厂，生产出了大量的坦克和火炮。二战期间，作为反法西斯同盟国，美国对苏联进行了多方面援助，但具体数字一直存有争议。

二战结束，在英国首相丘吉尔的鼓动下，冷战开始，美苏之间展开了激烈的军备竞赛和太空竞赛。1957 年 10 月 4 日，苏联成功发射人类第一颗人造地球卫星；1958 年 1 月 31 日，美国第一颗人造卫星——“探险者”1 号发射成功。从 1958 年开始，美苏两国展开了在今天看来还算文明的太空竞赛。1961 年 4 月 12 日，苏联加加林进入太空；1969 年 7 月 20 日，美国阿姆斯特朗登上月球。

---

① 根特当时是荷兰联合王国的一部分，现在是比利时领土。

美国实现了登月，似乎赢得了和苏联的太空竞赛，但也付出了巨大代价，不但耗资巨大，而且还发生多次人员伤亡事故。苏联也同样不堪重负，两大国终于疲倦了。《纽约时报》及时发文造势称“宇宙如此广袤，以至于没有必要为庸俗的民族主义和政治野心而进行无价值的太空对抗”。

图 7-1　美国总统尼克松（左）与苏联部长会议主席柯西金（右）签字照片

（图片来自 NASA 网站）

1972 年 5 月 24 日，美国总统尼克松和苏共总书记勃列日涅夫在莫斯科就缓和关系进行了谈判，美苏签订了太空合作计划。

美苏太空合作计划的一项重要内容是“阿波罗 - 联盟测试计划”（Apollo-Soyuz Test Project）。美国方面设计了“阿波罗”号的对接舱，与苏联的“联盟”号对接系统相匹配，使两艘飞船可以对接。1975 年 7 月 15 日 12:20UTC，苏联“联盟”19 号首次发射，合作任务开始。6 个半小时后，带有对接舱的美国“阿波罗”飞船发射。7 月 17 日 16:19UTC 两艘飞船相遇并对接。美苏分别派出 3 名和 2 名宇航员执行合作任务，美国宇航员托马斯·斯塔福德和苏联宇航员阿列克谢·列昂诺夫在太空握手，交换礼物，并参观了对方的飞船，标志着太空竞赛的结束。

美国宇航员斯塔福德后来说，“我与苏联宇航员阿列克谢的握手让全世界的人们看到，如果我们在太空都能一起工作，那么我们就可以在很多事情上一起工作”。

图 7-2　“阿波罗”和“联盟”号飞船美苏宇航员合影（图片来自 NASA 网站）

美苏太空合作的一系列事件在道琼斯股票指数上都有反映。从 1972 年开始，道琼斯指数一路攀升。1972 年 11 月 14 日，道琼斯工业平均指数突破 1000 点（最高点），此时距离尼克松访问莫斯科不到半年。

由于美国越南战略失败，从 1973 年 1 月美国从越南撤军开始，美国股市进入了 1973、1974 两年多的大熊市，在 1974 年年底跌至 577.6 点。1975 年美股指数开始回升，在 1975 年 7—8 月达到最高，因为 1975 年 7 月 17 日美苏飞船对接成功。

图 7-3　1975 年苏联发行的“联盟”号与“阿波罗”号飞船对接纪念邮票

1957—1975 年，苏联卫星上天，美国股市大跌；美国卫星上天，美股收复失地；美苏飞船太空会合，美股再创新高，股市与太空联系的是如此紧密。

1972 年开启的美苏太空合作，使苏联领导人以为美西方已经接受了苏联。随后便是默认拆除柏林墙，主动解散华约组织，用新思维对苏联进行改革。即使在 20 世纪 80 年代美国里根政府推出了“星球大战计划”，苏联政府中的新思维领导者也都接受了现实，享受了诺贝尔和平奖。

三、苏联对美国的认识误区

苏联后期的当政者对美国资本主义制度的认识有误区。美国虽然实行的是自由竞争市场经济制度，但在涉及国家安全和利益的重大事项上，长远性谋划更有耐心，战略规划计划性更强，政府之手无处不在，如巴拿马运河、胡佛水坝、曼哈顿工程、登月计划等。

在登月计划实施中，美国展现出了比苏联更强的计划性，而苏联进入了西方议会式的争论中。苏联第一颗人造地球卫星发射成功后，航天成为苏联高层关注的重点。苏联有 3 个设计局提出了登月方案，科罗廖夫 OKB-1 设计局计划在 1968 年用 N-1 火箭把人送上月球，切洛梅 OKB-52 设计局争取 1967 年用 UR-700 火箭实现载人绕月飞行，还有杨格尔设计局也拿出了方案。1966 年 9 月，苏联航天局局长科罗廖夫突然去世。1967 年 11 月，切洛梅领导的 OKB-52 设计局获得了 UR-700 登月项目。

切洛梅原来在科罗廖夫手下工作，是多级洲际弹道导弹的提出者，目前俄罗斯航天赖以生存的“质子”号运载火箭就是该局产品，著名的布拉莫斯反舰导弹由该局设计。切洛梅有一个明确的观点是造导弹比造航母更经济，这与赫鲁晓夫的观点一样。这个观点，对于 2024 年的俄罗斯依然是最佳选择，也可能是唯一选择。

经常有人说，苏联是僵化的计划经济体制，但在苏联航空航天工业发展过程中，克里姆林宫曾经营造了不错的竞争环境。在飞机制造领域，米格设计局与苏霍伊设计局竞争战斗机，图波列夫设计局与伊尔设计局竞争运输机、客机和轰炸机，米里设计局与卡莫夫设计局竞争直升机。而且在这一过程中，苏联非常重视总设计师个人的作用，设计局往往以总设计师名字命名。这应该是可取之处。

第二节　普京曾经的西方情结

苏联解体①后，满脑子“新思维”的俄罗斯政治精英接受了美国经济学家的“休克疗法”，开始了混乱的私有化改革，包括航空发动机企业在内的许多军工核心资产被卖掉。俄罗斯经济越来越困难，濒临破产，克里姆林宫两次作废货币，曾经的“金卢布”变成了垃圾箱中的废纸，但俄罗斯人好像并没有埋怨美西方，幻想着资本主义市场经济很快会带来繁荣，只要再忍耐一下。1998 年，俄罗斯与美国主导 16 国合作开始了国际空间站建设，并于 2010 年建成。

图 7-4　2000 年俄罗斯发行的国际空间站纪念邮票

2000 年 1 月 1 日，俄罗斯首任总统叶利钦无奈地将权杖交到了弗拉基米尔·普京手中，请普京“照顾好俄罗斯”。普京担任总统后，面对全面私有化造成的错综复杂的产权关系和经营困难的军工企业，只能维持局面择机寻找出路。

① 1990—1994 年，笔者在莫斯科航空学院学习，目睹了苏联解体和俄罗斯私有化的全过程，看到了俄罗斯普通人生活的艰难，对俄罗斯年轻的政治精英照搬美西方“药方”进行的各种改革感到非常困惑。

普京在 2000—2008 年担任总统和 2008—2012 年担任总理期间，对与美国和欧洲合作抱有很大希望，这在航空航天和能源领域都能感受到。俄罗斯与西方国家的公司合作非常痛快，与中国公司合作谈判则一拖再拖。中国航空工业与美国和欧洲有许多以资本为纽带的合作项目，但是与俄罗斯在资本方面的合作却极少。2022 年俄乌冲突后，美西方石油能源企业纷纷卖掉持有的俄罗斯能源企业股份，让我们看到了俄罗斯与西方曾经的合作有多深，而中国能源企业与俄罗斯合作的项目大多是难啃的骨头①。

在国防工业合作方面，普京向欧洲显示出开放的姿态。

2001 年 7 月，俄罗斯航空航天局与 EADS 签署合作协议，合作领域包括军民用运输机、直升机、战斗机和空间技术等。按照协议，EADS 计划在俄罗斯成立工程中心，雇佣俄罗斯工程师。在民用飞机领域，俄罗斯工人将有机会参与 A380 客机和 A400M 军用运输机项目。俄罗斯工厂会作为空客的供应商，工程师会参与共同设计和制造一系列派生构件，俄罗斯的研究院会进行空气动力、计算、风洞试验、金属评估、专用工具和机械、声学和新的仿真模型的研究。EADS 还会提供专业培训。战斗机方面，米格 -29 升级的合作工作会继续进行。EADS 子公司——欧洲直升机公司会开始大型直升机米 -38 的市场调查，并合作开发新的原型机等等。

这些项目将在 EADS 同俄罗斯的工业伙伴签订合同后立即实施。时任 EADS 的 CEO 菲利普 · 加缪解释说：“俄罗斯工程师的工作强度将会很大。例如，民用航空方面预计的生产流程是，每周生产一个 A320 机翼，每月制造一架 A330/A340 的机身和每年出产 150 架 A320 机身。如果计划进行顺利，这些数字还可能增加。”

时任俄罗斯航空航天局局长的尤里 · 科普托夫充满希望地说，这项长期的合作将在俄罗斯航空工业企业中创造数以千计的高质量工作岗位，头 10 年的收入将达到 21 亿欧元。俄罗斯航空工业将不仅能从已参与的成功项目中获益，如 A320 系列飞机，还将加入陆续开始的项目中，如 A380、

① 笔者作为中国石化的董事，对此深有感受。

伽利略卫星导航系统和军用运输机 A400M。为此，计划建立合资企业管理合作项目。

为表明态度，2004 年 12 月，俄罗斯向 EADS 出售了伊尔库特飞机公司 10% 的股份，该公司是俄罗斯航空制造业中的优质资产。当时伊尔库特公司已计划并入俄罗斯联合飞机制造集团公司，这意味着 EADS 肯定会获得俄罗斯联合飞机制造公司 3% 以上的股份。

这一时期，美国、法国、意大利等国家的公司也在俄罗斯积极布局。波音公司在莫斯科的设计中心聘用了 1350 名俄罗斯工程师，他们在波音新型飞机波音 787 客机的设计中承担了 1/3 以上的工作量。波音还同俄罗斯钛业集团成立了钛加工合资企业。俄罗斯超级喷气支线飞机（S–100）项目采取了国际通行的风险合作机制，航电系统和发动机均来自欧洲的设备厂商，其中 SAM146 发动机是俄罗斯“留里卡 – 土星”科研生产联合体和法国赛峰集团合作研制的产品。苏霍伊公司还与意大利阿莱尼亚公司成立了 1∶1 的合资企业，专门负责 S–100 的销售和售后服务。

2005 年 1 月，德国总理施罗德在空客 A380 客机下线仪式上说，“EADS 的航船还没有满员，仍有足够的空间接纳新伙伴”。媒体认为这个伙伴显然是俄罗斯。

为了给俄罗斯航空工业吸引外资创造条件，2006 年年底，俄罗斯杜马修改了《国家调控航空法》，允许外国资本可拥有俄罗斯航空企业高于 25% 的股份。为了获得国际市场份额，允许主机制造单位将独联体国家生产的航空发动机换装成欧美生产的发动机，提供给国外客户，如将外销型的图 –204 飞机选装英国罗罗公司的发动机，直升机选装法国透博梅卡公司的发动机等。

俄罗斯渴求与欧洲开展更大范围的国际合作，但是美西方一直停留在协议和口头，并没有实质举措。俄罗斯人想到了资本市场，想借助资本加强与欧洲的捆绑。

2006 年 6 月 13 日，EADS 宣布空客 A380 延迟交付，随后公司股价大幅下跌。俄罗斯认为纳投名状的时机到了。2006 年 9 月 11 日，俄罗斯主权基金俄罗斯外贸银行斥资约 11.7 亿美元收购了欧洲 EADS 公司约 5% 的股份。俄罗斯外贸银行表示，虽然这起收购行动是通过公开市场购买股票方式来完成的，但是，俄罗斯方面期望未来能从单纯的股票投资人转变成为 EADS[①] 的战略投资伙伴，能进入 EADS 的董事会并参与该公司的管理。

EADS 股价因俄罗斯资金加持上涨了 20%，但俄罗斯董事席位的申请还是被法国和德国控制的董事会拒绝。

对于俄罗斯大比例收购 EADS 股份一事，西方媒体认为，“这是一起政治性收购行动，此举表明克里姆林宫计划加强同欧洲在航空航天领域的战略合作”。面对西方媒体的质疑，莫斯科战略与技术分析中心研究员皮亚图什金认为，对俄罗斯来说，在航空航天以及其他一些国防科技领域，欧盟是仅次于印度的最为理想的合作伙伴，因此，俄罗斯希望能同欧盟更进一步在航空航天以及国防科技等领域密切合作。他说：“如果将潜在的合作伙伴印度和欧盟进行比较的话，我认为同欧盟合作还能给俄罗斯增添一个很大的好处。同印度合作，俄罗斯的军工行业仅仅是一个高科技的提供者；但是同欧盟合作，俄罗斯却可以成为高科技的获得者，而且首先是管理技术以及生产组织技术等。”他还表示，俄罗斯同欧盟可以共同合作开发一些民用航空项目。俄罗斯也可以参与欧盟的一些国防和航天项目。如果俄罗斯能够分得欧盟一些航空航天项目订单的话，俄罗斯军工企业将可以获得数十亿美元的利润。多么天真的俄罗斯“专家”！

俄罗斯官员毫不避讳地表示，俄罗斯是从政治层面出发做出投资决定的，联合飞机制造集团公司（UAC）将此项投资视为加强同 EADS 关系的途径，因为 EADS 已持有 UAC 核心企业伊尔库特飞机公司 10% 的股份。UAC 负责人阿力克西·费奥多洛夫还表示，UAC 希望购买 EADS 最多 10% 的股份。

收购 EADS 股票发生在俄罗斯航空航天军工行业结构调整的关键时刻。从 2003 年开始，普京就已下决心调整航空工业结构，成立了航空工业企业整合委员会，组建了联合飞机制造集团、多个发动机制造集团、机载武器等大型军工企业集团。联合飞机制造集团公司包括图波列夫股份公司、苏霍伊公司、伊尔库特科学生产集团、米格飞机制造公司、伊留申航空综合

① 记得在 2005 年前后，笔者在北京中国航空工业第二集团公司总部接待过 EADS 代表，他们曾主动提出希望我们能增持 EADS 股票，那时 EADS 的股价大概 5 欧元。

体、喀山航空生产联合公司、共青城阿穆尔航空生产联合企业、下诺夫哥罗德“雄鹰”航空制造厂、新西伯利亚契卡洛夫航空生产联合企业、俄航技、伊留申航空租赁集团等。当时，为了吸引外资和私人资本投资航空工业，俄罗斯政府将联合飞机制造集团公司国有股比降低到75%，剩余25%的股份可由私人和境外投资者持有，并将苏霍伊公司、米格飞机制造公司等企业从“俄罗斯禁止私有化的战略企业清单”中取消，以此助力联合飞机制造集团公司公开发行股票上市。

此外，俄罗斯政府还启动了多个重大项目支持航空工业发展：一是增加军品订货支持第五代战斗机的研发，发展新一代轰炸机等；二是支持苏霍伊民用飞机公司实施S-100项目；三是支持雅克公司开发MS-21型近中程干线飞机等。这些项目虽然都有西方公司的参与，但进展都不理想。

从2005年开始，俄罗斯政府相继出台了《2015年前俄罗斯航空工业发展战略》与《2002—2010年及2015年前民用航空技术装备发展联邦专项规划》。《2015年前俄罗斯航空工业发展战略》明确提出要吸引国家和私人资本投资俄罗斯航空工业，组建适应市场的高效率企业，提高航空工业科研、设计和生产能力，修订相关国家规划和制定配套政策，修改有关法律中的限制性条款等五大任务。

然而，俄罗斯的官员和专家的想法太一厢情愿了，因为美西方是不可能让俄罗斯进入EADS董事会的。当时，EADS正在与波音公司争夺价值数百亿美元的美国空军加油机合同，EADS董事会担心俄罗斯的介入会影响该项目的竞标，虽然该项目最终还是被波音公司得到。

从后来的结果看，苏联解体后，美西方与俄罗斯、乌克兰等开展的航空航天技术合作，主要是延迟其发展速度。一个四分五裂的苏联地区国防工业，更有利于美西方国家的安全和利益。

从叶利钦到普京，俄罗斯曾多次申请加入北约，但都被拒绝。最终，美国主导的北约一步步东扩到了俄罗斯家门口。2014年，亲俄的乌克兰总统被西方“颜色革命”赶下台，俄罗斯感到了北约的威胁。普京在克里米亚公投加入俄罗斯的演讲中，细数美西方对俄罗斯的一次次欺骗，之后便是美西方对俄罗斯不断加大的制裁。2022 年 2 月 24 日，俄罗斯与乌克兰这两个斯拉夫兄弟，终于彻底撕破了脸皮。

然而，在美国领导西方不断加大对俄罗斯制裁的期间，为了自身利益，美国依然还会放低身段，在太空探索方面寻求与俄罗斯的合作。自从美国航天飞机 2011 年退役后，美国宇航员主要依靠俄罗斯“联盟”号飞船前往国际空间站，但 NASA 需为美国宇航员支付昂贵的座位费。在 2020 年 4 月 9 日和 2021 年 4 月 9 日，各有 1 名美国宇航员乘坐俄罗斯飞船进入国际空间站。俄罗斯塔斯社 2022 年 5 月 15 日报道，当地时间 14 日，国际空间站机组人员为美国宇航员杰西卡·沃特金斯庆祝生日，俄罗斯宇航员赠送她一束自制的“太空花”。彼时，国际空间站有 3 名俄罗斯宇航员、3 名美国宇航员和 1 名欧洲宇航员。

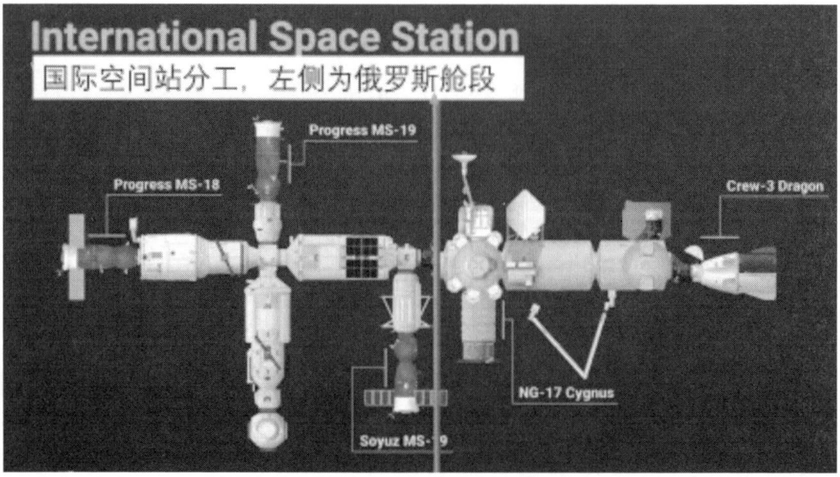

图 7-5　国际空间站的分工

随着美国介入俄乌冲突越来越深，美苏在太空的合作走到了尽头。2022 年 3 月 30 日，美国宇航员马克搭乘俄罗斯“联盟”号 MS-21 载人飞船返回地球。随后在支付座位费事情上美国遇到了麻烦，俄罗斯坚持美国用卢布支付，这与美国制裁俄罗斯政策产生了矛盾。2022 年 6 月 13 日，美国 NASA 迫不得已通过中间机构支付了 20 亿卢布的座位费，按当时汇率计算相当于 3420 万美元。

实际上，NASA 早就在为与俄罗斯在国际空间站分手做准备。2024 年，马斯克的 SpaceX 公司和波音公司的替代方案已逐渐成熟。

2022 年 2 月 24 日俄乌冲突发生后，俄乌战场变成了美制武器大市场、硅谷 AI 军火的试验场。从“标枪”导弹和“海马斯”火炮，到“星链”和无人攻击机，美国军工企业开足马力生产。2022 年 5 月 3 日，美国总统拜登在视察洛马公司亚拉巴马州工厂时说，“这家工厂正像二战期间那样，在开足马力为乌克兰生产‘标枪’导弹”。2022 年 2 月 23 日，洛马公司股票收盘价为每股 384 美元；2024 年 8 月 14 日，洛马公司股票收盘价飙升至每股 564 美元，涨幅约为 47%。

2024 年 2 月 26 日美国《时代》周刊封面文章将乌克兰战争称为《第一场人工智能战争》。文章披露：2022 年 6 月 1 日清晨，美国帕兰蒂尔科技公司首席执行官卡普和 5 位同事步行越过波兰乌克兰边境，在武装护卫下驱车到基辅地下掩体与乌克兰总统泽连斯基会面。卡普告诉泽连斯基，他准备在基辅开设办事处，部署帕兰蒂尔数据分析和 AI 软件来帮助乌克兰。帕兰蒂尔公司的大股东是 CIA 所属 IQT 风投基金。

2022 年 2 月 23 日，美国帕兰蒂尔公司股票收盘价每股 9.75 美元，2024 年 8 月 14 日帕兰蒂尔公司股票收盘价每股 31 美元，涨幅约为 218%。美国资本是俄乌冲突的最大受益者。

第三节 普京整顿军工的“资本手段”

苏联时期，对于重点发展什么样的武器装备，是航母、潜艇、飞机还是导弹与核武器，有过不少争论。赫鲁晓夫是航母无用论和导弹制胜论的支持者，认为航母是海上活靶子、浮动的铁棺材，担任苏共总书记后终止了斯大林的航母发展计划。为此，苏联海军司令库兹涅佐夫元帅与赫鲁晓夫发生争执，从上将贬为中将。赫鲁晓夫曾说，“苏联要飞机舰艇干什么，直接造导弹就行了，要以生产香肠的速度造导弹”。在美国，也曾有过航母无用论的声音，然而时至今日，美国在役航母 11 艘，俄罗斯只有一艘名为“库兹涅佐夫”号的在役航母。

苏联后期开工建造的第一艘核动力航母“乌里扬诺夫斯克”号于1991年11月停工，苏联解体后，建造中的航母被划归乌克兰所有。困境中的乌克兰尼古拉耶夫造船厂（又称黑海造船厂）在美西方公司订制商船和高价收购钢材的忽悠下，将未完工的航母拆解，腾出船台建造商船。而当航母被拆解后，美西方公司不但毁约取消商船订单，还大幅压低钢材收购价格，乌克兰只能哑巴吃黄连。苏联人核动力航母梦就此破灭。

俄罗斯今天令美西方忌惮的武器是高超声速导弹和高静音核潜艇，从这个结果看，赫鲁晓夫是对的，但是，这其实是俄罗斯不得已而为之的无奈选择。因为普京接手时的俄罗斯军事工业早已今非昔比，普京一直在找机会重整被私有化搞散的军工企业。2008年金融危机使得俄罗斯的一些资本家资金紧张，这些资本家握有不少军工企业股份，普京的机会来了。

普京使用了各种手段：将私人控股的航空发动机核心企业重新控股；抓住航天发射连续几次失利，派副总理级亲信组建俄罗斯航天国家集团；利用法国毁约“西北风”战舰合同，重整联合造船集团；抓住国防部装备部门腐败案件进行人事调整，改革军品价格体系。

在2008—2012年普京担任总理期间，俄罗斯政府实现了对航空制造业的再控制。互联网上有一篇标题为《民主与俄罗斯航空发动机制造业的毁灭》的文章，作者是贝德勒·普耶洛夫斯基，应该是“化名”。该文描述了在俄罗斯私有化初期，即20世纪90年代，俄罗斯航空发动机被私有化的过程，文章虽然有些虚构的故事情节，但还是能从一个侧面反映俄罗斯政治、经济剧烈变革对俄军工行业产生的冲击，从中依然能感受到美国那只若隐若现的手。

2001年，来自亚罗斯拉伏尔州的财务专家尤里·拉斯妥奇金（简称小尤里）在成功消化了雷宾斯克航空发动机制造公司后，又成功收购了留里卡－土星设计局，这使俄罗斯军用大推力涡轮风扇发动机和大功率燃气轮机的最重要科研单位落入了私人之手。以拉斯妥奇金为首的管理层掌握了雷宾斯克－土星科研生产联合公司多达60%的股份，而国家只持有37%的股份。应当指出，按照改革者们原来的设想，留里卡－土星设计局应该被出售给美国的尼克公司或一家俄罗斯的冒名公司，后者的后台老板是美国公民鲍德温·海姆。只是在前总理普里马科夫的坚决反对之下，才被尤里·拉斯妥奇金收购。对于俄罗斯来说，在重大工业科技尤其是防务产品领域出现的西方国家资本大量投入，并没有像丘拜斯[①]所描述的那样使俄罗斯摆脱财政窘迫的情况，反而更为恶化。因为西方国家不愿意为俄罗斯的高科技产业输血，从而培养一个强大的对手。他们宁可将投入几千万甚至上亿美元的企业处于半停产状态，或者将其改造为生产低端廉价产品的生产作坊。

在控制了雷宾斯克－留里卡－土星科研生产联合公司后，尤里·拉斯妥奇金提出收购莫斯科礼炮机械制造生产公司（简称礼炮厂），这一提议受到礼炮厂总经理尤里·叶里谢耶夫（简称老尤里）的强烈反对。

莫斯科礼炮机械制造生产公司（萨留特）的前身是成立于1914年的“土地神”发动机制造厂，是沙皇时代俄罗斯建立的第一家生产航空发动机的企业，后来发展成为俄罗斯实力最强的航空发动机生产联合体。在苏联时代，礼炮厂的编号为45号工厂。与留里卡－土星设计局保持着长期的紧密合作关系。从最初的AL-7F，到后来的AL-31F，全程参与了留里卡－土星设计局的产品建造。同时，该厂与苏霍伊设计局关系也很紧密。苏联航空工业部前部长伊万·西拉也夫曾经说：“礼炮厂、留里卡和苏霍伊设计局是我这个航空工业部部长在部长会议军事工业委员会面前的一张王牌！”

老尤里对小尤里的提议感到惊讶，他认为作为目前俄罗斯航空发动机制造领域的龙头老大，如果按照后者的设想进行改造将造成无法避免的损失。同时，老尤里认为小尤里这位财经学院高才生并不了解航空发动机制造业对于俄罗斯国家安全和国际地位的重要性。在涉及国家重大利益的航空动力系统，不能简单地用经济数据进行衡量。就在老尤里正式拒绝小尤里的建议不到两个月后，莫斯科商业银行和俄罗斯外贸银行的停止贷款通知以及要求提前偿还债务的法院传票就放到了老尤里的办公桌上。很显然，改革者们要教训一下不识时务的老尤里。老尤里想到了他的老朋友——受到等同于叛国罪指控的前国防部副部长科别茨大将，虽然被称为

① 曾负责俄罗斯国有资产管理委员会，是俄罗斯私有化工作推进者。

卖国贼或叛国者并被剥夺了佩戴肩章等一些荣誉的权利，但这并没有让倔强的前国防部副部长畏缩。在科别茨大将与政府高层沟通下，礼炮厂获得了俄罗斯国家进出口银行的资金支持，而这笔资金据称是来自东方。在银行规定的时间期限之前，礼炮厂偿还了一切债务和利息。

不管以上故事的真实性如何，小尤里和老尤里的争斗确实存在。这之后，双方相安无事各自发展，土星科研生产联合公司在 2007 年又收购了乌法发动机管理公司（简称乌法厂）20% 的股份。

在 2004—2006 年整合俄罗斯航空工业过程中，普京开始关注发动机行业，认为需要彻底整顿。2007 年 4 月，普京签署总统令，要求先成立两三家发动机控股公司，最后形成一个发动机制造集团。同年，以礼炮厂为中心组建了国家控制的发动机控股公司——礼炮燃气轮机科研中心。

为了实现发动机行业的整合，俄政府在国防产品出口公司的基础上组建了俄罗斯技术国家公司，其下属的国防工业股份公司按照总统的命令，要在 15 个月内组建另一家国家控股公司——联合发动机公司（ODK）。其他公司的整合都容易，唯独土星科研生产联合公司难办。土星科研生产联合公司的国有股份仅有 37%，总经理小尤里和管理层控制 59% 左右的股份；乌法厂 49% 的股份由管理层持有，国防工业股份公司和土星科研生产联合公司分别持有约 20% 的股份。也就是说，这两家公司的控制权在私人手中，而且当时经营得很不错。

从 2007 年 4 月总统令下达一直到 12 月，国防工业股份公司负责人多次与土星科研生产联合公司和乌法厂管理层商讨收购私人股份的问题，但是都遭到了拒绝。更令政府感觉受到挑衅的是，2007 年莫斯科航展期间，土星科研生产联合公司和乌法厂签署了成立小型发动机控股公司协议，两家公司交换股份，总经理分别任另一家公司的董事长。这实际是一宗有争议的交易，因为早在 2006 年，俄罗斯资产局就在高级仲裁法院起诉乌法厂的私有化违法。俄联邦政府申请确认巴什基尔共和国政府成立乌法发动机管理公司非法。俄国有资产局诉讼的依据是，乌法厂作为国防企业应该按照俄联邦政府的决定进行私有化，而不是按照巴什基尔共和国政府的决定。按照俄资产局的想法，任何涉及国家股份的行动自然应该与联邦机关协商。

2007 年 10 月，国防工业股份公司在车里雅宾斯克地方法院起诉乌法厂 20 世纪 90 年代私有化程序违法，希望将属于地方政府的股份判给联邦政府所有，因为此时地方政府拟将股份卖给乌法厂的管理层。结果是法院判决乌法厂胜诉，给国防工业股份公司收购乌法厂迎头一击。国防工业股份公司并没有灰心，准备直接按照市场价格从乌法厂收购 50% 加 1 股的股份，以便实现对乌法厂的控制。土星科研生产联合公司也毫不示弱，一纸诉状递到俄反垄断局，结果造成国防工业股份公司仅能收购乌法厂 20% 的股份。国防工业股份公司看收购无望，只能期待行政干预。

就在双方争执不下的时候，全球性金融危机爆发。2008 年 12 月，土星科研生产联合公司出现了财务危机，当时约有 35 亿卢布的企业债券到年底到期，小尤里找俄中央金融债券发行部门申请增发企业债券被拒绝。一直与小尤里合作的对外经济银行提出支持附加条件，土星科研生产联合公司再贷款条件是出售 13% 加 1 股的股份，将企业控制权交给国家。资金链断裂，融资受阻，小尤里陷入了困境。

2008 年 12 月 8 日，国防工业股份公司请出了从总统转任总理的普京，与亚罗斯拉夫尔州政府官员一起参加土星科研生产联合公司会议。会后宣布，国防工业股份公司将按照市场价格从土星科研生产联合公司总经理小尤里和管理层收购 58% 的股份，收购乌法厂 49% 的股份以及土星科研生产联合公司持有的乌法厂 19% 的股份。同时，俄对外贸易银行决定贷款给土星科研生产联合公司 100 亿卢布，第一笔款 35 亿卢布很快就到位；同意土星科研生产联合公司在 2009 年增发 30 亿卢布的股票，由俄政府买入；土星科研生产联合公司的主要用户联合航空制造公司、天然气工业公司、电力公司将保持且增加订货。

经过近一年的周折，俄政府终于实现了对土星科研生产联合公司和乌法厂的控制，组建 ODK 的主要障碍被消除。更为关键的是，俄第四代军用发动机和支线飞机发动机的研发和制造重新回到了政府掌控之中。俄罗斯航空发动机行业的整合，充分显示了普京整顿军工的资本手段。

俄罗斯公开上市军工企业情况。虽然俄罗斯政府鼓励航空航天军工企业 IPO 上市，但真正做到的并不多。同俄罗斯的民用企业热衷在伦敦证交所上市一样，俄罗斯许多航空航天企业也做过尝试，俄罗斯直升机公司曾在 2011 年计划在伦敦和莫斯科证券交易所上市募资 5 亿美元，最终没有成功。虽然公开上市 IPO 公司不多，但是经过 20 世纪 90 年代大规模私有化洗礼的俄罗斯军工专业化企业大多数是开放式或封闭式股份公司，可以在俄罗斯交易系统 RTS① Board 进行柜台交易。

2016 年财务数据统计，在美国《防务新闻》排行榜中有 6 家俄罗斯企业（见表 7-1），主要集中在航空航天电子防务武器领域。6 家军工巨头中只有联合飞机制造公司在莫斯科证券交易所上市，股票代码 UNAC，是苏霍伊公司、伊尔库特公司等航空防务公司的母公司，其子公司伊尔库特公司也是上市公司。

表 7-1　美 2017 年《防务新闻》军工百强俄罗斯入榜企业情况　　百万美元

排名	公司	公开上市情况	主营业务	防务收入	总收入	防务占比
11	金刚石 - 安泰公司	非上市	航天：防空导弹	7412.9	7412.9	100%
14	联合飞机制造公司	UNAC 2013 年 IPO 上市	航空：军机	5636.84	7046.05	80%
32	战术导弹公司	非上市	航天：导弹	2866.24	2920.32	98%
45	乌拉尔车辆厂	非上市	坦克、装甲车	1584.29	2235.87	71%
50	无线电电子技术公司	有上市打算	军用电子	1365.52	2090.53	65%
86	雷达技术联合公司	有上市打算	雷达	565.9	753.55	75%

但是，这 6 家入榜企业不能代表俄罗斯军工企业情况，例如，俄罗斯直升机公司、ODK、联合造船公司都不在其中。在瑞典斯德哥尔摩国际和平研究所（SIPRI）排行榜中，比美国《防务新闻》排行榜多出 8 家俄罗斯军工企业。两个排行榜的差别主要缘于俄罗斯军工企业公开的上市公司

① 1995 年 9 月 1 日，Russian Trading System（RTS）正式成立，RTS 分为多个交易板块：RTS 主板市场（Classic Market）、RTS T+0 市场、衍生金融产品交易市场（FORTS）、柜台交易市场（RTS Board）。有股票、债券和基金，这些证券都不在主板市场和 T+0 市场交易。

少，这些研究机构获取信息难。例如，联合造船公司在瑞典SIPRI排名19位，防务收入40亿美元；俄罗斯直升机公司排名29位，防务收入29亿美元。此外，俄罗斯技术集团所属的几家仪器仪表公司也列入瑞典SIPRI排名。

俄罗斯的国防工业组织体系还在不断调整中，目前已经组建了业务覆盖面比较广的俄罗斯技术集团公司等大型军工联合组织，主要由国家管理和控制，类似于国家控股公司，这类公司从其构成和职能上看不具备进入资本市场条件。而其控制的从事具体业务的专业化公司，如飞机、发动机、直升机、电子雷达以及航天与导弹等公司都曾有进入资本市场和IPO的打算①。

根据互联网资料分析，在investing.com网站搜索俄罗斯航空航天防务行业，搜出表7-2中的6家上市公司。

表7-2　investing.com网站中俄罗斯航空航天防务上市公司情况表

名称	股票代码	IPO时间	行业/业务	市值/亿卢布
联合飞机（UAC OAO）	UNAC	2013.9.17	航空	3338.3
伊尔库特飞机（Np Korp Irkut）	IRKT	2005.1.11	航空	400.8
能源联合体（RSC Energia）	RKKE	2008.5.29	航天	63
Motovilicha plants	MOTZ	2009.2.20	兵器、坦克	26.3
Tantal	TANL	2011.12.9	金属	4.8871
Npo Nauka	NAUK	2011.12.15	航空航天	50.9

此外，在电子仪器与控制行业的科技部门，检索出生产船用柴油发动机的上市公司Zvezda公司（股票代码ZVEZ）；在其他资本货物行业的生产资料部门，检索出俄罗斯技术集团所属的以重型卡车闻名的“卡玛兹”公司，这也是一家涉军的重要企业。

---

① 2015年8月，笔者参加莫斯科航展期间同俄罗斯ODK总经理会谈时了解到，他们也有发行股票上市计划。俄罗斯直升机公司多年前就想上市，甚至考虑过在伦敦或香港上市，还邀请中国航空工业集团有限公司做战略投资者，中方还为此去俄罗斯直升机公司做过尽职调查。此外，俄罗斯无线电电子技术公司也有发行股票公开上市的打算。

在柜台交易的军工企业。俄罗斯军工企业虽然公开上市公司不多，但是经过 20 世纪 90 年代大规模的私有化，大多数国防军工专业化企业都改造成了股份公司，其中许多企业选择在 RTS Board 进行柜台交易。截至 2016 年，共有 121 家军工企业在 RTS Board 挂牌交易。由于俄罗斯军工企业情况难以检索，这里将 121 家企业情况列表给读者参考，见表 7-3。

表 7-3 俄罗斯 RTS 交易的军工企业名单（截至 2016 年）[①]

序号	公司名称	RTS 交易代码	股票类型	行业
1	ОАО ААК “Прогресс”（阿尔希耶夫“前进”股份公司）	aakp	股份公司	航空制造
2	ОАО АК “Рубин”（“鲁宾”股份公司）	acru	股份公司	航空制造
3	ОАО Агрегат（“附件”股份公司）	agrt	股份公司	航空制造
4	ОАО НПП “ЗВЕЗДА”（“星辰”科研生产联合体）	zvzd	股份公司	航空制造
5	ОАО ИЛ（“伊尔”股份公司）	akil	股份公司	航空制造
6	ОАО СФ “АЛМАЗ”（“金刚石”造船股份公司）	almzp	开放式股份公司	船舶制造
7	ОАО Амурский судостроитель-ный завод（阿穆尔造船厂）	amzs	股份公司	船舶制造
8	ОАО Арзамасский приборостроительный завод（阿尔马斯仪表制造厂）	apsz	股份公司	仪表制造
9	ОАО Арзамасский машиностроительный завод（阿尔马斯机械制造厂）	armz	股份公司	机械制造
10	ОАО Арзамасский машиностро-ительный завод（阿尔马斯机械制造厂）	armzp	开放式股份公司	机械制造
11	ОАО МЗ “Арсенал”（“兵器库”机械制造厂）	arse	股份公司	机械制造
12	ОАО Авиаагрегат（“航空附件”股份公司）	avgt	股份公司	机械制造
13	ОАО МНПК “Авионика”（莫斯科“航电”科研生产综合体）	avio	股份公司	航空制造

① 该表来自 http://nprts.ru/ru/otc_market/board/securities-inclusion/InstrumentsInfo.aspx，供感兴趣读者参考。

表 7-3（续）

序号	公司名称	RTS 交易代码	股票类型	行业
14	ОАО Балтийский завод（“波罗的海”工厂）	balz	股份公司	船舶制造
15	ОАО Брянский арсенал（“布良斯科兵器库”股份公司）	brar	股份公司	机械制造
16	ОАО Брянский арсенал（“布良斯科兵器库”股份公司）	brarp	开放式股份公司	机械制造
17	ОАО Барнаултрансмаш（“巴尔纳特斯玛施”股份公司）	btsm	股份公司	机械制造
18	ОАО Барнаултрансмаш（“巴尔纳特斯玛施”股份公司）	btsmp	开放式股份公司	机械制造
19	ОАО Завод “Дагдизель”（“达吉斯坦吉泽里”股份公司）	dadz	股份公司	机械制造
20	ОАО Завод “Дагдизель”（“达吉斯坦吉泽里”股份公司）	dadzp	开放式股份公司	机械制造
21	ОАО Долгопрудненское научно-производственное предприятие（“多尔格普鲁特”科研生产企业）	dnpp	股份公司	机械制造
22	ОАО Донской завод радиодеталей（顿河无线电零件股份公司）	dnzrp	开放式股份公司	无线电
23	ОАО Дукс（“杜克斯”股份公司）	duks	股份公司	航空制造
24	ОАО Электроприбор（电子仪器股份公司）	elpv	股份公司	仪表制造
25	ОАО Электроприбор（电子仪器股份公司）	elpvp	开放式股份公司	仪表制造
26	АО Электросигнал（“电子信号”股份公司）	elsg	股份公司	仪表制造
27	АО Электросигнал（“电子信号”股份公司）	elsg	股份公司	仪表制造
28	ОАО Фазотрон-НИИР（“法泽特洛尔”科研生产综合体）	fztr	股份公司	仪表制造
29	ОАО Агат（“阿伽特”股份公司）	gyaa	股份公司	机械制造
30	ОАО ГИДРОАГРЕГАТ（“液压附件”股份公司）	gyda	股份公司	机械制造

表 7-3（续）

序号	公司名称	RTS 交易代码	股票类型	行业
31	ПАО Импульс（“脉冲”股份公司）	implp	开放式股份公司	无线电
32	ПАО Импульс（“脉冲”股份公司）	impl	股份公司	
33	ОАО НПО“Иркут”（“伊尔库特”科研生产综合体）	IRKT	股份公司	航空制造
34	ОАО ГСКБ “Алмаз-Антей”（“金刚石 - 安泰”设计局）	kbaa	股份公司	机械制造
35	ОАО ГСКБ “Алмаз-Антей”（“金刚石 - 安泰”设计局）	kbaap	开放式股份公司	机械制造
36	ОАО Ковровский электромеханический завод（科夫洛夫斯基机械电子厂）	kemz	股份公司	机械制造
37	ОАО Ковровский электромеха-нический завод（科夫洛夫斯基机械电子厂）	kemzp	开放式股份公司	机械制造
38	ОАО Казанский вертолетный завод（喀山直升机厂）	khelp	开放式股份公司	机械制造
39	ОАО Курганский МЗ（库尔干机械厂）	kmza	股份公司	机械制造
40	ОАО Курганский МЗ（库尔干机械厂）	Kmzap	开放式股份公司	机械制造
41	ОАО Казанский оптико-механический завод（喀山光学机械厂）	komz	股份公司	光学
42	АО Компания “РИТМ”（“LITM”公司）	krtmp	开放式股份公司	无线电
43	АО Компания “РИТМ”（“LITM”公司）	krtm	股份公司	无线电
44	ПАО Красное знамя（“红旗”公司）	krznp	股份公司	机械制造
45	ПАО Красное знамя（“红旗”公司）	krzn	开放式股份公司	机械制造
46	ОАО Завод “Красное Сормово”（“红色萨尔莫瓦”工厂）	ksmv	股份公司	造船
47	ОАО Завод “Красное Сормово”（“红色萨尔莫瓦”工厂）	ksmvp	开放式股份公司	造船

表 7-3（续）

序号	公司名称	RTS 交易代码	股票类型	行业
48	OAO Красногорский завод им.С.А.Зверева（兹维列夫科拉斯诺斯基工厂）	kziz	股份公司	光学
49	OAO Красногорский завод им.С.А.Зверева（兹维列夫科拉斯诺斯基工厂）	kzizp	开放式股份公司	光学
50	OAO ЛЕПСЕ（“列普瑟”股份公司）	leps	股份公司	机械制造
51	OAO ЛЕПСЕ（“列普瑟”股份公司）	lepsp	开放式股份公司	机械制造
52	ЛОМО OAO ао（“罗曼”股份公司）	lomo	股份公司	光学
53	ЛОМО OAO ап（“罗曼”股份公司）	lomop	开放式股份公司	光学
54	ПАО Мотовилихинские заводы（马达维利赫工厂）	MOTZ	股份公司	机械制造
55	OAO ММП им.В.В.Чернышева（莫斯科切尔尼雪夫斯基公司）	mpch	股份公司	航空制造
56	OAO МПО им.И.Румянцева（鲁缅泽夫股份公司）	mpor	股份公司	航空制造
57	OAO МПО им.И.Румянцева（鲁缅泽夫股份公司）	mporp	开放式股份公司	航空制造
58	OAO КУЗНЕЦОВ（库兹涅佐夫股份公司）	mtst	股份公司	导弹制造
59	OAO КУЗНЕЦОВ（库兹涅佐夫股份公司）	mtstp	开放式股份公司	导弹制造
60	OAO МВЗ им.М.Л.Миля（莫斯科“米里”工厂）	mvzm	股份公司	航空制造
61	OAO МВЗ им.М.Л.Миля（莫斯科“米里”工厂）	mvzmp	开放式股份公司	航空制造
62	OAO Машиностроительный завод имени М.И. Калинина（加里宁机器制造厂）	mzik	股份公司	机械制造
63	OAO Машиностроительный за-вод имени М.И. Калинина（加里宁机器制造厂）	mzikp	开放式股份公司	机械制造
64	OAO Нептун（“涅普杜”股份公司）	nept	股份公司	造船
65	OAO Нептун（“涅普杜”股份公司）	neptp	开放式股份公司	造船

表 7-3（续）

序号	公司名称	RTS 交易代码	股票类型	行业
66	НОАО Гидромаш（“水上机械”股份公司）	ngrm	股份公司	航空制造
67	ОАО Нижегородский машино–строительный завод（下诺夫哥罗德机械制造厂）	nmsz	股份公司	航空制造
68	ОАО Нижегородский машино–строительный завод（下诺夫哥罗德机械制造厂）	nmszp	开放式股份公司	机械制造
69	ОАО НПП “Аэросила”（“航空动力”股份公司）	nppa	股份公司	航空制造
70	ОАО НПП “Старт”（“启动”股份公司）	npps	股份公司	仪表制造
71	ОАО НПП “Старт”（“启动”股份公司）	nppsp	开放式股份公司	仪表制造
72	ОАО НИТЕЛ（“启动”股份公司）	ntzl	股份公司	无线电
73	ОАО ОКБ им.А.С.Яковлева（雅克设计局）	okby	股份公司	航空制造
74	ОАО ОКБ им.А.С.Яковлева（雅克设计局）	okbyp	开放式股份公司	航空制造
75	ОАО Победит（“胜利”股份公司）	pbdt	股份公司	冶金
76	АО ПНППК	pnpp	股份公司	仪表制造
77	ОАО Радий（“拉吉”股份公司）	radi	股份公司	无线电
78	ОАО Радий（“拉吉”股份公司）	radip	开放式股份公司	无线电
79	ОАО РАТЕП（“拉吉普”股份公司）	ratp	股份公司	无线电
80	ОАО РПКБ（拉明斯克仪表设计局）	rpkb	股份公司	无线电
81	ОАО Раменский приборостроительный завод（拉明斯克仪表制造厂）	rpsz	股份公司	仪表制造
82	АО Рязанский Радиозавод（梁赞仪表厂）	rsrzp	开放式股份公司	无线电
83	АО Рязанский Радиозавод（梁赞仪表厂）	rsrz	股份公司	无线电
84	ОАО Роствертол（罗斯托夫直升机制造厂）	rtvl	股份公司	航空制造
85	ОАО НПО “Сатурн”（“土星”科研生产综合体）	satr	股份公司	航空制造

表 7-3（续）

序号	公司名称	RTS 交易代码	股票类型	行业
86	ОАО Сарапульский электрогенераторный завод（萨拉布里发电机工厂）	segz	股份公司	电子技术
87	ПАО Сигнал（“信号”股份公司）	signp	开放式股份公司	电子技术
88	ОАО Ступинское машинострои-тельное производственное предприятие（斯图宾诺机械制造企业）	smpp	股份公司	航空制造
89	ОАО Ступинское машинострои-тельное производственное пред-приятие（斯图宾诺机械制造企业）	smppp	开放式股份公司	航空制造
90	СПб ОАО Красный Октябрь（“红十月”股份公司）	spkrp	开放式股份公司	航空制造
91	ОАО СТАР（“启动”股份公司）	starp	开放式股份公司	航空制造
92	ОАО Светлана（“斯维特兰娜”股份公司）	svna	股份公司	无线电
93	ОАО Светлана（“斯维特兰娜”股份公司）	svnap	开放式股份公司	无线电
94	АО Серпуховский завод “Металлист”（赛尔布霍夫“金属”股份公司）	szmlp	开放式股份公司	仪表制造
95	АО Серпуховский завод “Метал-лист”（赛尔布霍夫“金属”股份公司）	szml	股份公司	仪表制造
96	ОАО СЗ “Северная верфь”（北方造船厂）	szve	股份公司	造船
97	ОАО Тайфун（“台风”股份公司）	tafn	股份公司	无线电
98	ОАО Тайфун（“台风”股份公司）	tafnp	开放式股份公司	无线电
99	ОАО ТАНТК им.Г.М.Бериева（塔甘罗格别里耶夫公司）	takb	股份公司	航空制造
100	ОАО Техприбор（“技术仪器”股份公司）	thpr	股份公司	仪表制造
101	ОАО Техприбор（“技术仪器”股份公司）	thprp	开放式股份公司	仪表制造

表 7-3（续）

序号	公司名称	RTS 交易代码	股票类型	行业
102	OAO АНПП “Темп–Авиа”（“航空 - 速度”股份公司）	tmpa	股份公司	仪表制造
103	OAO АНПП “Темп–Авиа”（“航空 - 速度”股份公司）	tmpap	开放式股份公司	仪表制造
104	OAO ПКО“Теплообменник”（“热交换”股份公司）	tobm	股份公司	仪表制造
105	OAO Тульский оружейный завод（图拉武器厂）	tozz	股份公司	机械制造
106	Туламашзавод АК ОАО ао（图拉机械厂）	tuma	股份公司	机械制造
107	Туламашзавод АК ОАО ап（图拉机械厂）	tumap	开放式股份公司	机械制造
108	OAO Туполев（“图波列夫”股份公司）	tupl	股份公司	航空制造
109	OAO Тамбовский завод “Электроприбор”（塔姆博夫“电子仪表”股份公司）	tzep	股份公司	仪表制造
110	OAO Тамбовский завод “Элек–троприбор”（塔姆博夫“电子仪表”股份公司）	tzepp	开放式股份公司	仪表制造
111	ПАО ОАК（俄罗斯联合飞机公司）	UNAC	股份公司	航空制造
112	OAO Уральский приборострои–тельный завод（乌拉尔仪表厂）	upsz	股份公司	机载设备
113	OAO Уральский приборострои–тельный завод（乌拉尔仪表厂）	upszp	开放式股份公司	仪表制造
114	OAO ВАСО（“巴索”股份公司）	vaso	股份公司	航空制造
115	OAO ВАСО（“巴索”股份公司）	vasop	开放式股份公司	航空制造
116	OAO Вологодский оптико–механический завод（伏尔加光学机械厂）	vomd	股份公司	光学
117	OAO Вологодский оптико–меха–нический завод（伏尔加光学机械厂）	vomdp	开放式股份公司	光学
118	OAO Ярославский радиозавод（雅罗斯拉夫无线电厂）	yarz	股份公司	无线电

表 7–3（续）

序号	公司名称	RTS 交易代码	股票类型	行业
119	ОАО Ярославский радиозавод（雅罗斯拉夫无线电厂）	yarzp	开放式股份公司	无线电
120	ОАО Завод им.В.А.Дегтярева（“杰家列夫”厂）	zdeg	股份公司	机械制造
121	ОАО ЗОМЗ（扎格尔斯克光机厂）	zoms	股份公司	光学

在表 7–3 中，开放式股份公司 43 家，占比约 35.5%，其中有许多是苏联时期以第一任总设计师命名的实验设计局（俄文缩写“ОКБ”）。从表中可以看到俄罗斯企业层面的改革力度还是很大的，例如，以人类第一颗人造卫星总设计师科罗廖夫命名第一实验设计局已经改组为科罗廖夫能源火箭股份公司，是开放式股份公司，而且运作得还不错。西方公司和该公司的合作项目还不少，开放程度比较大。

当地时间 2024 年 8 月 14 日 16 时 18 分，俄罗斯莫斯科交易所因软件错误，导致大多数交易参与者无法连接访问服务器，17 时 30 分交易恢复正常。但随后莫斯科交易所指数直线下挫。这不免会让人浮想联翩，因为在此期间俄乌双方正在俄罗斯库尔斯克州展开激战。

总体来说，俄罗斯军工企业离资本市场还很远，但方向是确定的，只是时间问题，然而这个时间将因俄乌冲突更加不确定。

第四节　组建俄版 DARPA 再造航天工业

2012 年年初，普京在总统竞选期间，在《俄罗斯报》上发表了《变得强大：俄罗斯国家安全的保障》一文。普京在文中谈了他的国家安全观、军备计划和国防工业改革目标。

普京在文中强调：“如果我们无法保卫俄罗斯，就不能巩固我们的国际地位，也不能发展经济和民主制度。如果不能估算潜在冲突的风险、无法保证军事技术的独立，就不能对挑战做出应有的、正当的军事回应。”他指出，俄罗斯政府已经通过并且正在实施史无前例的武装力量发展和国防工业现代化计划。为此，未来 10 年将投入 23 万亿卢布（约 7200 亿美元）用于军备更新和军工现代化。这些投入必须在规定时间内得到回报，既要巩固国防能力，又要发展科技和经济基础。

普京表示，未来 10 年俄军将装备 400 多枚现代化陆基和海基洲际弹道导弹、8 艘战略导弹潜艇、约 20 艘多用途潜艇、50 多艘水上战舰、约 100 个军用航天器、600 多架现代飞机（包括第五代战斗机），还有 1000 多架直升机、能装备 28 个团的 S-400 地空导弹系统、能装备 38 个营的“勇士”防空导弹系统、能装备 10 个旅的伊斯坎德尔 M 导弹系统、2300 多辆现代化坦克、约 2000 个自行火炮系统、1.7 万多台军用车辆。他强调，到 2020 年，新式武器的装备率应该达到 70%。普京在文章中谈到了俄罗斯国防工业的发展。他指出，应该使俄罗斯的主要军事技术重返世界领先地位，俄军武器装备的更新将促进俄罗斯国防工业和科技基础的发展①。

普京在文章中指出，军工企业应该进行整合以实现高质量国产武器的量产；应该有最好的技术性能并适应目前的国防任务，只有最新式的武器和军事装备才能使俄罗斯巩固和发展在世界武器市场的地位；应该修改国家武器采购制度，使军工企业能够适应工作节奏；应该将军事计划同武器装备保障联系起来；应该考虑成立负责国防合同管理的统一机构。

针对俄罗斯国防企业缺乏信息交流，往往出现重复研发的状况，普京提议建立统一的数据库，统一技术标准，建立透明的军工产品定价机制。他认为，一方面要使各企业进行深层次的一体化合作，另一方面要提高企业之间的相互竞争。

普京强调，军工行业应该成为俄罗斯多个行业发展的领头羊，包括冶金、机械制造、化工、无线电、通信和信息技术等。他认为，应该向民用行业的企业转让先进的技术，实现民用产业的发展，苏霍伊超级喷气式飞机的研制和生产就是最好的例子。

普京强调，要坚决杜绝军工行业和军队内的腐败——国家安全领域的腐败实际上就是背叛国家。普京还呼吁，国防部与军工企业之间要进行建

① 路透社为此分析，俄罗斯现有 1350 家军工企业，雇员大约 200 万人，不少人在总统选举中投票支持普京。

设性对话，因为此前双方在武器采购方面争议的激化，险些导致 2011 年国防采购订单的流产。

在文章的最后，普京强调了国防建设未雨绸缪的重要性。他说："我们任何时候都不能再重蹈 1941 年的悲剧——由于国家和军队对战争准备不足而付出了大量人员伤亡的代价。"

普京的一个重要举措就是向美国学习，组建俄版 DARPA。2012 年 7 月 4 日美国国庆日，俄罗斯国家杜马批准了《国家安全与发展远景研究基金会》法案，同意建立俄罗斯国防科技工业远景研究基金会（简称基金会），其职能类似于美国国防部的 DARPA。这一基金会的建立对于俄罗斯国防科技工业改革具有重要意义，成果率先在高超武器及航天领域显现。

基金会的主要任务是：科学分析和认识俄罗斯在国防科技领域可能面临的技术落后风险和安全威胁；探索突破性高风险技术的主要方向，研究和跟踪军用、民用和两用领域的创新观点和先进解决方案；重点研发监视系统、高精度武器、计算机安全、战略核力量、空天防御系统、机器人、高超声速技术和新材料等。

基金会组织机构：基金会的最高管理机关是监察委员会，监察委员会不参与项目评选，但有权决定基金会对其他机构的投融资。基金会主席由总统根据监察委员会的候选人提名确定。基金会管理层由 15 人组成，除主席外，7 人来自政府，7 人由总统任命。基金会的项目评审机关是科技委员会，科技委员会的成员由监察委员会提名并由基金会主席最终确定。科技委员会负责评审项目，以及成果推广应用。

基金会人员编制：同 DARPA 类似，基金会的人员编制预计为 200 人，但具体雇佣人数取决于基金会承担的科研、设计试验以及研发项目的工作量。成立初期可能在俄罗斯国防企业和科研机构中雇佣 100～150 名专家，负责俄罗斯各种中长期"高风险"的科研项目。

基金会经费来源：俄政府计划投入 20 万亿卢布在 2020 年前实施武器装备现代化。俄财政部已同意 2012 年拨给基金会 30 亿卢布，以后增至每年 35 亿～40 亿卢布。基金会计划每年支持 150 个研究项目。普通项目的资助额度在 100 万～5000 万卢布，重大项目的支持额度在 5000 万～9000

万卢布，同期最多支持 10 个重大项目。

俄版 DARPA 组建，源于普京对当时俄罗斯航天领域的不满。从 2011 年 3 月起的 18 个月里，俄罗斯 7 次航天发射遭到失败，损失 7 颗卫星。普京认为问题出在航天工业的结构上，需要对航天军工领域进行洗牌。

2012 年 8 月 31 日，普京在俄罗斯联邦安全会议上承认，俄军工业在最近 30 年中因为拨款不足等原因错过了几个现代化周期，这些失去的东西必须弥补回来。他还说，必须打破军工由国家垄断的传统思维，简化私人资本建立新军工企业和参与军工生产的程序，吸引民企完成该领域的国家订货。为此，俄罗斯政府还专门在克里姆林宫向几家研制出新型雷达站的民营企业颁发了国家奖。这次会议上，普京要求负责军工的副总理迪米特里·罗戈津和航天局局长拟定一份重构国家航天工业的建议。

普京 2012 年对军工的改革考虑，与同期美国的做法大致相似，包括对军工问题的认识。

2016 年 1 月 1 日，俄罗斯航天国家集团公司成立，由俄罗斯联邦航天局与联合火箭航天公司合并组建。公司拥有原联邦航天局职权，同时拥有联合火箭航天公司及其下属企业，联合火箭航天公司几乎囊括了俄罗斯航天领域内的所有企业、设计局与科研单位。主要成员有以下 15 家。

1. 赫鲁尼切夫国家研究生产太空中心（Khrunichev State Research and Production Space Center），研制“质子”（Proton）等火箭，高峰时期曾占有全球 30% 的商业发射市场。

2. 科罗廖夫能源火箭航天集团（S. P. Korolev Rocket and Space Corporation Energia），是开放式合资公司，公司会公布每年的经营情况。该公司是载人航天系统的总体单位，研制火箭及轨道转移飞行器、国际空间站部段以及重型、中型“联盟”火箭。“联盟”火箭是国际空间站任务的主要运输工具。

3. 马克耶夫国家火箭中心（Academician V. P. Makeyev State Rocket Centre），在 2000 年由政府科研机构改造为开放式合资公司，主要业务是研制潜射导弹、拆除退役的导弹设施，研制小型商业火箭、卫星平台、深空探测火箭、轨道太空船，其他还包括风电设备、石油炼制设备、水净化设备。该公司发展过程中也整合了多家国有企业，形成了一个小的联合体。虽然是开放式合资公司性质，但是政府仍持有 100% 的控股权。

4. 俄罗斯进步国家太空研究与生产中心（TsSKB-Progress），1996 年由俄罗斯进步中央设计局（TsSKB）和萨马拉进步工厂合并而成，生产改装后的“联盟”号运载火箭，包括“联盟” - FG 载人型，“联盟” - U 搭载探测器型，以及“联盟” - 2.1B 轻型。

5. 拉沃契金设计局（NPO Lavochkin），研制生产地球卫星如：Kupon 全球通信卫星和深空探测器“月球”（Luna）、“金星”（Venera）、探测器 - 1～3（Zond-1～3）、“火星”（Mars）、火卫一土壤 Phobos-Grunt、Spektrum、Astron、Granat 以及侦察卫星阿尔康（Arkon）等。

6. 伏龙芝兵工设计局（Arsenal Design Bureau）发源于 1711 年，最初生产枪炮，从 1960 年起发展航天技术，研制了超过 80 颗俄罗斯“宇宙”（Cosmos）系列军用卫星及相关有效载荷，如 SEVER 雷达成像设备与小型推进器 TOR 等，并从事航天相关的机械工程。

7. “火炬”试验设计局（EDB Fakel），研制飞船电推进器，包括：稳态等离子体推进器（SPT）、热催化推进器、姿控推进器、离子发动机和等离子体源。其产品曾销售给美国洛克达因公司，曾与法国斯奈克玛（SNECMA）公司共同研制 PPS - 1350 离子推进器，用于智慧 - 1（Smart - 1）和阿尔法卫星（AlphaSat）。

8. NPK SPP 精密仪器公司（NPK SPP），是开放式股份公司，生产科学精密仪器，包括光学及光电子系统、激光与无线电计量系统、激光通信与激光雷达系统，可用于格洛纳斯（GLONASS）导航卫星系统研制。

9. 俄罗斯航天系统公司（Russian Space Systems），研制生产空间信息系统与平台，提供空间信息检索服务，依托 GLONASS 提供导航定位服务。

10. 列舍特涅夫信息卫星系统公司（Academician M. F. Reshetnev Information Satellite Systems）研制了俄罗斯 2/3 的卫星，并提供通信、导航（GLONASS 卫星）、电视广播、数据中继、大地测量等服务。

11. 俄罗斯动力机械科研生产联合体（NPO Energomash），1998 年由国企改造为股份制企业，大部分股份仍由国家持有。设计、生产并试验火箭发动机，型号包括："联盟"火箭的RD－107/108发动机、"天顶"（Zenit）火箭的RD－120发动机、"质子"火箭的RD－253发动机、美国宇宙神－5（Atlas－5）火箭的RD－180发动机以及俄罗斯新一代火箭RD－191发动机等。

12. 皮留金科研生产联合体（Academician Pilyugin Center，NPO AP）主要研制火箭、导弹与飞船的惯性控制系统，包括捷联惯导系统（SINS）、机械平台式惯性导航系统（GINS）、捷联式惯性测量单元（SIMU）等，涉足自主控制系统、机器人系统与智能化机械技术，从事国家太空项目，如GLONASS导航卫星，同时还生产民用产品，如汽车诊断系统。

13. 全俄航天材料研究院（Kompozit），研制先进金属材料、非金属材料、复合材料，研发生产火箭、载人及无人飞船的新材料，承担地面试验及飞行试验各个阶段检测航天火箭材料适用性的研究，如："暴风雪"号（Buran）航天飞机的热防护层。其他还包括微重力设备、半导体与光学组件。

14. 俄罗斯机电科学研究所（VNIIEM Corporation），研制通用型卫星总线及平台，生产过70多颗卫星，卫星高度大约在650千米，主要用于气象卫星。2006年曾与萨瑞卫星技术有限公司（SSTL）合作研制地球观测卫星"老人星"（Kanopus），俄罗斯机电科学研究所提供软件与航电设备。

15. "兵工"机械制造工厂（Machine-building plant "Arsenal"），是俄罗斯老牌军工企业，位于俄罗斯圣彼得堡，生产先进军事装备与民用产品，包括航天器平台、火箭助推器、海军炮架和导弹发射系统，民用产品包括压缩机、废水处理设备和低温设备。

新的航天集团组建后，俄罗斯的航天防务领域出现了积极变化，高超声速导弹很快研制出来。2022年4月20日，俄罗斯成功试射第五代重型洲际弹道导弹萨尔马特。普京曾在2018年国情咨文中专门介绍说，该弹致命一招是飞越极地攻击另一个半球的敌方目标，可以打到地球上任何一个角落。其他国家现有和研制中的反导系统无法对付这种攻击模式。

第五节 解决军品订货体系的纷争

2024年，在美国2025财年预算听证会上，一位议员举着一袋可用几百美元买到的零件，谴责美国空军为什么要花费几万美元，随后美国媒体陆续披露了美国军备天价采购的黑历史。军品订货问题，在俄罗斯更是个大问题，已有多位国防部高官因此被免职获罪。

苏联解体后，俄罗斯军工企业与国防订货部门矛盾逐渐公开化。2010年，俄罗斯时任国防部部长阿纳托利·谢尔久科夫说，“会毫不犹豫地将6130亿美元的拨款用在进口武器上，因为俄罗斯制造的武器不能达到所需要的标准，武器制造商想要推出过时的型号，但我们不想购买这样的武器”。俄共领导人久加诺夫为此骂谢尔久科夫为“卖国贼”。俄罗斯购买法国“西北风”级两栖攻击舰，就发生在谢尔久科夫担任国防部部长期间。2012年11月6日，谢尔久科夫因丑闻被解职。

2012年5月，普京再次就任总统后，利用一切场合强调发展国防军工的重要性，根据竞选期间的纲领，他出台了许多有利于俄罗斯军工发展的新举措。例如，成立了负责国防合同管理的统一机构，化解军工企业与军队之间的矛盾，提高军用产品利润率，重拳打击武器装备生产、采购中的渎职和腐败行为，整顿军企秩序，消除军中腐败等，采取两方面重要举措。

一、提高军工企业利润率至15%以上

从2009年开始，俄罗斯军方就购买法国“西北风”两栖攻击舰开始磋商，2011年1月双方达成政府间协议，俄罗斯国内对此协议有强烈的反对意见。

2011年7月，普京对军方和本国军工企业未完成国防订单任务提出批评，要求双方尽快协调军备价格等争议，签署军备合同，并在2011年8月31日之前向政府提交联合报告。2011年9月5日，普京要求国防部与军工生产企业在一周内完成签署有关舰船、导弹装备以及军用飞机方面的合同。普京当天在沃洛格达州切列波韦茨市出席统一俄罗斯党的地区会议

时说，截至 9 月 1 日，国防部和军工生产企业并未如期完全达成军购合同。双方仍在就某些争议讨价还价。普京表示，俄罗斯用于加强国防领域建设的资金数额巨大，前所未有。如果合同签署不力，政府不得不另寻其他出路，或撤销或缩减费用，但是应当首先保障国防能力。他再次强调，“我们不需要用数十亿、上万亿卢布的资金交学费，我们需要的是保障产品的数量和质量”。军工生产企业的利润率必须得到保证，而且应在 15% 以上，以便这些收益用于企业发展、发放职工工资等方面。

为了加强对国防采购的监管，普京于 2012 年 5 月 10 日任命军事工业委员会为国防采购争议的仲裁方；5 月中旬审议了新的《国家国防订货法》草案，严格规范国防合同定价标准。以解决俄国防部与军工企业间因合同定价、军品质量等问题不断出现的矛盾，防止俄国防部因国产武器装备价格过高而订购外国军舰、装甲车辆及其他武器装备等不利局面的不断出现。普京强调，任何企图抬高武器装备单价的行为都将被遏制。政府不允许武器装备价格虚高，允许武器供应商的利润为 13%～20%。根据 2012 年 5 月 12 日俄政府公布的一份政府决议，俄联邦关税部与贸易和工业部将就国防订货合同的初始价格提出建议指导价格。联邦关税部和相关的联邦部门、机构等必须在未来 3 个月内制定国防支出清单，且该国防支出清单要剔除通货膨胀因素。

俄军工企业在向俄军方销售武器装备的过程中，主承包商从武器系统销售中获得的利润不得超过该系统成本的 20%。若组件或零部件是从分包商那里购买的，在给整个武器系统定价时，组件或零部件的报价不得超过主承包商购买该组件或零部件价格的 1%。如果主承包商能够证明销售所得的部分利润将用于产品研发，整个武器系统的利润空间可以提高到 25%。

普京还指出，国防部和相关部门应设立相应的管理机构，形成一个国防采办合同监管体系。该体系应了解并控制所有国防采办合同的执行过程，包括合同期限、价格和质量等，对合同执行过程中出现的问题及时做出响应。此外，要鼓励私有企业参与国防采办项目，促进军工企业之间的竞争。

二、调整军工企业和国防订货部门间的利益关系

2012 年 11 月 6 日，俄罗斯国防部部长谢尔久科夫被解职，英国《金融时报》这样解读："谢尔久科夫自 2007 年以来在俄罗斯国防工业实行的各项政策，使他受到来自俄罗斯有权势的军工部门的压力。他曾被誉为俄罗斯政府内部为数不多的有效改革者之一，对俄罗斯军队进行了广泛重组。但他也在俄罗斯国防产业的既得利益集团中树了敌，由于他坚决对抗被夸大的装备价格，他冒犯了这些利益集团。他还受到俄军将领的批评，因为他寻求取消义务兵制度，把俄军从一支依靠义务兵的军队转型成一支由志愿兵组成的军队，这是普京推行的全面改革的一部分。"这种猜测可能有一定道理，也可能是普京为了理顺军企关系而"挥泪斩马谡"，因为谢尔久科夫曾是普京军事改革战略的坚定支持者。

继撤换国防部部长后，普京总统 2012 年 11 月 9 日又撤换俄武装力量总参谋长马卡罗夫，任命俄中央军区司令瓦列里·格拉西莫夫为总参谋长兼国防部第一副部长。普京表示，格拉西莫夫是俄军总参谋长最为合适的人选，他能够胜任这一职务，指挥俄军正在进行的大规模换装工作。普京还向格拉西莫夫提出与国防工业系统主要工业企业构建稳定合作伙伴关系的任务，并继续改装军队和舰队、完善结构和军队管理。

普京称，为各个部队和军种解决武器问题很大程度上取决于总参谋部。2024 年 6 月，国际刑事法院发布消息称，对俄罗斯联邦武装力量总参谋长格拉西莫夫个人发出逮捕令。

第六节　俄罗斯 2022

主导解散苏联的俄罗斯曾幻想融入西方，照搬美国药方搞"休克疗法"改革，多次申请加入北约未果，当北约一步步东扩到了家门口，最后不得不刀兵相见。2014 年克里米亚公投加入俄罗斯时，普京有一个讲话，讲了俄罗斯的历史，讲了西方的步步紧逼，讲了俄罗斯的退让，感觉那时火山已在酝酿，讲话很像一篇反击的檄文。斯拉夫民族、东正教，与欧洲如何相处，这将是很长一段时间里欧洲斯拉夫人要面对的问题，欧洲将不

得不面对。

2015 年，俄罗斯整合空军和空天防御力量成立了空天军；2019 年 2 月，中国正式组建中国人民解放军火箭军；2019 年 12 月，美国总统特朗普批准成立太空军，2022 年春季，美国太空军新总部在亚拉巴马州亨茨维尔基本建成。这不仅会让人想起 1957 年 10 月 4 日，苏联成功发射人类第一颗人造卫星；1958 年 1 月 31 日，美国成功发射卫星；1958 年 5 月，毛泽东主席宣布："我们也要搞人造卫星！"。

2020 年，美国海军退役军官发表文章，提议《放出私掠船！》[①] 对付中国海上力量，以摧毁中国经济依赖的海洋产业。2022 年俄乌冲突期间，又有美国议员提案用私掠船对付俄罗斯。谁是威胁，谁是挑战，美西方一直在按自身利益定义。2022 年 2 月 1 日，英国国防部发布了《国防太空战略》，提出将在太空领域担任重要角色，确保太空行动自由，这是要把 17—19 世纪英国在海上打击西班牙、荷兰、法国的逻辑移植到太空。如果有一天，某国的卫星被某国俘获，也不要奇怪，俄罗斯拍摄的电影《太空救援》(俄文译名：礼炮 -7）已进行了演绎，而且该影片的首映式居然在美国。

2022 年，注定将成为俄罗斯历史上的重要一年。2022 年 2 月 24 日，俄罗斯对乌克兰展开特别军事行动。然而，截至本书完稿的 2024 年 9 月，特别军事行动已扩展到俄罗斯境内的库尔斯克州，出人意料。

2021 年年底，俄罗斯国防部高调公布了 2022 年将列装的海空天装备，包括高超导弹萨尔马特、战略核潜艇"北风之神"、苏 -57 战机，可以揣测的是，俄乌冲突只能使这些武器交付加快，数量增加。此外，俄罗斯还"复活"了包括图 -160 战略轰炸机在内的一些苏联时期武器。

2021 年年底，俄罗斯塔斯社发表专题文章《2022 年俄罗斯军队将得到怎样的技术装备》，高调宣传俄罗斯武器装备进展情况，进行了详细介绍。

---

① 美国海军研究协会（USNI）网站文章：《Unleash the Privateers!》。

图 7-6　俄罗斯萨尔马特洲际弹道导弹（图片来自俄塔斯社）

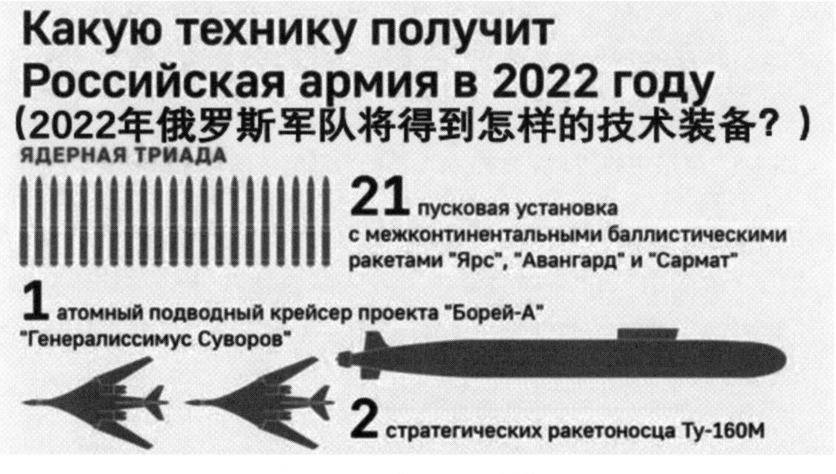

图 7-7　俄塔斯社文章截图

塔斯社文章介绍，2022 年俄军将有一批新装备服役，战略武器包括：亚尔斯、萨尔马特、阿凡加德三型共 21 枚洲际导弹，1 艘“北风之神 –A”战略核潜艇，2 架图 –160M 战略轰炸机，这些战略武器服役之后将进一步加强俄罗斯国家安全力量。

俄罗斯战略核潜艇部队是美国最担心的武装力量，即将交付的“北风

之神 -A”核动力潜艇、“亚历山大·瓦西里耶维奇·苏沃洛夫”号战略导弹核潜艇是技术最先进的核潜艇，是美国正在建造的“哥伦比亚”级核潜艇的对标艇。

图 7-8　建造中的“北风之神 -A”核动力潜艇（图片来自俄塔斯社）

俄罗斯卫星通讯社 2022 年 1 月 12 日报道称，首架新型图 -160M 战略轰炸机在喀山飞机制造厂机场完成首飞。俄罗斯媒体预计俄空军将采购 50 架，10 架已正式订购。俄国防部证实，两架图 -160M 将于 2022 年列装远程航空兵。

图 7-9　试飞中的图 -160M（图片来自俄卫星通讯社）

2022 年，俄罗斯海军将采购 5 艘潜艇、11 艘水面舰艇、3 艘作战艇，为岸防部队提供 2 套导弹系统。空天军将新列装 257 架新机，包括最新型的苏 -57 战机，以及 5 套 S-400 防空导弹系统。

在航天领域，国际空间站主要依靠美国和俄罗斯运行，美国宇航员多次搭乘俄罗斯的飞船前往空间站。2022 年 7 月 1 日，时任俄国家航天集团总裁罗戈津向俄媒体表示，俄美将开始讨论重启前往国际空间站的交叉载人飞行问题。罗戈津此前披露，交叉飞行问题是 NASA 首倡，因为美国人“不想在俄罗斯飞船上失去飞行素养”。

俄罗斯虽然在海空天装备上制订了很多计划，但能否如期交付是最大问题，主要困难有两方面：一是经费问题；二是人才。俄罗斯这些年在海空天科技工业领域人才老化严重，工作效率低是一大问题。

2022 年 6 月，俄罗斯国际事务委员会专家伊利亚·克拉姆尼克对卫星通讯社说，俄罗斯应该从中国购买大型军舰，如 052D 驱逐舰、054/054A 导弹护卫舰、056/056A 反潜护卫舰等。俄罗斯海军司令尼古拉·叶夫梅诺夫上将曾说，俄罗斯已 30 年未建造大型舰船，建造大型舰船存在一定问题：一是制造周期长；二是建造成本高。

与中国进行深度合作，俄罗斯的执政者很清醒，当事者也很需要，但是一旦进入论证落实阶段，一些所谓的俄罗斯“精英”就会发出一些不同声音，使中俄一些重要合作项目进展缓慢，甚至搁浅。这是俄罗斯“精英”应该反思的问题。俄罗斯某些领域的“精英”如果不解决崇拜西方的心理病，将永远受制于西方。

2022 年 5 月 8 日，俄新社发布消息，称美国马斯克为乌克兰亚速营提供 SpaceX 公司“星链”卫星系统服务，时任俄罗斯国家航天集团总裁罗戈津为此喊话马斯克，“埃隆，无论你怎么装傻，你都要承担责任”。而在此之前，有媒体称，由于“星链”为乌克兰军方提供信息，导致俄罗斯黑海舰队“莫斯科”号导弹巡洋舰被击沉。如果情况属实，太空将真的不得安宁，毕竟俄罗斯依然拥有独特的导弹和火箭技术。

2022 年 6 月 24 日，罗戈津在“俄罗斯 24”电视台采访时说，俄罗斯航天集团已开始批量生产萨尔马特战略弹道导弹，第一个导弹团将在 2022

年年底投入战斗值班。萨尔马特号称能以高超声速飞行并具有滑翔机动能力，能突破当今世界最强的防空系统。

第七节 面向战时经济的俄罗斯军工

2024 年 5 月，俄罗斯政府第一副总理安德烈·别洛乌索夫被任命为国防部部长，兼任工贸部部长的副总理丹尼斯·曼图罗夫升任第一副总理，二人的共同职责是推动俄罗斯工业体系向战时经济转型，与美西方展开持久战。

2018 年 9 月，时任工贸部部长的曼图罗夫接受媒体专访，对俄罗斯国防工业如何应对制裁、军工企业军转民、继续组建大型联合企业等问题进行了详细说明。

曼图罗夫说，从 2014 年开始，俄罗斯为消除美西方经济制裁对国防工业的影响，全力实施“进口替代计划”。俄罗斯“进口替代计划”按预期进度执行，自主研制的舰用燃气轮机等关键设备已处于最终试验阶段。曼图罗夫表示：“我相信只要对企业继续加以扶持，这一目标完全可实现。”联邦工贸部正在制订 2027 年前国防工业发展国家纲要，曼图罗夫认为，国防工业的升级并不只是生产设备的更新，还要采用数字化管理和生产，俄罗斯技术国家公司联合俄罗斯原子能国家公司及 IT 企业，正在研制数字化生产设备，以摆脱对国外产品的依赖。“进口替代计划”的顺利实施保障了国防工业的有序发展。

曼图罗夫总结说，俄罗斯一部分企业在政府的支持下，仅半年的时间内，通过寻找替代商、开发新市场等方式，克服了进口设备断货、市场阻断的影响。他认为，在“进口替代计划”的实施过程中，企业并未“盲目”使用资金，2017 年共投入 6000 多亿卢布研制替代产品，其中 1200 多亿卢布来自国家预算，成功启动的项目可以保障 2020 年价值 26000 亿卢布成品的销售。企业减少了进口、增加了出口，越是复杂的环境越有利可图。

曼图罗夫表示，虽然俄罗斯遭遇了西方制裁，但是国防工业仍保持稳定的增长态势。根据联邦工贸部的数据，最近5年军工企业产量增至1.7倍。2018年俄罗斯工业生产增长额预计为5%。2024年，联邦工贸部计划每年增长额为8%，在国防工业的民品领域，计划每年增长额至少为13%。

曼图罗夫表示，目前俄罗斯国防工业已有63家一体化联合企业，这些企业的产量占到国防工业总产量的78%，相近业务的企业整合成联合企业，可产生协同效应，增加综合竞争潜力，且有利于优化管理结构。曼图罗夫确认，俄罗斯国防工业将继续进行一体化联合企业的组建，组建后的联合企业将进入俄罗斯技术国家公司，如同联合飞机制造集团一样。

20世纪90年代，俄罗斯国防工业曾盲目进行军转民，通过生产铁锅等民品支付工人工资，曼图罗夫建议忘记这些。虽然目前国家国防订货已到高峰期，但是这种情况在预测范围内，军工企业有充足时间对形势变化做出适应性调整。

曼图罗夫表示，2017年国防工业民品占到总量的18%，2018年预计为19%。如果保持这种增速，2030年前军品、民品各占一半的目标可以实现。曼图罗夫评价2018—2027年国家武器装备计划考虑缜密，尤其是优化了定价原则和向产品全生命周期合同转变，利于促进产品批产、降低成本，以及企业从更高层次优化资金使用。从2024年俄罗斯经济表现看，曼图罗夫的计划正在实施，部分已取得成效，否则他也不会得到普京重用。但在军民品比例方面，短时间内很难达到曼图罗夫的设想。

2022年6月13日法国《回声报》网站发表了一篇《为战争服务的太空革命》的文章。文章认为“乌克兰冲突证明了正在进行的太空革命。如果没有数百颗主要由美国控制的卫星支持，乌克兰军队将无法抵抗俄罗斯的入侵”。空客公司首席执行官舍尔霍恩说：“如果没有卫星提供的互联网连接，泽连斯基总统永远不可能与军方及国民建立如此密切的联系。”

2024年，俄罗斯已有3款高超声速导弹投入使用，分别是“先锋”“锆石”和“匕首”，其中“匕首”已在俄乌冲突中使用。

美国媒体分析，俄罗斯高超武器的成功，受益于普京组建的俄版 DARPA。2022 年 12 月，美国国防部宣布成立 OSC，发言人宣称原因之一就是对 DARPA 在高超武器研制上落后于俄罗斯感到不满。美俄一直在紧盯对方，相互借鉴着经验和教训，军方有时不惜夸大对方的威胁来争取国防预算，都属正常。

2024 年秋，俄罗斯到了该亮出家底的关键时刻。

第八章　美西方对中国国防军工的特别“贡献”

如同独立后的美国是一个制造业从零起步、被英国封锁的农业国一样，新中国成立时也是百废待兴、被美西方围困的农耕国。如今的中国，已是世界第二大经济体，国防军事力量足以震慑到威胁国家安全的强敌。中国是如何在 70 多年间做到这一切的?

2024 年 7 月，美国白宫发言人对媒体说:“中国应该对‘沃尔夫条款’[①] 表示感谢，正是这种外部压力，激发了中国在航天科技领域的自主创新，推动他们走在了科技的前沿”。

任何人都不会感谢打压他的人，但中国今天取得的成就，尤其在国防军工方面，的确有美西方的特别“贡献”。小成就靠自己，大成功靠对手，用在中美关系上最合适不过。

从抗美援朝、美军轰炸中国驻南联盟使馆，到中美南海撞机、“银河号”在公海被美军强行登船检查，再到从 2018 年开始的不平等贸易和技术封锁，这些外部压力的确成为中国自强发展的动力。

不能否认，中国在不同时期曾得到美西方的帮助，但让中国发展最大的动力，的确是美西方的炮火、封锁与制裁。

第一节　美西方对中国军工的“贡献”

“冒着敌人的炮火前进”，是中国军事工业发展的历史与现实写照。

在 1950—1953 年的抗美援朝炮火中，中国开始了国防科技工业的体系化布局。中国军事装备“井喷式”发展，开始于 1999 年 5 月 8 日美军对中

① 限制中国航天合作的法案。

国驻南联盟使馆的那次野蛮轰炸。

一、航空科技工业

1950 年朝鲜战争爆发，在美国战机的狂轰滥炸中，新中国开国领袖们下决心建设完整的航空科技工业体系。1951 年 4 月 17 日，中央人民政府革命军事委员会、政务院颁发《关于航空工业建设的决定》，4 月 17 日成为新中国航空工业诞生日。1951 年 4 月 18 日，成立重工业部航空工业管理局。1952 年 10 月 25 日，北京航空学院成立，就是现在的北京航空航天大学。

1954 年 7 月 3 日，南昌飞机修理厂制造出了新中国第一架飞机初教五。1954 年 8 月 1 日建军节，毛泽东主席亲笔签署了给南昌飞机修理厂的嘉勉信（见图 8–1）。信中说：“国营三二〇厂全体职工同志们：祝贺你们试制第一架雅克十八型飞机成功的胜利，这在建立我国的飞机制造业和增强国防力量上都是一个良好的开端。希望你们继续努力，在苏联专家的指导下，进一步地掌握技术和提高质量，保证完成正式生产的任务。”毛主席在信中特别提到了苏联的帮助，反映当时中国军工依靠苏联技术的实际情况。

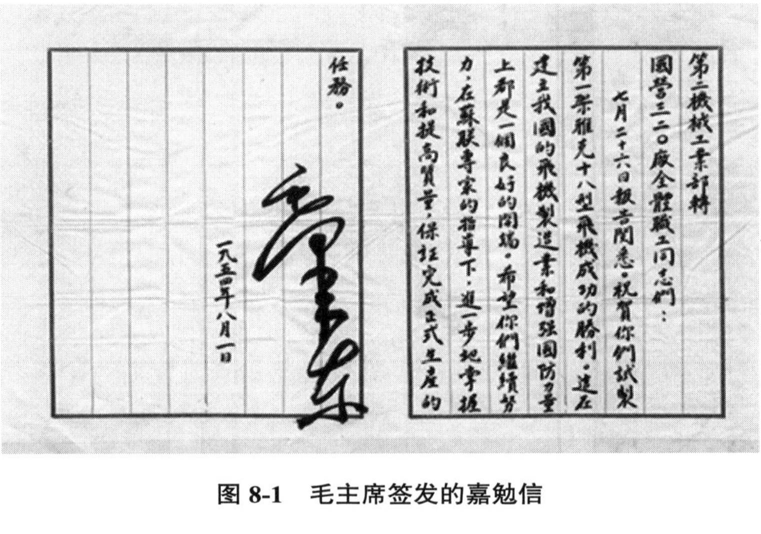
第二機械工業部轉
國營三二〇廠全體職工同志們：
七月二十六日報告閱悉。祝賀你們試製第一架雅克十八型飛機成功的勝利。這在建立我國的飛機製造業和增強國防力量上都是一個良好的開端。希望你們繼續努力，在蘇聯專家的指導下，進一步地掌握技術和提高質量，保証完成正式生產的任務。
毛泽东
一九五四年八月一日

图 8-1　毛主席签发的嘉勉信

毛泽东、朱德、周恩来、邓小平等开国领袖们都非常关心航空工业，几乎视察过所有飞机制造骨干企业。1958 年 2 月 12 日和 13 日，毛主席先后到沈阳黎明机械厂和沈阳松陵机械厂视察（见图 8–2）。在沈阳松陵机械厂视察时，毛主席在飞机预总装生产线边看边问：“制造这种产品的，全国还有几个工厂？一架飞机有多少零件？”，毛主席还询问了工人培养情况，询问国内航空材料能否实现自给等。毛主席登上了又窄又陡的工作梯，仔细观察飞机内部结构，饶有兴趣地听车间主任讲解飞机座舱各部件的性能和工作原理。

图 8-2　毛主席视察沈阳松陵机械厂

1966 年 1 月 17 日，中国第一型两倍声速歼击机歼 7 实现首飞；1969 年 7 月 5 日，歼 8 双发高空高速歼击机实现首飞。

20 世纪 60 年代，毛泽东主席和周恩来总理与有关同志多次研究在上海制造民用客机的可能。1970 年，经周总理批准，中国大飞机工程在上海启动，飞机代号运 10。1980 年 9 月 26 日，运 10 首飞成功，并完成了多次飞西藏的试验。由于“种种原因”，1985 年运 10 停飞下马。

从 1985 年开始，上海开始与美国麦道公司合作生产 MD-82 客机，并寄希望进一步合作联合研制新飞机。然而，1997 年，麦道公司被波音公司兼并，上海与麦道的合作随之终止，中国大型客机计划就此搁浅。

20 世纪 80 年代，改革开放和经济建设成为国家的中心工作，大裁军和军工订货大幅缩减，军工企业的主要工作就是军转民，锅碗瓢盆、洗衣机、冰箱、空调、摩托车、汽车，还有房地产，只要能给职工发出基本工资吃饱饭，军工企业什么活儿都干。这是军工企业最难熬的一段时期，也叫

"忍耐期"，有 10 多年的时间，军工企业主要任务就是想方设法地"活着"。

1999 年 5 月 8 日，美军悍然轰炸中国驻南斯拉夫大使馆。1999 年 7 月 1 日，中国十大军工集团成立，中国军工开始了 3 年改革脱困和持续的"高新工程"攻关。

1994 年，中国、以色列、俄罗斯三方达成协议，中国购买 4 架安装有以色列"费尔康"雷达系统的预警机，载机为俄制伊尔 -76TD 运输机。2000 年，轰炸完中国使馆不久的美国克林顿政府出面阻挠中、以、俄合作研制预警机项目，以色列在赔付了中方违约金后终止了预警机合作项目。

2001 年 1 月，小布什就任美国总统，他将克林顿时期的中美关系从"战略合作伙伴"调整为"战略竞争对手"。2001 年 4 月 1 日，美国 EP-3 电子侦察机在中国海南岛附近海域上空活动，中国海军航空兵派出 2 架歼 8 战斗机进行监视和拦截，其中一架编号 81192 中国军机与美军飞机发生碰撞，中国战机坠毁，飞行员王伟跳伞下落不明，后被中央军委确认为烈士。

美国 EP-3 电子侦察机未经允许迫降在海南陵水机场，经过外交谈判，在美方做了不情愿的"道歉"后，美军机被俄罗斯安 -124 大型运输机运回了美国。但小布什政府很快反悔，派出更高级的电子侦察机在南海继续活动。

"南海撞机"加速了中国海空力量的建设，空警 500（见图 8-3）、空警 2000 预警机相继研制出来。2011 年 1 月 11 日，中国隐身战机歼 20 首飞成功，并很快列装部队。2012 年 11 月，中国舰载机歼 15 在辽宁舰成功阻拦着舰。2024 年，中国已进入三航母时代。

图 8-3　空警 500

1999 年 5 月 8 日，三位同胞在美军轰炸中国驻南联盟使馆时罹难，然而，运送同胞遗体回国的却是美国波音飞机，这件事成为航空人的耻辱。2007 年，中国决定自主研发大型运输机和大型客机。大型运输机运 20（见图 8-4）于 2013 年首飞，2016 年正式列装部队。

图 8-4　运 20

2022 年 4 月，虽然在俄乌冲突期间，但按照中国与塞尔维亚之前签订的协议，国产大型运输机运 20 连续 4 天 22 架次空运“物资”至塞尔维亚，实现了洲际战略投送。飞行路线是：出新疆，经吉尔吉斯斯坦、乌兹别克斯坦、哈萨克斯坦进入里海，再飞越高加索三国阿塞拜疆、亚美尼亚、格鲁吉亚，经停土耳其进入欧洲，经保加利亚抵达塞尔维亚。2023 年，大型客机 C919 正式交付东方航空公司运营。

中国曾与加拿大发动机企业建有合资企业，曾达成研制新型直升机发动机协议，该合作也在美国干涉下被叫停。同样地，武装直升机直 10、直 20，以及高原直升机也被中国航空人自主研制出来。

在中国霹雳系列空空导弹的发展过程中，美国也做出过特别“贡献”。1958 年金门炮战期间，解放军空军与国民党空军展开激烈空战。国民党空军秘密装备了美制 AIM-9“响尾蛇”导弹，该弹采用红外制导技术，射程 3 千米，我军并不了解。9 月 24 日，我军战斗英雄王自重在击落敌机多架脱离战场后，被国民党空军美制 F-86 军机发射的“响尾蛇”导弹击中牺牲，这是世界空战史上空空导弹的首次应用。空战中，国民党空军发射的一枚 AIM-9

导弹坠地后没有爆炸，被解放军完整缴获。后来，中国与苏联合作研制出了各自的红外制导空空导弹，中国导弹型号名为霹雳 2，苏联的导弹名为环礁 -2。霹雳 2 空空导弹装备在国产歼 6、歼 7 上服役到 20 世纪 80 年代。在越南战争中，苏联的环礁 -2 成为北越空军对抗美军战机的重要武器。

美国一直在 AIM-9 基础上持续发展新型空空导弹，使用至今。2024 年 3 月，波兰国防部部长在社交媒体称，美国国会已批准向波兰出售先进导弹系统，其中包括 AIM-9X Block Ⅱ型“响尾蛇”近程空空导弹。美国雷神等军工巨头一直在游说国会批准对中国台湾的武器出口计划，其中就包括 AIM-9X 等新型导弹系统。

2021 年珠海航展，中国航空工业集团公司公开展示了出口型霹雳 15E 空空导弹，披露了有关战术技术指标。2023 年，央视公开了霹雳 15E 生产线。早在 2015 年，美军太平洋空军司令霍克 · 卡莱尔担心地说：“中国的霹雳 15 让我们几乎所有导弹都过时了，我们必须抓紧研发新弹药！”

卡莱尔司令说这话目的是在为美空军和军工巨头争取经费和订单，虽然雷神公司研制的 AIM-120 刚装备美军时间不长，但美国第一大军工巨头洛马公司研制的 AIM-260 已在做接班准备。2023 年 12 月，美国军事杂志《战区》发表文章，称中国空军已经研制出霹雳 17 空空导弹，但这一信息并没有得到中国官方媒体认可。

某型飞机总设计师在一次新闻发布会上对记者说：“军迷所期待的，我们都知道，是我们的使命，我们也会把它实现。”

图 8-5　歼 20

二、航天科技工业

1955 年 10 月，在周恩来总理亲自关心下，中国政府用 10 余名在朝鲜战场俘虏的美国飞行员换回了被美国软禁多年的钱学森。1955 年 10 月 28 日，钱学森抵达北京后，就迫不及待地投入了工作。

1955 年 10 月 30—11 月 11 日，钱学森参观了中国科学院应用物理研究所、北京大学、清华大学等单位。11 月 22 日—12 月 21 日，国务院专程安排钱学森到东北考察，包括：长春应用化学研究所、长春机电研究所、哈尔滨土木建筑研究所，哈尔滨军事工程学院、哈尔滨工业大学等，以及飞机制造厂、汽车厂、钢铁厂等。

在与哈尔滨军事工程学院院长陈赓谈话时，陈赓问：“中国能不能发展导弹？”钱学森回答：“为什么不能搞？外国人能搞，我们中国人就能搞！难道中国人比外国人矮一截儿？”陈赓说：“好！我就等你这句话。”从东北回京后，1955 年 12 月 26 日，钱学森在陈赓陪同下去医院看望国防部部长彭德怀。彭老总询问了射程 500 千米导弹的问题。

1956 年 2 月 1 日，毛主席在中南海怀仁堂宴请各界人士，宴会开始前毛主席审阅名单座次时，将原本 37 号桌的钱学森改到了 1 号桌。宴会中，毛主席问钱学森（见图 8-6），我们国家用三个五年（到 1971 年），在原

图 8-6　毛主席与钱学森交谈

子能、原子弹和导弹尖端技术上，能不能接近世界先进水平。钱学森明确地回答：“只要计划周密，工作努力，是可以实现的。”

受周恩来总理委托，钱学森写出了《建立我国国防航空工业的意见书》，并于1956年2月17日上报了中共中央和国务院。国务院、中央军委根据建议书，成立了中国航空工业委员会，全面领导中国导弹、航空、航天科学研究。1956年10月8日，中国导弹和火箭研究机构——国防部五院成立，标志着中国航天事业的开始。

1957年10月4日，苏联发射成功世界第一颗人造卫星；1958年1月31日，美国发射成功自己的第一颗人造卫星。1958年5月17日，毛泽东主席在党的第八届二次会议上宣布：“我们也要搞人造卫星！”

1958年7—8月，中国科学院成立了“581小组”，组织协调卫星和火箭探测任务，组长钱学森，副组长赵九章、卫一清。同时，中央政治局拨专款支持中国科学院研制卫星，代号“581”任务。1958年10月，按照钱学森建议，中国科学院派出以赵九章为团长的高空大气物理代表团，对苏联进行了70天的考察，回国后审慎研究报告中央，认为中国当时并不具备发射卫星的条件。1959年1月21日，邓小平指示中科院：卫星明后年不放，与国力不相称。据此，“581”任务部署调整，提出“以探空火箭练兵，高空物理探测打基础，不断探索卫星发展方向，筹建空间环境模拟实验室，研究地面跟踪接收设备”的具体方针。经过周密筹划，1970年4月24日，中国“东方红一号”卫星由“长征一号”运载火箭从酒泉卫星发射场发射升空，成为世界上第五个独立研制并发射人造地球卫星的国家。

20世纪60年代，美国帮助中国台湾组建了U-2侦察机中队，绰号“黑猫中队”，对外宣称“第35气象中队”。U-2是由美国洛克希德公司制造的高空侦察机，可在20000米高空拍摄地面物体，当时的中国战机对U-2无可奈何。有一段时间，U-2肆无忌惮进出中国领空，只有靠苏制导弹应对。随着中国与苏联关系交恶升级，中国开始自主研制地空导弹。1967年9月8日，红旗-2地空导弹成功击落一架U-2高空侦察机，红旗系列导弹从此扬名。

1972年美国总统尼克松访华期间承诺，停止一切对中国大陆的侦察飞行。1970—1990 年，中美关系处于相对缓和状态。1991 年苏联解体后，美国政府又开始不断给中国制造麻烦。

1993 年 7 月，美国宣称驶往伊朗的中国“银河”号货船载有制造化学武器的化学品。从 8 月 1 日开始，美国军舰和飞机对“银河”号抵近侦察，其间有针对性地关闭全球定位系统（GPS），致使“银河”号货轮不能正常行驶，被困海上 30 多天，被迫允许美方登船检查，酿成“银河”号事件，成为中国的屈辱记忆。建造自己的全球定位导航系统成为航天人的一项重要使命。

2003 年，中国以 2 亿欧元代价成为欧盟伽利略导航系统合作伙伴，但后来在美国干预下，欧盟将中国排挤出局。还是要靠自己干，2007 年 4 月，中国成功发射第一颗北斗二号导航卫星，开始自主建设中国卫星导航系统。2017 年 11 月，北斗三号第一、第二颗组网卫星以“一箭双星”方式成功发射，北斗导航系统全球组网开始。2020 年 6 月，北斗导航系统全球组网成功。2020 年 7 月 31 日，全球卫星北斗导航系统正式开通，开始为全球用户提供服务，中国的安全利益和商业利益从此得到有力保障。

2024 年 4 月，武汉大学李德仁院士在接受记者采访时说：“美国政府不让北斗在美国建地面增强系统（CORS 站），当年美国 GPS 到中国来的时候，我们建了几千个 CORS 站，现在中国北斗强了以后，他不讲道理，他不让我们去建，所以后来我们就在珞珈一号卫星上做了一个系统，最后我们证明，用我们的方法，在地面没有 CORS 站情况之下，我们北斗在美国、在海上，可以达到米级和厘米级的精度。”2024 年 6 月，李德仁院士荣获国家最高科学技术奖。

2011 年 4 月，奥巴马签署“沃尔夫条款”，禁止 NASA 和白宫科技政策办公室与中国开展联合科研活动，禁止 NASA 所有设施接待“中国官方访问者”。在此之前，美国曾于 1994 年拒绝了中国参与国际空间站项目的意愿。

2011 年，中国天宫一号开始建造，2016 年天宫二号（见图 8-7）太空实验室建成，2021 年中国空间站核心舱“天和”号发射成功，2022 年中国在轨空间站全面建成。

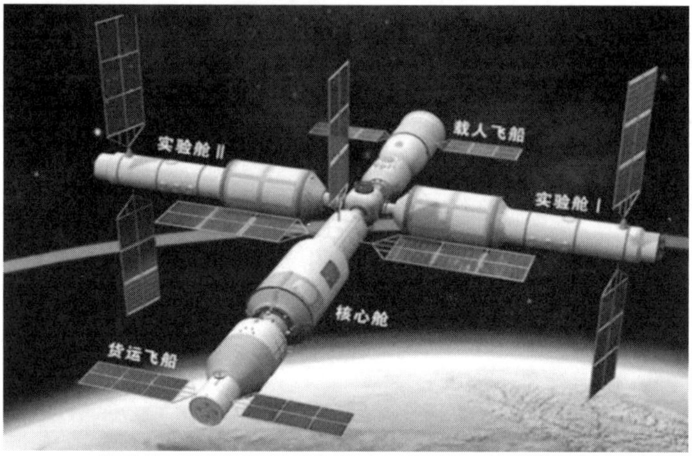

图 8-7　天宫二号

2024 年 6 月 25 日，“嫦娥”六号返回器携带来自月球背面采集的月壤样品安全返回预定区域，标志着中国探月工程又前进了一大步。然而，美国 NASA 官员竟然提出要分享中国采集的月壤样品，他们可能已经忘了“沃尔夫条款”。

2024 年 7 月，美国白宫发言人皮埃尔对媒体说：“中国应该对‘沃尔夫条款’表示感谢，正是这种外部压力，激发了中国在航天科技领域的自主创新，推动他们走在了科技的前沿。”

三、船舶科技工业

1949 年 4 月 20 日拂晓，正当中国人民解放军准备渡江解放南京之时，一艘英国“紫石英号”护卫舰（HMS Amethyst）出现在江苏泰兴江面，我岸防陆军炮兵在警告无效情况下，果断开炮将“紫石英”号重创搁浅。4 月 20 日下午至 21 日，我炮兵又将先后赶来增援的英远东舰队“伴侣”号驱逐舰、“伦敦”号巡洋舰、“黑天鹅”号护卫舰击退。在双方外交谈判期间，“紫石英”号在 7 月 30 日趁夜色逃走，但该舰舰长已中炮身亡。此事件被称为“‘紫石英’号事件”。

1840 年鸦片战争，英国用舰炮强迫清政府在南京签订割香港、赔巨款的《南京条约》。1949 年解放战争，人民解放军在南京江面炮轰英国军舰，终结了西方列强在中国的“炮舰政策”，历史就是如此巧合。

炮轰“紫石英号”后第三天，中国人民解放军第一支海军——东海舰队前身“华东军区海军”在江苏泰州白马庙成立，张爱萍任首任司令员兼政治委员，4 月 23 日从此成为中国人民海军的生日。

1953 年 2 月 19 日，在朝鲜战争即将结束之际，毛主席在视察东海舰队“长江”舰后题词：**“为了反对帝国主义的侵略，我们一定要建立强大的海军”**。毛主席的题词从此激励着中国海军敢于亮剑守卫海疆，鞭策着中国军工单位不断攻坚克难，研制出一型型新式装备。

1953 年 7 月 27 日，《朝鲜停战协定》签订，但美西方依旧在中国周边挑衅。1953 年 9 月 9 日，驻香港英军炮艇进入中国珠江口，用相机拍照中国舰船进行挑衅，中国海军在警告无效情况下，发射的第一发大口径炮弹就击穿了英国炮艇船舱，中国海军乘胜追击，机关炮横扫英舰，舰长 G・梅里曼重伤死亡，后在水手戈登・克莱佛指挥下逃回香港大澳锚地。2008 年戈登・克莱佛去世，在他的讣告中特别强调，他是珠江口海战的英雄，曾在中国战舰炮火下主动接管指挥权，将人员阵亡过半受损的军舰带回香港。

1959 年国庆期间，毛主席面对赫鲁晓夫“核潜艇技术复杂，花费大，中国造不出核潜艇”的傲慢，发出了“核潜艇，一万年也要搞出来”的誓言。

1970 年 12 月 26 日，中国第一代攻击型核潜艇建成下水，1974 年 8 月 1 日正式入列海军服役，隶属中国海军北海舰队，被命名为“长征 1 号”。2021 年 4 月 23 日海军节，中国新一代战略弹道导弹核潜艇在海南三亚入列服役，被命名为“长征 18 号”。该艇满载排水量 1 万吨，可携带多枚远程潜射弹道导弹，射程可达 10000 千米。

20 世纪 70 年代我们虽然有了核潜艇，但到 80 年代改革开放，中国海军还只是一支近海防御的“褐色海军”，战机在南海上空停留时间有限，南海岛屿被周边国家不断蚕食。1980 年，刘华清将军在参观美国“突击者”号（CV61）航空母舰时，踮起脚尖认真观察美国 SH-2D“海妖”舰载直升机（见图 8-8）的瞬间被记者拍了下来，将军的表情引发了不少军迷和国人的感慨。

图 8-8　刘华清将军踮脚观察“海妖”舰载直升机

刘华清将军曾在苏联伏罗希洛夫海军学院学习，担任过国防部第七研究院院长、海军司令员。将军海洋意识强，促成了多型海军装备的研制，较早提出发展航母设想，因此被誉为“中国现代海军之父”和“中国航母之父”。现在可以告慰将军的是，2012 年 9 月 25 日中国第一艘航空母舰“辽宁舰”入列服役；2019 年 12 月 19 日，中国第二艘航空母舰“山东舰”（见图 8-9）入列服役；2022 年 6 月 17 日，003 号航母“福建舰”下水。

图 8-9　国产航母山东舰（图片来自中国船舶报社）

“咬定青山不放松，立根原在破岩中。千磨万击还坚劲，任尔东西南北风。”虽然我们与美国的军事装备还有差距，但我们正在加速前进。

第二节 从神秘军工到公众公司的探索

2023 年 12 月，美国国防部成立战略资本办公室，意在招揽硅谷创新企业为美国防务装备研制提供服务。在谈到为什么成立这一组织时，斯坦福大学国家安全创新中心负责人布兰克说，北京向科技行业注入大量资金，“中国的组织结构像硅谷，五角大楼的组织结构更像底特律的汽车制造商。这不是一场公平的战斗”。对于美国人对中国的“赞扬”我们不必当真，美国军方为了获得更多的国防预算，贬低自己抬高对手进行“威胁论”宣传已是常态。

但是，改革开放 40 多年来，中国军工管理体制和运行机制不断深化改革，从神秘到公开，从封闭到开放，市场化程度越来越高，尤其在借助资本市场和鼓励民营企业创新发展军工项目等方面，取得了积极进展，成效有目共睹。

截至 2023 年年底，中央企业十大军工集团控股的各类上市公司有 100 多家（包括民品公司），舰载机、火箭、卫星、航母等主营业务大多已进入上市公司。此外，从事军工产品配套的民营军工上市公司也在不断增加。两年一次的珠海国际航空航天博览会，已经成为中国军工新式装备的首发式。这一切的变化，开始于 20 世纪 80 年代的思想解放和改革开放。

一、解放思想

1986 年 6 月，原航空工业部部长莫文祥同志在向邓小平同志汇报“军转民”遇到的一些问题时，小平同志说：“我国的军工体制还是同苏联的一样。苏联的体制证明是吃了亏的，主要是不能带动民用工业，不能带动整个经济。因此，我国的军工体制要改革，否则也要吃亏。”1991 年苏联解体，许多历史学者将军事工业与民用工业失衡发展作为苏联解体的主要原因之一。

从 1986 年开始，中国军工行业管理体制不断深化改革。以军工行业中航空航天为例，1986 年，航空工业部划归国务院领导，1988 年成立航空航天工业部。1993 年撤销航空航天工业部，成立中国航空工业总公司、中国航天工业总公司。这一阶段，航空航天军工企业逐步转向公司化运行，但仍有明显的政府特征，还承担一定的政府行业管理职能。

1999 年 7 月 1 日，中央将核工业、航空、航天、船舶、兵器五大军工总公司一分为二，成立十大军工企业集团，主要任务是“高新工程”和改革脱困。鉴于 1999 年 5 月 8 日中国驻南斯拉夫大使馆被美军轰炸的警示，国家加大了对军工行业的投资和改革力度。

从 2000 年开始，中国军工企业市场化改革步伐加快，其中一个重要举措是股份制改革。建设有中国特色的社会主义不能照搬欧美资本主义制度，但是资本主义国家使用了 200 多年的市场经济理论和方法可以借鉴。2003 年，党的十六届三中全会通过的《中共中央关于完善社会主义市场经济体制若干问题的决定》明确提出“使股份制成为公有制的主要实现形式”，从理论层面解决了建设中国特色社会主义要不要搞股份制的问题。

2010 年，国务院和中央军委联合下发了《国务院 中央军委关于建立和完善军民结合寓军于民武器科研生产体系的若干意见》(国发〔2010〕37 号文，公开文件)，文件明确要求：“用三至五年的时间，基本实现国防科技与民用科技、国防科技工业与民用工业的互通、互动、互补……培育合格的市场竞争主体，军工企业股份制改造基本完成，军工科研院所改革取得积极进展。……除关系国家战略安全的少数企业外，要以调整和优化产权结构为重点，通过资产重组、上市、相互参股、兼并收购等多种途径推进股份制改造，依法妥善安置职工。鼓励符合条件的社会资本参与军工企业股份制改造。按照现代企业制度的要求，完善公司法人治理结构。”

二、深圳探路

航空工业涉及行业广泛，与地缘政治、军事、经济、科学技术等联系密切，具有明显的时代特征。下面以中国航空工业为例，回顾一下中国军工行业改革发展的曲折历程[①]。

① 本书所有资料都来自公开信息。

20 世纪 80 年代，航空工业部响应国家支持深圳建设要求，在深圳特区创办了一些生产非航空产品的企业，它们可以说是航空工业“体制外”的企业。深圳航空人以这些企业为平台，积极探索多元投资体制，股份制开始进入航空人的视野。深圳航空人先后筹建了飞亚达手表、天马微电子、天虹商场、房地产等合资合作公司，之后又改制为股份公司。

1993 年 6 月，中央为了加快社会主义市场经济改革，推进政企分开、产权清晰的现代企业制度，决定撤销航空航天工业部，成立中国航空工业总公司和中国航天工业总公司。从这一时刻起，航空工业加快了股份制改造步伐。

中国航空工业总公司在当时是正部级单位，总经理朱育理同志毕业于莫斯科机床工具学院，对航空工业有极深的感情，对军工改革有极强的紧迫感，航空人习惯称他“朱部长”。在朱部长争取下，中国航空工业总公司被列入了当时三个国家控股公司试点单位之一（其他两家是中国石油化工总公司、中国有色金属工业总公司）。

手表的发明起源于航空，1993 年 6 月，航空工业第一只股票深圳飞亚达（SZ000026）在深圳证券交易所首次公开发行上市。从 2003 年中国首位宇航员杨利伟用表，到 2022 年空间站宇航员用表，飞亚达手表一直在陪伴。从飞亚达开始，航空工业加快了市场化改革、股份制改造的步伐。

1994 年 9 月，深南光（SZ000043）在深交所上市。上市时主要业务有旅游服务、物业租赁、商贸经营（主要是自行车）、高新技术产品（包括药品）开发与销售。这在今天一定会被看作是“不务正业”，但那时却是响应国家号召支援深圳建设，同时挣钱养活军工。后来，深南光更名为中航地产、中航善达，现在该公司已转让给招商局集团有限公司（简称招商局集团），更名为“招商积余”。

1995 年 3 月，生产销售液晶显示器（LCD）及其模块等电子产品的深天马 A（SZ000050）在深圳证券交易所上市。如今的深圳天马微电子已成为国内中小尺寸 LCD 龙头企业。2022 年，总投资 500 亿元的新生产基地在厦门建成。

1997 年 9 月，航空工业第一支 H 股深圳中航实业（HK161）在香港联交所上市。深圳中航实业包含了飞亚达、深天马、深南电路、中航地产等企业，涵盖了当时深圳中航技的主要业务。这是企业集团整体上市的一次探索，被证明并不成功，2019 年顺应扁平化改革需要已退市，其所属企业深南电路因此成为 A 股市场的行业龙头企业。

当年，中国军工在困难时期创建过许多民品企业，但大多数都昙花一现销声匿迹了，而航空工业在深圳创办非航空民品企业却很“长寿”，这主要得益于深圳浓厚的市场氛围，得益于股份制改造。很长一段时间，深圳中航技是航空工业干部的培训学习基地。

三、大三线企业破局

1996 年 11 月，地处贵州三线的航空零部件企业 501 厂，经过军民分线股份制改造成立的力源液压股份公司（SH600765）成功在上海证券交易所上市，当时被誉为“中国航空工业第一股”，由此开始航空工业“体制内”“有代号”企业的股份制改造。力源液压现已更名为中航重机，成为航空工业一个重要的业务板块。

1997 年 6 月，株洲南方摩托（SZ000738）在深交所上市。南方摩托在经历了 ST 南摩、ST 宇航的重重“磨难”后，现已成功转型为以航空发动机控制系统为主营业务的“航发控制”。

1997 年 6 月，西飞国际（SZ000768）在深交所上市。当时的主营业务为航空及其他民用铝合金产品的开发、生产和销售，航空零部件的转包生产，PVC 塑料薄膜复合板的生产等，以非航空产品为主营业务。现在，经过多次重组整合，股票简称中航西飞，运 20 是其主打产品，当年上市时的主营业务铝门窗等早已剥离出去。

1998 年 10 月，以小排量汽车发动机为主营业务的东安动力（SH600178）在上交所上市。随着航空工业汽车业务划拨中国兵器装备集团公司，东安动力也随之进入长安汽车系列。

1993—1998 年，这一时期虽然有 7 家航空企业上市，但从主营业务看，多数集中在非航空产品，仅力源液压和西飞国际涉及少量航空零部件。当时，力源液压这个在航空工业小得不能再小的液压零部件企业，为了上市还不得不搞军民分线。由此可见，在当时军工背景下的航空企业要进入资本市场是多么困难。

四、航空一二集团[①]的持续探索

1999 年 7 月，按照国务院批复的改革方案，中国航空工业总公司分立为中国航空工业第一、第二集团公司。中航一集团总经理刘高倬毕业于清华大学，在担任中国航空工业总公司副总经理期间分管改革工作，我曾在他领导下起草中国航空工业总公司国家控股公司试点方案，他常对我们说的话是：我们今天的改革不要成为明天的障碍。中航二集团总经理张彦仲毕业于剑桥大学三一学院，面对当时中航二集团型号任务少、科研单位少、“皇粮”少和亏损企业多的困难局面，自称“丐帮”帮主的剑桥博士给我的任务是办好“红、白”两件事，“红事”是将好点的企业到资本市场上市筹集发展资金，“白事”是将资不抵债企业关闭破产。要下好“残棋”，要把“红、白”两件事都办成“喜事”。这一时期，航空工业两个集团“轮流发力”深化改革，大力推进股份制改革，航空工业又多了 11 家上市公司。

中航第二集团。2000 年，洪都航空（SH600316）、哈飞股份（SH600038）先后上市；2001 年，昌河股份（SH600372）、成发科技（SH600391）先后上市；2003 年，中航科工（HK2357）在香港上市。两年合计募集资金 40 多亿元人民币，极大缓解了中航二集团资金紧张困境。之后，东安公司又收购了黑豹股份（SH600760），成为第一大股东。2018 年 1 月 12 日，黑豹股份被重组为沈飞股份，成为中国战机第一股。

中航一集团。2004 年，中航精机（SZ002013）上市；2007 年中航三鑫（S2002163）、中航光电（SZ002179）、成飞集成（SZ002190）先后上市；之后，西航借壳 ST 吉生化（SH600893）并更名为航空动力于 2008 年年底成功在上交所上市。

第三节　聚焦使命的改革与创新发展

2008 年春天，中央决定整合中国航空工业第一、第二集团，组建中国航空工业集团公司。2008 年 5 月，中国商用飞机公司成立，使命是建造中

① 航空一二集团指中国航空工业第一集团公司和第二集团公司，分别简称中航一集团和中航二集团。

国的大型客机。2008 年 11 月，中国航空工业集团公司成立，使命是创新体制机制，建设新航空、大航空、强航空，应对国际竞争。

一、聚焦主业的专业化整合

2008 年 11 月 20 日，西航成功借壳 ST 吉生化上市，股票简称随即更改为航空动力。2009 年 12 月，航空动力借壳上市仅隔 13 个月，成功融资 20 亿元。2010 年 7 月 21 日，航空动力再次启动重组，将湖南株洲航空发动机公司和贵州黎阳航空发动机公司等相关资产和权益注入，航空发动机实现专业化整合和主营业务上市。2016 年，国家将航空发动机业务从中国航空工业集团公司分立出来，成立中国航空发动机集团公司。

2009 年 11 月 2 日，西飞国际启动重大资产重组，中航飞机将陕西飞机工业（集团）有限公司等飞机业务注入，完成中航飞机运输机业务板块的专业化整合。2018 年 1 月 12 日，沈阳飞机公司通过重组登陆上海证券交易所。2024 年 8 月，中航电测（300114.SZ）发布公告，公司拟向中国航空工业集团有限公司发行股份，购买其持有的成都飞机工业（集团）有限责任公司 100% 股权，已获中国证监会批准。

二、军工央企在科创板中的意外表现

在中国 90 多家中央企业中，军工行业的市场化改革与资本化运作走在前列，这多少让人有些意外。但我们深知，这是中国军工自创立以来，长期与强敌对标、向对手学习借鉴的自然结果。

2019 年 6 月，科创板在上海证券交易所正式开市。截至 2023 年 7 月，共有 29 家中央企业控股的科创板公司在深交所上市，其中军工央企 13 家占比 44.8%。这些军工央企控股的科创板企业具有明显的专精特新和军民融合特点，分布在航空、航天、船舶和电子信息等行业。

1. 2022 年 6 月 29 日，中国航空工业集团中航（成都）无人机系统股份有限公司在上交所科创板上市，募集资金约 43 亿元，主要用于军民用“翼龙”系列无人机持续研发，当日收盘总市值达 385 亿元。

2. 2022 年 7 月 22 日，中国电子科技集团有限公司（简称中国电科集团）南京国博电子股份有限公司在上交所科创板上市，募集资金约 28 亿元，主要用于有源相控阵 T/R 组件和射频集成电路相关产品研制，当日收盘总市值约 384 亿元。

3. 2022 年 8 月 26 日，中国电子集团振华风光在上交所上市，融资 33 亿元，主要用于半导体晶圆制造和封装工艺持续研发。

4. 2022 年 11 月 30 日，中国船舶集团有限公司（简称中船集团）昆船智能技术股份有限公司（简称昆船智能）在上交所上市，融资 8 亿元，主要用于 AGV 无人车等智能制造装备持续研发。

5. 2023 年 4 月 21 日，中船集团旗下中船（邯郸）派瑞特种气体股份有限公司（简称中船特气）在上交所上市，融资 28 亿元，主要由于半导体行业三氟化氮等电子气体持续研制。

6. 2023 年 5 月 18 日，中国航天科工集团航天南湖电子信息技术股份有限公司在上交所上市，融资 17 亿元，主要用于防空预警雷达持续研制。

7. 2023 年 5 月 24 日，中国航天科技集团北京神舟航天软件技术股份有限公司在上交所上市，融资 12 亿元，主要用于工业软件和信息集成持续研发。

8. 2023 年 7 月 16 日，中国航发集团北京航空材料研究院股份有限公司在上交所上市，融资 71 亿元，主要用于航空航天先进材料持续研发。

…………

这种情况多少让人有些意外，为什么军工央企会率先发力科创板？其实只要翻阅本书就会知晓，无论哪个国家的军工企业，都在长期与强手对标，时刻关注最新科技发展，中国军工更不例外，以下特点更加突出。

第一，中国军工央企始终心怀国之大者对标强手，对于美国军方发动硅谷企业研发新装备情况密切关注，使命感、危机感强，改革行动快。中国航空工业集团合肥江航飞机装备股份有限公司从事机载环控专业，2017 年被国家发改委列为混改首批试点单位，之后又争取进入国企改革“双百行动”，公司于 2020 年 7 月 31 日在科创板成功上市，成为军工央企科创板第一股。

第二，中国军工央企科改坚持问题导向，积极探索畅通科研成果转化通道，力争在创新活力动力机制上不落后于美国军工。军工央企十大集团科研院所多，如何将科研成果及时转化并产生溢出效益，一直是军工行业改革的难点。国企改革三年行动以来，以“科改示范行动”为推手，以打造科创板上市公司为目标，军工央企加大了科研院所市场化改革力度，畅通了科研成果转化通道。航天科技集团的“航天软件”、航天科工集团的“航天南湖”、中国船舶集团的“中船特气”，以及航空工业集团的“中无人机”，这些公司不但提升了科创板“硬科技”比重，更大大增强了公司及大股东的创新动力，促进了科研成果转化和战略性新兴产业的培育。

第三，军工央企科改坚持以人为本，大胆探索核心骨干激励机制。党的二十大报告指出：“必须坚持科技是第一生产力、人才是第一资源、创新是第一动力。”结合科改行动，军工央企在市场化程度高的科技型企业普遍实施了股权激励，建立了科创成果与科研骨干“贴身共享”的激励机制。中国东方红卫星股份公司、中航光电科技股份公司等上市公司用好、用足各类激励政策，实施了多种形式的中长期激励措施，激发了各层级骨干员工干事创业的激情，中航光电作为接插件配套企业，公司市值已达千亿元。

中国军工央企长期被美西方封锁，早已习惯了在“卡脖子”环境中自强发展，但同时也放眼世界开展高水平国际合作，坚持市场化改革。此外，中国军工央企上市公司在出色完成国家任务的同时，为能源、交通、信息等行业解决了不少“卡脖子”问题，在建设中国式现代化产业体系中正在发挥重要作用。

第四节　国际化经营中资本运作的最佳选择

中美之间虽然分歧很多，但依然有很多合作项目在进行。2024 年 7 月 12 日，美国西锐飞机公司成功在香港 IPO 上市，最大股东是中国航空工业集团有限公司所属中航通用飞机有限责任公司。

2011 年 6 月，中航通飞全资收购美国西锐飞机公司，详情在之前章节已介绍。西锐公司是全球畅销 SR 系列活塞飞机和“愿景”喷气机（世界上第一款私人驾驶单发喷气机）制造商，1999 年以来已向客户累计交付 9700 多架 SR2X 系列飞机和 500 多架“愿景”喷气飞机，是美国“罗伯特·科利尔”奖获得者。公司首创了整机降落伞安全系统。西锐公司能否顺利上市，是我一直关注的事情。

2018 年 3 月 22 日，美国特朗普政府签署了针对中国的《301 调查报告》。《301 调查报告》关于中国航空工业集团有限公司的内容翻译成中文后有 4000 多字，西锐公司作为案例位列其中。这份美国人写的报告，反映了中国企业曾经与美国企业合作共赢的许多情况，虽然报告给这些案例扣上了不少“政治帽子”，但我作为这些案例的知情者，中美企业的合作都依法依规，没有逾越规矩之意图，否则我也不会在 2018 年 4 月到美国与西锐公司等企业高管研究下一步工作计划，专门交流了西锐公司进入资本市场的意见。2018 年的这份美国《301 调查报告》关于中国航空工业集团有限公司并购项目的描述很值得一看，从中可以看出美国政府工作的“细致”。这里摘录[①]给读者，供参考。

（一）中国在美国通用航空领域的投资（原文 105 ~ 109 页）

自 2010 年以来，航空工业收购了美国通航领域的如下公司：

1. Epic Aircraft——由航空工业的子公司中航工业通飞收购。此项并购案，在美国法院批准了资产收购协议后，于 2010 年 4 月以 430 万美元的对价进行收购。按照法院的信息，中航工业通飞给出了最高的竞价要约。此项并购同时收购了 Epic Aircraft 的知识产权和技术。

2. Teledyne Technologies（Continental Motors and Mattituck Services）——由中航国际的子公司美国天发公司（Technify Motors USA Inc.）于 2010 年 12 月以 1.86 亿美元的对价完成收购。大陆发动机公司（Continental Motors）是全数字化引擎控制技术领域的先驱企业。

3. 西锐公司（Cirrus Aircraft）——由中航工业通飞于 2011 年 2 月以 2.1 亿美元的对价完成收购。在收购时，西锐公司是第二大通用飞机制造商，也是最大的活塞引擎动力通用飞机制造商。

4. 南部航电和通信公司（Southern Avionics & Communications Inc.）——由大陆发动机公司于 2014 年 11 月完成收购。南部航电在航电设备销售、安装以及服务方面处于领导者地位。此公司通过分销或代理协议为全球主要的航电设备制造商提供代理。

① 摘录内容都是公开信息。

5. 联合涡轮和 UT 航件公司（United Turbine and UT Aeroparts）——由大陆发动机公司于 2015 年 1 月完成收购。此公司是涡轮飞机发动机和 MRO 服务附件供应商。

6. 艾联航空（Align Aerospace）——由中航国际于 2015 年 4 月完成收购。艾联航空为航空产业提供供应链服务，并为航空产业设备制造商提供航空标准件以及其他硬件设备。

7. Danbury Aerospace——由大陆发动机公司于 2015 年 4 月完成收购。此公司主业是飞机引擎设计和检验。2016 年 10 月，此公司位于得州圣安东尼奥市的运营公司停业，致使 57 人失业。

8. 中航国际子公司德国天发于 2013 年 7 月收购了位于德国的 Thielert Aircraft 公司。Thielert Aircraft 公司生产的 1.7L 发动机，曾是 MQ-10C Gray Eagle 无人机（美国空军“捕食者”无人机的衍生机型）的动力引擎（此款发动机是受国际军品贸易法规出口管制的军事用品）。此款引擎目前也被用于 Diamond Aircraft DA42 型（一款载人或无人的双引擎侦察机）飞机的军用机型上。

航空工业在美国通用飞机领域的系列并购案与中国政府的航空工业发展政策指引相吻合。例如，航空工业收购美国活塞发动机制造商的时间是 2009 年《国防科技工业社会投资领域指导目录》发布之后。该指导目录由国防科工局（主管国防工业）发布，为中国国内国防领域的投资做出了指引，其中包括无人机的制造、活塞发动机研发以及制造。中文语境下的“社会投资”意为寻求能为社会产生正向回报的投资，包括能为社会或公众产生效益而非纯粹利润的研发性投资。

在政府支持航空工业的商业活动方面，中国进出口银行和人民银行为航空工业在美国的相关并购案提供了融资。

航空工业技术转让——取得突破（《301 调查报告 109 ~ 110 页）

航空工业在美国通用飞机领域的系列并购和技术转让似与中国政府提出的要对国外获取的技术进行引进、消化、吸收和再创新的政策相吻合。一份中国军工业分析报告显示，上述进程同样适用于航空工业在美国和欧洲的通飞领域发动机公司并购案。此份报告显示，中方（包括中国的高校）所获得的活塞发动机技术有几个技术来源，包括大陆发动机公司、Thielert 航空公司、西锐公司以及通过与 Cessna 签署联合开发协议的单引擎涡轮螺旋桨和活塞发动机项目，已帮助中国在活塞发动机技术领域取得了突破，相关生产领域瓶颈也已克服。在汽油改质技术（Gasoline Modified Heavy Oil）、电喷技术（Electric Fuel Injection Technology）以及涡轮增压技术方面，也已有关键性的突破。

航空工业所并购的美国公司现正持续不断地向中国的通飞行业和活塞发动机制造业提供研发技术，帮助其弥补关键性技术节点。例如，2014 年 4 月，航空工业宣布将其飞机发动机业务整合到单一的公司架构中（即香港注册的大陆发动机有限公司（CMG））。随着 CMG 的整合，航空工业通过对 Danbury Aerospace 公司、United Turbine & UT Aeroparts 公司以及 Southern Avionics and Communications 公司的并购，扩大了其在通飞领域的技术份额。一份公司的新闻稿中表示，中国航空工业集团有限公司有责任将通飞产品引进中国（注：并购时美方将扩大中国市场作为主要条件），上述系列并购是在此种动机的鼓舞下进行的。

航空工业在美国并购的通飞企业资产整合，为该公司带来了包括通飞发动机市场、销售、MRO 服务、制造以及研发业务等在内的高度整合的产业群。正如航空工业所述，“CMG 是全球唯一有能力设计、制造和保有汽油及柴油活塞发动机的企业”。

（二）中国在美国汽车行业的投资（原文 140～141 页）

1. AVIC-Pacific Century Motors/Nexteer Automotive。作为以发展航空产业为主要业务的中央企业，航空工业一直在美国汽车行业领域积极投资。

2010 年，在一笔 4.5 亿美元的交易中，Pacific Century Motors 公司从通用汽车处收购了名为 Nexteer Automotive 的汽车操作系统的企业。当时，Pacific Century Motors 由隶属于北京市政府管理的一家投资公司实际控制。2011 年，Pacific Century Motors 的多数股权转让给了航空工业，后者持有该公司 51% 的股权。航空工业现在是 Nexteer Automotive 公司的多数股权持有主体。

2. AVIC/Hilite International。2014 年 5 月，航空工业的一家子公司 ACIF Electromechanical Systems Co., Ltd 通过一项价值 4.73 亿欧元的交易

案，收购了 Hilite International 公司，该公司总部位于德国，并在美国和中国都有运营机构。Hilite International 公司的自我定位是，“一家全球主流汽车系统解决方案服务提供商”，主要涉及汽车引擎，以及可用于家用及商务车节能减排的传输及排放控制器件等产品。Hilite International 公司在美国的运营机构有三部分：（1）位于密歇根州的销售及研发中心；（2）位于密歇根州的生产工厂，产品包括汽车的阀门、PWM 螺线管、汽缸间歇阀以及集成螺线管组件生产线；（3）位于得州的 4WD 和 AWD 应用系统的零部件生产线。Hilite International 公司在中国的机构包括上海办公室（负责协调公司亚洲地区的销售、采购及工程业务），以及位于江苏省常熟市的工厂（负责生产 DCT 元件和 VVT 阀门类产品）。

3. AVIC/Henniges Automotive。2015 年 6 月，航空工业收购了 Henniges Automotive 公司 51% 的股权，该企业是一家为高端汽车提供密封及防振措施的公司。Henniges Automotive 公司剩余 49% 的股权由 BHR 公司（一家由中国银行、渤海产业投资基金和上海嘉实基金支持的投资机构）收购。整个并购案交易价值约 8 亿美元。

笔者是这些收购项目的当事人。美国《301 调查报告》列举的项目基本存在，但是给戴的“政治高帽”不属实，“政治化描述”更是牵强附会。这完全是一些市场化商业项目，完全符合所在国法律法规，更得到当地政府、社区和员工的支持，还得到了华尔街的高度评价，有的还进入美国商学院案例。也正因为如此，在《301 调查报告》出来后的一个月，2018 年 4 月，笔者还是按照工作计划去美国调研了位于明尼苏达的西锐公司，还临时增加了试乘西锐新型飞机活动（见图 8-10）；调研了底特律的耐世特汽车转向器公司，试乘了无人驾驶汽车；到芝加哥波音公司总部与波音风险投资部门的研究员进行了交流。图 8-10 是 2018 年 4 月在田纳西州诺克斯维尔机场，笔者与西锐飞机飞行员合影。

《301 调查报告》中说，有一个收购项目导致 50 多人失业，但没有讲底特律的项目增加了当地上千人的就业。2013 年，美国耐世特汽车系统公司（简称耐世特公司）已在香港 IPO 上市，奥地利航空复合材料 FACC 公司已在维也纳 IPO 上市。

图 8-10　在田纳西州诺克斯维尔机场与西锐飞机飞行员合影

在美对华《301 调查报告》出台后还去美国出差，我们想以此说明：第一，中国航空工业所有的国际合作项目合规合法，不怕所谓的“美国陷阱”；第二，我们坚信，敌视中国的美国政客终归是少数，双方企业合作共赢才是长久之计，美国工业和科技界的正人君子还是多数。我们在底特律两家公司的高管中，中国人、美国人、法国人、德国人、英国人、墨西哥人、巴西人都有。

2009 年 12 月，中航工业西安飞机工业有限责任公司成功收购为波音、空客等重要航空企业提供复合材料零部件的一级供应商奥地利 FACC 公司。在处理好新老股东关系、稳定管理层、继续开发欧美俄市场的同时，在中航工业支持下，FACC 成功成为中国商飞 C919 飞机供应商，并在镇江成立子公司开发新产品。同时，实现了 FACC 在奥地利证券交易所公开上市。2013 年 11 月，中航工业在美国通用汽车破产剥离时收购的位于美国底特律的耐世特汽车系统公司在香港成功上市。

国际化合作，围绕公司主业收购境外项目并择机进入资本市场，是确保投资人资产增值和防范风险的最佳选项，我对此有很深体会。

在复杂的地缘政治中，与有分歧意见国家的企业开展互利共赢的商业项目，中国企业需要更多的学习和历练。

第五节　海空天新挑战

2021 年 3 月的中美阿拉斯加高层会谈前，中方向美国 GE 飞机租赁公司订购了 22 亿美元的客机，以此表达善意。但是在谈判中，当双方吵得不可开交的时候，美国总统安全事务助理沙利文突然大谈特谈美国火星车登陆火星，以此例证美国价值观和影响力优于中国，这是一种新的“讹诈”。然而，当时沙利文可能不知道，中国的“天问”一号火星探测器即将着陆火星，火星车“祝融”已准备好在火星开展工作。

阿拉斯加中美战略会谈后，拜登政府开始造势并联合盟友从经济贸易、外交、军事等方面加大对中国的打压。美国前海军参谋长加里·拉夫黑德撰文鼓动白宫采用更激烈的手段反对中国“一带一路”项目，声言如果中国不愿遵守由美国及其盟友集团制定的“高标准”，那么就可以认定中国的海外投资资产属于“非法”，各国可予以没收。看看，这已经与海盗没有区别了。

2021 年 4 月 11 日，美国海军官网发布了一张颇有挑衅行为的照片，美国驱逐舰“马斯廷”号在菲律宾海对辽宁舰进行了近距离的跟踪监视，辽宁舰上的舰载机清晰可见（见图 8-11）。

图 8-11　美国海军近距离跟踪监视辽宁舰

2021年4月15日，美国海军官网又发布照片报道，4架挂载武器的美国空军F–16战斗机4月12日从日本空军基地起飞，飞行数百英里，从位于南海的美国海军“罗斯福”号航母打击群上空飞过。报道还特意提到，美军海空联合演习当天，“中国航母与美国航母处于同一片海域”。美国“福布斯”网站4月16日分析称，这是美国海空军针对中方在牛轭礁的“占领行动”进行的武力展示（见图8–12）。

图8-12　央视CCTV-7国防军事频道资料

2021年4月26日，英国国防大臣宣布：5月，英国“伊丽莎白女王号”航母战斗群起航“印太”，展现英国的世界影响力。届时，美国“沙利文兄弟”号驱逐舰、美国F–35B战机中队、荷兰“埃弗岑”号护卫舰将加入英国航母编队。

从2021年5月开始，英、美航母编队不断游荡于黑海和南海，极尽所能地挑战俄罗斯和中国的底线。6月，英国军舰在黑海挑衅，被俄罗斯苏–24战机轰走；8月，英国航母编队在南海试探中国，被“全程护送”。

2021年8月，英国媒体《每日快报》发布消息称，英国“伊丽莎白女王”号航母编队在驶离南海进入太平洋之际，其护卫舰通过扫描定位发现了中国水下攻击型核舰艇的活动，这说明在此之前该航母已经被中国潜艇“跟踪了一段时间”。之后，外媒就开始了猜测，是航母编队主动发现了跟踪潜艇，还是航母编队离开敏感海域后才发现被潜艇跟踪了很长时间？讨论得不亦乐乎（见图 8-13）。

图 8-13　2021 年 7 月，英国"伊丽莎白女王"号航母及其他舰船进入南海

2021 年 8 月 10 日，英国国防部发表声明称，中英两国舰艇此前进行了"安全且专业"的互动。英国海军与中方舰艇的所有互动都是安全和专业的。英国海军并没有在南海的南沙以及西沙群岛开展所谓的"航行自由行动"，因为"伊丽莎白女王"号航母编队选择"最直接的路线"通过了国际水域。

针对英国"伊丽莎白女王"号航母编队进入南海一事，中国国防部新闻发言人表示：中方尊重各国舰船依据国际法在南海享有的航行自由，但坚决反对有的国家出于挑衅目的，不远万里派军舰过来刷"存在感"。中国军队将采取一切必要手段，予以坚决有效应对。

2021 年 10 月，美国造价 30 多亿美元的海狼级"康涅狄格"号核潜艇在南海海底"撞山"致残。2022 年 1 月，美国"卡尔文森"号航母上一架 F-35C 战机坠入中国南海海底。

2021 年 12 月，美国 The Drive 网站报道，受损的美国海军"康涅狄格"号核潜艇秘密抵达加州圣地亚哥，潜艇处于水面航行状态，可以看出潜艇艇艏受损严重，声呐罩已经不见。美国国会为修复该潜艇专门批准了 5000 万美元预算。2022 年 5 月 23 日，美国海军公布了"康涅狄格"号核潜艇南海海底“撞山”事故最终调查报告。报告指出，事故原因与航行规划、风险管理等错误有关，导致11名水兵受伤，潜艇将长时间无法运行。

美国海狼级攻击核潜艇“康涅狄格”号于1998年建成下水，重约9000吨，拥有很强的声学性能，可搭载40枚鱼雷和导弹，由美国通用动力电船公司制造。美国通用动力电船公司归属通用动力海事系统业务板块。2021年通用动力年报显示，公司海事系统营收同比增长5.5%，达到105亿美元。由于早在2013年俄罗斯就建造出了第五代战略导弹核潜艇“北风之神”级首艇“尤里·多尔戈鲁基”号，该艇已优于美国俄亥俄级战略导弹核潜艇，因此美国开始研制替代“俄亥俄”的“哥伦比亚”级核潜艇，预算订购12艘“哥伦比亚”级潜艇，预计在2027年开始交付第1艘。

2022年3月俄乌冲突期间，通用动力首席执行官Phebe Novakovic说：“今年是一个非常好的开端。虽然对人类而言，世界已变得越来越危险，但我们已经看到需求稳定的良好信号。”2001年，通用动力每股股价不到40美元；2021年年初约为150美元；2022年年初约为210美元；2024年8月，则飙升至300美元。

对于来自美西方的挑战，中国一如既往地按照自己的节奏，一手发展军事；一手发展经济。

2021年4月23日海军节，在海南三亚，中国新一代战略弹道导弹核潜艇“长征18号”（舷号421）入列服役，该艇满载排水量1万吨，可携带多枚远程潜射弹道导弹，射程可达10000千米。同时加入海军序列的还有075两栖攻击舰“海南舰”和055驱逐舰“大连舰”。075“海南舰”舷号31（见图8-14），满载排水量4万吨，可搭载各类直升机30架，使我军登陆作战由平面向立体转变，提高了陆航武装直升机的空中突击能力。

055驱逐舰“大连舰”（见8-15），满载排水量1.3万吨，舷号105，是新一代万吨级作战平台，是目前世界上综合性能最强的水面战舰，可充当舰队旗舰，也可以充当航母护卫舰。

图 8-14　海南舰

图 8-15　大连舰

航空母舰、大型液化天然气（LNG）运输船、大型邮轮是世界造船业三大明珠，中国都已集齐。

2021 年，沪东中华造船厂建造出了中国自主研发设计的全球最新一代“长恒系列”双燃料动力 17.4 万立方米 LNG 运输船，每日可减少碳排放 10 吨以上。

2024 年 1 月，中国首制大型邮轮“爱达 · 魔都”号（见图 8–16）投入商业运营。

图 8-16　LNG 运输船

2023 年 7 月 20 日，美国《福布斯》网站发文称，中国第一艘国产大型邮轮“爱达 · 魔都”号（见图 8–17）正在进行海上试航，同时，中国正在打造排水量 14.2 万吨级的第二艘国产邮轮。该文分析了多艘西方舰船后称，中国国产大型邮轮是一个“严重且被低估的安全挑战”，如果中国将其用于军事用途，该邮轮将能在一个波次中投送超过 6000 人的登陆部队。

图 8-17　建造中的“爱达 · 魔都”号邮轮

如今的中国，只要哪些方面有些进步，美西方媒体和政客都会演绎出“中国威胁论”。2021 年 5 月 3 日，美国《纽约邮报》报道中国长征五号 B 火箭残骸坠落地球时，为渲染紧张气氛，标题夸张为《巨大的中国火箭残骸可能坠毁在纽约》。报道称“科学家警告，非常巨大的中国太空垃圾，可能会让残骸倾泻在纽约或另一个大型城市”。而之前 3 月底，当马斯克“猎鹰 9”火箭残骸掉落时，《纽约邮报》却轻松地称为“西雅图上空神秘的光可能是来自 SpaceX 的火箭残骸”。2021 年 8 月，美国一颗军事卫星突然变轨靠近中国卫星，因中国卫星“躲避迅速”，挑衅一方的媒体竟给“中国威胁论”增加了新内容。

美国驻北约前大使凯·哈奇森宣称，遏制中国的最好办法就是搞垮他们的经济。2024 年伊始，美国拜登政府向中国正式发起了“芯片战争”，阻止荷兰阿斯麦公司向中国出口光刻机。2024 年 7 月，德国《商报》网站报道了对荷兰阿斯麦公司现任和前任 CEO 的采访文章。阿斯麦公司 CEO（法国人）克里斯托夫·富凯说，“阻止他人生产你需要的东西是没有意义的”。阿斯麦公司前任 CEO 彼得·温宁克曾公开警告说，“美国对中国的限制措施会促使中国研发新技术，进而对阿斯麦构成威胁，你施加的压力越大，中国就越可能加倍努力”。《商报》援引专家的话说，“中国芯片制造商在面对美国制裁时展现出惊人的韧性”。

第六节 战略竞争对手的含义

2022 年 2 月 24 日，俄乌冲突爆发。2022 年 3 月，美国白宫向国会提交了 8133 亿美元的 2023 财年国防预算，同时还提交了《国防战略》报告，确定了未来 5 年美军建设重点，为“太平洋威慑倡议”“欧洲威慑倡议”申请了专款。2022 年 6 月 29 日，北约在马德里峰会通过的新战略将俄罗斯列为其“最重要和直接的威胁”，认为中国“挑战北约的安全、利益和价值观”，“对欧洲 - 大西洋构成系统性挑战”，把“中俄间不断深化的合作”说成企图“破坏以规则为基础的国际秩序，与其价值观和利益背道而驰”。

美国国务卿布林肯在公开场合多次声明，中美双方在多个领域有明显的共同利益，对抗、竞争与合作并存，并希望双方通过对话减少误会。中美目前并非处于“冷战”关系，而是竞争和合作并存。真的是这样吗？

2023 年 2 月 10 日，美国参谋长联席会议发布了《联合竞争概念》（Joint Concept for Competing，JCC），对美国的“战略竞争”进行了解读。JCC 分析，美国的“对手”希望在未来可以“不战而胜”，“对手”将采取以下措施：第一，综合运用国家力量，利用军民手段扩大竞争空间，通过包括国家战略和经济力量等方式，以及颠覆、胁迫、造谣和欺骗等手段实现战略目标；第二，聚焦先进关键技术，投资核武器、反介入/区域拒止系统、进攻性网络空间、AI、高超声速发射系统、电磁频谱等关键技术，旨在抵消美国战略和常规军事能力；第三，积极战备，积极建设军事力量，以增强在武装冲突中“打赢”的能力。JCC 警告式强调：美国如果将重点仅放在作战准备上，而忽视战略竞争，将面临丧失战略影响力等风险。美国必须在保持充分战争准备基础上，改变战略竞争方式，实行 JCC。JCC 对战略竞争进行了解读。战略竞争是两个以上对手之间发生的持久斗争，他们寻求不相容的利益，而不必彼此卷入武装冲突。盟国、战略伙伴和其他没有潜在敌意的国际行为者之间的正常和平竞争不属于这一概念的范围。JCC 假定，虽然不相容战略利益和目标的国际行为体之间的斗争是持久的，但这些行为体在利益一致时也会进行合作。

还是在 2023 年 2 月，美国司法部和商务部针对中国宣布成立“颠覆性技术打击小组”，泛化国家安全概念，动用行政力量干预中美企业间技术合作，主要领域包括：超级计算和百万兆次级计算、AI、先进制造设备和材料、量子计算和生物科学等。这种“打击”真能奏效吗？

2024 年 7 月，美国彭博社消息，美国国防部已经承认，在实际工作中无法避免与全球最大电信服务商华为公司开展合作，为此五角大楼向国会“摊牌”，寻求豁免美国《2019 年国防授权法》中禁止政府部门采购使用华为设备的有关条款。美国五角大楼官员警告说，如果不解决这个问题，可能会危及美国国家安全。

彭博社进一步解释说，“从在非洲执行任务的美军特战人员，到参加法国巴黎或英国范堡罗航展的五角大楼高级官员，在全球许多地方，美国的军事人员必须依靠华为的网络才能完成他们的工作”。美国国会参议院情报委员会主席马克·沃纳承认，豁免可能是必要的。

中国大疆无人机曾被美国政府有关部门列为禁止使用产品，当美国有关部门对大疆两款新型无人机进行调查时，这两款无人机却首先通过了美国国防部的审查，并获得使用批准。

2024 年 7 月，中国政府宣布，对某些中国产无人机进行出口安全审查。

2024 年 7 月 9—11 日，北约成立 75 周年峰会在华盛顿举行，北约在《华盛顿宣言中》继续指责中国。依照美国印太战略构想，北约全球化有了现实抓手。北约秘书长称，为应对中国构成的严峻安全挑战，北约必须加大同印太国家接触，要同澳大利亚、日本等国启动 AI、网络安全、虚假信息、威慑中国等相关项目。美国表示“增加国防开支是加强跨大西洋国防工业基础”的先决条件。据美联社报道，北约华盛顿峰会期间，美国与北约国家签署了价值 100 亿美元的军火合同。

站在 2024 年看过去的 20 多年，无论中国如何忍耐和表达善意，美国政府对中国的打压一直在进行。1999 年克林顿政府轰炸中国驻南联盟使馆，2001 年小布什政府引发中美南海撞机，2011 年奥巴马政府出台“沃尔夫条款”阻止中美航天合作，2018 年特朗普政府挑起中美贸易摩擦，2024 年拜登政府向中国发起“芯片战争”，这一系列事件证明，美国政府将其战略竞争对手已清楚地指向了中国，已没有必要回避了。

中美之间的科技与知识之争最后无论怎样收场，美国的制裁与封锁最终都会转化为中国发展的动力。中国人总习惯乐观地从长远想，如果地球上真的要出现两种科学和知识体系，真的没有必要恐慌，也可能是一件好事。公元前 500 年前后，东西方学圣相继出现，人类再多几个孔子和亚里士多德也不是坏事。

大航海之前的 2000 多年，中国的船具和导航手段独立发展，与西方和阿拉伯船具差别很大，中国船帆的形状与收放、逆风帆的使用、水密隔舱构造，以及指南针等导航工具都独立发展，具有自己的特色。早在葡萄牙人开始大航海之前，郑和的船队就已在波斯湾、红海和南非海岸航行了，只是中国人没有占据那里的港口和土地。

荷兰人的海军曾经打进英吉利海峡、炮轰伦敦，俘获过英国海军旗舰。郑成功作为被大清朝追剿的明末残余部队，还能从黄金时代的荷兰人手中夺回台湾，足以看出当时中国东南沿海民间海上力量的强悍。

“毫无疑问，在你们一生中，美国和中国之间的知识主导权之争将是主要竞争”，这是2024年8月美国NSCAI主席、谷歌公司前CEO施密特在斯坦福大学对学生们说的话，还算温和，但影响很大。

“丢掉幻想，准备斗争”，“无产者在这个革命中，失去的只是锁链，他们获得的将是整个世界”。[①]

---

① 引自马克思《共产党宣言》。

第九章 实践与思考

2008 年 11 月，中国航空第一集团有限公司与中国航空第二集团有限公司重组整合为中国航空工业集团有限公司（简称航空工业），笔者担任航空工业党组成员、副总经理，分管改革创新、资产管理和产业拓展等工作。2019 年 11 月，中国船舶工业集团有限公司与中国船舶重工集团有限公司重组整合为中国船舶集团有限公司（简称中船集团），笔者转任中船集团专职外部董事、董事会审计与风险监督委员会主任委员。在航空工业和中船集团任职时，为推动工作，笔者在中国航空报、中国船舶报、学习时报、国资报告、中国证券报等媒体发表了一些文章，现将与本书相关内容摘录供读者参考。值得欣慰的是，这些文章表述的观点和愿望正在一步步实现（见图 9-1）。

图 9-1 笔者发表过文章的相关媒体

国有大型企业股份制到底能走多远

——以航空军工企业为例剖析股份制改造对国有大型企业建立现代企业制度的作用[①]

编者按：刚刚闭幕的党的十八届三中全会对进一步深化我国经济体制改革做出一系列重要论述："建设统一开放、竞争有序的市场体系，是使市场在资源配置中起决定作用的基础"，"要完善产权保护制度，积极发展混合所有制经济，推动国有企业完善现代企业制度"……这势必促进我国国有企业新一轮的全面深化改革，而"推动军民融合深度发展"更将为航空工业改革发展增添新的动力。深入领会、学习贯彻党的十八届三中全会精神，对于推动航空工业改革发展具有重要意义。

本期连续刊登航空工业副总经理吴献东的文章《国有大型企业股份制到底能走多远》，这是作者2012年在中央党校中青班学习的毕业论文。编者认为，本文对于国有企业尤其是航空工业全面深化改革，实现军民融合深度发展有一定的借鉴，为此分三期推荐给读者。[②]

改革开放以来，能源、电力、通信、银行、保险、证券乃至某些军工企业等涉及国计民生重要行业的国有企业大多数进行了股份制改造并发行股票公开上市。中国上市公司协会数据显示："截至2011年年底，国有控股上市公司总资产占比、营业收入占比、净利润占比分别为90%、85.2%、85.73%。"国有上市公司成为中国资本市场最重要的主体，为中国经济快速增长贡献了重要力量。但与此同时，中国资本市场也出现了许多问题，2012年一年的熊市引人深思，而国有股一股独大成为焦点之一。目前，多数央企上市公司国有股比重在50%以上，有的还在70%以上，管理部门认为这样可以保证国家对这些行业有控制力和影响力。因此，实际运作中，国家持股50%以上约定俗成为底线。但这一底线随着市场经济的发展和资本市场内在需求的变化不

① 《中国航空报》2013年11月14日与19日连载。

② 在本书中，三期分别以一、二、三标注出来。

可避免地遇到挑战，即使在军工这样特殊的行业也出现了这样的苗头。

从2000年以来，航空、航天、船舶、兵器、核工业等军工行业的市场化改革和股份制改造取得重要进展，截至2011年年底，军工集团作为实际控制人的各类上市公司已接近80家，极大地促进了军工行业的改革发展。但是，在军工上市公司的发展进程中，始终有这样回避不了的问题：一方面，如果不断地对这些公司注入新业务和增资扩股，在产权多元化甚至国有股不断被摊薄后，政府行业管理部门该如何管理，万一企业不服管了怎么办？这个问题让监管者很不放心；另一方面，如果没有新业务注入或不能持续增资扩股，今后这些公司活力何在？这又让资本市场的投资者没信心。

如果不把让政府不放心和投资者没信心的原因搞清楚，并制定相应对策加以解决，已经上市的军工企业发展就有可能停滞，这势必影响整个军工行业的发展，同时也会影响中国资本市场的发展，当前资本市场的低迷也有这方面的原因。本文从三个方面，对此问题进行了研究和探讨：一是对马克思、恩格斯、列宁关于股份制论述的再认识（以美国军工企业股东演变为例）；二是美国政府如何掌控与其没有产权关系的军工企业；三是国有大型企业股份制到底能走多远（以航空军工企业为例）。

一、对马克思、恩格斯、列宁关于股份制论述的再认识

（一）马克思、恩格斯、列宁关于股份制的论述

马克思在《资本论》等论著中多次指出，“在工业上运用股份公司的形式，标志着现代各国经济生活的新时代”。股份公司是“发展现代社会生产力的强大杠杆”，是“由资本主义生产方式转化为联合的生产方式的过渡形式”。股份制是“在资本主义体系本身基础上对资本主义的私人产业的扬弃；它越是扩大，越是侵入新的生产部门，就越会消灭私人产业”。

翻阅《马克思恩格斯选集》可以看到，恩格斯在晚年对当时的资本主义发展新现象进行了观察和思考。1891年在《爱尔福特纲领草案批判》中写道：“由股份公司经营的资本主义生产，已经不再是私人生产，而是由许多人联合负责的生产。如果我们从股份公司进而来看那支配着和垄断着整个工业部门的托拉斯，那么，那里不仅没有了私人生产，也没有了无计划性。”恩格斯接着写道，“我们的纲领是要‘把由个人或股份公司负责的现

代资本主义生产转变为由全社会负责和按预先确定的计划进行的社会主义生产’，唯有通过这样一个转变，工人阶级的解放，从而没有例外的一切社会成员的解放，才得以实现。”

恩格斯在对《资本论》第三章增补时指出：“大家知道，一些新的工业企业的形式发展起来了。这些形式代表着股份公司的二次方和三次方。”这里“股份公司的二次方和三次方”是指卡特尔和托拉斯等垄断组织。

《资本论》第三卷问世是在1894年11月，那时的欧美等发达国家不仅在一些工业部门出现了垄断全部生产的大股份公司，在商业、农业、银行等领域都出现了个别资本被以股份公司联合起来的垄断资本所排挤的现象。

“当然，恩格斯这时还不可能更为详细地阐述自己的观点，也还没有明确地为资本主义的发展划分阶段，但是他已看到‘自由竞争已经日暮途穷’，某些生产部门‘竞争已为垄断所代替’，并且预见到这是‘一种趋势’。”列宁对此评价说，“这里抓住了对现代资本主义即帝国主义的理论评价中最主要的东西，即资本主义转化为垄断资本主义。”

根据马克思、恩格斯、列宁的论述，社会主义终将替代资本主义，但是社会主义实现的历史前提是资本主义的充分发展。这是马克思和恩格斯在研究了当时的欧洲资本主义发展历程后得出的结论。恩格斯的科学社会主义研究的对象是19世纪的资本主义生产方式，其科学社会主义的基本原理也由当时的资本主义说起。

按照马克思和恩格斯研究问题的方法论，观察马克思、恩格斯之后100多年以来发达资本主义国家市场经济发展的新现象和现实，我们不难发现现代资本主义向社会主义进化的一些迹象：在罢工潮中、在占领华尔街运动中、在大选辩论中，尤其在每一次资本主义世界经济危机之后，这种迹象就越显著。最近，有人称奥巴马、奥朗德是社会主义者，我们不能简单地说这是竞选对手的抹黑言论。如果令人尊敬的管理大师德鲁克也这样说就不得不深思了。

（二）美国大企业股东演变趋势——从个体到公众

德鲁克在他1976年出版的《养老金革命》一书中说“美国正在悄悄地进行社会主义革命”，他认为：金融机构投资者，尤其是养老基金已经成为美国大企业具有支配地位的所有者了，更确切地说，它们已经成为美国“唯一的资本家了”。德鲁克的话说得可能有些绝对，但这种趋势越来越得到证明。根据德鲁克 1991 年在《哈佛商业评论》发表的《企业管理》一文中引用的数据，截至 1991 年，美国 20 家大型养老基金（其中 13 家是州政府、市政府或非营利机构的雇员养老基金）持有美国全部上市公司大约 10% 的股票；而美国大型企业 40% 的股份也由机构投资者（主要是养老基金）所持有。根据牛犁、张亚雄《美国股票市场投资者结构分析及启示》一文统计数据显示，20 世纪 70 年代以后，美国的机构投资者在股市的控股比例不断上升，80 年代初达到 34%，90 年代末达到 45%。美国经济咨商局 2008 版《Institutional Investment Report》（机构投资报告）中称，截至 2007 年年底，这一数字已经上升到 76.4%。

美国洛马公司和波音公司等美国军工企业或通用汽车公司等大企业在 100 多年的发展中，股东（所有权）在不断演变，其历程和趋势也可以印证马克思、恩格斯、列宁和德鲁克的论断。美国洛马公司（代表产品：F-22 隐身战机等军品）和波音公司（代表产品：军民用飞机、航天飞机与卫星等）是世界排名前两位的军工巨头，他们都由个人创办于 20 世纪初，经历了由私人艰苦创业，政府和垄断资本支持引导做大做强，最终走进华尔街成为公众公司的过程，而走进华尔街之后还经历了从垄断财团一股独大到分散的众多公共基金和机构投资者持股的过程。

1. 从私人公司到公众公司

波音公司：大萧条时期，凭借生产商和运营商一体化的全产业链垄断能力实现飞速扩张的联合航空及运输公司（波音创办的公司），在“罗斯福新政”中遭受了颠覆之灾。1934 年出台的《空邮法案》明确禁止航空制造商和运营商由同一家公司控制，这直接宣判了联合航空及运输公司的死刑。1934 年 9 月，联合航空及运输公司被正式拆分成波音飞机公司、联合航空公司和联合飞机公司。波音对此次拆分极为不满，抛售了自己持有的全部的公司股票，并辞去了公司的所有职务。告别了创始人的波音飞机公司并未迷失发展方向，反而借机实现了从私人公司向公众公司的转型，公司股票于 1934 年在纽约证券交易所上市。

洛克希德公司：1932 年大萧条中，艾伦·路赫德兄弟创办的底特律飞机公司于 1932 年进入破产托管状态。同年以罗伯特·格罗斯和科特兰·格罗斯兄弟为首的一批投资者就合伙买下了这家公司，代价仅仅是 4 万美元（相当于 2011 年的 66 万美元）。遗憾的是，艾伦·路赫德也曾想过买回这家公司，并为此筹到了 5 万美元，但他不相信这点钱能够买下公司，于是干脆放弃了报价。1934 年，以罗伯特·格罗斯为总裁的新公司正式营业，又挂回了洛克希德公司这一老招牌。艾伦·路赫德也被请来担当公司顾问，但对这家以他姓氏的发音而命名的公司已不再具有发言权。1939 年，洛克希德公司股票在纽约证券交易所上市。

2. 冷战中，大型财团控制下的军工巨头

在美国军工创建和发展的进程中，金融寡头和各大财团起了重要作用。19 世纪末，在美国出现的第一批金融寡头中，摩根和洛克菲勒两大财团是主要代表，他们控制了石油、钢铁、汽车等产业，当然也不会放过军工，也可以说，他们帮助创建孵化了美国现代五大军工的前身。从二战到冷战结束，各大财团通过资本市场和洛马公司、波音公司、雷神公司、诺格公司、通用动力公司以及美国 GE 公司建立了密切关系，又通过政界影响，几乎垄断了美国的军火生意，无论其资产数额还是产品覆盖领域，在美国都处于压倒性的垄断状态。

3. 冷战后，资本市场助力美国政府整合军工，机构投资者成为美国军工新主人

冷战结束以后，经过伊拉克战争，美国军方积极推进新军事变革，强调能力对能力的竞争、体系对体系的对抗，迫切需要军工企业由以前单一武器装备供应商转变为作战能力与作战体系提供商。1993 年，时任美国国防副部长的佩里在一次国防工业主管参加的晚宴上发表演说，公开鼓励合并，随后美国国防部以军备订单作为杠杆，掀起了军工企业合并的浪潮，这次著名的晚宴被西方军工行业称之为“最后的晚餐”。通过近十年的并购和重组，美国原来一些涉足军工领域的重要企业，如 GE、IBM、福特、劳拉、西屋等公司，通过把军工业务部门出售给顶层的竞争者而退出了军工市场。而顶层的军工企业通过并购重组，迅速成长为军工产业巨头，军工产业出现了前所未有的集中化。美国主要军工供应商从 20 世纪 80 年代的约 50 家急剧减少到 2002 年的 5 家（洛马公司、波音公司、诺格公司、通用动力公司、雷神公司），这 5 家高度集中的跨军种、跨平台的系统集成商和作战能力提供商，有力地支撑了美国的新军事变革。

军工企业的整合也加速了财团的交叉渗透，一家财团或少数财团独霸军工巨头的局面被逐渐打破，美国的军工巨头在不断重组整合过程中走向更加公开的资本市场，迎来了新主人——机构投资者和共同基金，而这些机构已不同于冷战以前的金融寡头，越来越多的养老基金等公共基金成为他们的股东，管理的公众资产也越来越多。（下面是分析洛马公司、波音公司股东结构内容，部分在本书第二章已有，这里省略若干）。

一般来讲，美国大型机构投资者在 20 世纪 80 年代之前扮演着消极投资者的角色，按照所谓的“华尔街原则”，他们在代理散户投资者投票的问题上总是顺从投资公司董事会以及管理层的意见，如果对公司治理问题产生异议，就是“用脚投票”，卖掉股票走人，而不去参与或投反对票。他们不是真正的投资者（Investors），只是交易者（Traders）。到 20 世纪 80 年代，以加州公共雇员退休基金（CalPERS）、美国教师退休基金会（TIAA-CREF）为代表的大多数机构投资者放弃了这一原则，他们开始采取积极的态度，成为真正的投资者，是股东积极主义运动的主要推动力量。美国第一大基金管理公司富达基金（Fidelity investment Group）的总裁就公开表示“基金公司再也不打算成为沉默的股票持有者了”。

加州公共雇员退休基金是美国最大的公共雇员养老基金、世界第三大养老基金，CalPERS 是根据美国加州法律于 1932 年建立的，2010 年年底其养老资产规模为 2200 亿美元，其中股票投资占比接近 70%。它于 1986 年首先发起机构投资者参与公司治理的活动，主要表现在以下几方面：股东会上积极行使表决权、改善董事会、控制高管薪酬、公司治理。CalPERS 同样在解释全球公司治理原则中扮演了主要的角色，对各国机构投资者参与公司治理产生了巨大的示范作用，一些国家也采用了美国模式。美国养老基金等机构投资者从消极变得积极，对企业的影响力加大。这说明公司治理制度没有一成不变的定式，都要随着社会经济的发展和市场条件的变化及时进行调整。

上述分析表明，美国洛马公司和波音公司这些军工企业的股东经历了从私人到公众、从财团寡头到机构投资者和公共基金的过程。如果马克思和恩格斯看到这一经济发展新现象，他们一定会为 100 多年前的预测而欣慰。发达的资本主义的确在为向社会主义过渡做准备，虽然他们的当事人不愿意承认，但这一趋势依然显现，而被马克思和恩格斯高度肯定的股份制在这一过程中功不可没。

二、美国政府如何掌控与其没有产权关系的军工企业（本书第三、四、五等章节已阐述，这里略）

三、国有大型企业股份制改造的条件已基本具备——以航空军工企业为例

建设有中国特色的社会主义不可能照搬美欧资本主义制度，但是资本主义国家使用了 200 多年的市场经济理论和方法可供借鉴。2003 年，党的十六届三中全会通过的《中共中央关于完善社会主义市场经济体制若干问题的决定》就明确提出“使股份制成为公有制的主要实现形式”，从理论层面解决了建设中国特色社会主义要不要搞股份制的问题。2010 年，国务院和中央军委联合下发了《国务院 中央军委关于建立和完善军民结合寓军于民武器科研体系的若干意见》，文件明确要求：“用三至五年的时间，基本实现国防科技与民用科技、国防科技工业与民用工业的互通、互动、互补……培育合格的市场竞争主体，军工企业股份制改造基本完成，军工科研院所改革取得积极进展。……除关系国家战略安全的少数企业外，要以调整和优化产权结构为重点，通过资产重组、上市、相互参股、兼并收购等多种途径推进股份制改造，依法妥善安置职工。鼓励符合条件的社会资本参与军工企业股份制改造。按照现代企业制度的要求，完善公司法人治理结构。”这完全符合党的十八届三中全会《中共中央关于全面深化改革若干重大问题的决定》（简称《决定》）中关于混合所有制、交叉持股等发展方向，是实现军民融合深度发展的体制和机制保证。

老文件和新《决定》已经讲得很清楚。但根据以往经验和教训，改革一遇到难题，国有企业和军工行业特殊性的各种理由就会冒出来，进而使具体工作层面产生疑惑和不放心，最终使好的改革决定精神落实不了，拖到最后无疾而终，不免使人产生一年容易又秋风的感叹。按照 1993 年 11 月召开的十四届三中全会《中共中央关于建立社会主义市场经济体制若干问题的决定》精神，当时的中国航空工业总公司（中航总）和中国石化、中国有色一起被列入国家控股公司试点，其间方案几易其稿，最后控股公司没搞成，中航总于 1999 年被分拆成中航一、二两个集团，之后又于 2008 年合并为中国航空工业集团有限公司。20 年的探索与实践，成功的经验与失败的教训交织在一起，一些老航空人每每坐在一起总不免发出一些感叹。笔者也恰好经历了这些改革过程，因此也积累了一些想法和体会。笔者认为航空工业 20 年体制改革的探索与实践为今天按照《决定》进行全面深化改革奠定了坚实基础，具备了改组为国家或国有控股投资运营公司的条件。根据以往的经验和教训，要实现这一目标，把中央的《决定》落到实处，要在以下几方面取得共识：

第一，政府对待军工企业，要继续推进市场化改革，用计划与市场“两只手”把军工企业做成“真企业”，同时要配套制定相应的法规和制度来保证政府、国防订货部门和企业各方权责能够落实到位。

第二，军工企业成为“真企业”必须要有适应市场波动的能力，要有抵御周期性经济危机的能力，而产品单一是大忌，因此军民融合发展成为市场经济环境下军工企业尤其是军工企业集团的首要选择。而军工企业转机建制到位则是实现军民融合、寓军于民的关键。

第三，股份制改造是军工企业转机建制到位、建立现代企业制度的有力推手。

第四，军工企业股份制改造可以分类进行，可分为绝对控股、相对控股、参股等，也可以仅持一股“金股”。

第五，鼓励国有金融机构参与军工企业股份制改造。

第六，二元股权结构等特殊安排可以推进国有企业股份制向纵深发展。

（一）政府和军工人都要把军工真当企业做

1. 政府要把军工真当企业做

坚定市场化改革的方向，把军工真当企业做，不要再纠结市场多一些，还是计划多一些。不要有二选一思维，计划和市场可以共存。对于市场经济中的一些负面东西要客观对待，不可因噎废食。

我们已经积累了多年的市场经济经验，对生产力和生产关系有了更深的了解，对商品价格、价值的形成有了客观认识，对以人为本、科学发展有了更深的体会，严峻的国际形势和激烈的竞争应该使我们的头脑更加清醒，有了这些前提就应该知道怎么做了。

把军工当作企业做，首先要承认市场经济规则，政府和官方订货与军工企业是买卖关系，政府向企业购买服务，一旦签订合同，企业有责任向政府提供合格服务。军工产品虽然是特殊产品，但是它的价值也可以计算。

①经济账可以算。首先，随着经济全球化，各种生产要素都在流动，人、生产资料等都有社会平均价值，欧美等国的军工产品价格形成机制我们也基本了解，可以确定军品的参考价。其次，中国的市场经济条件业已具备，生产资料价格、劳动力价值，包括复杂劳动价值也容易确定，可以确定军品的成本价。

②战略账可以算。军品的特殊性有时体现为国家战略需要，如果是国家战略需要，是不是就可以不计代价？这要看具体情况。如果真是到了国家和民族存亡之际，在能力允许的前提下，可以不计代价。更多的情况是常态，即通过备战来避免战争。这就需要有长期可持续发展战略规划，不能一曝十寒。如果有一个 20～50 年的规划，这个账就好算了。

当然，把军工当企业做，就要按市场经济规律办事，免不了讨价还价，但只要尊重经济规律、实事求是，制定和完善相应的法律法规，相关方依法办事，问题就好协调了，西方发达国家就是这么走过来的。

2. 军工人要真做企业人

“我是不会选择做一个普通人的。如果我能够做到的话，我有权成为一位不寻常的人。我寻找机会，但我不寻求安稳，我不希望在国家的照顾下成为一名有保障的国民，那将被人瞧不起而使我感到痛苦不堪。我要做有意义的冒险。我要梦想，我要创造，我要失败，我也要成功。我拒绝用刺激来换取施舍；我宁愿向生活挑战，而不愿过有保证的生活；宁愿要达到目的时的激动，而不愿要乌托邦式毫无生气的平静。我不会拿我的自由与慈善做交易，也不会拿我的尊严去与发给乞丐的食物做交易。我绝不会在任何一位大师面前发抖，也不会为任何恐吓所屈服。我的天性是挺胸直立，骄傲而无所畏惧。”这是 1904 美国《企业家》杂志发刊词上引用的一段话，也被人称为“企业家誓言”。不甘于做普通人，自尊自强、敢于冒险创新、不怕失败、渴望成功也应该成为军工人的精神，至少我们企事业单位中层以上管理者要有这样的追求和胸怀。如果，我们的职工在企业改制时不再在乎国有身份、事业身份；我们的干部对竞争上岗、聘任或解聘已经习惯；我们的高级管理者更看重股份公司董事会的聘任而不是上级行政部门的任命，敢于领军创业，我们的改革就到位了，军工企业转换经营机制建立现代企业制度（转机建制）就到位了。

（二）进一步解放思想，加快军工企业股份制改造

把军工打造成“真企业”，股份制是有效途径，是企业发展壮大的一般规律。股份制可以促进军工企业实现转机建制和军民融合，固化体制机制并使其稳定持续。

1. 适应产业发展规律，加快股份制改造

中国加入 WTO 以来，能源、交通、电信、银行等关系国计民生的重点行业的龙头企业通过股份制改造和整体上市逐步成为公众公司，得到了快速发展，许多企业跻身世界 500 强前列，这些企业的实力以及对世界相关行业的影响力、控制力在不断增强，与欧美同行的差距迅速缩小。

以航空航天电子军工为例，欧美主要发达国家的军工企业早已完成了产业结构调整和股份制改造，并瓜分垄断了主要市场。尤其冷战结束后，欧洲各国加快了军工企业联合重组和股份制改造，完成了体制上的准备。

不敢想象，在经济全球化，尤其是在航空航天产品军民不断融合、市场不断国际化的未来，等靠国家唯一投资，圈养而不敢变化的军工企业会有多少作为，如何同欧美散养的对手们同台竞技。

在这种形势下，如果我们不加快改革步伐，还实行封闭的体制和僵化的机制，就难以推进军转民，难以同民口企业很好合作，难以建立寓军于民体制，难以同国外强大的对手过招，和国际同行的差距将会越拉越大，永远是打工学艺的角色。

对于企业来说，体制机制方面的落后就相当于人在思想观念上的落后。因此加快军工企业股份制改造步伐，打造可与对手竞争的体制机制愈发显得重要。

2. 军民结合要和转机建制、股份制改造相结合

20世纪80年代，我们曾大规模地搞过军转民，凭借研发和制造能力以及先发优势，军工企业开发出了许多名震一时的民品，如空调、冰箱、彩电、计算机等，军工企业依靠它们度过了艰难的90年代，但是今天它们都哪里去了呢？回忆它们，军工人会有一个个后悔遗憾的故事，要汲取的教训很多，其中最主要的一条是：没有把军转民和转机建制结合好，没有把军民结合、寓军于民放在战略地位考虑，认为搞民品就是创点收补贴军品。甚至在有些民品发展到大于军品规模时，依然按照车间或分厂制管理。即使有些民品进行了股份制改造甚至上市，由于没有真正建立起现代企业制度，主要经营者和技术骨干并没有从企业发展中得到激励，吃的依然是大锅饭，最终避免不了被淘汰出局。

当然我们也有成功的案例，如航天的中兴通讯，航空的飞亚达手表等。无独有偶，分析他们的成功经验，不难发现，他们都处在改革的前沿地区——深圳，都是上市公司，他们都是凭借灵活的机制和管理者的企业家精神存活下来。可见，要搞好军民结合、寓军于民必须要和转机建制相结合，股份制是有效途径。

3. 进一步解放思想，扩大军工企业股份制改革范围，明确哪些企业属于少数关系国家战略安全的范畴

这个问题实际上一直困扰着工作层面。根据行业和企业的具体情况，关系国家战略安全的企业应该控制在极少数，不能“沾边”都算。谁都不会否认，银行、能源、通信三大行业对于国家战略安全的重要性，相信在这些行业股份制改造过程中，做与不做的意见都有，现在事实证明了这种选择的正确性。如果没有股份制助力，这三大行业不会名列世界前茅且发展势头日益强劲。因此，在军工企业市场化改革和股份制改造方面，思想可以再解放一些，步子可以再快一些，“少数”可以再少一些。

对于市场化和军民融合程度比较高的行业，改革力度可以再大一些。航空工业自 2008 年整合以来，通过大力度实施市场化改革和资本化运作，体制机制发生了很大变化。在股份制改革方面可以先试先行，也可以为我国军工企业股份制改革积累经验。例如，不再保留国有独资公司，将关系国家战略安全的少数航空企业改造为国有绝对控股的股份公司，将多数重要的航空企业改造为国有相对控股的公司，一般性的配套企业参股，保证控制力即可。从前期西飞国际、洪都航空、航空动力等上市公司的实践看，可以大大增强军工企业的竞争力和控制力。在航空工业 26 家上市公司中，到目前为止没有一家公司因为股份多元化而影响国家任务的承担和完成。

（三）尽快制定并完善不依赖产权行政的法律法规和政策，推进军工改革

1. 必要性。如果与军工企业股份制改革相关的法律法规能进一步完善，就会使执法部门高效严明，企业敬法守法；就会使政府监管部门自信，企业及运营者诚信，政府和企业间互信，从而减轻政府对产权行政的依赖。这些做到了，军工行业的改革还可以进一步深化，股份制改革的范围还可以进一步扩大，军民结合、寓军于民、军民融合的新局面将很快打开，继军工企业在靠任务带动获得规模上的大发展之后，将迎来靠体制机制驱动转型升级的质变。

因此，制定适合于军工上市公司的政府管理和科研订货操作细则以及相关法律法规，使军工企业在股份多元化后依然能够确保完成国家任务、不损害国家利益、让监管部门放心的各项规章制度成为当务之急，否则军工企业的股份制改革就会停滞不前，甚至倒退。

2. 可能性。经过 20 多年的市场化改革，对于军工企业的股份制改造，从政府到企业再到资本市场已经积累了很多经验。在军工上市公司保密、信息披露、投资和项目管理等方面已经有了一些行之有效的成熟做法。从国务院国资委、国防科工局再到证监会以及资本市场投资者之间形成了比较默契实用的工作关系。另外，全军装备采购制度也在深化改革，已经从海军开始试点。现在，只要政府有关部门通力协作，如财政部、国资委、工信部国防科工局、证监会、装备订货管理等相关部门，借鉴西方政府管控敏感行业企业的一些做法，总结前一阶段军工企事业单位改革的经验和教训，把一些经验性的做法、部门的要求、中央文件精神等提升到规则、制度甚至法律层面予以明确，工作层面就可以放心地照章办事，就能够进一步从根本上促进军工行业的市场化改革和股份制改造。

3. 制定和完善促进军工企业改革法律法规和政策的几个基本原则

第一，尊重市场经济条件下各方自愿达成的不违反国家法律的契约，维护契约的权威，加大违约成本处罚。

第二，弱化依靠大股东地位用行政手段管理企业的行为，制定不依赖产权管控军工企业的法律法规和政策，法律制定者和执行者要做好适应这种转变的准备。

第三，这些法律法规要能促进国有股东代表适应现代企业制度，习惯通过董事会、股东会以及公司章程和国家法律法规表达意见，要能迫使国有股东提高行为能力，限制其倚仗大股东地位发号施令的行为。

第四，这些法律法规要能促进国有股东代表适应对相对控股企业（非绝对控股）的管理，要能把代表的意见通过董事会和股东会在企业实施。李嘉诚对许多企业并不绝对控股，但是其控制力很强，一些做法值得我们借鉴。还要能防止国有股东代表不作为，企业被内部人控制，沦为个别人或个别股东的工具。

第五，根据国有股在军工企业中占比情况制定相应的法规和政策，例如对独资企业、对绝对控股企业、对相对控股企业、对参股企业和对不持股企业等，都可以通过公司章程、投资人协议甚至专门的法规制度设定一些限制性条款，保证国家利益和安全不受损害，在这方面可以借鉴欧洲的金股制度，北美的二元股权结构制度等。

下面着重介绍一下二元股权结构制度。

4. 借鉴二元股权结构制度，增强国有股控制力

所谓二元股权结构，就是公司在融资或上市时，为保证公司创始人或原来大股东在股权被稀释后依然能够拥有多数投票权，从而有效控制企业的一种安排。这种安排是公司原股东与投资人谈判的结果，并得到证券监

管机构的认可。

在军工企业等特殊企业股份制改造中，可以借鉴二元股权结构的思路制定相关制度甚至法律，使国有股东在股权被稀释后依然能够掌控企业发展方向，同时也让更多的投资者分享利润，并可以解决所谓与民争利的问题。

加拿大庞巴迪公司是一家飞机制造和车辆制造企业，采取了二元股权结构。庞巴迪家族虽然只拥有不到 20% 的股票，但由于他们手中的股票投票权是普通流通股的十倍，因此庞巴迪家族的投票权依然超过 50%，保证了家族对企业的控制。美国新闻集团、纽约时报公司都曾经或还在使用这种股权架构，以确保创始人拥有能够控制公司的投票权。纽约时报公司曾表示，免受公开市场的影响有助于保持新闻的独立性。在美国新闻集团公司，CEO 鲁珀特·默多克（Rupert Murdoch）控制着 40% 拥有投票权的股票，而在不拥有投票权但交易更广泛的股票中，他的持股比例不到 1%。虽然人们对这种股权架构毁誉参半，但其近几年却被美国硅谷科技型公司所推崇。谷歌、苹果等公司都采用了这种股权架构，以确保创始人对公司的控制。有些投资人对此有意见，但这是公开披露的信息，投资人不喜欢可以不买它的股票，买就要接受这个条件，遵守这个契约。

2012 年美国 Facebook 公司上市时也采用了二元股权结构，公司创始人扎克伯格虽然只拥有 28.4% 的股权，但是却拥有 56.9% 的投票权。Facebook 股票分为两类，即可流通的 A 类普通股和不流通的 B 类普通股，其中，B 类普通股的表决权是 A 类普通股的十倍，这个倍数和谷歌公司类似。一股十个投票权的 B 类普通股在出售时自动转换成可流通的一股一票的 A 类普通股。在首次 IPO 中发售的股票是 A 类普通股。根据 Facebook 提交给美国证券交易委员会的文件，扎克伯格拥有 Facebook28.4% 的股权，但由于他还持有 5.338 亿股 B 类股，根据他和此前股东们签订的一系列表决权代理协议，他们在特定情况下授权扎克伯格代表股东所持股份进行表决，这一安排使扎克伯格最终拥有了 56.9% 的投票权。这意味着他将有能力控制包括公司董事会成员选举等公司重大决策，比如任命自己的继任者、决定重大收购等。Facebook 动用 10 亿美元收购移动应用 Instagram 公司，就是扎克伯格与 Instagram 公司 CEO 凯文·希斯特罗姆在家中私下达成的协议。扎克伯格只是告诉董事会收购 Instagram 的事情，而董事们压根没有参与投票和建议。扎克伯格俨然成为聚光灯下的独裁者，但却不是第一个通过二元股权结构来维系独裁的创业者。在此之前，谷歌、福特汽车公司、《华盛顿邮报》、《纽约时报》、VISA、EchoStar，还有“股神”巴菲特的伯克希尔哈撒韦公司，都采取了这种二元股权结构。

可以说，这些资本主义市场环境下公司的创始人对公司的控制力或独裁程度比中国国有控股公司的最终控制人还要强。

如果国有企业股份制改造和 IPO 时也采取类似制度，政府持有股权比重可以进一步降低，如 30%，假如这 30% 是每股 3 票投票权，那么政府就有 90 个单位的投票权，公众投资者有 70 个单位的投票权，在涉及公司重大事项决策时政府依然占多数投票权，而分红时，政府分得 30%，公众投资者分得 70%。解决了所谓政府与民争利的问题，同时还保证了国家战略性产业的安全。当然，真要采取这种制度还要配合相应的法律法规，不像举个例子这么简单。

总之，只要有改革的决心，就会有改革的办法，法规的制定和制度的完善可以在改革的实践中完成，千万不要等法规和制度制定完备了再启动改革，有些问题不在改革发展中实践是发现不了的，可以一边尝试一边制订和完善制度，“摸着石头过河”依然适用。美国的许多法律起源于案例，而不是提前设计，这是因为市场经济一直存在着没有被认识到的规律，实际上他们也在“摸着石头过河”。

（四）深化军工集团公司总部公司制改革

对军工集团公司整体（含总部）进行公司制改造，理顺母公司和已上市子公司间的关系，建立现代企业制度。

1. 股份制改造要母子公司同步

目前，军工集团公司作为最终控制人的上市公司已有近 80 家。以航空工业为例，直接或间接控股的上市公司已达 26 家，分布于各个业务板块，主营业务资产证券化率已超过 50%，但是控股母公司和子公司间的治理关系与现代企业制度要求还有较大差距。随着这些上市公司改革发展力度不断加大，客观上已经需要最终实际控制人——集团公司加快建立适应市场经济发展的现代企业制度，否则将会影响到这些已上市企业的运作效率，把先行的改革做成“夹生饭”。时间长了，母子公司之间在思想观念、体制机制、决策程序和效率间的差别会越来越大，如果不及时理顺，会严重影响行业的发展。

因此，集团母公司即总部也要加快公司制改革，具备条件的可以进行股份制改造实现整体上市，尽快建立现代企业制度，理顺母子公司关系，实现和谐发展。

2. 分步实施集团公司总部公司制改革（以航空工业为例）

按照 2008 年国务院整合航空工业两个集团公司的批复要求，中国航空工业集团有限公司按照“市场化改革、专业化整合、资本化运作、国际化开拓、产业化发展”战略，加快推进整个集团的改革，总体思路已经形成，有的已经完成，有的还在探索，具体考虑如下：

第一步，中国航空工业集团有限公司实行母子公司管理体制，把防务、飞机、直升机、发动机、航空电子等业务板块整合为专业化子公司，具备条件的子公司依托相关上市公司平台实现整体上市。这些工作已经展开，有的已经完成。例如，飞机业务以“西飞国际”为平台、航空电子业务以“中航电子”为平台、机电业务以“中航精机”为平台，已基本完成对工业企业的整合。

第二步，将研究院所进行企业化改造，与相关的专业化子公司整合为一体，在体制上实现科研生产一体化。2012 年中央下发了关于科研院所等事业单位改制的文件（简称为“五号文”），明确了企业在创新中的主体地位，但是军工科研院所的转制比其他院所难度要大，可能需要充分的酝酿和准备。现行体制下，事业单位资产归财政部管，人是事业身份，而企业资产归国务院国资委管，人是企业身份，这种人为割裂生产关系的体制已经影响科研生产资源有效配置多年，随着市场经济的深入，这种影响的负面效果会越来越大。事业单位的人要调动，涉及转身份、补社保等一系列问题，而形成的科研成果和相关资产的流动不是件易事。要将事业单位和企业整合，首先要把事业单位转为企业，需要人转“身份”和资产“变性”，这也不是件易事，没有当年“国企三年脱困”的勇气和力度恐难完成。因此，这一步的工作何时能完成存在不确定性。

第三步，将中国航空工业集团有限公司改组为国家或国有控股投资运营公司，进行国有资本投资运营管理和行业战略规划管控。条件具备时可以引入国有控股投资者，如社保基金等国有控股的投资机构，把中国航空工业集团有限公司（含总部）整体改造为“纯国有”的股份公司，建立股份多元的现代企业制度。这一步的条件已经具备，可以按照十八届三中全会《决定》精神进行试点。

第四步，在中航工业控股的各专业子公司（如飞机、直升机、航电等）发展壮大到能与国际对标企业较量时，作为这些子公司的母公司——中国航空工业集团有限公司可以进一步放权，自己逐步发展成为“战略管控与产业投资型的国家控股公司”，类似日本的三菱，韩国的三星、现代，或者新加坡的淡马锡。

这四步走下来，将会从根本上，也就是从体制上促进军民深度融合，极大地提升航空工业乃至中国制造业的整体竞争力。对于建设有中国特色的社会主义也是一种积极的尝试，也可能是国有企业二次改革的探索。

而这一切，还需要有中国特色的华尔街金融系统的参与，需要多层次资本市场的支持。

（五）打造有中国特色的华尔街

军工集团公司深化改革和可持续发展需要有中国特色的华尔街金融系统参与，需要多层次资本市场的支持。

1. 前车之鉴——一只手和两只手的博弈

从清朝到民国，再到新中国，一直以来军工都是国家的事，由国家出钱，干国家让干的事，给多少钱办多少事，干活的人只要干好就行了，不用为钱操心。军工是一个特殊行业，理所当然需要国家支持，无论是社会主义还是资本主义国家。但是仅靠国家支持就够了吗？靠在国家身上的军工能在全球竞争中生存下去吗？看看苏联和欧美的成败就容易理解这些问题了。

鼎盛时期的苏联与美国是公认的两个超级大国。上演的以航空航天为代表的军备竞赛犹如精彩的电视剧。你搞了载人航天，我载人飞船登月；你搞 F-16，我搞苏 -27、米格 -29；你有 AH-64，我有米 -28。表面上我们看到的是产品的竞争，实际上是两种国家体系的竞争，是一只手和两只手的博弈。苏联是政府一家出钱搞军备，生产企业主营业务突出而单一；欧美企业政府出钱不比苏联少，但是欧美企业还有一个重要支撑——华尔街。华尔街不是美国的华尔街，而是能够调动整个资本主义世界资源的华尔街。面对这样的体系竞争，输赢从一开始就注定了，只是时间问题。苏联解体有其政治原因，经济难以可持续发展也是一重要原因，而靠单一投资渠道、单一业务企业、僵化计划经济体制支撑的军备竞赛，也许是那压垮骆驼的最后一棵稻草。

2. 差距依然很大。我国的体制可以集中力量办大事，依靠国家的支持我们办成了许多大事

凭借中国巨大的市场需求，依靠国家支持，通过整体改制上市，同样事关国家安全并对国计民生有重要影响的中国的银行、能源、电信等行业的领头企业已经进入世界 500 强（或 500 大）前十行列。

2000 年以来，航空航天等军工行业也取得较快发展，在某些领域已经处于世界领先水平，但是对标世界领先的航空航天等军工企业，我们在经济规模、效益水平、市场影响力、技术储备、资本积累和自我可持续投入能力等方面依然存在较大差距。以航空航天以及电子行业为例，根据公开的信息，航空工业集团、航天科技集团、航天科工集团、电子科技集团同美国的洛马公司、波音公司、诺格公司、雷神公司等同行相比差距依然很大。这方面只要上网搜索一下美欧军工在世界 500 强中的排位和军工防务收入就一目了然。

3. 补短板——产融结合

我们知道，洛马公司、波音公司等美国军工巨头后面站着具有 200 多年历史的华尔街。我们的军工企业在计划经济年代背后有政府和国有银行，随着社会主义市场经济改革的深入以及国有商业银行的整体上市，军工企业赖以生存的金融环境发生了巨大变化。各军工集团和企业都在积极探索建立各种融资途径。

航空工业从2008年11月整合重组以来，按照国务院批复要求，积极探索建立新的融资发展渠道。首先，在利用已有上市公司进行专业化整合的同时，积极开展融资活动；其次，积极融入地方经济，发挥航空工业覆盖面广、产业链长、带动力强的优势，抓住地方经济转型升级的迫切需要，扩大和地方政府的合资合作，以上两项引进资金合计约300亿元，60%以上用于航空产业建设。同期，航空工业也获得了国有资本金、技术改造国拨资金和各类科研经费的支持。当然，航空工业上缴国家税金也逐年递增，三年合计约253亿元。

资本市场和地方政府等社会投资机构已经成为航空工业重要的融资发展渠道。地方政府及其国有控股机构之所以投资，一是看好航空工业产业前景和带动相关产业发展的潜力；二是看好资本市场，看好航空工业有较强的资产证券化渠道，有利于投资的增值和退出。但是，如果军工股份制不能进一步开展，这些设想不能实现，这些投资机构的积极性将大打折扣。

可以说，航空工业已经有中央财政、资本市场和地方政府等多层次资金来源的支持，但还不够，对于打造能与波音公司、洛马公司等西方军工巨头竞争的跨国企业集团目标来说，这些渠道依然有限，尤其在发展重大民用项目、抢抓战略机遇、并购整合国外竞争对手等方面，需要有大的金融机构予以支持。航空工业在这方面有过不少遗憾，在2009年金融危机中，有几个国外目标企业深陷财务危机，股价大跌，提出深度合作，但是需要较大的资金支持，单靠航空工业自身有困难，而航空工业又一时难以找到合适的投资机构合作，失去了多次产融并肩出海共赢的机会。

这些年，国有商业银行通过市场化改革和股份制改造发展迅速，中投公司、社保基金等越做越大，在国内外影响加大，对高科技实体公司的投资也在增强，这是中国主权投资机构成熟的标志。例如，2012年，中投公司斥资3.8亿欧元获取在巴黎上市的欧洲通信卫星运营公司7%的股份，成为三大股东之一，法国战略投资基金持股25%是最大股东。这虽然是一次财务性投资，而且投资的公司不是制造企业，但仍然引起西方媒体的关注，有人猜测这些股份今后有可能转给中国卫星通讯公司，有人分析欧洲通信卫星运营公司正尝试争取军方和政府数据服务业务。因此，中投公司后续的举动，无论是进入公司的管理决策委员会，还是股份的转让，都将受到大洋彼岸美国人的干预。有这么多不确定性，但中投公司还是做了，这是自信的表现，据了解，中投公司还投资了英国罗罗航空发动机公司。

如果社保基金、中投公司和各大商业银行控制的有投资功能的机构能够参与航空工业等军工集团公司的公司制改造并成为重要股东，不仅能扩大企业融资渠道，更能促其加快市场化和股份制改革步伐，实现真正意义上的产融结合。对于航空工业来说，这些国有控股投资机构终将成为类似洛马公司、波音公司背后的美国道富和先锋等投资机构，成为支持和掌控航空军工发展的有中国特色的华尔街金融巨擘。到那时，掌控了中国重要产业集团的北京金融街将会抗衡或超越美国的华尔街，其重要意义不言而喻。社保基金以及大型金融投资机构入股参与航空工业等军工集团的改制，有可能打通金融街（大型金融机构所在地）和西便门（国资委所在地）通道，从而加速中央企业产融结合的进程，成为替全国人民理财的“红色资本家”，让全国人民共享中国经济改革发展成果。当然，如果中国的银行能够像德国的银行一样全能，这一天会来得更快些。

结　束　语

马克思在资本论中说“股份制是对资本主义生产关系的一种扬弃”。美国管理大师德鲁克在《养老金革命》一书中说，“美国在悄悄进行社会主义革命”，通过分析美国军工企业股东演变也可以印证这一点。从私人创业作坊到财团控制的上市公司，再到各种资产管理公司和养老金共同控股的公众公司，体现了一种社会进步。

我们正在补社会主义建设的课，建设有中国特色的社会主义市场经济，计划与市场都不能少，企业股份体制可以成为连接计划经济与市场经济的桥。建设这座桥的部件，有些资本主义已经有了，我们可以拿来用，没有的我们可以根据具体情况自己制作。等这座桥搭好了，有中国特色的社会主义道路也就建好了。西方军工在资本主义市场经济条件下的 100 多年的发展过程中，与市场和政府形成了比较成熟的运作模式，这些做法不但值得中国军工企业借鉴，也值得中国国有企业改革借鉴。

美欧资本主义政府能够Hold住与自己没有产权关系的军工上市公司，相信我们的政府更容易做到，因为我们还留有一定的国有股权，有的还绝对控股，还有以中共党员为核心的企业高管队伍。

军工集团公司成为市场中真企业后，即使是整体上市进入资本市场后，政府也可以通过法律法规，凭借装备采购“指挥棒”，凭借控股或相对控股的股东地位对其监管；可以通过相关制度安排和公司章程进行约束；国资委、国防科工局、总装备部等行业监管部门也可以派人进入董事会并对管理层任职资格提出基本要求等。出于对政府的信任和公司长远利益的考虑，资本市场投资者会接受这种安排，可以放心地参与军工上市公司的投资。这样，我们就探索出了一条政府放心、投资者安心、企业舒心的市场化改革之路。产品军转民可以救一个厂，技术军转民可以兴一个行业，而军民体制机制方面的融合以及计划经济和市场经济的联手则可以强军富民、兴国兴邦。

由于现在的军工企业已经深入到国民经济活动各领域，军工企业的深化改革也必将带动其他实体经济的转型升级。因此，军工企业深化改革的意义不仅在其本身，还可能是国有企业改革新探索，是计划经济向市场经济进一步发展的新探索。实际上，如果把文中军工企业换成国有企业，其观点、思路和办法也适用，这是本文写作的初衷。

如果能在以上几方面取得共识，国有大型企业的股份制之路会越走越宽广，能参与的不影响，能影响的不控制，能控制的不专断，这样的经济体制才有活力，有希望。

美国IT精英的军工升级梦①

面对越来越强大、时不时挑战政府权威的军工巨头，美国政府一方面依靠一般法律和制度进行约束，另一方面制定了与市场规则相适应的管控体系，使政府在市场经济环境下依然能够掌控军工巨头们的行为，同时也

① 《学习时报》2013年5月27日、《中国航空报》2014年3月6日转载。笔者备注：10年前，本文关于美国军工的分析已成为现实。

在培育新型创新企业制约他们。

美国传统军工企业总市值不如谷歌。“整个美国军工产业的市值现在还不如谷歌公司，苹果公司仅用手头的现金就能买下洛克希德·马丁公司、诺斯罗普·格鲁门公司和雷神公司。订单大幅减少，倒闭迫在眉睫，美国军工大企业恳请政府帮一把。”

这是美国《国防》月刊 2011 年第 11 期的报道。该刊评论，美国的军备制造商要求五角大楼加紧保护军工产业，避免迫在眉睫的倒闭。理由是新武器系统的预算逐渐耗尽，大额项目难得一见，军队的许多重要供应商可能很快会被挤下悬崖。国防部应当做一件二战以来一直未做的事情：管理军备制造产业，确保关键技术和设施不在即将来临的军备衰退中消失。这种对行业政策的呼唤，国防部置若罔闻。五角大楼对挑拣赢家和输家毫无兴趣，更乐于放任自流。冷战结束后，国防部站到一边，5 年间任由承包商自行重组。政府在 1997 年出面，阻止了业内巨擘洛马公司和诺格公司合并。但随着当前的战争逐渐平息，军队准备进入一个节约开支的时代，军工产业的前途引起前所未有的忧虑。战略和预算评估中心发表的研究报告预言“军队特有产品的设计能力将减弱”，呼吁国防部大力保护军工产业基础中那些真正必须保留的部分，例如，战术飞机、核潜艇和侦察卫星。博斯公司的航空与军火业务负责人马蒂·博林杰说，“防务政策制定者想当然地认为，军工产业能够根据需求变化自动调整规模，从而始终保持竞争力，但事实并非如此”。分析人士担心一旦投资者预见到前景不妙就会撤资。这可能是美国军工复合体在向奥巴马政府公关或施压，但美国传统军工企业面临新的挑战却是事实。

2012 年，美国航天飞机停飞，F-22 停产，真的是因为差钱吗？不全是，这实际上是美国在新技术条件下、新军事战略影响下国防军工行业转型的开始，这些举措将催化新技术的产生，催化一大批具有创新精神的企业家和小企业的诞生。目前两股力量正在聚合，一是在硅谷完成资本积累、对新挑战极具向往的创新型资本家，二是在航天飞机停飞、F-22 停产时面临失业但又对宇航事业热爱且极具献身精神的科学家和工程师，他们已经在创造奇迹。在金融危机压力下，美国政府对现有的军工格局表示不满，借航天飞机退出历史舞台，奥巴马积极鼓动新的私营企业和小企业参与太空竞争。故事已经开始，让我们看一看 SpaceX 公司首席执行官马斯克的传奇。

2012 年 10 月 7 日，美国佛罗里达州卡纳维拉尔角，美国私营的 SpaceX 公司使用“猎鹰”9 号火箭再次向国际空间站发射“龙”飞船，搭载 453.6 千克货物。之后该飞船与国际空间站成功对接，成为首艘向空间站运送补给物资的商业航天飞船。在这批飞向太空的货物中，有一小冰柜的冰激凌。对常年生活工作在太空的宇航员来说，冰激凌是来自地球的珍贵礼物。当然，“龙”飞船正式承担向空间站运货的任务，值得关注的并非只有甜美的太空冰激凌。“龙”飞船的升空，意味着自 NASA 的航天飞机退役后，来自民间的商业航天企业具备了向国际空间站输送补给货物的能力，这本身就是一道让人心情舒畅的美味“冰激凌”。

SpaceX 的首席执行官马斯克从小就展露出科学和商业天赋，才 12 岁时就凭开发的一款“太空入侵”电脑游戏程序，赚得 500 美元。毕业后，他进入硅谷创业。他创办了 x.com，即著名的在线支付系统 PayPal 的前身。5 年后，他以 15 亿美元的价格将 PayPal 卖给了 eBay。此时，他年仅 30 岁。马斯克用这笔钱创建了三家公司：SpaceX 公司、特斯拉电动汽车（Tesla Motor）公司，以及从事太阳能产业的阳光城（Solar City）公司。某种程度上，马斯克是好莱坞电影《钢铁侠》中的主角托尼·史塔克的现实版。事实上，《钢铁侠》第二部的部分镜头，就是在 SpaceX 公司位于加州的总部厂区拍摄的。该剧导演也承认，饰演“钢铁侠”的小罗伯特·唐尼在构思角色时，就是从马斯克的创业经历中获得灵感。马斯克曾说：“我没有能穿着飞到接近太空的钢铁服，但是我想我们能造出飞到太空的巨大火箭。”

SpaceX 公司于 2002 年成立，当时，私营太空公司寥寥无几。马斯克的想法则很明确：要打造更轻便、精简的火箭推动器，改变整个火箭领域。事实上，他做到了。其他航天公司也开展太空搭载业务，但都是通过发射卫星进入地球轨道，而马斯克已经研制成功了两个火箭和一艘飞船，分别是“猎鹰”1 号、“猎鹰”9 号火箭以及“龙”飞船。它们可以飞行、导航、漫游、对接，可以搭载一名宇航员，而且探索范围达到了宇宙深处。SpaceX 公司这家民营企业，仅仅用 10 年的时间，就做到了只有美国、俄罗斯、中国等主权国家才能做到的事情。

SpaceX 公司的成功秘诀是什么？简单地说，就是创新的技术模式和管理模式。同时，SpaceX 公司的目标是将航天运输的成本降到最低，该公司在其官网上明码标价，称会给顾客最实惠的价格。比方说，为了节省成本，SpaceX 公司没有买新的经纬仪而是从 eBay 上买了一个二手货，省下 25000 美元。在实验时，火箭的第一级按设计要求是可部分回收的。由于设备会降落到海里，正常情况下，雇一个专业的火箭打捞公司要 25 万美元，但该公司通过不断讨价还价，最终和一家叫拖轮和驳船（tug-and-barge）的公司签订了协议，只花 6 万美元就完成了打捞。

沙漠小镇莫哈维的 IT 精英们。想象一下，飞船和火箭控制中心的工作人员不再西装革履，而是大多衣着随便，穿着 T 恤、牛仔裤，甚至短裤。这是一幅多么有趣的场景啊。其实，不仅是马斯克，眼下还有许多美国 IT 人士投身于航天产业，筑梦太空。美国加利福尼亚州南部，有一个坐落在沙漠旁边的小镇——莫哈维，在小镇入口有一块地标牌，上书醒目大字：欢迎来到莫哈维：通往太空的通道！在莫哈维，一批新的太空公司正在聚集，这有点类似当年 IT 人士往硅谷聚集的场景。更有趣的是，这儿聚集的太空梦想人，有很多都是 IT 业的“神人”。

今天，这儿已经聚集了 10 多家太空探索初创公司和他们的灵魂人物，除了维珍公司的大老板、著名的太空迷——理查德·布兰森之外，更多的是 IT 业的大亨们。

在莫哈维航空航天港，微软公司合伙创始人保罗·加德纳·艾伦正在联手航空航天顶级科学家伯特·鲁坦研制超级“火箭飞机”，这项计划被认为是保持美国在太空探索前沿技术继续领先的保证。他们正在研发一种新型的双机身航天器，其机翼长度超过一个足球场的长度，可以携带一枚火箭进入大气层，再用火箭自带的推动器继续将其送入轨道。若研发成功，就可以不再使用庞大且昂贵的火箭发射台了。亚马逊公司的创始人贝佐斯则开创了商业太空公司——蓝色起源，该公司致力于设计一种类似胶囊的新型轻便火箭——“新牧羊人”，以便花更少的钱，让普通人也能进入太空。

更为引发媒体轰动的是谷歌公司创始人佩奇、斯密德，以及大导演卡梅隆一起投资的行星资源公司。在大胆创新这个角度上，这家公司比别家走得都要远——去小行星采矿。卡梅隆的电影《阿凡达》，讲述的正是人类在潘多拉星球上采矿的故事。不过，对此也有反对的声音。有专家就说，这无非是淘金热的现代版，可以写成经典的科幻小说故事了。因为这项计划可能要花费巨资，即使投资者的计划真的可以实现，届时铂金、钯等稀有金属将会因不再稀有而迅速贬值，所以这不现实。

这些不同声音并不重要，重要的是当今最优秀的精英已经开始关注太空，就犹如100多年前莱特兄弟关注天空飞行一样，当时的反对声比这还大，记得当时许多人说人类能在天空飞行是无稽之谈。

持续创新——商业公司全程参与。美国作为太空探索领域的领军国家，完成了人类的首次登月，主导了国际空间建设。但在这些成就背后，美国政府所领导的NASA最多只能算作最佳导演，美国的众多商业公司才是这场航天大秀中的主要演员，正是这些民企的百花齐放，才奠定了今天美国在太空探索领域的地位。NASA本身从未涉及过火箭或飞船制造领域，而是交由波音公司和洛马公司之类的承包商来负责实际设计和建造工作。SpaceX与之前的区别，在于其资金使用方式大不同。以SpaceX为代表的新型合作模式，基于固定成本法获得收入，即NASA在招标后支付这些公司一笔固定资金，如果研制成本超支，则由投标公司自己承担。当然，在承担风险的同时，这些企业在航天领域的研究和投入也能获得巨大的回报。当年，波音公司致力于将为NASA开发X系列试验航天飞机时研发的机翼技术商业化，混合翼技术就是其中之一，该计划作为航天试验投入的研发费用约4100万美元。之后波音公司将该技术用于波音民用客机，根据NASA的2010年度报告，仅通过改造机翼这一措施，在全球范围内就节省了20亿加仑的航空燃油，相当于省下40亿美元。更低的能耗和成本使得波音公司在竞争中具有了更大的优势。

2011年，美国宣布航天飞机正式退役，曾引发人们的不少感慨。但是，当时就有专家向记者表示，航天飞机谢幕，表面上看似乎是美国航天史上的一次挫折，但从航天产业的角度看，这几乎就是一次从“输血”式发展到“造血”式发展的航天产业大跨越，对未来人类对宇宙的探索，将会产生不可估量的影响。这让更多优秀的航天人才和技术，加速流向美国已经基本成熟的航天产业。而随着近年来私人投资的载人飞船相继问世，美国在航天产业民间化、商业化的竞争中又一次居于垄断和领先的位置。

硅谷 IT 理念和创新精神一与美国宇航雄厚工业基础和技术储备结合就迸发出巨大的创造力，其发射价格比航天飞机少了一半，这可能也是美国政府敢于停飞引以为豪的航天飞机的底气所在。新兴航天企业大有超越波音公司、洛马公司等老牌宇航军工之势。

此外，硅谷正在兴起无人机程序设计风潮。在莫哈维或硅谷说不定就会产生 100 多年前莱特兄弟式的人物。硅谷创新精英的加入，有可能引起革命性的技术突破，到时改变美国航空航天、电子等军工行业格局也就不足为奇了，就如同数码相机、苹果手机废掉传统企业一样。美国已经在做这方面的政策准备了。

眼前发生的一切让我们看到，美国政府军工政策始终处于不断调整之中。在这一过程中，许多军工企业从私人作坊小企业发展成为华尔街的上市公司，之后通过不间断的收购重组成长为军工巨头，成为能影响政府政策甚至影响世界和平的一极。面对越来越强大、时不时挑战政府权威的军工巨头，政府一方面依靠一般法律和制度进行约束，另一方面制定与市场规则相适应的管控体系，使政府能够在市场经济环境下依然能够掌控军工巨头们的行为，同时也在培育新型创新企业制约他们。

航空工业借力资本市场促军民融合深度发展①

作为军工企业改革的领头羊，在国家深入推进军队改革及军民融合的大背景下，中国航空工业集团有限公司近年来在借助多层次资本市场加快

① 2016 年 1 月 27 日《中国证券报》记者欧阳春香对笔者的采访内容。

军民融合深度发展方面成绩斐然。航空工业副总经理吴献东近日接受《中国证券报》记者专访时表示，目前航空工业的资产证券化率已经达到60%，深化改革，推动集团内部资源专业化整合的“啃骨头”期已经到来。航空工业将坚持市场化改革方向，坚持军民融合式发展道路，借助资本市场实现航空报国、强军富民目标。

一、集团专业化整合基本完成

《中国证券报》记者：最近几年有关中航系上市公司整合的消息一直是A股市场关注的焦点，很多上市公司都有了新名字，请介绍一下最新进展。

吴献东：航空工业集团以上市公司为平台的专业化整合工作已经基本完成。

2013—2015年，集团逐步完成了运输机、发动机主机、直升机、航电、机电、汽车零部件、金融等业务板块的整体上市。除研究院所和军机业务外，航空工业的主要工业企业都已进入上市公司，为规范运作和现代企业制度建设奠定了基础。在专业化整合过程中，相关上市公司都进行了更名，如原西飞国际更名为中航飞机、原中航投资更名为中航资本等。

2015年，集团以上市公司南通科技为平台，完成了相关科研院所事业单位资产的注入，对推进军工科研院所市场化改革进行了有益探索，目前也已启动更名程序。证券市场中所谓的“中航系”正在逐步形成。

《中国证券报》记者：集团航空发动机业务整合方面是否有新进展？

吴献东：航空发动机业务板块的专业化整合已经顺利完成。所有主机厂都整合进了中航动力，中航动控、成发科技的专业化发展方向明确，成发科技并购的中航哈轴扭亏为盈，为航空发动机未来发展奠定了现代企业制度基础。

《中国证券报》记者：传统意义上，国家拨款是军工企业的资金来源，很多军工企业在融资方面与资本市场往往保持一定距离，中航似乎是个例外。请具体介绍一下近几年航空工业市场化融资的情况以及这些融资资金的投向？

吴献东：航空工业近些年一直积极进行市场化融资，融资资金基本上都用于航空主业和相关的高端装备制造民品项目。2013—2015年，航空工业共引进外部资金 465 亿元，其中从证券市场融资 301 亿元，从证券市场外股权类融资 164 亿元。融资投向包括：运输机、直升机、发动机、通用航空、航空电子等航空产品，液晶显示器、锂电池、高端汽车零部件等民用产品。在 164 亿元的股权类融资中，地方政府和国企 122 亿元，央企 16 亿元，民营等机构 26 亿元，主要项目包括航空发动机精铸叶片、液晶显示器、锂电池、汽车零部件等。

中国证券报记者：航空工业对市场资金的吸引力来自哪里？

吴献东：市场化投资者如地方政府、央企和民营机构，对投资航空工业项目的积极性很高，主要是看中“中航系”上市公司的军民融合发展能力、高端装备制造能力的不可复制性和资本平台优势。虚拟经济是为实体经济服务的，中国的股票市场应该为中国的实体经济转型升级服务，为“中国制造 2025”服务。

中国证券报记者：资本市场在助推航空工业军民融合深度发展方面发挥了哪些作用？

吴献东：多层次资本市场助力航空工业主业的做精做强，“中航系”上市公司在资本市场的影响也在增大。将 2013 年 1 月 4 日和 2015 年 12 月 29 日的数据对比，集团公司资产证券化率从 53.6% 升至 60%，集团上市公司总市值从 1867 亿元增加到 6205 亿元。三年里，航空工业指数涨幅 176%，远远好于同期沪深指数表现。

借助资本搭台，航空工业在融入地方经济方面也不断取得新的进展。2013—2015 年，航空工业完成国内并购 26 项，大部分都是将航空工业在工业领域的创新生产要素注入地方国企，是做实军民融合的资本平台，也是培育地方经济新增长点的有效途径。例如，在江苏省政府、扬州市政府、南通市政府的支持下，通过股权划转接收江苏宝胜集团（含上市公司宝胜股份），通过股权划转和资产注入重组控股上市公司南通科技。

二、海外并购成绩喜人

中国证券报记者：航空工业近年来积极推进海外的资产整合与并购，有媒体称中航是国内首家国际并购并成功实现海外 IPO 的军工央企，真是如此么？请介绍一下航空工业海外并购的最新进展。

吴献东：我们是不是首家通过 IPO 实现海外并购的军工央企，我也不确定，但是这条路确实是应该坚持的。2008 年美国金融危机使得西方一些企业经营困难，航空工业所属企业抓住机遇，收购了多家西方制造类企业：2009 年收购奥地利未来先进复合材料股份公司（简称 FACC 公司）、2010 年联合北京市亦庄经济开发区收购美国耐世特汽车系统公司（简称耐世特公司）、2011 年收购美国西锐公司等。经过战略协同、加强管理和市场开拓，FACC 公司、耐世特公司、西锐公司等境外主要企业经营全面向好。

2014 年 6 月，FACC 公司在奥地利 IPO 上市，募集资金 16 亿元，截至 2016 年 1 月 11 日的市值是当时收购价的 2.2 倍。并购后，FACC 实现了销售收入、储备订单翻番，业绩大幅提升。

2013 年 10 月，航空工业耐世特公司在香港 IPO 上市，募集资金 18 亿元，截至 2016 年 1 月 11 日的市值是当时收购价的 6.26 倍。航空工业的收购帮助耐世特公司摆脱了濒临破产的困境，公司业务得到了快速发展。2014 年耐世特公司销售收入 29.78 亿美元、净利润 1.61 亿美元，2015 年预计将有更好的表现。目前航空工业已启动美国西锐公司 IPO 准备工作。[①] 美国大陆航空活塞发动机公司和德国蒂勒特航空活塞发动机公司已经实现统一管理。

中国证券报记者：请介绍一下集团在海外并购方面的战略考量。

吴献东：航空工业在选择境外并购目标时，会首先考虑未来资本化运作的可能性，并在并购之初就制订相应计划。没有资产证券化可能的并购项目原则上不考虑。集团公司成立以来并购的境外制造类企业，2015 年预计实现销售收入超过 350 亿元，利润约 20 亿元。航空工业境外并购项目得到机构投资者高度认可，中投公司、国新公司等中字头机构参与了航空工业多个境外资本运作项目。

三、坚定不移维护资本市场稳定

中国证券报记者：在去年 6、7 月份 A 股市场快速下跌过程中，当时

① 笔者备注：2024 年 7 月 12 日，西锐公司在香港联交所 IPO 上市。

航空工业积极响应国务院国资委号召，采取多项措施出手护盘。请介绍一下航空工业在提升投资者信心和维护市场稳定方面都做了哪些工作？

吴献东：2015 年 7 月，中航工业积极响应政府维护资本市场稳定的号召，尽最大可能投入了近 20 亿元增持“中航系”上市公司公司股票，总部和相关公司高管也积极响应并自愿承诺半年内不减持，为维护资本市场稳定尽了应尽之力。

在我看来，股市短期下跌确实需要国有企业承担社会责任维护市场稳定，但是更需要国有企业加快股份制改革和建立现代企业治理，这是对股市持续支持的关键。2013—2015 年，航空工业经国资委批准，对中航机电、耐世特等上市公司国内外高管采取了不同形式的股票激励方案，提高了投资者对“中航系”上市公司的信心。尤其是 2015 年 7 月股市异常波动期间国资委批准的中航机电股权激励方案，中航机电因此被有些市场人士称为“军工混改第一股”。

航空工业鼓励“中航系”上市公司高管依法在二级市场化购买股票，探索贴身经营机制。中航资本、中直股份、中航飞机、中航动力、中航电子等 A 股公司以及中航科工等在香港上市公司主要高管，在 2015 年 7 月期间响应国家号召，都购买了本公司股票。同时，集团公司在审批新成立的非航空民品公司时有一个不成文的要求，公司高管和技术骨干原则上要持股，目前已经进行了 10 多个项目的试点。

此外，航空工业依法依规出台了一系列严格要求公司总部工作人员和派出董监高的工作规则，在信息披露、规范运作、机构选聘等方面的要求严于政府法规，对违反规定的人员一律从严处罚。

中国证券报记者：请对航空工业未来的发展做一个简要的展望。

吴献东：回顾 2013—2015 年，资本市场与实体经济在航空工业得到充分结合。

随着市场化改革的不断深入，随着航空科研生产任务的增多，随着军民融合业务和境外业务的增多，挑战越来越大，航空工业深化改革、推动集团内部资源进一步专业化整合的“啃骨头”期已经到来。未来航空工业将继续在“解放思想、改革开放、凝聚力量、攻坚克难”十八大精神指引下，不为任何风险所惧、不为任何干扰所惑，坚持市场化改革方向，坚持军民融合式发展道路，借助资本市场积蓄力量，为实现航空报国、强军富民目标奠定坚实基础。

再出发：从国家控股公司试点到国有资本投资公司试点①

1993 年 7 月，以推进政企分开建立现代企业制度为目标，国家撤销航空航天工业部，成立中国航空工业总公司。1993 年 11 月召开的十四届三中全会通过的《中共中央关于建立社会主义市场经济体制若干问题的决定》指出："按照现代企业制度的要求，现有全国性行业总公司要逐步改组为控股公司"。中国航空工业总公司、中国石油化工总公司、中国有色金属工业总公司列入国家控股公司试点。经过两年多的准备，国务院于 1996 年 11 月 5 日批复了中国航空工业总公司国家控股公司试点方案。1999 年 7 月，中国航空工业总公司拆分为中国航空工业第一、第二集团公司。

2008 年，两个集团合并为中国航空工业集团有限公司，同时成立了中国商用飞机有限责任公司。2016 年，成立中国航空发动机集团。2018 年 12 月 14 日，在改革开放 40 周年纪念日到来之际，国务院国资委将中国航空工业集团有限公司等 11 家央企列为国有资本投资公司试点。

当年笔者有幸参加了中国航空工业总公司国家控股公司试点方案的制定工作。回看国务院批复的国家控股公司试点方案，回想当年制订方案时面对的问题，再看国务院国资委关于国有资本投资公司试点通知的要求，好像又回到了起点，但又不是原点。

所谓回到了起点，是指建立现代企业制度、国有资本授权经营、母子公司体制、市场化改革、股权多元资本化运作，一直是航空工业 40 年改革的主旋律，而这些主旋律依然是下一步改革的主要内容。作为一个行业的改革，航空工业从 20 世纪 70 年代的航空工业部、20 世纪 80 年代的航空航天工业部时期就开始了探索，先后成立了航空进出口公司、航空发动机

① 2018 年 12 月 25 日发表于《中国航空报》。

总公司、航空机载总公司、民机公司、民品公司、科技公司等一系列专业化公司，站在当时国家部委的角度看，其现代公司治理架构意识已然超前。

所谓不是原点，指虽然国家控股公司试点方案由于中国航空工业总公司分拆为中国航空工业第一、第二集团公司没有实施下去，但方案中的改革思想、发展理念已深入人心。40 年改革开放，航空人锐意改革、大胆探索，军民融合发展、市场化改革、资本化运作、国际化开拓取得了重要进展。坚持军转民，依靠面包车、摩托车、冰箱、空调等各种今天看来不务正业的民品，我们挨过了 20 世纪 80 年代、20 世纪 90 年代 20 多年的“军队忍耐期”，活了下来，市场化改革和发展的理念在困苦中被迫萌发。进入新世纪，航空人大力发展航空产品和“三年脱困”，走出了困境，奠定了腾飞基础，改革创新意识在困难中不断深入。走进新时代，十八大以来，航空人不忘初心、牢记使命，坚持军民融合深度发展，聚焦主业全面深化改革、砥砺前行，实现了井喷式发展，新发展理念在内外不断加剧的竞争中入心入脑，成效逐步显现。

再出发，我们有了坚实的基础。从 2016 年开始，航空工业按照中央供给侧改革总要求，聚焦主业，全面深化改革。无论对历史上曾帮助我们渡过难关的一些非主业多么割舍不下，航空工业坚决推进瘦身健体、降层级、减户数、处僵治困、剥离“三供一业”、甩掉“瓶瓶罐罐”。清理了 700 多户子企业，退出了地产、煤炭、粮储粮贸、林业等 20 多个行业。发展战略更加清晰，产业结构日趋合理，资本布局不断优化，经济效益逐年提高。在许多业务退出的情况下，预计 2018 年销售收入和利润仍可实现较好增长。

许多同志问，国有资本投资公司试点到底会给些什么政策？政策一定会给，比以往会更多，按照试点通知的要求，我们要重新梳理集团与国务院国资委的权责边界，提出需国资委进一步授权放权事项。但是，结合 20 多年改革工作体会，笔者认为试点给了我们更大的改革空间，给了我们更多大胆改、大胆试、大胆闯的机会，这比多几条具体政策更为重要。

国有资本投资公司试点不是狭义的为推进资本运作而进行的改革，是全面的、深化的改革。以实现高质量发展为目标，将在组织架构、运营模式、经营机制等方面进行改革。有人总结中国 40 年改革经验是“底层突破、顶层确认，再转为政策；顶层设计、单点突破，再以点带面”。2016年以来，航空工业已经做了许多准备和探索。

按照做好顶层设计，找好突破点，再以点带面推广的思路，航空工业制定了以军民融合深度发展为统领的1+N全面深化改革总体方案，大力推进与行业外产业融合、与各类资本融合、与社会智力融合，以混合所有制改革、中长期激励机制、科研成果转化、贴身经营与职业经理人试点为突破口，带动各项改革。航空工业制定了到2020年实现军民融合收入比重70%、社会配套率70%、资产证券化率70%的三个70%目标。以机载公司、中航国际、通飞公司进入国资委国企改革双百计划为契机，集团公司在投资和资产管理、人事管理等方面对其扩大授权，总结经验后再在其他直属单位推广。

我们还要及时总结不足，实事求是、与时俱进全面深化改革。当年制定国家控股公司试点方案时有一个指导思想，就是“今天的改革不要给明天的改革设置障碍”，方案制定了两年多，请著名经济学家讲课、与国务院研究室和国务院发展中心专家研讨、征求各部委意见等，极其谨慎。中国航空工业总公司时期曾想大捆绑上市，后来改为单个突破上市，现在看来这是明智合理的选择。最近，我们在组建中航机载系统股份有限公司的同时，还在注销1989年成立的存续了近30年的中国航空机载设备总公司，改革之曲折艰难由此可略见一斑。周虽旧邦、其命维新，我们不能被过去的坎坷所羁绊，更不能因当下的困难而犹豫不决、徘徊彷徨。

再出发，我们的目标更高：为一流军队提供一流装备，建设航空强国，成为世界一流企业。“使命更光荣、任务更艰巨、挑战更严峻、工作更伟大。”习近平总书记在庆祝改革开放40周年大会讲话中强调：“伟大梦想不是等得来、喊得来的，而是拼出来、干出来的。我们现在所处的，是一个船到中流浪更急、人到半山路更陡的时候，是一个愈进愈难、愈进愈险而又不进则退、非进不可的时候。”

再出发，实现高质量发展，我们还有许多沟沟坎坎要过，需要更多的担当和勇气、管用的智慧和办法、默默无闻的劳作与深耕。为一流军队提供一流装备，为建设航空强国和一流企业，我们要一棒接着一棒跑下去，每一代人都要为下一代人跑出一个好成绩！

150 年风雨同舟：从江南造船到轮船招商

——为招商局创立 150 周年而作①

一、轮船招商，近代民族航运业开始走向世界

魏源（1794—1857）是中国近代新思想的倡导者。悲愤于鸦片战争的失败，魏源于 1842 年写成 50 卷的《海国图志》巨著。魏源在序中说明了著书目的："是书何以作？曰：为以夷攻夷而作，为以夷款夷而作，为师夷长技以制夷而作……夷之长技三：一战舰，二火器，三养兵练兵之法。"

19 世纪 60 年代，曾国藩、李鸿章、左宗棠等洋务派领袖先后建立了南京金陵机器制造局、上海江南机器制造总局、福州马尾船政局，并很快建造出了多艘军用轮船。然而，由于新进入造船业缺乏经验和管理不善，船厂开支过大，尤其新船建成后的训练、维护以及船员薪饷等费用超出预期。1870 年，为缓解朝廷拨款压力，在闽浙总督支持下，福州船政局将其第二艘轮船拨给浙江省使用，经费由浙江省承担。闽、沪船厂的困境给了洋务运动反对者以口实。1871 年 12 月，内阁学士宋晋上书清廷关闭闽、沪船厂。时任直隶总督兼北洋通商大臣李鸿章联合曾国藩、左宗棠、沈葆桢等洋务派为保留船厂辩护，并开始缜密筹划。

1872 年 6 月 2 日，李鸿章上书总理衙门，陈述以轮船招商筹办新式轮船运输业之利，强调以轮船招商可使洋人不得专利于中国。1872 年 6 月 17 日，总理衙门批复："遴谕有心时事之员，妥实筹维。"1872 年 6 月 20 日，李鸿章上书总理衙门《筹议制造轮船未可裁撤折》坚决反对裁撤闽、沪两造船厂，强调"国家诸费皆可省，惟养兵设防、练习枪炮、制造兵轮船之费万不可省"，如果两船厂"苟或停止，则前功尽弃，后效难图，而所费之项，转为虚糜，不独贻笑外人，亦且浸长寇志"。1872 年 8 月 2 日，总理衙门奏准清廷：船政不停，由李鸿章、沈葆桢妥筹办理。李鸿章的"妥筹办理"就是"轮船招商"。

以船招商由来已久，世界上第一家股份公司是产生于风帆大航海时代

① 2022 年 12 月 23 日发表于《中国船舶报》。

1602 年的荷兰东印度公司。1872 年 12 月 23 日，李鸿章向清廷奏呈《试办招商轮船折》，3 天后清廷批准同意成立轮船招商局，12 月 26 日遂成为今日招商局集团有限公司（简称招商局集团）成立日。1873 年 1 月 17 日，轮船招商局在上海洋泾浜南永安街正式开业，这是中国近代第一家股份公司。

因为筹划周密、准备充分，招商局很快创办起了中国近代第一支蒸汽动力商船队。1873 年 3 月，“永清”号首航天津，开辟北洋航线。1873 年 8 月，招商局的第一艘轮船“伊敦”号首航日本神户、长崎。1879 年 10 月，招商局“和众”号试航檀香山；1881 年 10 月，招商局“美富”号穿越苏伊士运河前往英国开辟中美、中欧航线，标志着中国近代民族航运业开始走向世界。

二、打破垄断，船海先驱们在打击中负重前行

轮船招商局的成立为闽、沪两船厂的生存解除了后顾之忧。1874 年 3 月，福州船政局制造的第 13 号舰“海镜”号加入轮船招商局船队，这是一艘排水量为 1258 吨的炮船 / 运输船；同年 8 月，“海镜”号从上海运送清军赴瓜州抗击入侵台湾日军。在北洋水师组建时，“海镜”号又被拨入北洋水师使用，退役后继续交由轮船招商局使用。1877 年 3 月，轮船招商局收购美商旗昌轮船公司，当时《申报》为此评论“（中国）浮江涉海之轮，半皆招商局旗帜”。一步一步，民族船运业开始挽回航权，渐渐打破了中国江海船运被洋人垄断的局面。

然而，1894—1895 年的甲午海战中北洋水师惨败于日本，西方列强对中国的侵略进一步加重。以航运、造船、冶炼为代表的中国民族经济遭到沉重打击。危难中，中国民族造船业与以轮船招商局为主的航运业风雨同舟、抱团取暖，船海先驱们继续负重前行。1905 年，江南制造局将造船部门独立，称江南船坞；1905—1911 年，江南船坞造船 130 多艘，其中清朝海军大臣载洵座舰“联鲸”号被赞“船式美观，工程坚实”；1911 年辛亥革命后改称江南造船所。

一战期间，美国造船能力不足，曾向江南造船所定制了 4 艘万吨运输船。江南造船所为此将厂区面积扩大为原来的 2 倍，工人从几百人增加到近万人。1920 年 6 月，排水量为 14750 吨的巨轮“官府”号顺利下水，美国公使夫人完成了传统的投瓶礼。接下来的一年中，“天朝”号、“东方”号、“震旦”号也顺利交付美国。日本侵占上海时期，江南造船所被三菱重工管理，改名为三菱重工株式会社江南造船所，汪伪政权不得插手。抗战胜利，国民党海军接管了江南造船所。国民党败退台湾前，将大量设备拆运到台湾，之后又进行了破坏。1949 年 5 月 28 日上海解放第二天，上海军管会主任陈毅就签署命令宣布接管江南造船所。1953 年 12 月，江南造船厂名称被正式使用，今隶属中国船舶集团有限公司（简称中船集团）。

2021 年 12 月，中船集团总部从北京迁驻上海。2022 年 6 月 17 日，江南造船厂建造的中国第三艘航空母舰“福建舰”下水，冥冥之中在向当年为闽、沪船厂续命的洋务先驱致敬。

三、奠定基石，为改革开放蹚雷探路

1937 年，为延缓日寇进攻，招商局在江阴、龙潭、马当等长江要塞沉船御敌。抗日持久战中，招商局在川江开辟航线，实行水陆、水空等多形式联运，支援抗战。1949 年 4 月，招商局开始搬迁台湾行动，80% 以上的海船和约 1/3 的人员被撤至台湾。1949 年 5 月 27 日，上海解放；5 月 28 日，招商局被上海市军管会军事接管。之后，随着各地的陆续解放，招商局的分支机构都被解放军军事接管。1949 年 9 月 19 日至 28 日，招商局“海辽”号冲破国民党海上封锁，从香港辗转菲律宾巴林塘海峡开回大连港，成为国民党统治区起义的第一艘海船，也是新中国第一艘挂起五星红旗的海船。为纪念“海辽”号起义，中国人民银行将“海辽”号图案放在 1953 年版人民币 5 分币正面右侧，流通 34 年。

1950 年 4 月，上海招商局总公司改组为国营轮船总公司；1951 年 2 月又更名为中国人民轮船总公司，并与交通部航务总局合并，其分支机构同时更名；1951 年年初，中国人民轮船公司与天津国外运输公司合并组成中国海外运输公司；1955 年，中国海外运输公司改称为中国租船公司，并入中国外运股份有限公司（简称中国外运）。招商局沿江沿海分支机构先后演变为沿江沿海各省市港航机构，成为中华人民共和国航运业和港口业的发展基石。

1951 年，香港招商局被交通部授权保留原名，并以招商局母体的名义继续开展经营活动，在 1965 年和 1972 年相继成立了友联船厂、海通贸易公司，为大陆和香港国轮提供修理、进口备件等服务。从 1964 年开始，招商局利用身处香港便利，受交通部委托，协助有关部门利用贷款买船；至 1969 年年底，中国远洋船队近 1/3 船舶通过招商局利用贷款购买，对中国远洋船队发展作出了特殊贡献。

1978 年，招商局率先独资开发深圳蛇口工业区；1980 年，蛇口向世界敞开大门招商引资，为中国改革开放蹚了雷、探了路。招商局大胆突破思想束缚，形成了新的时效和实干观念："时间就是金钱、效率就是生命"。1984 年新中国成立 35 周年庆典活动上，写有"时间就是金钱，效率就是生命"口号的蛇口工业区大型彩车亮相天安门广场[①]。

1986 年，招商局创办了中国境内第一家完全由企业法人持股的股份制商业银行——招商银行；1988 年，招商局创办了中国第一家股份制保险企业——平安保险。2015 年，中国外运长航集团公司并入招商局集团。2021 年，招商局集团合并招商银行资产总额和净利润蝉联中央企业第一位。2022 年，招商局集团有限公司以 767 亿美元的营业收入（不含招商银行）位列《财富》世界 500 强第 152 位，集团旗下招商银行以 710 亿美元的营业收入排在第 174 位，如果二者合并计算，招商局集团有限公司位列前 50 位。

四、不忘初心，始终坚持国货国运、国轮国造

航运业是招商局的祖业，截至 2021 年年底，招商局航运业务船队总运力（含订单）有 394 艘船舶，合计 4767 万吨载重，排名世界第二。其中，超大型油船（VLCC）54 艘，超大型矿砂船（VLOC）34 艘，规模均位列世界第一；成品油船队规模位列远东地区第一；LNG 运输船队、滚装船队及集装箱船队国内领先，同时在船员管理和海外网点服务等方面独具优势。招商局航运已经形成油、散、气、车、集、管、网全业态布局，运输航线遍布全球。

招商局在中国沿海主要枢纽港建立了较为完善的港口网络群，投资或者投资并拥有管理权的码头遍及香港、台湾、深圳、宁波、上海、青岛、天津、大连、营口、漳州、湛江、汕头等集装箱枢纽港。2021 年，招商局港口业务完成集装箱吞吐量 1.34 亿标箱、散杂货吞吐量 8.8 亿吨，招商局港口权益货物吞吐量全球排名第一。招商局在东南亚、非洲、欧洲、中东、北美、南美和大洋洲等地区的布局已取得积极进展。

"富起来"的招商局不忘初心为国筹计，始终坚持国货国运、国轮国

---

① 笔者当年作为北京航空学院海浪方队中的"一朵浪花"参加了庆典，印象深刻。

造。规模位列世界第一的招商油船船队的 VLCC 主要由中国船舶集团旗下大船集团制造。在招商局能源运输股份公司的支持下，建造出中国第一艘航空母舰的大船集团已经成为世界规模最大、技术最先进的 VLCC 造船企业。2022 年，中国船舶集团造船完工量、新接订单量、手持订单量三大指标将继续保持全球领先。

2022 年 12 月 26 日是招商局创立 150 周年，招商局能源运输股份公司（简称招商轮船）专门将大船集团建造的第 24 艘 30 万吨级 VLCC 命名为"新伊敦"（NEW ADEN）。"伊敦"曾是招商局第一艘轮船的名号。"新伊敦"号油船是大船集团为招商轮船精心打造的新一代节能环保型 VLCC，也是双方合作研制的第二代装有风帆的 VLCC，甲板上装有两对 4 个碳纤维风帆助推装置，可伸缩和转动，这在世界上是首创，它将古老的风帆以现代科技重现在 30 万吨级巨轮之上。碳纤维复合材料风帆与第一代金属风帆相比强度更高、重量更轻，可适应高湿、高盐等海洋环境。其翼型剖面对称，助推有效风向范围广，除船艏正负 20 度之间的风向，其余 320 度之间的来风均可利用。以中东—远东航线多年风力资源统计数据为分析基础，在安装两对翼型风帆助推装置后，若以经济航速 12 节营运于该航线，满载与压载工况节能分别为 14.5% 和 5.1%，节能效果突出。

从江南造船厂到中国船舶，从轮船招商到招商局集团，150 年风风雨雨，150 年风雨无阻，150 年风雨兼程，150 年风雨同舟，150 年初心不改，今天的中国船海人正在用创新合作书写新的历史。作为中国船舶集团和招商局集团的外部董事，在招商局创立 150 周年之际，回顾历史感慨当下，撰写本文以志纪念。

邯郸的步，可学！

——中船特气上市之联想[①]

2023 年 4 月 21 日，中船集团旗下中船（邯郸）派瑞特种气体股份有限公司（简称中船特气）成功在上海证券交易所科创板上市，募集资金

① 2023 年 4 月 26 日发表于《中国船舶报》。

28.7 亿元，当日收盘总市值 259 亿元。无独有偶，邯郸还有一家名为中船重工汉光科技股份有限公司（简称中船汉光）的创业板上市公司。为什么中船集团会在一个三线城市有两家上市公司？

在中船特气上市仪式上，我与邻座的邯郸市委书记进行了交流，结合 4 月 13—14 日中船集团外部董事在邯郸的调研，感觉以下三方面可以回答这个问题。

一是尊崇科学，技术底蕴深厚。进入中船特气厂区，首先看到的是以侯德榜、居里夫人等化学家命名的内部道路，陪同人员如数家珍地精炼介绍，体现了企业对科学家的尊崇。中船特气前身是中国船舶重工集团有限公司第 718 研究所特气工程部，技术底蕴深厚，于 2002 年研制出纯度 99.9% 的三氟化氮气体，打破了国外垄断。目前，中船特气主打产品三氟化氮、六氟化钨产能世界领先，广泛应用于集成电路、显示面板、锂电新能源等行业。中船汉光创建于 2000 年，由中国船舶集团汉光重工有限责任公司（简称汉光重工）与中国科学院化学研究所等股东单位发起设立。一个偏僻的工厂为什么会与中科院结盟？汉光重工成立于 1963 年，技术班底源于中科院数学所一个 20 多人研究室整建制的加入，先后隶属于第三工业机械部、第五工业机械部，1982 年划归到中国船舶工业总公司，为船舶、航空、航天贡献了多型导航设备。

二是坚持创新，50 年磨一剑。《广大职工坚持自力更生的方针 - 邯郸汉光机械厂制成硒静电复印机》，这是 1974 年 7 月 30 日《人民日报》对中国第一台办公用硒静电复印机研制成功的报道。2008 年，中共中央政治局常委、中央书记处书记习近平视察汉光厂，鼓励科技人员要再接再厉不断攀登新的高峰，为民族产业发展作出贡献。牢记初心使命，长期攻关，50 年磨一剑，现在的中船汉光已经成为具有全球竞争力的办公耗材制造商，既能大规模生产墨粉，又能大规模生产有机光导体 OPC 鼓，拥有多种型号的国有品牌打印机、复印机和办公电脑，并可实现批量供货。

三是重视人才，培养和激励并重。在化学化工领域规模不大的 718 所现有博士 75 名、硕士 646 名，在科技人员中占比 76%。2022 年，针对新材料、新能源领域，七一八所通过中介猎头公司引进了清华大学和南开大学博士后 2 名，2023 年已签约引进 3 名博士、44 名硕士。面向大国重器研制领域，七一八所构建了集团专家、所级专家、青俊人才培养体系，制订了院士培养计划。对于军转民产业化项目，七一八所实行了灵活的中长期激励机制。中船特气开展员工股权激励，90 多位骨干员工持股 1.32 亿元，合计持股 3.88%，按 2023 年 4 月 21 日上市首日收盘价计算，员工持股市值约 10 亿元，上涨 8 倍，大大激励了员工干事创业的积极性。

邯郸是战国时期赵国都城，赵武灵王曾在此推行胡服、教练骑射，向敌人学习进行实用化的军事改革，赵国因此强势崛起。《庄子・秋水》中记载了邯郸学步的故事，足以看出当时赵国的影响力。

邯郸是成语之都，1500 多条与其有关的成语多与如何做事有关，胡服骑射、毛遂自荐、负荆请罪等成语，无不体现了中华民族勇于改革、敢于担当、善于合作的精神和智慧。由此联想开来，中船特气、中船汉光出现在 3000 年不曾更名的文化名城邯郸也就不足为怪了。

邯郸的步，可学！也应该学！

千年等一回：从敦煌莫高窟到“爱达・魔都”号[①]

2023 年 11 月 4 日，国产首艘大型邮轮“爱达・魔都”号命名交付仪式在中船集团旗下上海外高桥造船有限公司（简称外高桥造船）隆重举行，启航大使是敦煌研究院名誉院长樊锦诗女士。看着 85 岁文弱优雅的“敦煌女儿”樊锦诗女士拄杖缓慢走到舞台中央，在两位部长的左右呵护下，为身披敦煌飞天涂装的 13.55 万吨巨轮命名并启动投瓶礼时，我被深深地打动了：千年等一回，“海上敦煌”来了。

“没有文明的力量不可持续，没有力量的文明难以长久”，这是我在写作《海空天 5000 年——大国文明与力量简史》一书时的感受。中华文明 5000 年，古代繁荣、近代衰落、现代奋起，文明与力量该如何展现，“爱达・魔都”号的飞天涂装和命名交付仪式增添了新的注释。

① 2023 年 11 月 22 日发表于《中国船舶报》。

盛世必有大作。航空母舰、大型 LNG 运输船、大型邮轮是造船业的三颗明珠，今天我们已经集齐！大型邮轮一般执行国际航线，是移动的海上城市，是民间外交大使，代表着一个国家的文明与力量。国产首艘大型邮轮起什么名，涂怎样的装，着实让船东爱达邮轮绞尽脑汁。世界上有许多国家的城市被称为“魔都”，从 20 世纪 30 年代开始，上海就以摩登时尚被称为“魔都”，江南制造总局、招商轮船公局曾诞生于此。今日上海依然时尚，但更增添了科技与工业力量，尤其是在海空天方面。世界最大造船集团中国船舶集团、最大海运公司中国远洋海运总部在上海，国产大飞机 C919 的制造商中国商飞和运营商东航公司总部也在上海。上海还有最现代的邮轮母港，用“魔都”为国产首艘大型邮轮命名可以说是实至名归，当然也体现了国际范——Adora Magic City。

敦煌莫高窟精美雕塑和壁画产生于汉唐盛世。敦，大也；煌，盛也。敦煌在古代丝绸之路繁荣时期，其影响力堪比今天的上海。《后汉书》说敦煌：“华戎之交，一都会也。”古丝绸之路东西方货物交流不仅给敦煌带来了经济繁荣，也为东西方文明在这里交流、融合创造了条件。从公元 4 世纪开始，一代代虔诚的文化创造者、传承者用几百年时间为人类留下了惊世大作。虽经千年风沙消失了 500 多年，但被发现时，莫高窟洞里的雕塑依然惟妙惟肖，飞天等壁画色彩依然鲜艳。“爱达・魔都”号船身涂装灵感来自飞天和天女散花，船舱里还专门布置有敦煌画廊，给“爱达・魔都”号着上了厚重的中华文明底色。

文明需要力量守护。2023 年 11 月 18 日，笔者到影院观看了刚刚首映的《吾爱敦煌》。“择一事，爱一人，终一生”，樊锦诗先生 60 年守护敦煌的经历令人感动，但看电影论坛有不少这样的留言：莫高窟如果在今天才被发现该有多好啊！

莫高窟藏经洞于 1900 年被人偶然发现，之后便被西方人以各种方式掠夺，敦煌遗书、许多精美雕塑流落世界各地。直到抗战胜利，才开始有组织地保护敦煌，但也只是有心无力。“莫高窟需要国家保护！”当电影中樊锦诗面对戈壁大漠，几近绝望地用电话求救时，我泪目了。大敦煌，盛世文明，为什么让一个文弱女子守护得那么辛苦、那么辛酸？国力也。

在千年大漠风沙吹拂中，莫高窟在默默地等待着等待之人，等待着盛世再现。中华民族历史上，即使在国家蒙辱、民族蒙难、文明蒙尘的至暗时刻，也会有那么一些隐忍之士为天地立心、为往圣继绝学，创造着、守护着中华 5000 年文明。“相识未名湖，相爱珞珈山，相守莫高窟”，常书鸿、段文杰、樊锦诗，一代代敦煌守护者，他们都来自生活舒适的“魔都”，偶然的机会与敦煌结缘，但一经接近莫高窟便被“锁住”，之后便是终生相守，这就是中华文明的魔力。“敦煌的女儿”樊锦诗也是上海的女儿，能在上海为身披敦煌飞天图案的“爱达·魔都”号邮轮命名启航，这是千年等一回的命中注定，是中华民族伟大复兴中国梦的接续。

任何文化遗存都终将随时间消逝，将敦煌莫高窟艺术和文化搬到“爱达·魔都”号邮轮，这是中国式文明与力量的体现和选择，更是当代中国人的历史自信和文化自信。2022 年 8 月，笔者曾到建造中的邮轮现场调研，外高桥造船负责人详细介绍了邮轮建造情况，但考虑更多的是未来的挑战和不确定性。笔者还与运营商爱达邮轮负责人多次交流，在国际合作伙伴退出后，他曾极度担心，因为那时正值新冠疫情肆虐之时。为此，笔者曾就他们担心的问题写过一份调研报告。今天，“爱达·魔都”号终于启航了，如樊先生所说“要去周游列国了”。虽然前行的途中一定会有惊涛骇浪，但笔者坚信，“爱达·魔都”号终将成为 21 世纪海上丝绸之路最亮的风景，成为东西方文化交流融合的“海上敦煌”。

中央企业资本运作的新进展与新特征①

2022 年 11 月 30 日，中船集团昆船智能技术股份有限公司（简称昆船智能）登陆深圳证券交易所创业板，挂牌上市仪式却在上海浦东一家酒店举行。这场独特的上市仪式，为 2022 年中央企业在资本市场的表现增添了一抹戏剧色彩。据观察，2022 年，中央企业在资本市场上直面新挑战、拓展新空间，行情不热行业热，不仅资本运作活跃度明显强于 2021 年，而且

① 发表于《国资报告》2022 年第 12 期。

呈现出了一系列具有时代特点的新特征。

一、海空天电子信息领域的专精特新央企上市公司领衔发力科创板

2022 年 6 月 29 日，航空工业集团中航（成都）无人机系统股份有限公司在上交所科创板上市，募集资金约 43 亿元，主要用于察打一体的“翼龙”系列无人机持续研发。上市当日，其收盘总市值达 385 亿元。

7 月 22 日，中国电科集团南京国博电子股份有限公司在上交所科创板上市，募集资金约 28 亿元，主要用于有源相控阵 T/R 组件和射频集成电路相关产品研制。上市当日，其收盘总市值约 384 亿元。

今年来，中央企业在科创板、创业板上市方面表现踊跃。表 9-1 是截至 2022 年 11 月 30 日，部分中央企业在科创板和创业板 IPO 的情况。

表 9-1 截至 2022 年 11 月 30 日，部分央企 IPO 情况

股票简称	主营业务	募资总额	所属央企	上市日期
中无人机	翼龙系列军民用无人机等	43 亿元	航空工业	2022.06.29
信科移动	5G 等移动通信技术研发	40 亿元	中国信科	2022.09.26
振华风光	晶圆制造和封装等	33 亿元	中国电子	2022.08.26
中复神鹰	航空航天碳纤维材料等	29 亿元	中国建材	2022.04.06
国博电子	有源相控阵 T/R 组件等	28 亿元	中国电科	2022.07.22
中钢洛耐	新型耐火材料等	10 亿元	中钢集团	2022.06.06
昆船智能	AGV 车等智能制造装备	8 亿元	中国船舶	2022.11.30

从 2022 年已在科创板上市和通过科创板上市委 IPO 审核企业类别看，主要来自航空、航天、船舶和电子等军工央企集团，且中船集团尤为突出，为什么？这是因为新的中船集团 2019 年年底组建以来，强力优化重组整合大企业，聚力打造专精特新小巨头，短短 3 年中已有 2 家上市（中船汉光和昆船智能）、1 家已申报注册（中船派瑞特气）、1 家完成股改辅导（中船双瑞特装），多数研究院所都在积极孵化培育专精特新业务，在细分领域培育了多个可 IPO 的隐形冠军。2022 年 9 月 26 日，中国船舶重工集团动力股份有限公司（简称中国动力）、中国船舶工业股份有限公司（简

称中国船舶）同步召开股东大会，分别审议通过了舰船动力装备重大资产重组项目，中船集团旗下的柴油机业务整合为一个专业化公司，由中国动力控股。至此，中国船舶成立后的首个上市公司重大资产重组项目宣告完成，总交易对价约 226 亿元。目前，中船系凭其创新和产业链优势已成为中国资本市场一股新生力量。由此不难预测，2023 年，海空天专精特新企业仍将继续领跑央企科创 IPO。

2022 年，“三桶油”大盘股一反上市多年来的静默，动作频频。2020 年 12 月，美国将中国海洋石油集团有限公司列入制裁名单。2021 年 3 月，中海油股份公司从纽交所退市。2022 年 4 月中国海油回归 A 股，发行价 10.8 元，中国石化集团、中国石油集团等参与了中海油战略配售。其中，中国石化出资 20 亿元认购 1.85 亿股，除本年已获得约 3 亿元分红外，按 11 月 30 日收盘价计算浮盈已达 50%。

2022 年中国石化集团与中国石油集团还达成了石化股份与石油股份大额换股协议。截至 2022 年 11 月 30 日，“三桶油”跑赢大市。其中虽然有油价上涨因素推动，但 2022 年“三桶油”大盘股在资本市场的主动作为明显增强了投资者信心。

二、央地、央企之间通过资本市场，实现高质量协同发展

通过资本市场实现中央企业与地方国企高水平合作，密切央企间的战略协同，是近几年央企资本运作的一大亮点。

比如，招商局集团及所属公司通过资本市场与地方优质港口和公路企业建立了战略伙伴关系，成为上海港、宁波港、宁沪高速、山东高速等地方龙头企业的第二大股东，招商局港口集团股份公司（简称招商港口）集装箱权益吞吐量已位居全球前列，招商公路权益里程逐年增加。2022 年，招商港口出资约 141 亿元认购宁波舟山港股份公司 A 股股票成为其第二大股东；宁波港大股东浙江海港集团出资约 106 亿元认购招商港口 A 股股票成为其第二大股东。由此强化了双方战略合作关系，此举还为推动港口生态圈建设提供了新动能。

招商局集团、中国石化集团、中国船舶近期互动频频，堪称国轮国造和国货国运的合作共赢典范。中国石化集团是招商轮船第二大股东，在海运价格上涨年份通过招商轮船的分红即可对冲掉约 1/4 运价上涨影响。招商轮船 VLCC 油轮船队中的多数由中国船舶制造，2022 年招商轮船继续增加订单。为庆祝招商局创建 150 周年，双方合作研制了世界首艘装有 4 个碳纤维风帆的 30 万吨超大油轮“新伊敦”号，成为央企协同创新的又一重大成果。

三、更多央企大盘股分拆上市成为可能

2022 年，院士数量不少于海空天军工行业的“三桶油”竟然没有一家科创企业 IPO 上市，为什么？这是因为，在十几年前大集团整体上市过程中，石化行业企业内部的科研院所被取消法人地位，以分公司身份进入了整体上市公司，一定程度上影响了这些科研单位主动转化科研成果的积极性。多年来，淹没于大盘股公司中的科研院所虽然创新成果显著，但很难培育出市场化的专精特新企业。

目前，“三桶油”已经意识到了这个突出问题。结合科改示范行动，中国石化集团已将北京化工研究院、青岛安工院等分公司转制为子公司，在高端材料、催化剂、氢能产业链、光伏产业链等领域重点投资孵化专精特新企业。石化股份内部已有多个项目具备了在科创板上市潜质。截至 2022 年 10 月底，中国石化资本公司已累计投资约 58 亿元，整体浮盈约 48 亿元，有 4 个参股项目已成功 IPO 上市，其中包括浙江中控技术股份公司。

关于分拆上市，这两年已有成功案例。2021 年，航空工业集团旗下上市公司中航光电的子公司中航富士达科技股份公司在北京证券交易所上市。成为央企首家北交所上市公司，富士达原是中航光电以 1.54 亿元收购的一家西安民营企业。上市当天，富士达市值约 50 亿元，中航光电控股市值约 24 亿元，较收购成本增长了 14 倍。2022 年，中国电科集团旗下上市公司海康威视的子公司杭州萤石网络股份有限公司 IPO 申请通过了科创板上市委审核。这两个案例，给了大盘股公司培育专精特新业务并分拆上市以启发和借鉴。

四、打造专业化上市公司集群，有效倒逼央企集团改革发展

几乎每一家中央企业集团都是本行业的龙头企业。聚焦行业核心技术、价值链高端、关键元器件打造专精特新“小巨人”，在资本市场形成专业化上市公司集群，是央企提升控股上市公司质量的有力推手。这方面，航空、航天、船舶行业的央企集团做得比较出色，各自形成了本行业分工明确的上市公司集群，而不是毕其功于一役打造一个整体上市的大盘股公司。截至 2022 年 11 月 30 日，以中国船舶、中航沈飞、中国卫星为龙头的海空天装备制造业共有 53 家 A 股公司，总市值合计约 1.5 万亿元。这些公司主营业务包括航空母舰、军民用飞机、火箭和卫星以及各种民用产品。如在新设立专精特新企业时要求核心骨干员工必须持股、建立风险利益共担共享的“贴身经营”机制、推动已上市公司实施限制性股票等激励政策，这些举措无疑是贯彻党的二十大“科技是第一生产力、人才是第一资源、创新是第一动力”精神的实招好术，值得其他中央企业集团借鉴推广。

2022 年 5 月，国务院国资委印发《提高央企控股上市公司质量工作方案》，要求中央企业在 3 年内“打造一批核心竞争力强、市场影响力大的旗舰型龙头上市公司”和“培育一批专业优势明显、质量品牌突出的专业化领航上市公司”。按照党的二十大提出的加快建设世界一流企业战略部署，目前许多央企集团已经将提高控股上市公司质量作为建设世界一流企业的重要抓手。可以预见，未来几年，中央企业将为中国资本市场贡献更多的高质量上市公司。

全球视野下的国企集团大变革[①]

从全球视野看我国国有企业 40 年的改革与发展，过程是渐进的，变化是巨大的。从大工厂到大集团，从国营企业到公众持股上市公司，从多元化拓展到聚焦主业增强核心功能，每一进程既有中国特色，也顺应大势，符合经济发展的一般规律。对比中国、美国和欧洲重要行业大企业的变革，会有一种殊途同归的感觉，包括不足之处。在新一轮国有企业改革深化提升行动开展之际，对中外大集团战略、股权结构演变、公司治理探索，以及大企业通病进行比较分析，无疑会大有裨益。

一、大集团战略，从做大到做优

2000 年前后，中国、美国、欧洲以军工和能源为代表的大企业不约而

① 发表于《国资报告》2023 年第 12 期。

同地进行了比较频繁的集团化改革。将国家工业管理部门改组为总公司和企业集团，是中国从计划经济向市场经济加速转轨的重要推手。以能源和军工行业为例，1998 年中国石油化工集团公司、中国石油天然气集团公司成立，1999 年核工业、航空、航天、船舶、兵器五大军工行业总公司分拆为十大军工集团。2003 年国务院国资委组建时，大多数行业管理部门已改组为央企集团，中央企业大集团架构已经形成。美欧以竞争为目标的大企业合并。冷战结束，美国 50 多家军工企业很快合并为五大巨头。1996 年波音公司收购麦道公司，不仅令中国大飞机梦搁浅 20 多年，也迫使欧洲采取行动。2000 年，法、德、意、西、英等国联合成立欧洲 EADS 并发行股票上市，2014 年更名为欧洲空客公司；1999 年美国两大石油公司合并为埃克森美孚石油公司，成为世界第一大石油公司；2000 年法国两大石油公司合并为道达尔菲纳埃尔夫公司，2003 年更名为道达尔公司，2021 年又更名为道达尔能源公司。这些看似在资本市场完成的企业合并案，背后都有美欧政府高层的操控，包括大公司 CEO 和董事长的选聘。从目前结果看，无论是中国政府主导的大集团战略，还是美欧政府引导大企业通过资本市场进行的兼并重组，都取得了成功。世界军工百强前十被美国、中国和欧洲企业垄断。2003 年，中国进入世界 500 强的央企集团只有 6 家，2006 年增加到 13 家，2023 年已是 46 家。现在，央企集团对进入世界 500 强已不再感到兴奋，而是变得冷静清醒，对“做强、做优、做大”的逻辑认识在加深。当然，中美大企业集团在扩张中也都产生了不少问题，如过分多元化、过分金融化。这些问题在 2008 年美国金融危机后开始发酵，导致美国通用汽车公司破产重组，迫使 GE 公司一分为三。中国的大企业集团，从央企到民企也都感受到了压力，民企大集团受到的影响较大，由于国务院国资委较早提出聚焦主业、限定负债率等措施，央企集团受到的影响相对较小，没有出现“崩盘”情况。大集团战略的优化。针对行业管理部门“翻牌”为集团公司后政企不分和大而不强的问题，国务院国资委从成立之初就加大了央企集团专业化重组整合力度，合并与拆分并重。这些年来，陆续从其他央企中拆分出了中国商飞、中国航发、中国铁塔、中国稀土、中国星网、国家管网等专业化集团。

在此过程中，航空工业被“折腾”的次数最多，但从效果看是好的。1993 年航空航天工业部撤销，成立中国航空工业总公司和中国航天工业总公司；1999 年中国航空工业总公司分为航空工业第一、第二集团公司；2008 年两集团公司又合并为中国航空工业集团公司，同时将民用大飞机业务剥离成立中国商用飞机有限责任公司，将汽车业务剥离给中国兵器装备集团有限公司；2016 年又将航空发动机业务剥离成立中国航空发动机集团有限公司。从 2016 年开始，在国务院国资委强力推动的聚焦主责主业改革中，航空工业集团将重庆微电子业务无偿划给华润集团，助力华润微电子成功科创板上市；将船舶业务剥离给招商局集团，使招商工业汽车滚装船和客滚船订单量跃居世界第一；将航空工业物管业务出售给招商局，打造了招商积余这一有影响力的物业管理上市公司；将地产业务出售给保利集团，回笼数百亿元现金，用于航空主业发展，助力“20 时代”来临。

经过 10 多年的剥离后，航空工业集团主业更强、更优，依然位列 2023 年世界 500 强 150 位。在美国，明星 CEO 韦尔奇任职期间，将 GE 公司打造成“美国第一公司”，成为全球大企业学习榜样。然而，2008 年金融危机后，GE 公司麻烦不断，2018 年被剔除道琼斯工业指数，2021 年被一分为三。诺格公司在 2010 年将航空母舰等业务分拆出去，专注于航空航天新型武器装备，效果很快显现。2015 年诺格公司战胜洛马公司和波音公司联合团队，获得美国军方千亿美元大单 B-21 远程隐形战略轰炸机项目。

在能源化工行业，美国埃克森美孚、荷兰壳牌、英国 BP 等为适应能源绿色低碳转型发展，也都在进行不同程度的拆分剥离和并购重组，更加聚焦核心业务的专业化发展。美国政府虽然与上述企业没有股权关系，但对大企业的影响力非常大。2009 年通用汽车公司破产重组，美国总统奥巴马力排众议坚持救援，亲自演讲说服债权人和工会。以至于竞选对手说奥巴马是“社会主义者”。2012 年奥巴马竞选连任时，副总统拜登煽情地评价奥巴马任职期间的功绩：“通用汽车活了，本·拉登死了。”这就是美国政府对关键行业大企业的态度，与中国没有什么本质不同。无论在哪个国家，大企业集团兴衰都是国家大事。

二、股份制改造，从私人或国有企业向公众公司演变

股份制不是资本主义的专利。马克思在《资本论》中说：“股份制是对资本主义生产关系的一种扬弃。”虽然股份制本身还存有一些缺陷，但全球多数大企业向公众持股上市公司发展的方向是明确的。

公开发行股票募集资金上市是国有企业市场化改革的重要抓手。从单个企业上市到集团整体上市，从打包捆绑上市到专业化重组整合上市，从以融资为目的到规范治理和激励约束并重，国有企业股份制改造一直在与时俱进、深化调整，使市场化改革进入了不可逆状态。

2006 年央企控股上市公司 194 家，2023 年增加到 463 家。如今，央企约 70% 的营业收入，80% 的利润总额由上市公司贡献。截至 2023 年 6 月 30 日，十大军工集团共控股 A 股公司 108 家，总市值约 3 万亿元，航空母舰、舰载飞机等业务已进入上市公司。

美国大企业一般经历了从创始人控制、投资人控制向华尔街金融寡头控制的过程，目前正在向公众公司演变。管理大师德鲁克在其《养老金革命》一书中，说美国正在进行一场“悄悄的社会主义革命”。为什么？

1991 年，美国大型上市公司 40% 的股份由养老基金等机构投资者持有，到 2000 年这一数据达到了 45%。这些机构投资者持股的大公司逐渐具有了公众公司特点，不再是狭义的私人企业。2012 年我在写作《军工企业与资本市场和政府的关系——从白宫为什么能“hold 住”华尔街上的军工巨头说起》一书时，分析了洛马公司、诺格公司的股权结构。这两家的前五位股东都是机构投资者，他们合计持有洛马公司 56.3% 的股份，诺格公司 44% 的股份。美国道富环球投资、先锋集团、资本国际投资、华盛顿共同投资基金等都是这两大公司的大股东，同时他们也是微软公司、苹果公司等 IT 公司的大股东。

以上数据表明，虽然表面看美国大公司股权分散，但其多数股票却掌握在少数华尔街大型金融机构及其一致行动人手中。美国白宫通过华尔街控制大企业投票权，通过“旋转门”安插认同美国价值观的董事会成员，自然也就能管住这些与其没有股权关系的大企业了。美国大公司其实很“讲政治”，执行白宫政策一点也不含糊，从俄罗斯撤资，到给中国经济制造麻烦。虽然公司股东为此遭受了很大的经济损失，但也没见哪家公司的股东用市场经济

规则谴责政府政策，也没见哪个律师事务所鼓动小股东联合搞集体诉讼。

三、公司治理机制，持续探索不断完善

如果笔者给大集团战略和股份制改革成效打 80 分，那么给现代公司治理的打分要低许多。国有企业坚决贯彻“两个一以贯之”要求，在坚持党的领导方面已有明晰思路和硬举措，例如，公司法人、董事长和党委书记由一人担任。但是，关于股东会、董事会、经理层的定位在许多文件中虽然已有明确说法，但在实际运行中还是不断有新问题出现。上市公司独立董事和央企集团外部董事制度一直在调整修改。例如，2023 年 4 月国办印发《国务院办公厅关于上市公司独立董事制度改革的意见》，说明公司治理仍在探索之中。

在美国，随着机构投资者和养老基金在大公司中持股比例的不断提高，投资者开始寻求在公司治理中发挥积极作用，发出了“不再管 CEO，要管董事会”的声音。

美国加州公共雇员退休基金是最先觉醒者。采取的主要行动：一是在股东会上积极行使表决权。1990 年在竞争对手试图收购洛克希德公司时，CalPERS 作为股东投票反对公司董事会决议。从 1992 年开始，CalPERS 每年一季度在《华尔街日报》公布年度“关注名单”，对公司治理绩效最差公司进行公开谴责，迫使这些公司更加重视股东利益。二是改善董事会考核。推动美国大公司董事长和 CEO 薪酬结构进行改革，增加股票和股票期权比重，与公司业绩挂钩更加紧密。三是改变董事提名规则。2004 年以来，CalPERS 强烈要求改革上市公司董事提名规则，将董事提名过程透明化，打破由“内部圈子人”提名董事的惯例，外部投资者也要有董事提名权。但这一提议遭到美国商会等代表公司管理层利益组织的反对，没能通过。这由此说明，美国高层对董事提名权的高度重视，白宫与华尔街之间的“旋转门”是不会轻易改变的。

2019 年 11 月，美国前参谋长联席会议主席 64 岁的邓福德上将退役，2020 年 1 月就成为美国最大军工企业洛马公司的董事会成员，负责监督机密业务。在我看来，这样的安排，白宫不可能没插手。不可否认，中国上市公司独立董事和央企集团外部董事制度借鉴了不少西方经验，但美国的公司治理也有不少缺陷，新加坡淡马锡的公司治理也不完全合适。最近美国汽车工会抗议管理层福利待遇过高，工人福利待遇低，以罢工威胁要求大幅涨薪，与通用汽车公司等产生了激烈冲突，值得关注和深思。总之，公司治理没有完美的通用模式，还需不断探索。新形势下，中央企业外部董事在定战略、作决策、防风险过程中如何科学、理性、高效履职，已提上了改革日程，是**新一轮国企改革要解决的问题之一**。

四、大企业通病，中、外，公、私都要直面挑战

创新活力逐渐变弱，组织机构僵化官僚，是全球大企业通病。在美国，靠创新起家的GE公司、贝尔实验室、IBM等老牌世界500强没能孵化出微软、谷歌、苹果等公司。三大汽车公司也没能打造出能与特斯拉竞争的新能源车。在中国，众多的国有无线电通信器材公司没能培育出华为、小米，拥有巨量用户的三大电信公司没能打造出腾讯、阿里、百度、抖音这样的互联网信息技术公司，比亚迪新能源车的快速崛起也很能说明问题。为什么会出现这种情况？

老树难开新花，从0到1全新事业必由“全新的人和组织”创造，这已被工业革命以来的一个个案例反复证明。其实大企业早已认识到这个问题。洛马公司较早成立了“臭鼬工厂”；波音公司最近将风险投资部门分立出去做战略投资者，试图在大集团内部搞一个有活力的创新特区克服大企业病。但是，面对马斯克等硅谷新力量的迅速崛起，美国五大军工已从不屑一顾变为疲于应付，屡屡在竞标中失去传统领地。

2022年12月，美国国防部宣布成立战略资本办公室，专注于推动私营资本培育更多的马斯克SpaceX公司，并特别强调新一代生物技术和量子科学需要长期资金支持，相关初创公司需要长期的“耐心资本”。总之，跨越实验室到企业之间的“死亡之谷”，要坚持长期主义。

2023年，国务院国资委按照中央统一部署，推动中央企业突出高质量发展，通过科技创新和优化布局提升核心竞争力、增强核心功能。鼓励中央企业加强与高校科研院所和民营企业合作，在某些领域甘做民营企业的“破风手”。

总结一些央企集团的有效做法，以下几点值得提倡。

第一，深化改革，提升科技创新部门在集团位势。国有企业大集团要高度重视科技创新组织和机制建设，可通过放权、激励、容错等措施释放创新活力、增强发展动力。例如，中国石化集团日前将在整体上市时取消法人地位的 8 大科研院所恢复法人地位，创新成效显著。

第二，优化布局，重组整合科技创新业务。中央企业这些年研发了不少新技术、新产品，但大多淹没于规模比较大的生产经营型企业或上市公司中。科创板推出以来，一些企业集团通过分拆重组整合等举措，将谋求科创板上市作为重要选项，目前已在新能源、新材料、无人机等领域取得积极进展。例如，中国船舶 718 研究所将半导体行业使用的特种气体业务重点孵化培育，成功打造了中船特气科创板上市公司。

第三，取长补短，央企民企抱团发展。国务院国资委大力支持之前较少介入科技创新领域的有钱央企进入战略性新兴产业。一些央企已在生物制造、医疗健康等领域布局，成立了多家混合所有制企业。在这些科创企业里，央企不一定是第一大股东，而是通过公司治理安排，达到国资监管方面的要求。例如，招商局集团采用灵活的市场机制斥资 60 多亿元进入生物制造技术新领域，指导招商银行创办科技银行，主动为各类所有制企业科技创新服务。

综上所述，虽然中美大企业发展进程各有特点，但在变革大方向上有许多相同之处，过去是，现在更是，因为这是由经济发展一般规律决定的。目前，中美大企业都面临着严峻挑战，既有东西方关系引发的竞争，更有来自本国新势力的挑战。最终，惟改革者进，惟创新者强，惟改革创新者胜。

功能价值与经济价值有机统一的探索与实践①

2023 年 12 月 25 日，国务院国资委党委书记、主任张玉卓在中央企业负责人会议上强调，要更加注重提升功能价值，高水平实现经济属性、政治属性、社会属性的有机统一。如何理解和处理好国资央企功能价值与经济价值之间的关系，对企业和评价者很有必要，对全社会也很重要。下面，笔者结合央企实际谈几点个人认识。

① 发表于《国资报告》2024 年第 2 期。

一、厘清功能价值与经济价值关系，全面客观整体评价国资央企贡献

中央企业从创建伊始，就具有功能价值与经济价值两重性，且二者多数情况下是矛盾的。中央企业在服务国家战略和履行社会责任过程中创造的更多是功能价值，在生产经营活动和市场竞争中创造的主要是经济价值。功能价值难以计量，但付出的成本是有数的。经济价值有多种计量指标，但也没有哪个单一指标是最公允、最恰当的。即使反映盈利能力的利润指标，资本市场上的所谓公允市值，也不能全面反映企业的价值。

笔者履职的中国船舶、招商局、中国石化三家中央企业集团都是各自行业的头部企业，利润总额分别在 200 亿元、1000 亿元、2000 亿元量级，销售收入分别在 3000 亿元、9000 亿元、30000 亿元量级。在当前的经济环境下，这样的业绩已经很难得。但这些数字还不能全面反映企业创造的价值，因为他们为推动经济社会发展付出的成本、让渡的效益没有得到体现。关系国计民生的“三桶油”股票总市值不如“某酒”一家公司的市值，十大军工集团利润合计不如一家银行的利润。可见，最直观的数字，也有失灵的时候。对此，国资央企早已习惯，“什么也不说，祖国知道我”。但是，有时不说还真不行。

2023 年，笔者在中国石化新疆库车光伏发电制绿氢现场调研时看到，许多设备都由民营企业提供。由于氢能产业正在培育中，项目盈利尚待时日，这是经济规律。但作为国务院国资委确定的氢能应用产业链牵头单位，中国石化集团要分文不少地支付配套商货款，项目承担了较大的财务成本。最近外媒对库车光伏发电制绿氢项目进行了片面的技术经济分析，国内个别媒体也跟风转发，有的还添油加醋进一步歪曲。虽然中央企业对此能够保持战略定力，但毕竟现在的中央企业很大一部分业务已经进入了上市公司，对社会舆论也还是很在意的，因为要时不时面对投资者的问询，甚至证券监管机构的质询。

长期以来，中央企业主动承担了一些地方国企和民营企业投不起、不敢投、不愿投，但又必须上的重大项目。这些项目利国利民，从长远看也将会创造很好的经济价值，但在中短期内不会有利润。牵头抓总的中央企业不但要承担财务上的压力，还要忍受一些社会上的指责，这些压力和指

责甚至会影响到主管部门的判断。

在此背景下，全面客观评价中央企业，对中央企业承担功能价值付出的成本做到心中有数、手中有账非常必要。作为评价者，更要心中有数，不能让默默奉献者“泪满襟”，更不能让为众人抱薪者冻毙于风雪。当然，中央企业是有情怀、有担当的，不会因为某些不到位的评价而在履行使命任务中打折扣。

矛盾是事物发展的源泉和动力，是可以转化的。回顾中国经济 40 多年改革开放历程，每一次“滚石上山、爬坡过坎”之后，国资央企都会前进一大步。新时代、新征程，通过深入贯彻创新、协调、绿色、开放、共享的新发展理念，兼顾功能价值与经济价值创造，一些行业头部央企在实现经济属性、政治属性、社会属性有机统一方面进行了积极探索和实践，展现了共和国长子的新担当、新作为。

二、勠力同心，大力协作，在完成国家重大项目中兼顾功能价值与经济价值

2023 年，我国取得了一系列重大科技创新成果。C919 大飞机实现商飞，国产大型邮轮完成试航，神舟家族太空接力，“奋斗者”号极限深潜。这极大地鼓舞了航空、航天、航海领域的奋斗者。这些国家项目都是巨大的系统工程，兼具经济属性、政治属性和社会属性。这些项目不但投入巨大，而且涉及领域广泛，任何一家行业头部央企都难以独自完成，必须发动各行各业协同创新。此外，产品研制出来后，主承制商在短期内也难以盈利，这时又需要各方协调协作，只有每一相关行业国资央企都分担一些压力和风险，项目成功的概率才会增大。航空母舰、LNG 运输船、大型邮轮是造船业的三颗明珠，中国造船业已经全部拿下，但都经历了一波三折的磨难，其中大型邮轮项目是典型代表。

2018 年，中国船舶在建造大型邮轮的同时，与世界最大邮轮运营公司美国嘉年华集团成立了合资公司，拟运营国产大型邮轮。2022 年，受疫情影响的嘉年华集团亏损严重，退出了合资公司。中国船舶不得不面对自己建造邮轮、自己独自运营的困境，甚至有过停工观望的打算。然而巨资已经投入，停工就意味着更大的损失，更是对中国造船业的打击。开弓没有回头箭，中国船舶只能顶压前行，同时向中央领导和国务院国资委、上海市报告了邮轮产业发展的困难。

2023年年初，在党中央、国务院领导的关心下，在国务院国资委的组织协调下，有邮轮运营经验的中国旅游集团、招商局集团、中国远洋海运和上海市伸出援手，于2023年12月29日组建了华夏国际邮轮有限公司，解除了中国船舶的后顾之忧。2024年1月1日，首艘国产大型邮轮“爱达·魔都”号开始了商业运营。

短期看，国家级重大项目参与方都要承受投入和亏损的压力；但从长远看，各方都终将受益。在这些重大项目实施过程中，参研央企在极限压力下提高了创新能力，快速培养了人才，有时还会利用新技术开发出意想不到的衍生新产品，这方面有许多成功的军转民项目，不再一一列举。总之，在完成国家重大项目过程中，是可以兼顾功能价值和经济价值的。

三、共建共享，合作共赢，在服务国家战略中兼顾经济价值

虽然服务国家战略履行特殊使命，可以不计代价、不以经济利益最大化为目标，但平衡好功能价值与经济价值关系，提升在为国筹计中谋商情的本领，是有使命担当国资央企的更高追求。

2023年9月，中国石化集团在斯里兰卡的首批加油站开始运营。2023年11月27日，中国商务部网站消息，斯里兰卡电力与能源部部长宣布，政府内阁已批准中国石化集团在汉班托塔港投资新建一座炼油厂。中国石化集团这些项目的顺利开展，得益于中央企业间的密切合作。招商局集团较早进入斯里兰卡市场，招商港口与斯方合作投资的科伦坡港口项目成功运营，已收回投资。之后，招商局集团取得了斯里兰卡汉班托塔港运营权，而中国石化是首批租用汉港码头建油库的最大客户。2023年8月初，招商局集团组织外部董事调研斯里兰卡项目。在汉港现场，笔者感受到了两家企业互帮互助密切合作的融洽气氛。招商港口希望有更多的项目入驻汉班港，对中国石化的项目非常了解和热心，在炼化项目选址等方面给予了积极配合。因为中国石化集团炼化项目落地，招商汉港项目也将很快扭亏为盈，作为两家公司的外部董事，笔者也认同这个观点。

中国石化集团是全球原油和天然气最大买家，本着国货国运原则，在与外商谈判时总是首先推荐中远海运、招商轮船等国内企业。招商局集团秉承国轮国造原则，招商轮船远洋原油运输船队的 VLCC 主要由中国船舶建造过“辽宁舰”的大连船厂建造。正因为有了这些密切合作，中国造船业三大指数逐年攀升稳居世界第一，高端船型订单比重越来越大，“含金量”也越来越高，中国船舶在完成国家军工任务的同时，也创造了较好的经济效益。

四、深化改革，广泛合作，在建设中国式现代化产业体系进程中不断提升央企竞争力和影响力

中央企业以建设中国式现代化产业体系为使命，引领和支持各类所有制企业共同打造有韧性的产业链和供应链，不但应对了卡链、断链的挑战，同时实现了传统产业的转型升级，布局了战略性新兴产业。

2023 年，在近代洋务运动中诞生、在蛇口改革开放开山炮声中发展壮大的招商局集团开始了“第三次创业”。在交通强国、海洋强国建设方面，招商局集团通过整合产学研等外部资源，积极争取并获批国家重点实验室，主动承担深海装备研制任务，船舶制造获得多个单项冠军。在科技创新和战新产业培育方面，招商局集团整合内部资源成立了科技创新集团，出资 66 亿元战略投资民营企业进入生物制造领域，鼓励招商银行成立科技银行为专精特新企业服务。招商局集团品牌和影响力得到进一步提升，助力子企业扩大了朋友圈、拓展了新业务。

本着和气生财不内卷，广泛合作不单纯追求规模当控股股东的商道，招商公路控股里程、参股里程不断增加，盈利能力和市值稳居行业第一。在各方支持下，招商港口吉布提多功能码头在 2023 年实现了盈利。

2023 年，招商局集团中国外运股份有限公司（简称中国外运）与吉利控股集团围绕甲醇能源全产业链展开深度合作；联合华为、壳牌打造国际碳中和示范线路试点；为一汽红旗量身定制了涵盖订单执行、整车仓储、KD 件拆解包装、海外保税仓储等端到端全链路服务，全程助力中国一汽两个海外工厂项目快速落地。在与这些战略大客户合作中，中国外运数字化、智能化、绿色化能力得到快速提升，同时也创造了高质量的经济价值。

更加注重提升功能价值服务国家战略，高质量创造经济价值建设世界一流企业，是国资央企的新使命、新担当。央企的探索实践证明，中央企业能够处理好功能价值与经济价值之间的矛盾关系，在服务国家战略、履行特殊使命中实现高质量发展，打造出更多的世界一流企业。

两千亿市值“大船”启航 军工央企全面深改再出发①

党的二十届三中全会审议通过的《中共中央关于进一步全面深化改革推进中国式现代化的决定》（简称《决定》）指出：“深化国防科技工业体制改革，优化国防科技工业布局，改进武器装备采购制度，建立军品设计回报机制，构建武器装备现代化管理体系……加强航天、军贸等领域建设和管理统筹。”

2024 年 9 月 2 日，中船集团旗下两大千亿市值上市公司中国船舶工业股份有限公司（简称中国船舶，股票代码 600150.SH）和中国船舶重工股份有限公司（简称中国重工，股票代码 601989.SH）发布公告，中国船舶拟吸收合并中国重工。

在此之前，2024 年 8 月 6 日，中国航空工业集团有限公司控股的上市公司中航电测发布公告，公司收到中国证监会批复，同意向中国航空工业集团有限公司发行 20.86 亿股股份购买其持有的成都飞机工业（集团）有限责任公司 100% 股权的注册申请。

这两则信息披露后，各类媒体纷纷从解决同业竞争、“一加一大于二”、提高上市公司质量、贯彻“新国九条”等角度发表文章予以肯定。

作为在航空、船舶领域工作了 30 多年的“老军工”，笔者认为“两大千亿市值船舶合体”“歼 20 即将飞入 A 股”的意义不仅限于资本市场，更体现了军工央企在新军事变革和大国竞争背景下直面挑战，把握技术革命、产业变革战略机遇积极应变，体现了几十年来习惯了被美西方“卡脖子”的中国军工主动融入中国式现代化产业体系建设的使命担当，体现了

① 发表于《国资报告》2024 年 10 期。

军工央企坚决贯彻《决定》精神，进一步全面深化改革的再出发。这一次军工央企全面深化改革再出发，以下几方面值得关注。

一、40 多年来改革开放的成功经验是军工央企改革再出发的有力保障

“改革开放是决定当代中国命运的关键一招。”1982 年 5 月 7 日《人民日报》头版刊载文章:《用经济组织替代行政机构进行经营管理 - 中国船舶工业总公司宣布成立》，标题下文又着重强调“以提高经济效益，加速我国船舶工业为目标，实行工业与贸易、军用品与民用品、造船与修船、科研与生产相结合的方针”。头版还发表了以《经济体制改革的重要尝试》为标题的社论。在这期《人民日报》的头版还刊发了邓小平同志接待外宾时的讲话《搞建设必须坚持自力更生为主》(见图 9-2)。

人民日报
RENMIN RIBAO
抓紧干部轮训适应机构改革要求
用经济组织替代行政机构进行经营管理
中国船舶工业总公司宣告成立
邓小平会见多伊时说
搞建设必须坚持自力更生为主
大鹿院大队恢复林茂粮丰景色
经济体制改革的重要尝试
陕西四川今春植树造林成绩大

图 9-2　1982 年 5 月 7 日《人民日报》头版

1999 年 7 月 1 日，中国船舶工业总公司一分为二，中国船舶工业集团公司和中国船舶重工集团公司成立，人们习惯称二者为“南船”和“北船”。2019 年 11 月 26 日，“南船”与“北船”合并，中船集团成立大会在京举行[①]。2021 年 12 月 24 日，中船集团总部迁址上海（见图 9-3）。

图 9-3 中船集团成立大会现场

如今回首 1982 年《人民日报》关于中国船舶工业总公司成立时的社论，令人感慨万千。目前，航空母舰等各型军舰、大型邮轮、30 万吨 VLCC 原油运输船、17.4 万立方米 LNG 天然气运输船齐聚中船集团，虽然每一型船的研制都曾历经坎坷，有的甚至险遭夭折，但毕竟人间正道是沧桑，中国船舶造船业三大指标已稳居世界第一。

习近平总书记在庆祝改革开放 40 周年大会讲话中强调："伟大梦想不是等得来、喊得来的，而是拼出来、干出来的。我们现在所处的，是一个船到中流浪更急、人到半山路更陡的时候，是一个愈进愈难、愈进愈险而又不进则退、非进不可的时候。"

当前，军工央企又到了改革开放发展的关键时刻，学习好、贯彻好《决定》对国防科技工业改革和国资国企改革的新要求，既需要军工央企讲政治、顾大局，更需要军工央企敢担当、善作为。经历过 30 多年股份制

① 笔者有幸成为中船集团董事会成员，经历了两船整合的复杂历程。

改革的军工人已深谙在资本市场的波峰波谷中该做什么。这次两大船舶上市公司整合，是中船集团抓住资本市场窗口优化国防科技工业布局，采用市场化方法释放“南北船”整合“化学能”战略举措，既利好当下资本市场，更利好中国船舶产业可持续发展。中船集团 40 年改革发展的历程和经验使我们有理由相信，通过进一步全面深化改革，军工央企将跨越周期进一步增强核心功能、提高核心竞争力，为我国经济社会实现可持续发展增添新的动力。

二、长期坚持的改革创新发展精神是军工央企改革再出发的不竭动力

在邯郸，中船集团有两家专精特新上市公司，中船汉光和中船特气。为什么在一个三线城市，中船集团会有两家上市公司？《广大职工坚持自力更生的方针——邯郸汉光机械厂制成硒静电复印机》，这是 1974 年 7 月 30 日《人民日报》对中国第一台办公用硒静电复印机研制成功的报道。2008 年，时任中共中央政治局常委、中央书记处书记习近平视察汉光厂，鼓励科技人员要再接再厉不断攀登新的高峰，为民族产业发展作出贡献。

近年来，中船汉光牢记习近平总书记嘱托，以市场需求为牵引，以创新为驱动，逐渐成为具有全球竞争力的办公耗材制造商，既能大规模生产墨粉，又能大规模生产有机光导体 OPC 鼓，拥有多种型号的国有品牌打印机、复印机和办公电脑，并实现批量供货。2020 年，中船汉光在深交所创业板成功上市。

2023 年 4 月 21 日，中船集团旗下中船（邯郸）派瑞特种气体股份有限公司（简称中船特气）在上海证券交易所科创板上市，募集资金 28.7 亿元，当日收盘总市值 259 亿元。

中船特气前身是中国船舶重工集团有限公司第七一八研究所“特气工程部”，技术底蕴深厚，于 2002 年研制出纯度 99.9% 的三氟化氮气体，打破了国外垄断。目前，中船特气主打产品三氟化氮、六氟化钨产能世界领先，广泛应用于集成电路、显示面板、锂电新能源等行业，是国务院国资委选定的“双百企业”。地处三线城市邯郸，在化学化工领域规模不大的七一八所现有博士 75 名、硕士 646 名。2022 年，为发展新材料、新能源，七一八所千方百计引进清华大学和南开大学博士后 2 名，2023 年引进 3 名博士、44 名硕士。面向大国重器研制领域，七一八所构建了集团专家、所级专家、青俊人才培养体系，制订了院士培养计划。对于军转民产业化项目，七一八所实行了灵活的中长期激励机制。中船特气开展员工股权激励，90 多位骨干员工持股 1.32 亿元，合计持股 3.88%，按 2023 年 4 月 21 日上市首日收盘价计算，员工持股市值约 10 亿元，上涨 8 倍，大大激励了员工干事创业的积极性。

邯郸是战国时期赵国都城，赵武灵王曾在此推行“胡服”、教练“骑射”，学习敌人所长，进行实用化的军事改革，赵国因此强势崛起。血脉中的改革创新基因成就了邯郸的这两家企业。放眼望去，在中船集团内部，像这样勇于改革、善于创新的企业还有很多。

三、军工央企改革再出发，不是“一个人在战斗”

2024 年 1 月 1 日，首艘国产大型邮轮“爱达·魔都”号开始商业运营，目前第二艘大型豪华邮轮正在建造中。

2018 年，中船集团与世界最大邮轮运营公司美国嘉年华集团成立了合资公司，拟运营国产大型邮轮。2022 年，受疫情影响的嘉年华集团亏损严重，退出了合资公司。中船集团不得不面对自己建造邮轮、自己独自运营的困境，甚至有过停工观望的打算。然而巨资已经投入，停工就意味着更大的损失，更是对中国造船业的打击。

开弓没有回头箭，中船集团只能顶压前行。

2023 年 12 月 29 日，华夏国际邮轮有限公司在上海成立，股东有中国旅游集团、招商局集团、中国远洋海运集团、上海市和中船集团。股东们各有所长，中国船舶的后顾之忧得以缓解。

近年来，招商轮船远洋原油运输船队的 VLCC 主要由中船集团建造。2024 年 8 月 17 日，招商轮船发布公告，通过其全资子公司与大连船舶重工集团公司签署 10 份《船舶订造协议》订造 10 艘新一代节能环保型油轮，合计金额约 66 亿元人民币。

这类新闻，近几年出现的频率越来越高。

正因为有了这些密切合作，中船集团造船业三大指数逐年攀升稳居世界第一，高端船型订单比重越来越大，“含金量”也越来越高，中船集团在完成国家军工任务的同时，也创造了较好的经济效益。

四、军工央企改革再出发，挑战更艰巨，使命更光荣

《决定》要求，“改进武器装备采购制度，建立军品设计回报机制”。很长一段时间，设计和软件在装备采购中如何定价一直是个焦点问题。“建立军品设计回报机制”在中央文件中首次出现，不但体现了党中央对科技和人才的重视，更体现了党中央在国防科技军工领域推动市场化改革的决心。

2024 年 7 月 26—28 日，为深入学习贯彻《决定》精神，中国航空工业集团公司召开本质安全交流会和深化改革工作会。如何构建现代航空产业体系，如何制定深化改革“路线图”和“施工图”，如何借鉴民机研制体系提升军品质量和降低研制成本，成为会议研讨的主题。

近日，中国航天科技集团等军工央企在学习贯彻《决定》精神时特别强调，要心怀“国之大者”，积极适应国防科技工业体制、装备采购管理等改革要求。

一个时期以来，虽然中国军工产品研制工作不断取得新进展，但新军事变革和新科技革命给传统军工央企集团可持续发展带来了严峻挑战，国防科技工业深化改革也遭遇了不少困难。2024 年 8 月，火箭军公告了多条失信公告，公开披露了一些机构在招标中搞围标串标等违规行为，警示了国防军工领域市场化改革的艰巨性，同时也表明中央依法治军的决心。

当然，这些挑战也发生在了美国传统军工巨头身上。2016 年，谷歌公司董事长施密特以美国国防创新委员会主席身份考察了多个美军基地，在访问特种作战司令部时，不客气地对接待他的四星上将说：“军方在人工智能方面做得很差劲，我用一天时间就可以帮你们解决问题。”2017 年，谷歌与国防部 DIUx 合作，帮助空军升级了指挥中心软件系统，而在此之前，洛马公司和诺格公司两大军工巨头用了 10 年时间也没能解决这个问题。

2022 年 12 月 1 日，美国国防部部长宣布成立 OSC，声称是应对新挑战。斯坦福大学国家安全创新中心负责人布兰克解释了美国面对的新挑战，他说："中国北京每年向科技行业注入大量资金，中国的组织结构像硅谷，五角大楼的组织结构更像底特律的汽车制造商。"

对布兰克的说法，我们不必当真，因为他是美国"中国威胁论"的贩卖者。但我们的军工央企要有更强的危机感，要有向内开刀、向内深化改革的实质行动。

"知彼知己，百战不殆。"我们要以危机之感去"知彼"，以不满之心来"知己"，向美国的"中国威胁论"者学习，即使把对手"拔高"一些看，对我们也是利大于弊。

最近100多年，在每一次科技革命和产业变革中，美国军方要么是新工艺、新发明的先锋用户，要么是新技术、新发现的策源地，从晶体管半导体、互联网到GPS和AI，无一例外。美国军方更是几次新经济诞生的产房。可以说，五角大楼里运行着美国最大的"公司"，对这个"大公司"，我们要多看几眼，要"高看一眼"。

在此背景下，中国军工央企要有超出国防军工行业之上跨越发展的站位，要有为构建中国式现代化产业体系作出超预期贡献的担当，而航空、航天、船舶工业最具备这种潜能，是典型的军民结合型高科技战略产业。如今，两千亿市值"大船"即将启航，我们相信，在新征程上，它将成为军工央企进一步全面深化改革再出发的领航"旗舰"。

国有资产重组不能再拖延下去了[①]

资产重组必然要使资产流动，资产流动又必然要涉及买与卖的程序，对于资产尤其是国有资产的买卖，时下有许多不同的看法。这些看法有的出发点是好的，但是在实际操作中，却会不同程度地阻碍资产的正常流

---

① 1997年5月29日，中共中央总书记江泽民在中共中央党校省部级干部进修班毕业典礼上讲话强调，加快国有企业改革，是摆在全党面前的重要而又十分艰巨的任务。…，要下决心打破条条、块块的分割，切实解决"大而全、小而全"和不合理重复建设问题。要以资本为纽带，通过市场组建跨地区、跨行业、跨所有制和跨国经营的，竞争力较强的大企业集团。这次会后，国务院发展研究中心组织研讨会，研究如何贯彻会议精神，笔者代表中国航空工业总公司在会上作了发言，后被会议组织者整理发表在《改革》杂志1997年第5期。

动。由于争论，使一些很好的资产重组方案得不到批准，丧失了机遇。仅举以下几例。

有一种看法认为，国有资产流动会使国有资产流失。当前，在国有资产运营中，操作者最怕沾上使国有资产流失的嫌疑，对此我们要正确理解和对待。我认为，资产流失是双向问题，是资产运营中（任何国家、任何经济体制条件下）不可避免的问题。一方面，由于操作不当或人为地使国有资产低价卖给非国有单位或个人，造成国有资产流失；另一方面，也会出现估价过高，使购买者吃亏的问题。有位倡导股份合作制的基层领导曾说，职工这么踊跃用辛辛苦苦积攒下来的养老钱购买国有“不良资产”真令人感动，这是对我们的社会制度、对国家的信任。再看一看我们的股票市场，某些企业真有那么大的市值吗？肯定没有。面对 2000 多万的炒股大军或者说是百姓股东，又能说是谁占了便宜、谁吃亏了呢？ 要解决公平问题，就要有公平交易规则，而这些规则是要在实际运作中不断完善形成的。但是，如果由于担心出现这样或那样的问题就停止运作，那么我们永远也接近不到真理，永远也制定不出公平的规则，而且一个个“冰棍现象”将陆续出现。

所谓“冰棍现象”就是对国有企业“宁死毋动”现象的形象比喻，即国有企业像一支冰棍，可以一年年地传下去、融化掉，但是传在谁手里，谁想吃一口（当然不会白吃）却不行，只能眼睁睁看其化掉，成为一支冰棍杆，最后没有办法，以一根木棒的价值处理掉或者扔掉，这样谁都没有责任。事实上，即使有公平的交易规则，在操作中，也会出现或左或右的偏差，如果害怕出现偏差就不行动，那将是最大的国有资产流失。

还有一种看法认为，在资产流动中，国有资产的比重相对非国有成分减少，尽管绝对值增大了，是好事，所谓“相对值减少、绝对值增大”就是在资产经营中采用资产重组的办法，调动各方积极性，优化资本结构，使资本快速增值。但是在增值过程中，国有资产所占的比重相对可能减少，例如，从原来的 100% 降至 60% 甚至 30%，但是绝对值会成倍增长，任何一个人都能算清这笔账，10000 的 30% 要大于 100 的 70%。绝对值的增长意味着综合国力的强大，缩小了与强国之间的实力差距。如何对待这种现象，“三个有利于”是最直接的答案。

至于相对比例多少合适？对这个问题应该实事求是地分析，不应是简单地争论是 49% 还是 51%。应该深刻领会“公有制为主体，多种所有制经济共同发展的所有制结构”的精神实质；应该按照市场经济的要求，逐渐使国有独资企业从竞争性、非自然垄断性行业退出，进入和发展非竞争性、垄断性行业，如国防和社会保障领域等。总之，应该分门别类地按照行业或国际市场实际情况确定“主体”的含义，占多少，退出还是进入，要具体问题具体分析。最终目的就是要“把蛋糕做大”，提高综合国力。

争论使我们贻误了时机。谁来重组国有资产？ 当然最好是我们自己。如果我们一拖再拖，那么在“研究研究”的过程中，就会有别人来做。谁？非国有企业或外国的跨国公司。从“中策”开始，跨国公司们在中国已经取得令人眼热的成绩。比“中策”更有实力的跨国公司已经在行动，短短几年，摩托罗拉（中国）公司已经与大庆石油管理局、上海汽车工业总公司一样平起平坐，进入中国最大企业十强之列（1996 年）。1997 年 5 月，摩托罗拉在中国“设擂”招纳愿为其“打工”的企业，不少企业都为能攀上这棵大树而“自豪”，为了利润，这些企业不惜成为外企的“工厂”甚至“生产车间”。外国人已经在用“冰棍杆”的价值重组我们的国有企业，我们怎么办？还要创造更多的“冰棍杆”吗？当跨国公司们已经在按市场规则重组中国国有企业的时候，我们还要再看一看、研究研究吗？我们面临的是一场无声的战争，此时，一切因循守旧的观念和思想都会导致国有资产的流失和贬值，应该采取一切有利于资产增值的手段使国有资产流动起来，活起来，把“蛋糕”做大，使国家、企业、个人（中国百姓）真正得到利益。只要有利于发展，国有企业重组再生可以采取“一切反映社会化生产规律的经营方式和组织形式”，如“改组、联合、兼并、租赁、承包经营和股份合作制、出售等形式”。一句话，要动不要静。

在即将到来的 21 世纪国力、经济实力大竞争中，我们不但要发展壮大“正规军”即国有企业，更要发展壮大民营企业，民营企业将是中国经济腾飞希望所在。资产重组与流动看似是个别团体和个人的商业活动，但是它的真正实现，需要全社会的参与，涉及面很广。在国有资产重组流动中，要采用一切办法调动各方面的积极性，这样才能最大限度地保证国有资产的快速增值。

参 考 文 献

（按参考量排序）

［1］吴献东．军工企业与资本市场和政府的关系——从白宫为什么能“hold住”华尔街上的军工巨头说起［M］．北京：航空工业出版社，2013.

［2］吴献东．世界航空航天企业百年发展与演变——莱特兄弟们的公司都哪里去了［M］．北京：航空工业出版社，2020.

［3］吴献东．海空天5000年——大国文明与力量简史［M］．北京：华文出版社，2023.

［4］［美］安妮·雅各布森．五角大楼之脑——美国国防部高级研究计划局不为人知的历史［M］．北京：中信出版集团，2017.

［5］［美］玛格丽特·奥马拉．硅谷密码——科技创新如何重塑美国［M］．北京：中信出版集团，2022.

［6］［美］哈罗德·埃文斯，盖尔·巴克兰，戴维·列菲．他们创造了美国：从蒸汽机到搜索引擎［M］．中信出版社，2013.

［7］［美］布莱恩·威廉．特纳，布鲁克斯·洛巴兹：美国空军史［M］．长沙：湖南人民出版社，2010.

［8］［美］哈罗德·斯普雷特，玛格丽特·斯普雷特．美国海军的崛起［M］．上海：上海交通大学出版社，2015.

［9］［美］阿尔弗雷德·塞耶．马汉．海权对历史的影响（1660—1783）［M］．北京：海洋出版社，2013.

［10］［美］阿尔弗雷德·塞耶．马汉．海权对法国大革命和帝国的影响（1793—1812）［M］．北京：海洋出版社，2013.

［11］［美］阿尔弗雷德·塞耶．马汉．海权与1812年战争的关系［M］．北京：海洋出版社，2013.

［12］［美］詹姆斯·特拉斯洛．亚当斯．重铸大英帝国——从美国独立到第二次世界大战［M］．桂林：广西师范大学出版社，2018.

［13］施昌学．海军司令刘华清［M］．武汉：长江出版社，2013.

[14] 邵开文，马运义 . 舰船技术与设计概论 [M] . 北京：国防工业出版社，2005.
[15] 张后铨 . 招商局史——近代部分 [M] . 北京：中国社会科学出版社，2007.
[16] [美] 小约翰 · D. 安德森 . 飞机：技术发展历程 [M] . 北京：航空工业出版社，2012.
[17] 刘纪原 . 中国航天事业发展的哲学思考 [M] . 北京：北京大学出版社，2013.
[18] [美] 拉里 · 施韦卡特，莱恩 · 皮尔森 . 多蒂 . 美国企业家：三百年传奇商业史 . 南京：译林出版社，2013.
[19] [美] 阿瑟 · 赫尔曼 . 拼实业——美国是怎样赢得二战的 [M] . 上海：上海社会科学院出版社，2017.
[20] 张慧 . 俄罗斯航空工业科研生产能力扫描 [M] . 北京：航空工业出版社，2017.
[21] [美] 吉姆 · 古多尔 . 图解 B-2A “幽灵” 隐身轰炸机发展史 [M] . 北京：航空工业出版社，2020.